政府采购理论与实务

主　编　印永龙　周李华
副主编　王余进　薛大年
　　　　朱建利　冷静宜

东南大学出版社
·南京·

内 容 提 要

本书围绕政府采购理论与实务展开,涵盖基本理论、采购人实务、代理机构实务、供应商实务及规范管理五大板块共十二个项目。结构上以采购流程为指引实施项目化教学,结合案例突出实践教学特点。填补了高职院校"政府采购管理"专业课程教材的市场空白,适用于高职院校相关专业学生学习,也可供政府采购相关从业者用作实务操作参考。

图书在版编目(CIP)数据

政府采购理论与实务 / 印永龙,周李华主编.
南京：东南大学出版社,2025.5. -- ISBN 978-7-5766-2086-3
Ⅰ. F812.2
中国国家版本馆 CIP 数据核字第 2025GY7321 号

责任编辑：张绍来　责任校对：子雪莲　封面设计：余武莉　责任印制：周荣虎

政府采购理论与实务
Zhengfu Caigou Lilun Yu Shiwu

主　　编：	印永龙　周李华
出版发行：	东南大学出版社
社　　址：	南京四牌楼 2 号
出 版 人：	白云飞
网　　址：	http://www.seupress.com
电子邮箱：	press@seupress.com
经　　销：	全国各地新华书店
印　　刷：	南京京新印刷有限公司
开　　本：	787mm×1092mm　1/16
印　　张：	27
字　　数：	668 千字
版　　次：	2025 年 5 月第 1 版
印　　次：	2025 年 5 月第 1 次印刷
书　　号：	ISBN 978-7-5766-2086-3
定　　价：	79.50 元

本社图书若有印装质量问题,请直接与营销部联系。电话(传真):025-83791830

序

政府采购作为政府配置公共资源的重要手段,在现代社会中扮演着重要的角色。随着我国社会主义市场经济的不断深化,有关政府采购的法律法规体系日趋完善,政府采购规模不断扩大,其在促进经济社会发展方面的作用和影响力也在不断增强。特别是在推动政府职能转变、从源头上治理腐败、提高政府采购质量与资金使用效率、促进科技创新、绿色低碳发展以及支持中小企业发展等方面,政府采购发挥了积极作用。

随着信息化和大数据的广泛运用,政府采购的模式不断创新升级,采购方式更加便捷高效。政府采购事业的快速发展受到了各级政府的高度重视和社会各界的广泛关注。同时,这也对政府采购工作人员提出了更高的专业要求,对高等院校在政府采购领域的人才培养提出了新的挑战。为了适应政府采购事业发展的需要,钟山职业技术学院在江苏省率先开设了"政府采购管理"专业,并在多年教学实践的基础上推出了《政府采购理论与实务》专业教材,以期培养出更多复合型的政府采购专业人才。

本书是一本全面系统地介绍政府采购操作流程、法律法规、制度体系及实务操作的专业书籍。本书从政府采购的基础理论入手,详细解读了政府采购的政策背景、法律框架以及操作流程,每一章节都配有针对性的实际案例分析,使得抽象的政策和规则更加具体化、形象化,便于广大学生和从业人员理解和掌握。此外,书中特别强调了采购过程中的职业道德和法律责任,旨在培养学生的职业操守,确保他们在未来的工作中能够恪守诚信和客观公正的原则。可以说,这是一本将政府采购理论与实践完美结合的经典佳作。

本书由印永龙教授领衔,聚集了一批经验丰富的专业教师和政府采购实务专家共同编写,使得本书在理论和实践层面都具有很高的指导价值。在编写过程中,本书的编写团队深入实际,广泛收集资料,结合最新的政策规定和市场动态,致力于为读者提供最具前瞻性和应用价值的知识。

本书既是一本经济管理和政府采购专业的优秀教材,也是政府采购工作者的良师益友。它的出版发行必将引领广大读者走进政府采购这一充满阳光的广阔领域,探索其深邃而精彩的丰富内涵。我相信,通过阅读本书,读者一定能够获得宝贵的理论知识和丰富的实践经验,共同为实现政府采购事业的高质量发展贡献一份力量!

宗文武
2025年3月

前　言

政府采购是指各级国家机关、事业单位和团体组织，使用财政性资金采购依法制定的集中采购目录以内的或者采购限额标准以上的货物、工程和服务的行为，是配置公共资源和管理公共财政的重要手段。随着政府采购规模的不断扩大，其对社会的影响也日益深远，在日益复杂的市场环境和多元化需求的背景下，政府采购理论和实务的研究显得尤为重要。

教育部在《普通高等学校高等职业教育（专科）专业目录（2015年）》中新增了"政府采购管理"专业。在江苏省政府采购协会第一届理事会理事、钟山职业技术学院经济与管理学院院长印永龙教授的带领下，钟山职业技术学院于2018年成功申报该专业，并于2019年正式开始招生。本书作为自编教材，旨在全面介绍政府采购的基本理论和实践，帮助该专业学生学习政府采购的相关知识和技能，提高政府采购的效率和质量。

本书的主要特点如下：

第一，在结构上，以政府采购流程为指引，实施项目化教学。以政府采购基本理论为基础，以采购人实务、代理机构实务及供应商实务为主体，以政府采购规范管理为终篇。

第二，在内容创新方面，填补了高职院校"政府采购管理"专业教材的市场空白。截至2024年底，全国范围内开设"政府采购管理"专业的高职院校仅有8所，市场上缺乏专门面向本专业高职学生的专业教材。钟山职业技术学院经济与管理学院组织教师和相关专家成立专门教材编写小组进行了教材编撰，本书也是钟山职业技术学院"财经商务高水平专业群"培育点的建设成果之一。

第三，在适应教学方面，体现了高职教育突出实践教学的特点。本着理论够用、突出实践的原则，本书结合大量案例，对政府采购过程中的各个环节进行了详细的实务操作描述。本书既可以作为高职院校学生的学习教材，也可作为相关从业者的实务操作参考书。

本书共分为五篇十二个项目，具体为政府采购基本理论篇、采购人实务篇、代理机构实务篇、供应商实务篇和政府采购规范管理篇。政府采购基本理论篇包含项目一"政府采购认知"，项目二"政府采购基础"；采购人实务篇包含项目三"政府采购预算与政府采购计划"，项目四"政府采购项目实施"；代理机构实务篇包含项目五"政府采方式",项目六"政府采购项目评审",项目七"政府采购合同",项目八"询问、质疑和投诉";供应商实务篇包含项目九"投标准备",项目十"评审活动的参与";政府采购规范管理篇包含项目十一"政府采购档案管理",项目十二"政府采购监督检查"。

  本书由印永龙教授和周李华副研究员担任主编,负责编写大纲、总纂定稿。初稿编写工作由印永龙、周李华、王余进、薛大年、朱建利、冷静宜等老师和专家完成,具体分工为:项目一、项目二由印永龙、王余进执笔;项目三由王余进执笔;项目四由朱建利、周李华执笔;项目五、项目六由冷静宜、周李华执笔;项目七、项目八由冷静宜、薛大年执笔;项目九、项目十由朱建利、印永龙执笔;项目十一、项目十二由周李华、薛大年执笔。徐京副研究员负责书稿的校对工作。本书由博士生导师赵仁康教授担任主审。

  这本《政府采购理论与实务》是教师和专家们在总结近5年教学实践和工作经验的基础上,广泛汲取有关专家、学者的研究成果,参考了大量政府采购相关法律法规精心编撰而成的。对于参考引用的成果和法规,我们在书中参考文献进行了标注,在此,对相关作者表示诚挚的敬意和感谢。

  本书在编撰过程中得到了江苏省财政厅政府采购处、江苏省政府采购协会和句容市财政局的大力支持。感谢所有参与本书编写的同仁付出的辛勤努力和提出的有益建议,感谢各级领导对编写工作给予的关心和帮助,也感谢广大读者的支持和理解。希望本书能够成为"政府采购管理"专业学生和政府采购从业人员的重要参考资料,也希望能够促进政府采购理论与实务的进一步研究和发展。由于作者水平有限,加上时间仓促,书中难免存在诸多不足,恳请读者批评指正。

编者

2025年2月于南京

目 录

第一篇　政府采购基本理论

项目一　政府采购认知 ·· 003
　　任务一　认识政府采购 ·· 003
　　任务二　政府采购的历史发展 ·· 012
　　任务三　政府采购的原则与功能 ··· 022

项目二　政府采购基础 ·· 030
　　任务一　政府采购当事人 ··· 030
　　任务二　政府采购的范围 ··· 052

第二篇　采购人实务

项目三　政府采购预算与政府采购计划 ··· 063
　　任务一　编制政府采购预算 ·· 063
　　任务二　编制政府采购计划 ·· 071

项目四　政府采购项目实施 ··· 080
　　任务一　采购意向公开 ·· 080
　　任务二　政府采购需求管理 ·· 084
　　任务三　采购代理机构的选择与委托 ·· 093
　　任务四　采购文件的编制及发布 ··· 100
　　任务五　采购人代表的委派 ·· 111

第三篇　代理机构实务

项目五　政府采购方式 ·· 119
　　任务一　执行集中采购与分散采购实务操作 ································· 120
　　任务二　公开招标实务操作 ·· 125
　　任务三　邀请招标实务操作 ·· 136
　　任务四　询价实务操作 ·· 148

  任务五 竞争性谈判实务操作 ··· 154
  任务六 竞争性磋商实务操作 ··· 164
  任务七 单一来源采购实务操作 ·· 176
  任务八 框架协议采购实务操作 ·· 185
  任务九 合作创新采购实务操作 ·· 195
  任务十 政府采购方式的对比 ··· 206

项目六 政府采购项目评审 ··· 218
  任务一 开标、唱标 ··· 218
  任务二 项目评审 ·· 224
  任务三 定标 ·· 247

项目七 政府采购合同 ·· 253
  任务一 政府采购合同签订 ·· 253
  任务二 政府采购合同的分包、补充、变更 ··· 257
  任务三 政府采购合同验收 ·· 259

项目八 询问、质疑和投诉 ··· 266
  任务一 询问、质疑的受理和处理 ··· 266
  任务二 投诉的处理 ··· 273

第四篇 供应商实务

项目九 投标准备 ·· 279
  任务一 获取采购信息 ··· 279
  任务二 确定投标（响应）方案 ·· 284
  任务三 编制投标（响应）文件 ·· 287

项目十 评审活动的参与 ··· 300
  任务一 递交投标（响应）文件 ·· 300
  任务二 参与开标 ·· 301
  任务三 评审活动的配合 ·· 302
  任务四 签订政府采购合同并履约 ··· 303

第五篇 政府采购规范管理

项目十一 政府采购档案管理 ··· 309
  任务一 政府采购档案管理实务操作 ··· 309

项目十二　政府采购监督检查 ·· 319
　　任务一　政府采购监督机制 ·· 319
　　任务二　政府采购法律法规 ·· 325
　　任务三　《政府采购法》与《招标投标法》的法律监督比较 ·· 335

附　录

附录1　中华人民共和国政府采购法 ·· 345
附录2　中华人民共和国政府采购法实施条例 ·· 356
附录3　政府采购货物和服务招标投标管理办法 ··· 368
附录4　政府采购非招标采购方式管理办法 ·· 383
附录5　政府采购竞争性磋商采购方式管理暂行办法 ·· 394
附录6　政府采购框架协议采购方式管理暂行办法 ··· 401
附录7　政府采购合作创新采购方式管理暂行办法 ··· 411

参考文献 ·· 420

第一篇

政府采购基本理论

项目一

政府采购认知

学习目标

1. 理解政府采购的含义与特点。
2. 熟悉政府采购的模式与方式。
3. 了解政府采购的历史发展历程。
4. 理解政府采购的基本原则。
5. 理解政府采购的主要功能。

能力目标

1. 掌握政府采购的内涵。
2. 掌握政府采购基本法律框架体系。
3. 能够根据采购项目特点合理选择政府采购模式。
4. 掌握8种政府采购方式的含义及基本特点。
5. 掌握政府采购的主要功能。

任务一 认识政府采购

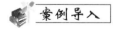案例导入

2023年全国政府采购简要情况

2023年全国政府采购规模为33 929.6亿元。其中,货物、工程、服务政府采购规模分别为7 738.1亿元、14 486.8亿元和11 704.8亿元,占全国政府采购规模比例为22.8%、42.7%和34.5%。从组织形式看,政府集中采购、部门集中采购、分散采购规模分别为8 038.3亿元、1 522.4亿元和24 369.0亿元,占全国政府采购规模的23.7%、4.5%和71.8%。从采购方式看,公开招标、邀请招标、竞争性谈判、竞争性磋商、询价、单一来源、框架协议采购规模分别占全国政府采购规模的76.3%、0.6%、1.8%、12.3%、0.6%、3.1%

和 1.5%。

政府采购政策功能作用有效发挥。在支持绿色发展方面,2023 年全国强制采购、优先采购节能节水产品 357.2 亿元,占同类产品采购规模的 83.9%;优先采购环保产品 575.1 亿元,占同类产品采购规模的 84.9%。在支持中小企业发展方面,全国政府采购授予中小企业合同金额为 25 239.8 亿元,授予中小企业合同总金额占全国政府采购规模的 74.4%;其中,授予小微企业合同金额 15 778.3 亿元,占授予中小企业合同总金额的 62.5%。在支持乡村振兴方面,各级预算单位通过脱贫地区农副产品网络销售平台("832"平台)采购贫困地区农副产品超过 99 亿元,有效带动贫困农户增收,促进乡村产业发展。

(资料来源:中华人民共和国财政部网站,2024 年 9 月 14 日)

财政收入与财政支出对于财政体系来说,犹如"蓄水池"的"进水阀"和"出水阀",两者不可或缺。自 1998 年起,我国开始实施财政支出方面的改革,其中推行政府采购制度建设便是关键环节之一。

伴随着国家经济发展及财政改革的深入,"政府采购"成为备受关注的议题。2002 年 6 月 29 日,第九届全国人民代表大会常务委员会第二十八次会议通过了《中华人民共和国政府采购法》(简称《政府采购法》),该法自 2003 年 1 月 1 日开始施行,为政府采购活动提供了法律依据。随后,2015 年 3 月 1 日开始实施的《中华人民共和国政府采购法实施条例》(简称《政府采购法实施条例》)进一步明确了政府采购的法律责任、透明化要求及监管机制,将我国政府采购的发展推进至更深层次。2022 年 7 月 15 日,财政部再次发布的最新版本《中华人民共和国政府采购法(修订草案征求意见稿)》(简称《政府采购法修订草案》),则预示着我国的政府采购法律制度逐渐走向成熟。

一、政府采购的含义

政府采购,也称为公共采购,是指由各级政府及其所属机构在财政部门和其他有关部门以及社会公众的监督下,依据法定方式、方法和程序,为开展政务活动或提供社会公共服务的需要而进行的货物、工程和服务的采购行为。《政府采购法》从法律的角度对政府采购的定义是:"各级国家机关、事业单位和团体组织,使用财政性资金采购依法制定的集中采购目录以内的或者采购限额标准以上的货物、工程和服务的行为。"其中,采购,是指以合同方式有偿取得货物、工程和服务的行为,包括购买、租赁、委托、雇用等。

要准确地理解政府采购的定义,需要从政府采购主体、资金性质和行为规范三个维度来理解。

(一)政府采购主体

政府采购主体特指政府,即政府采购主要由政府部门计划、组织和主持实施。对于"政府"一词的范围理解应该取广义,具体包括政府机关、事业单位和团体组织。这些主体与个人或企业采购的主体有本质区别,它们不仅代表政府自身的需求,还代表广泛的公共利益,如基础设施建设、公共安全、教育和卫生服务等。

（二）政府采购资金

政府采购资金是指政府在公共预算中专门划拨用于购买货物、工程和服务的财政资金。这些资金来源于政府的财政收入，包括税收、政府债券、外来援助等，用于满足政府运行、公共服务和项目建设等方面的需要。政府采购资金的性质决定了其使用必须遵循公开、公平、公正的原则，确保资金使用的效率和效果，同时接受公众的监督，以增强财政的透明度和公信力。

（三）政府采购的行为

政府采购的行为必须符合规范。这意味着所有政府采购活动都必须在财政部门和社会公众的监督下，按照国家相关政策和法定程序进行。这包括透明的采购程序、公正的评审标准、合理的合同管理等，旨在防止腐败和浪费，确保政府采购活动的合法、合规。

二、政府采购的特点

（一）政府采购的法律规范性

政府采购具有高度的法律规范性。政府采购严格遵循《政府采购法》及《政府采购法实施条例》等一系列法律法规。在采购过程中，从采购预算编制、采购意向公开，到采购方式确定、招标文件编制、开标评标、合同签订履行等各个环节，都有明确且细致的法律规定。例如，采购方式的适用条件有严格的法律限定，确保合理合法；供应商资格条件依法设定，保障采购质量；采购结果按规定公开，便于社会监督等等。这不仅规范了采购人、供应商和代理机构等各方行为，防止权力滥用和腐败现象，还确保了财政资金被合理使用，实现了公共资源优化配置，维护了政府采购市场的公平公正秩序。

（二）政府采购的公共性

政府采购是以政府为代表的公共机构进行的购买活动，公共性是其核心特征，它体现了政府在使用公共资源进行采购时所承担的社会责任和对公共利益的维护。政府采购不仅是一个购买过程，还是一个涉及使用公共资金、执行政策和保证公共服务质量的综合活动。

1. 政府采购资金来源的公共性

政府采购资金主要是以税收为主的财政性资金，财政资金的基本特征就是公共性。

2. 政府采购目标具有公共性

政府采购活动通过采购公共物品和公共服务，保证政府及公共服务部门有效运转，实现为社会公众提供公共需要的目标。从这个意义上来说，政府采购在公共财政职能上充分体现了公共性。

（三）政府采购的经济性

政府采购的经济性是政府采购活动中需要遵循的重要原则，具有极其重要的意义。从采购成本角度看，政府采购通过集中采购等方式，利用规模效应，可以获得更优惠的采购价格，降低单位采购成本。同时，规范的采购流程和竞争机制，也能避免采购中的不合理开支和浪费现象。从资源配置角度看，政府采购倾向于选择性价比高的产品和服务，将资金投向更具经济效率的供应商，促使资源向优势企业流动，提高资源的整体利用效率，推动产业发展。此外，政府采购的经济性还体现在对宏观经济的影响上，合理的采购支出能刺激相关产业经济增长，带动就业，在促进经济发展的同时，实现资金的高效利用，达成经济效益与社会效益的统一。

(四) 政府采购的非营利性

政府采购的非营利性是其重要特征之一，体现在多个方面。从采购目的来看，政府采购不是为了获取利润，而是为了满足政府履行公共职能的需要，如购置办公设备以保障政府部门正常运转，采购医疗物资用于公共卫生服务等，是为了实现公共利益。从采购行为上来看，政府采购遵循公平、公正、公开原则，严格按照规定的程序和标准进行，不会为了追求利润而进行不合理的采购或与供应商进行不正当交易。从资金性质而言，政府采购使用的是财政性资金，这些资金来自纳税人，必须用于公共服务和公共产品的提供，不能用于追求经济利益。即便在某些特殊情况下政府采购可能会产生一定经济效益，但这也并非其主要目标，而是在实现公共服务目标过程中的附带结果，其核心始终是服务社会和公众，而非营利。

(五) 政府采购对象的广泛性

政府采购对象的广泛性是其显著特点，充分展现了其在社会经济活动中的重要地位。在货物领域，大到飞机、大型机械设备，小到办公用品、日常消耗品，都涵盖其中。比如政府为保障交通出行，采购各类公务车辆；为满足办公需求，采购电脑、打印机等设备。在工程方面，从大型基础设施建设，如桥梁、道路修建，到房屋建筑的翻新与新建，都属于政府采购范畴。这些工程的开展对推动城市发展、改善民生起着关键作用。服务领域同样广泛，包括信息技术服务、法律服务、物业管理服务等。例如政府通过采购信息技术服务，提升办公自动化水平；采购法律服务，为决策提供法律支持。正是由于政府采购对象的广泛性，使得政府采购能够深入到社会生产生活的各个角落，不仅满足政府履行职能的多样化需求，还对相关产业的发展起到强大的带动作用，促进经济的繁荣与稳定。

(六) 政府采购活动的公开透明性

政府采购活动的公开透明性是政府采购的一个基本原则，它要求在采购过程中保持信息的公开和流程的透明，以增强公众信任和确保公平竞争。

公开透明性要求政府采购的相关信息，如采购公告、评审标准、中标结果等，应对所有潜在的供应商及社会公众公开。这样的做法不仅保障了供应商的知情权，还提高了政府采购的透明度。

政府采购流程的透明化，意味着从需求分析、采购方式选择到合同履行和评价的每一个环节，都应遵循明确、可追溯的程序。这种做法有助于防止任何形式的不正当干预，确保采购过程的公正性和合法性。

政府采购的公开透明也促进了对政府采购活动的监督。供应商和公众可以通过已公开的信息监督采购过程,确保政府采购决策的合理性和有效性。

三、政府采购的模式与方式

(一)政府采购模式

政府采购主要有集中采购和分散采购两种模式。《政府采购法》规定,我国政府采购实行集中采购和分散采购相结合的模式。

1. 集中采购

集中采购是指由政府设立的职能机构统一为其他组织提供采购服务的一种采购组织实施形式。一个部门统一组织本部门、本系统的采购活动,也称为集中采购。《政府采购法》所称集中采购,是指采购人将列入集中采购目录的项目委托集中采购机构代理采购或者进行部门集中采购的行为。纳入集中采购目录的政府采购项目,依法应当实行集中采购。

按照集中采购组织主体分类,我国的集中采购可以分为集中采购机构采购和部门集中采购两类。这样赋予本部门、本系统有特殊要求且采购量较大的部门采购自主权,可以减轻单一集中采购的压力,支持更多供应商的发展。

(1)集中采购机构采购。集中采购机构采购项目,通常为通用的政府采购项目。实行集中采购的目的就是为了形成批量,取得规模效益,降低采购成本,统一需求标准,发挥政府采购政策功能的优势。为此,"通用项目"定义为"技术、服务等标准统一,采购人普遍使用的项目"。

这些项目主要是跨部门的通用货物及日常服务项目,如计算机、计算机软件、打印机、复印机、扫描仪等办公设备,单独的装修、修缮、拆除等工程,车辆的维修、保养、加油、保险,会议,工程监理、物业管理等服务。不具备通用性的特殊项目则不宜列入集中采购机构采购项目,如需要定制的或者二次开发的软件、专用打印机、专用扫描仪等。

(2)部门集中采购。部门集中采购项目,即属于本部门、本系统有特殊要求的项目,也就是"采购人本部门、本系统基于业务需要有特殊要求,可以统一采购的项目"。此类采购项目由于业务需要有特殊要求,跨部门的通用性低于集中采购机构采购项目,但在本部门、本系统内又有一定的通用性,可以统一采购,形成规模效益,降低成本,统一采购需求标准。

对于这些采购项目,相关部门熟悉业务需求,具有丰富的采购经验,对市场的了解也超过了集中采购机构,由这些部门组织开展部门集中采购,效益更好,效率更高,也能更好地满足采购需求。以中央预算单位制定的集中采购目录及标准为例,部门集中采购项目包括:公安部的鉴定设备、防护防爆装备、指挥调试系统等;水利部的泵、排灌机械、特种作业船等;国家卫生健康委的避孕器具、药品等;市场监管总局的专用分析仪器设备、行业应用软件开发等;广电总局的广播、电视、电影设备;体育总局的体育设备、医疗设备;应急管理部的专用设备、救援专用车辆;气象局的气象仪器、地面气象雷达等。

部门集中采购项目也不是固定的,需要根据相关部门的业务需求、采购能力、市场情况等进行调整,并与集中采购机构采购项目相衔接,共同发挥集中采购优势。

(3) 集中采购的优势及不足。集中采购做法的优势在于使得需求统一,从而实现规模经济效应;减少了重复采购,有效降低了成本;通过统一规划和采购,设定统一标准,便于后期的维护和管理;此外,集中采购有助于培养专业化的采购团队,确保采购质量,并便于采购过程的管理和监督,有利于政府采购相关政策的执行。

集中采购也存在一些弊端,如在紧急情况下反应不够灵活;使用单位缺乏采购的自主权;难以满足用户多样化的需求;采购程序烦琐,周期较长等等。

2. 分散采购

分散采购是指由各需求单位自行开展采购活动的一种采购组织实施形式。分散采购不是随意采购,也属于政府采购范畴,必须按照政府采购程序实施。《政府采购法》所称分散采购,是指采购人将采购限额标准以上的未列入集中采购目录的项目自行采购或者委托采购代理机构代理采购的行为。分散采购的组织主体是各采购人,采购人可以自己组织开展采购,也可以委托采购代理机构代为采购。

分散采购作为政府采购,与集中采购一样也存在着优势及不足:

(1) 分散采购的优点。提高了采购的灵活性和响应速度,尤其在紧急或特殊需求情况下更为有效。各部门根据自身的特定需求进行采购,能更精准地满足需求。此外,分散采购可以减轻集中采购机构的采购压力。

(2) 分散采购的缺点。首先,由于缺乏规模效应,分散采购可能导致较高的采购成本和资源使用效率降低;其次,缺乏统一的采购标准可能导致产品和服务质量不一致;此外,分散采购由于缺乏集中监督和协调,可能增加管理难度,降低透明度和公正性,增加腐败和浪费的风险。

3. 集中采购目录和采购限额标准

(1) 集中采购目录。政府采购项目种类繁多,涵盖了各种需求。其中,一些是普遍需求,许多采购单位都需要的项目;而另一些则是特殊需求,仅限于少数或个别采购单位,通常被称为特殊采购项目。国际上常见做法是,将普遍需求的项目交由专业机构进行集中采购;而具体的项目,则需相关部门根据情况制定一个专门的目录,即集中采购目录,被列入此目录的项目,都将由指定的集中采购机构负责实施集中采购。

我国的集中采购分为集中采购机构采购和部门集中采购。集中采购目录相应按照组织主体不同分为集中采购机构采购目录和部门集中采购目录。技术、服务等标准统一、采购人普遍使用的项目,被列入集中采购机构采购目录;采购人本部门、本系统基于业务需要有特殊要求且可以统一采购的项目,被列入部门集中采购目录。

对集中采购机构采购目录中的采购,采购人应当委托集中采购机构代理采购。对部门集中采购目录中的采购,相关部门经编制管理部门批复同意设立有专门的部门集中采购机构的,应当由部门集中采购机构自己组织开展采购,不得将部门集中采购项目委托其他组织;未设立部门集中采购机构且具备自己组织开展采购条件的采购人,可以自己组织开展采购,不具备自己组织开展采购条件的,也可以委托采购代理机构代为采购。

集中采购目录是区分集中采购与分散采购的重要标准,也是正确实施政府采购的基础。因为政府采购项目涉及的种类繁多,《政府采购法》不可能将所有项目都纳入其规范的范围,至于哪些项目需要其规范和调整,主要取决于制定的集中采购目录。纳入集中采购目录的政府采购项目,无论采购对象是货物、工程还是服务,都要执行《政府采购法》的规定,按政府采购法定程序进行采购。

采购未纳入集中采购目录的政府采购项目,采购人可以自行采购,也可以委托集中采购机构或集中采购机构以外的采购代理机构在委托的范围内代理采购。

(2)政府采购限额标准。政府采购限额标准是指政府采购活动中应纳入政府采购制度范围的采购活动额度限制标准。集中采购目录以外、预算金额在采购限额标准以上的项目,属于分散采购项目,采购人可以自行采购,也可以委托政府采购代理机构采购。集中采购目录以外、预算金额未达到采购限额标准的项目,属于非政府采购项目,由采购人按照相关预算支出管理规定和本单位内部控制采购规程组织实施采购。

在政府采购的实践中,还存在公开招标数额标准,公开招标数额标准是确定采用公开招标采购方式的依据之一。一般来说,达到公开招标数额标准的政府采购项目,都应当采用公开招标的方式;未达到公开招标数额标准的项目,可以采用公开招标方式以外的方式。

(3)集中采购目录和政府采购限额标准的制定。《政府采购法》中规定,省、自治区、直辖市人民政府或者其授权的机构根据实际情况,可以确定分别适用于本行政区域省级、设区的市级、县级的集中采购目录和采购限额标准。

属于中央预算的政府采购项目,其集中采购目录和政府采购限额标准由国务院确定并公布;属于地方预算的政府采购项目,其集中采购目录和政府采购限额标准由省、自治区、直辖市人民政府或者其授权的机构确定并公布。

各省根据实际情况,可以在全省地域范围内,不分级别,实行统一的集中采购目录和采购限额标准,也可以分省、设区的市、县三级分别实施不同的集中采购目录和采购限额标准。集中采购目录和采购限额标准与经济发展水平、政府职能、政府采购管理水平,特别是集中采购的规模、效率等密切相关,其确定的合理与否,直接关系到政府采购的规模和财政资金的使用效益。

我国31个省、自治区、直辖市(不含港澳台),不仅各省级地方之间经济发展、政府采购规模等差别较大,在同一省级地域内,由于各级政府的职能不同、采购规模不同、采购对象结构不同,相应采购范围也不尽一致。在确定集中采购目录和采购限额标准时,需要考虑我国各级地方政府采购的实际情况,既要有一定程度的统一性,又要有灵活性。比如江苏省在政府采购的实践中,根据实际情况,在全省地域范围内制定政府采购限额时,对省、设区的市、县三级分别实施了不同的采购限额标准。

我们需要注意的是,《政府采购法修订草案》提出,集中采购目录和政府采购限额标准的制定改为由国务院确定并公布,未来拟不再设置地方政府集中采购目录,全国各地共用同一个目录,全国的政府采购限额标准也拟统一。

（二）政府采购方式

无论是商业采购还是政府采购，其采购的目的都是以经济有效的方式采购到所需物品。但是，由于公共资金的使用者需要承担管理责任，所以在政府采购和商业采购实践中形成了截然不同的采购方式。

1. 按照不同的体系划分

我国常见的采购方式按照不同的体系，大致可以分为三大类：

（1）属于《政府采购法》规范的八种采购方式，即公开招标、邀请招标、竞争性谈判、单一来源采购、询价、竞争性磋商、框架协议采购、合作创新采购。

（2）属于《中华人民共和国招标投标法》（简称《招标投标法》）规范的两种采购方式，即公开招标和邀请招标。

（3）属于《非招标方式采购代理服务规范》（T/CTBA 001—2019）指导范畴的五种采购方式，即谈判采购、询比采购、竞价采购、直接采购、框架协议。

现行的政府采购方式主要是属于《政府采购法》规范的八种采购方式，即公开招标、邀请招标、竞争性谈判、单一来源采购、询价以及国务院政府采购监督管理部门认定的其他三种采购方式，竞争性磋商、框架协议采购、合作创新采购等。其中公开招标应作为政府采购的主要采购方式。

2. 按照是否具备招标条件划分

按照是否具备招标条件，可以将采购方式分为招标性采购方式和非招标性采购方式两大类。

（1）招标性采购方式。招标性采购是指采用招标的方式，邀请所有潜在的供应商参加投标，采购单位通过事先确定并公布的标准，从所有投标者中评选出中标供应商，并与之签订合同的一种采购方式。招标性采购方式作为一种公平公开的采购方式，在政府采购中广泛使用，原则上只要是采购人需要的、数额较大的产品或项目都可以通过该方式进行采购。

① 招标性采购按公开性的程度分类。招标性采购按其公开性的程度可分为公开招标和邀请招标两种。公开招标是一种常见的政府采购方式，它指的是招标人或其授权的采购代理机构通过公开发布招标公告，邀请所有感兴趣且符合资格条件的供应商参与竞争性提交投标文件的过程。邀请招标是政府采购方式之一，区别于公开招标的开放性，邀请招标通常仅限于一定数量的供应商参与。

《政府采购货物和服务招标投标管理办法》（财政部令第 87 号）从法律的角度规定："公开招标，是指采购人依法以招标公告的方式邀请非特定的供应商参加投标的采购方式。邀请招标，是指采购人依法从符合相应资格条件的供应商中随机抽取 3 家以上供应商，并以投标邀请书的方式邀请其参加投标的采购方式。"

② 招标性采购按招标所经历的阶段分类。按招标所经历的阶段，招标性采购可分为单阶段招标采购和两阶段招标采购。单阶段招标采购就是通过一次性招标，让投标供应商提交投标文件的采购方式。两阶段招标采购是一种特殊的招标采购方式，即对同一采

购项目要进行两次招标。

在两阶段招标采购中,第一次招标是采购人要求供应商提交不含价格的技术标,目的是征求各家供应商对拟采购项目在技术、质量或其他方面的建议。第二次招标是采购人根据第一阶段征求的建议修改招标文件,要求供应商按照修改后的招标文件提交最终的技术标和价格标。

两阶段招标方式常见于《招标投标法》范围内的采购项目。《中华人民共和国招标投标法实施条例》(简称《招标投标法实施条例》)规定,对技术复杂或者无法精确拟定技术规格的项目,招标人可以分两阶段进行招标。第一阶段,投标人按照招标公告或者投标邀请书的要求提交不带报价的技术建议,招标人根据投标人提交的技术建议确定技术标准和要求,编制招标文件。第二阶段,招标人向在第一阶段提交技术建议的投标人提供招标文件,投标人按照招标文件的要求提交包括最终技术方案和投标报价的投标文件。

(2)参照招标方式执行的采购方式。在我国的政府采购实践中,为了规范多频次、小额度采购活动,提高政府采购项目效益,探索出了框架协议采购形式。《政府采购框架协议采购方式管理暂行办法》(财政部令第110号)所称框架协议采购,是指集中采购机构或者主管预算单位对技术、服务等标准明确、统一,需要多次重复采购货物和服务,通过公开征集程序,确定第一阶段入围供应商并订立框架协议,采购人或者服务对象按照框架协议约定规则,在入围供应商范围内确定第二阶段成交供应商并订立采购合同的采购方式。框架协议采购包括封闭式框架协议采购和开放式框架协议采购。封闭式框架协议采购是框架协议采购的主要形式。封闭式框架协议的公开征集程序,按照政府采购公开招标的规定执行。

政府采购是支持应用技术创新的重要政策工具。近年来,政府采购在支持科技创新方面取得积极成效,为促进创新产品研发和应用推广,财政部结合国内开展订购、首购的实践经验,以及借鉴国际上政府采购支持创新的主要做法,推出了合作创新采购方式。《政府采购合作创新采购方式管理暂行办法》(财库〔2024〕13号)中规定,合作创新采购是指采购人邀请供应商合作研发,共担研发风险,并按研发合同约定的数量或者金额购买研发成功的创新产品的采购方式。合作创新采购方式分为订购和首购两个阶段。订购是指采购人提出研发目标,与供应商合作研发创新产品并共担研发风险的活动。首购是指采购人对研发成功的创新产品,按照研发合同约定采购一定数量或者一定金额相应产品的活动。在合作创新采购中,除只能从有限范围或者唯一供应商处采购外,采购人应当通过公开竞争方式确定研发供应商。

(3)非招标性采购方式。非招标性采购是指除招标采购方式以外的采购方式。达到公开招标数额以上的采购项目一般要求采用招标采购方式,但在有些特殊情况下,比如需要紧急采购或者采购来源单一等,招标方式并不是最经济的,需要采用招标方式以外的采购方式。另外,大量在公开招标数额以下的政府采购活动也需要采用非招标采购方式。非招标采购方式有很多,比如询价采购、竞争性谈判、竞争性磋商、单一来源采购等。

① 询价采购。也就是我们常说的"货比三家",是指采购单位向有关供应商(通常不少于3家)发出询价单,让其报价,然后在报价的基础上进行比较并确定中标供应商的一种采购方式。《政府采购非招标采购方式管理办法》(财政部令第74号)规定询价是指询价小组向符合资格条件的供应商发出采购货物询价通知书,要求供应商一次报出不得更改的价格,采购人从询价小组提出的成交候选人中确定成交供应商的采购方式。

② 竞争性谈判。是指采购人、政府采购代理机构通过与多家供应商进行谈判,最后从中确定中标供应商的一种采购方式。《政府采购非招标采购方式管理办法》(财政部令第74号)规定竞争性谈判是指谈判小组与符合资格条件的供应商就采购货物、工程和服务事宜进行谈判,供应商按照谈判文件的要求提交响应文件和最后报价,采购人从谈判小组提出的成交候选人中确定成交供应商的采购方式。

③ 竞争性磋商。是指采购人、政府采购代理机构通过组建竞争性磋商小组与符合条件的供应商就采购货物、工程和服务事宜进行磋商,供应商按照磋商文件的要求提交响应文件和报价,采购人从磋商小组评审后提出的候选供应商名单中确定成交供应商的采购方式。竞争性磋商是首个"国务院政府采购监督管理部门认定的其他采购方式"。

④ 单一来源采购。是指采购人从某一特定供应商处采购货物、工程和服务的采购方式。单一来源采购是没有竞争的采购,是因货物或者服务使用不可替代的专利、专有技术,或者公共服务项目具有特殊要求,导致只能从某一特定供应商处采购;发生了不可预见的紧急情况,不能从其他供应商处采购;必须保证原有采购项目一致性或者服务配套的要求,需要继续从原供应商处添购等原因。

任务二　政府采购的历史发展

美国政府采购发展与演变

阶段	自由化阶段	规范化阶段	政策化阶段	商品化阶段
年代	1778—1867年	1868—1932年	1933—1993年	1994年至今
起点	1778年,美国大陆会议批准了对采购委托人的任命。这是美国历史上,第一次有记载的采购行为	1868年,美国国会通过法律,规定政府采购必须公开招标和公开授予合同	1933年,美国国会通过《购买美国货法》,该法是美国第一部将社会经济政策功能赋予政府采购的法律	1994年,《联邦优化法》颁布,要求政府尽可能从商品市场进行采购,并简化政府采购程序

(续表)

阶段	自由化阶段	规范化阶段	政策化阶段	商品化阶段
主要问题	采购价格高；采购的物品不适用；交易中易发生腐败行为	采购人员素质不高；只追求程序，不追求效果；部分采购需求不明，公开招标难以满足要求	政府采购成为解决经济萧条、社会不平等等国内民生问题以及国际贸易问题的工具之一	层出不穷的法律法规以及社会各界的关注与监督，使得采购程序越来越复杂，政府采购效率越来越低
主要法律	1795年，《政府供应商法》；1808年，《政府合同法》；1809年，《采购法》	1916年，《国防法》	1933年，《购买美国货法》；1940年，《转让赔偿法》；1947年，《军事采购法》；1949年，《联邦财产行政服务法》；1962年，《诚实谈判法》；1974年，《联邦采购政策办公室法》；1984年，《合同竞争法》	1994年，《联邦采购优化法》；1996年，《联邦采购改革法》
主要特征	建立了通过使用正式公告进行采购的制度；确立了美国政府签订合同的权利	各部门实施分散采购；在采购方式方面，确立了公开招标的主导地位	确立了集中采购制度；竞争性谈判成为主要采购方式；政府采购被赋予越来越多社会经济功能	分散采购与集中采购相结合；采购人员能力提高，许多小额商品直接从市场采购；采纳电子手段、协议供货等方式

（资料来源：赵勇，李建维．美国政府采购发展史研究[EB/OL]．(2022-01-10)[2024-04-03]．http://www.cgpnews.cn/articles/58864．）

一、政府采购的起源

政府采购起源于18世纪的西方国家。当时，随着资本主义经济的发展和政府职能的逐渐扩展，西方国家的政府对物资和服务的需求日益增长，为了规范采购行为、提高财政资金使用效率，政府采购制度应运而生。最初，政府采购主要应用于政府部门的办公用品、军事装备采购等方面，采购内容相对简单。随着时间的推移，其范围不断扩大，涵盖了更多领域，如基础设施建设、公共服务等。如今，政府采购已成为各国政府管理公共事务、推动经济发展和实现社会政策目标的重要手段，在全球范围内得到广泛应用和不断完善。

（一）古代政府采购介绍

根据历史记载，世界上最古老的政府采购记录可追溯至公元前2800年至公元前2400年，位于叙利亚。这份采购记录刻在一个泥板上，内容是"用600升谷物交换50瓶润滑油"。在公元前3世纪的雅典，也有类似的政府采购实例；而在古罗马时期的凯撒军团中，同样发现了政府的采购订单。这些早期的采购实例标志着政府采购活动的历史起点，展现了古代政府在资源配置和物资管理上的初步尝试。

（二）英国政府采购介绍

现代政府采购体制起源于18世纪末和19世纪初的西方资本主义国家。1782年，英国政府率先成立了文具公用局，这是一个专责政府部门办公用品采购的专门机构。随后，该机构演变成为物资供应部，主要负责为政府各部门采购所需物资。值得注意的是，英国的文具公用局自创立之初便采用了公开招标投标的方式进行政府采购，这一做法具有里程碑意义。它不仅为后来各国政府采购方式的选择提供了范例，而且为确立政府采购的透明度、公平性和公正性原则奠定了坚实的基础。英国文具公用局的建立对后续各国政府采购制度的形成和发展起到了重要的启示作用。

（三）美国政府采购介绍

美国联邦政府的政府采购活动开始于18世纪90年代，随着政府的形成和职能的扩大，关于政府采购的早期法律和规章制度在19世纪得到了发展和完善。1861年制定的《民用综合拨款法》规定竞争性密封招标（类似我国的"公开招标"）为法定优先采购方式。要求一定金额以上的项目，必须通过密封招标进行，且必须有至少三个投标人。1868年，国会通过新立法，确立了公开招标和公开授予合同的程序。到了1947年，美国国会通过《军事采购法》，为国防采购确立了具体的方法和程序，这一职责由国防部后勤局承担，实现了在军事和国防领域的集中政府采购。1949年，美国通过《联邦财产行政服务法》，该法案赋予了联邦政府总务署制定统一采购政策和方法的职责。这些法律法规的出台是美国政府采购立法历史中的重要里程碑。特别是《联邦财产行政服务法》的确立，标志着美国政府采购体系的重要转变，赋予了联邦政府总务署在民用部门集中采购方面的关键职责。

（四）德国政府采购介绍

德国是世界贸易组织（World Trade Organization，WTO）《政府采购协议》（Government Procurement Agreement，GPA）最早的签约成员之一，作为当时全球第二大贸易国和欧洲最发达的经济体，其政府采购规模巨大。为了有效地监管政府采购活动，防止出现腐败和浪费现象，德国政府将与政府采购相关的各项任务，如政策制定、预算管理、采购实施、审计监督和投诉处理等，分配给不同的部门。这种权责分明的制度设计实现了部门之间的相互监督和制约。得益于这些健全且完善的制度，德国政府在采购领域很少出现丑闻。在1998年对《反对限制竞争法》的修订中，德国政府增添了关于政府采购的条款，明确了应遵循的原则，如公平竞争、透明公开、禁止歧视以及优先考虑中小企业等，这些措施和立法的出台有助于维护政府采购领域的清廉和效率。

（五）韩国政府采购介绍

韩国是亚洲较早实行政府采购制度的国家之一，早在1949年1月，就设立了临时外国供应办公室，其初始主要职责是管理外国援助物资，这成为韩国政府采购机构发展的起点。在后续的发展进程中，韩国不断推进政府采购制度的变革与完善，在20世纪50年代至60年代期间，经历了一系列机构的整合与职能的拓展。例如，1955年临时外国供应办公室和外资购买处合并为外资厅，后于1961年改名为采购厅，主要负责政府所需物资的集中采购,并在1961年10月2日将职能扩大到包括国内采购和工程合同,逐渐成为中央采购机构。到了1967年,又进一步增加了稳定供需以及主要外国原材料和基本必需品价格的功能。进入20世纪后半叶,韩国政府积极利用现代信息技术,于2002年建立了韩国在线电子采购系统(Korea On-line E-Procurement System,KONEPS),推动政府采购从传统的采购模式向电子采购转变。2003年与2004年,联合国相继授予KONEPS公共服务优秀奖和联合国模范采购系统称号,并在2005年4月,将KONEPS电子采购程序作为国际标准。

(六)日本政府采购介绍

日本也是世界贸易组织《政府采购协议》最早一批签约成员之一。日本政府采购的历史发展经历了多个阶段,在20世纪,日本政府采购以分散采购为主,各个政府机构独立进行采购决策。随着经济发展和国际交流的加深,日本开始逐步改革和规范政府采购体系,特别是在1995年,日本根据世界贸易组织《政府采购协议》的要求,明确了适用该协议的政府采购实体和范围,实施了非歧视性原则。此外,日本政府在国际招标方面做出了一系列承诺,以增加透明度和公平性。从整体来看,日本政府采购制度的发展反映了其对国际规范的适应和对内部管理体系的优化。

综上所述,政府采购起源于自由市场经济时期,但其成为一种完整的制度则是现代市场经济发展的产物。在自由市场经济阶段,政府对国民经济的干预相对有限,政府采购市场也不够发达。而在现代市场经济阶段,政府通过各种经济和法律手段积极干预经济活动,政府采购制度随之得到了大幅度的发展和完善。政府采购成为政府参与市场经济、推动公共事业和服务发展与完善的重要手段。

二、政府采购制度的国际化

随着现代政府采购制度的建立,政府采购在世界范围内的影响力逐渐扩大,逐步走向国际化。政府采购制度的国际化发展大致经历了以下几个阶段:

(一)各国政府采购制度的封闭建设

早期,政府采购市场通常是封闭的,各国倾向于购买国内产品以保护本国产业,这是1947年《关税与贸易总协定》(General Agreement on Tariffs and Trade,GATT)成立时的普遍做法。1979年之前,大多数国家的政府采购活动主要集中在国内,很少涉及国际贸易。随着全球化和贸易自由化的发展,政府采购市场才逐渐开放,国际贸易在政府采购中的作用逐渐增强。

(二)政府采购国际规则的初步制定

随着全球贸易自由化的推进,政府采购市场的潜力开始受到国际世界重视。一些工业化国家希望为其产品开拓海外市场,并主张将政府采购纳入国际贸易规则。1979年,GATT的"东京回合"谈判中,制定了《政府采购守则》,这一守则是针对政府采购活动的首个多边贸易协议,旨在通过相互谈判确定政府采购的开放程度,推动政府采购市场的国际化和透明化。美国和其他一些国家签署了《政府采购守则》,成为守则成员。这标志着政府采购在国际贸易中的重要性日益增强。

(三) 各国签署和执行政府采购国际协定

《政府采购守则》于 1981 年开始生效,其性质是非强制性的。这项协定在 GATT 缔约成员之间自愿签署,目的在于通过开放政府采购市场和增加透明度来促进国际贸易发展。该协定将 GATT 的一些基本原则,如平等待遇和透明度原则,扩展到了政府采购活动中。这意味着签署成员在进行政府采购时,需要对所有协定成员提供平等的机会,并确保过程的透明和可预测性。尽管如此,由于《政府采购守则》覆盖的采购市场范围有限,其在整体国际贸易中的作用相对较小。

在关贸总协定"乌拉圭回合"谈判期间,对《政府采购守则》进行了重大调整,形成了世界贸易组织《政府采购协议》。该协议于 1996 年 1 月 1 日正式生效,但仅对签署成员具有约束力,许多发达国家或地区签署了该协议。

(四) 政府采购制度国际化全面开启

随着全球经济一体化的发展,政府采购市场逐渐成为国际贸易合作的重要领域。在这个过程中,政府采购法律制度在国内外的法律体系中扮演着越来越重要的角色,推动着政府采购市场从局部区域向全球范围的转变。

除了世界贸易组织,联合国国际贸易法委员会、欧盟理事会、世界银行等机构也参与制定了一系列政府采购相关的标准法律、协议和指导原则。其中影响较大的有:1992 至 1993 年欧盟理事会制定的《关于协调政府物资采购合同的程序》(欧盟理事会第 93/36/EEC 号指令)、《关于协调给予公共工程合同的程序》(欧盟理事会第 93/37/EEC 号指令)、《关于协调给予公共服务合同的程序》(欧盟理事会第 92/50/EEC 号指令)、《关于协调有关对公共供应和公共工程合同的给予执行复查程序的法律条例和行政条款》(欧盟理事会第 89/665/EEC 号指令)等;1993 年 7 月在维也纳通过的《联合国国际贸易法委员会货物和工程采购示范法》,1994 年 5 月在纽约通过的《联合国国际贸易法委员会货物、工程和服务采购示范法》;世界银行为了保证其贷款资金的有效利用和管理借款国的政府采购行为,在 1995 年 1 月发布了以强化对招标采购的严密监管而著称的《国际复兴开发银行贷款和国际开发协会贷款采购指南》,从而在世行成员国范围内大大促进了政府采购的实践工作。

三、我国历代政府采购制度介绍

在中国古代社会,政府的实物性财政支出主要依靠纳贡和赋税。但由于并非所有所需物资都能通过贡税获取,因此政府不得不直接在市场上进行采购,以满足特定的支出需求。这种政府在市场上直接采购的做法,可以看作是政府采购的原始形态。

(一) 奴隶社会政府采购制度介绍

在奴隶社会时期,政府的采购活动目的呈现出多元化特征,其中经济调控是重要方面之一,主要体现为调控性采购。在西周时代(约公元前 1046—前 771 年,历经两百多年),

随着社会生产力的发展,工商业取得了一定进步。此时,政府开始在市场上购买过剩物资,这一举措一方面充实了政府物资储备,满足了财政在物资调配方面的需求;另一方面,也起到了平衡物价的作用。

《周礼·地官·廛人》有载:"凡珍异之有滞者,(廛人)敛而入于膳府。"意思是对于市场上积压的珍稀物品,负责市场管理的官员廛人会进行收购并存放于膳府。从经济和管理角度看,这一举措既解决了市场上商品积压的问题,有助于稳定物价和市场秩序;同时,收购的珍异物品进入膳府,也可满足宫廷在饮食、用度等方面的需求。另据《周礼·地官·泉府》记载:"泉府,掌以市之征布(币),敛市之不售、货之滞于民用者,以其贾买之,物揭而书之,以待不时而买者,买者各从其抵。"这句话描述了泉府如何通过管理市场上的货物流通来调节供需关系。泉府不仅负责收购滞销商品和民众急需的物资,还会记录这些商品的详细信息并存储,等待合适的时机再出售。这一机制不仅有助于缓解市场的商品积压,还能在需求增加时,及时调节供应,稳定市场价格,从而避免因物资滞销或缺乏而导致的经济波动。这些做法不仅是政府调控市场、促进物资流通的有效策略,还在一定程度上推动了当时社会经济秩序的稳定与发展。

(二)封建社会政府采购制度介绍

在封建社会中,政府采购主要用于调控经济和稳定物价,同时也出现了一定的消费性采购。和籴和买、均输平准、五均六管、均输市易制度体现了封建政府对商品流通的干预和控制,旨在平抑物价,节约财政资金,并增加政府的财政收入。这些制度可以视为中国政府采购制度的早期形态。尽管受限于当时的生产力水平和社会矛盾,这些制度可能未能被完全有效执行,但它们追求的财政资金效用最大化和物有所值的原则,已经与现代政府采购原则相似。

1. 和籴和买制度

和籴和买制度是我国古代一项重要的财政制度,它的实行,对于平抑物价、发展经济起到了重要作用。所谓"和籴","和"指和平、公平,"籴"指购买粮食。和籴就是官府出资向百姓公平购买粮食。"和买(又称和市)"则是指粮食以外其他物资的购买。春秋战国时期,和籴和买思想已经开始出现。和籴制度作为一种粮食管理政策,主要目的就是调节市场粮食价格,确保国家粮食安全。《太平御览》记载:"泰始四年七月,立常平仓,丰则籴,俭则粜,以利民也。"在丰收年份,政府会以市场价格或略高于市场价格从农民那里收购粮食,然后储存起来。在灾荒年份或粮价飙升时,政府再以较低的价格向市场投放粮食,以稳定市场价格。这种制度有效缓解了粮价波动带来的社会经济影响,同时也保证了农民的利益。和籴和买制度体现了古代中国政府对重要商品市场的有效干预和管理,体现出政府采购思想。

2. 均输平准制度

均输平准制度是在汉武帝时期西汉政府采用的一种重要财政和经济政策,目的是通过政府的行政力量来平衡各地物价、调节物资运输,并以此控制市场。均输平准制度通过政府利用不同地区之间的物价差异进行购买和销售来调控市场,主要集中在粮食和其他重要商品上。这种政策允许政府在物价较高的地区出售储备商品,并在物价较低的地区购买商品,从而调节市场供需关系,减少价格波动,并尽量避免因物价激增而引起的社会不稳定。均输平准制度不仅增加了政府的财政收入,而且在一定程度上缓解了物价波动带来的社会问题,为维持经济稳定发挥了关键作用。

3. 五均六管制度

五均六管制度是王莽新朝时期的一个重要经济政策,其目的是通过政府的直接干预来控制和稳定市场,特别是对关键商品的价格和供应进行调控。"五均"主要是在重要城市中设立官方机构,这些机构负责监督市场物价,根据商品的质量设定标准价格,确保价格的稳定性。而"六管"则是政府对某些关键商品如盐、铁、酒进行专卖,同时管理国家铸币和收税,以及规范市场上的赊贷活动,旨在增强政府对经济的控制力,确保经济稳定和增加国库收入。这种政策体现了古代政府对经济活动的直接干预和控制,尽管它在历史上的效果和评价有所争议,但无疑展示了古代政府在经济管理上的一种尝试。

4. 均输市易制度

均输市易制度是北宋时期王安石变法中的重要经济政策,旨在通过政府干预优化商品流通和稳定市场价格。均输制度核心是在发运使衙门设专门官员,按照"徙贵就贱,用近易远"原则,依据宫廷及政府实际需求采购物资。在灾荒歉收物价高涨的地区折征钱币,用钱币到丰收的地区贱价购买上供物资,此即"徙贵就贱";如果有多个地区同时丰收物贱,就到距离较近、交通便利的地区购买,此即"用近易远"。市易制度则通过政府设立的市易司(官方市场),对商业交易进行管理,包括向商人提供赊账购货服务、收购滞销商品等,以此来稳定市场价格和促进商品流通。这一制度的实施有助于保护中小商人利益,避免市场垄断和商品价格的大幅波动。均输市易制度体现了北宋政府通过直接介入市场活动,试图控制经济走向,促进经济稳定和发展的策略。

(三) 民国时期政府采购制度介绍

民国时期中国政府采购制度开始呈现现代化特征,这一时期政府购买行为增多,尤其在大城市较为明显;同时,尽管商品种类有所扩展,但主要集中在军事物资和政府关键需求上。虽然这一时期的政府采购有所发展,但与现代意义上的政府采购制度相比,仍然有很大的差距,缺乏严格的法律框架和规范化的操作流程。

(四) 新中国成立后政府采购制度介绍

我国政府采购行为历来就有,但作为一种政府采购制度还只是近几十年的事。实行政府采购制度,是建立社会主义市场经济的必然要求,同时也是我国融入全球化的必然选择。

自1978年改革开放至1994年,我国的财政改革主要聚焦于理顺收入分配关系。1994年分税制的实施标志着收入分配改革的基本结束,此后改革重点转移到了支出管理。在财政支出管理方面,我国进行了多项探索,包括零基预算、支出定额管理等,但由于主要集中在支出分配调整上,未深入研究支出使用方面,因此效果有限。在这一背景下,加强财政支出使用管理,尤其是政府采购管理,成了必然趋势。

1995年11月,亚洲太平洋经济合作组织(Asia-Pacific Economic Cooperation,APEC,简称"亚太经济合作组织")在日本大阪的领导人会议上将政府采购纳入《大阪行动议程》,并列入贸易和投资自由领域。当时,除中国外,APEC的其他成员都已建立了政府采购制度。为了缩小与APEC发达成员的差距,中国政府随后开始着手建立自己的政府采购制度,从而将政府采购制度改革提上财政制度改革的重要议事日程。

我国政府采购制度建设研究从1996年开始,截至目前,大致经历了以下四个阶段:

1. 研究探索阶段(1996年1月—1998年6月)

1996年,财政部开始研究国际上的政府采购制度,并在同年10月完成了第一阶段的研究任务。研究结果表明政府采购是加强财政支出管理的有效手段。财政部随后提出将推行政府采购制度作为国家财政支出改革的方向。1997年,财政部向国务院正式提出了制定政府采购条例的建议,并初步完成了政府采购条例的草拟稿。

1998年4月,财政部在国内首次组织召开了政府采购制度国际研讨会,会上介绍了美国、英国和新加坡的政府采购制度,为中国政府采购制度的研究和试点提供了借鉴。同时期,上海市对使用财政资金采购医疗设备实施了公开招标采购方式,并取得了显著效果。财政部总结了上海的经验并借鉴了国际惯例,提出了我国实施政府采购的思路和框架。

2. 试点初创阶段(1998年7月—2000年5月)

1998年7月,国务院批复了财政部的"三定"方案,其中明确了财政部负责"拟定和执行政府采购政策"的职能。财政部随后在其预算司内设立了专门的机构来负责政府采购管理工作。政府采购管理职能的确立和专门机构的建立标志着我国政府采购制度改革的开始。试点初创阶段的主要改革措施和工作有:

(1) 政府采购知识的宣传与普及。1998年8月,财政部指定《中国财经报》作为发布政府采购信息的宣传媒体,以此来全面介绍政府采购的相关知识、政策制度和试点效果,指导全国的政府采购宣传和实践活动。同年12月,时任财政部副部长楼继伟主编的《政府采购》一书出版,这是我国第一部关于政府采购的专著,首次系统地阐述了政府采购理论,提出了建立我国政府采购制度的框架体系。

(2) 加强制度建设。1999年4月,财政部颁布了《政府采购管理暂行办法》,这是我国首部全国性的政府采购部门规章,为政府采购提供了法律框架。在此之前,深圳市人大常委会于1998年10月通过了《深圳经济特区政府采购条例》,这是我国第一部地方性政府采购法规。到2000年6月为止,我国绝大多数地区都已经颁布了地区性政府采购管理办法。

(3) 政府采购机构建设。1998年下半年,我国开始在一些地区的财政部门内设立政府采购管理机构。到2000年,各地区普遍明确了政府采购的管理职能由财政部门承担,并相应地设立或明确了行政管理机构。许多地区遵循上海和深圳的做法,建立了负责集中采购事务的机构。多数地区的集中采购机构设在财政部门,但也有如河北、重庆等少数地区将集中采购机构设置在机关事务管理部门。

(4) 推动政府采购试点工作。1999年6月,国务院办公厅转发了《国务院机关事务管理局关于在国务院各部门机关试行政府采购的意见》,推动国务院各部门的政府采购试点工作。1999年10月,财政部组织召开了首次全国政府采购工作会议,确立了我国政府采购制度改革的方向和阶段性目标,有力地促进了政府采购试点工作顺利进行。2000年4月,财政部会同监察部和审计署联合颁布了《关于2000年推行政府采购制度工作的意见》,政府采购试点工作掀起了新的高潮。在这些措施的推动下,全国政府采购范围不断扩大,由简单的标准商品扩大到部分复杂品目;规模迅速增长,由1998年的31亿元扩大到1999年的131亿元。

在试点初创时期,政府采购的优越性已经得到初步展现,推行政府采购制度引起了全国人大和中央纪委的高度重视。1999年4月,全国人大将《政府采购法》列入"第九届全国人大常委会的立法规划",计划于2002年颁布。在1999年底中央纪委召开的第四次全会上,推行政府采购制度也被列为反腐倡廉的一项治本措施。

3. 试点向全面推行阶段(2000年6月—2002年12月)

2000年6月,财政部对内部机构进行了改革,创建了国库司,负责国库集中收付和制度改革。国库司下设政府采购管理处,负责全国政府采购的管理事务。

新机构组建以来,在继续扩大政府采购范围和规模的同时,重点抓了以下几个方面的工作:

(1)加强规范化建设。确立采购模式,硬化采购规程,从制度上、管理上和操作上规范采购行为。

(2)加大推行政府采购制度的力度。从2001年开始编制政府采购预算并制订政府采购计划,凡是列入政府采购预算的采购项目,都必须按照政府采购计划的要求实行政府采购。建立政府采购资金财政直接拨付制度,规定政府采购资金财政直接拨付的方式和程序,开设了政府采购资金专户。通过改变资金管理方式,促进政府采购制度的推行。

(3)进一步加强透明度建设。开通了"中国政府采购网",创办了《中国政府采购》杂志,从而丰富了政府采购信息指定发布媒体;明确了政府采购信息发布内容及程序,规范了政府采购信息发布行为;改进了政府采购统计体系,开发了统计软件,扩大了统计范围,增加了统计内容,统计结果在指定媒体上向社会公告。

(4)会同有关部门研究拟定中央国家机关全面推行政府采购制度的方案。2002年10月,国务院办公厅印发了《中央国家机关全面推行政府采购制度的实施方案》,对中央国家机关全面推行政府采购制度作出部署,提出要求。

(5)探索适合政府采购要求的招标方法。在政府采购活动的实践中,探索出一系列符合政府采购要求的采购方式,确立并推广了政府采购协议供货制度。

(6)参加政府采购立法活动。在政府采购法出台前,参与立法的各项活动,提出立法意见和建议。2002年6月,《政府采购法》通过后,财政部门全面开展了政府采购法的宣传和贯彻实施工作,从制度上、舆论上和组织上为政府采购法的全面贯彻实施做好准备工作。

4. 全面实施阶段(2003年1月至今)

2003年1月1日,《政府采购法》正式实施,它是我国政府采购制度改革的重要里程碑。该法的颁布实施既体现了党中央、国务院和全国人大对政府采购制度改革的重视和支持,也是对之前几年政府采购试点工作的肯定。这标志着我国政府采购制度改革从试点阶段过渡到全面推行阶段,政府采购工作进入了一个新的发展时期。

四、改革开放后我国政府采购制度建设的成效

自从我国全面推行政府采购制度以来,经过数年的发展和完善,政府采购在效率和成效方面均取得了显著的提升。

（一）政府采购法律制度体系不断健全

自《政府采购法》实施以来,我国已建立起以该法为核心、部门规章为补充的全面法律框架,覆盖政府采购的各个方面,包括体制机制、执行操作、基础管理及监督处罚等。在这一法律的框架下,国务院及财政部接连出台了多项管理办法,包括《政府采购法实施条例》（国务院令第 658 号）、《政府采购货物和服务招标投标管理办法》（财政部令第 87 号）、《政府采购非招标采购方式管理办法》（财政部令第 74 号）、《政府采购竞争性磋商采购方式管理暂行办法》（财库〔2014〕214 号）、《政府采购框架协议采购方式管理暂行办法》（财政部令第 110 号）、《政府采购合作创新采购方式管理暂行办法》（财库〔2024〕13 号）、《政府采购需求管理办法》（财库〔2021〕22 号）、《政府采购信息发布管理办法》（财政部令第 101 号）、《政府采购质疑和投诉办法》（财政部令第 94 号）、《政府采购代理机构管理暂行办法》（财库〔2018〕2 号）、《政府采购评审专家管理办法》（财库〔2016〕198 号）、《政府购买服务管理办法》（财政部令第 102 号）、《政府采购促进中小企业发展管理办法》（财库〔2020〕46 号）等等,为规范政府采购活动提供了更为详细的指导和法律保障。

（二）政府采购的实施范围和规模逐渐扩大

政府采购的实施范围和规模在过去二十多年中显著增长,表现在几个关键方面。

首先,政府采购的类型从主要的货物类采购扩展到工程和服务类采购,覆盖了更广泛的需求领域。其次,采购内容也由传统的通用物品和服务向更加专业化和新型的货物服务转变,如高技术设备和专业咨询服务。此外,政府采购的目的已经从满足基本的政府办公需求扩展到更广泛的社会公共服务提供,如公共交通、教育和医疗服务。

从财政数据看,从 2002 年到 2023 年,全国政府采购的规模从 1 009 亿元增长到 33 929.6 亿元,占总财政支出的比例从 4.6% 增至 12.3% 左右,这一增长反映了政府采购在公共财政和服务提供中日益发挥重要作用。这种趋势显示,政府采购正在成为一个重要的经济活动领域,对推动公共资源的有效使用和管理具有重大意义。

（三）政府采购管理体制不断完善

近年来,我国政府采购体系已基本建立了"管采分离、机构分设、政事分开、相互制约"的工作机制。这一体系确保了采购活动的独立性与公正性,强化了内部控制和外部监督。同时,采用以公开招标为主的采购方式,并实行集中采购与分散采购相结合的组织形式,不仅促进了市场的统一规范和有序竞争,还有效地对外开放了政府采购市场。

此外，为加强监督和增加透明度，还建立了对政府采购活动的外部监督机制。审计部门、纪检监察机关和社会公众都可以对政府采购活动进行监督，确保采购过程的合规性和透明性。这些公开透明的机制不仅保障了政府采购活动的公正性，还提升了政府的公信力，同时也促进了社会资源的合理分配和有效利用。通过这些努力，我国政府采购制度逐渐成为一个更为成熟、规范和高效的系统。

（四）政府采购政策功能作用日益凸显

政府采购政策的功能和作用日益显著，已成为推动经济社会发展的重要工具。通过有目的地支持节能环保产品、自主创新产品以及中小企业发展，政府采购政策有效促进了绿色经济和创新驱动发展战略的实施。

比如在支持绿色发展方面，2023年全国强制采购、优先采购节能节水产品357.2亿元，占同类产品采购规模的83.9%；优先采购环保产品575.1亿元，占同类产品采购规模的84.9%。在支持中小企业发展方面，全国政府采购授予中小企业合同金额为25 239.8亿元，授予中小企业合同总金额占全国政府采购规模的74.4%；其中，授予小微企业合同金额15 778.3亿元，占授予中小企业合同总金额的62.5%。在支持乡村振兴方面，各级预算单位通过脱贫地区农副产品网络销售平台（"832"平台）采购贫困地区农副产品超过99亿元，有效带动贫困农户增收，促进乡村产业发展。

（五）政府采购国际化进程不断发展

在经济全球化背景下，中国积极履行加入世界贸易组织（WTO）的承诺，不断推进政府采购的国际化进程。自2007年提交加入《政府采购协议》（GPA）的申请以来，中国已提交7份详细的出价文件，体现了对国际贸易规则的遵守与参与。

与此同时，积极应对中美、中欧高层对话机制下政府采购议题谈判，参与我国与有关国家或地区自贸区协定、亚太经济合作组织（APEC）、经济合作与发展组织（Organisation for Economic Co-operation and Development，OECD）等双边和多边机制下的政府采购磋商和交流。这些活动不仅加强了中国在全球政府采购市场的影响力，还促进了国内政府采购制度的标准化和国际化建设，进一步推动了经济社会的开放与发展。

任务三　政府采购的原则与功能

 案例导入

不能说的秘密

20××年8月，某采购中心接受采购人某局的委托，就该局"设备采购项目"组织公开招标工作。8月28日，采购中心得到采购人对招标文件的确认后，在政府采购网上发布了

招标公告,并同时开始发售招标文件。到 9 月 27 日投标截止,共有 A 公司等 15 家供应商按时递交了投标文件。采购中心组织了开标,采购人和投标人代表参与了开标仪式。开标仪式结束后,采购中心组织了评标工作,评标工作由 2 名采购人代表和 5 名随机抽取的有关技术、经济方面的专家组成的评标委员会共同完成。经过评审,评标委员会向采购人推荐 B 公司等 5 个投标人为中标候选人。采购人对评标结果进行确认后,采购中心于 9 月 28 日发布了中标公告,公布 B 公司为中标人。

中标公告发布后,A 公司向采购人提出质疑,称其投标价格最低却未中标,中标结果公布后未向其公布得分情况,使其对评标结果的合法性无法核实与确认。采购人答复称:本项目采用综合评分法进行评标,价格只是其中一项因素,并不是报价最低就能中标;各投标人得分情况依法保密。A 公司对此质疑答复不满,向财政部门提出投诉。

【案例分析】

本案争议的焦点是,投标人得分情况是否应当公开。因此财政部门调取了本项目的招标文件、评标报告等资料。调查发现:招标文件第二章"投标人须知 21.1"规定:"公开开标后,直至向中标的投标人授予合同时止,凡是与审查、澄清、评价和比较投标的有关资料以及授标建议等,采购人、评委、采购中心均不得向投标人或与评标无关的其他人员透露。""21.5"规定:"采购中心和评标委员会不得向落标的投标人解释未中标原因,也不公布评标过程中的相关细节。"招标文件第四章"评标方法与定标原则"规定:"本项目评标采用综合打分法,总分为 100 分,按评审后得分由高到低顺序排列,得分相同的,按投标报价由低到高顺序排列,得分且投标报价相同的,按技术指标优劣顺序排列。""评分因素"规定"服务 10 分""价格 40 分""管理 10 分""技术 40 分",且分别有具体的评分指标。

(资料来源:德海.案例解读·案例二十四:不能说的秘密[EB/OL].(2017-08-07)[2024-04-03].http://www.cgpnews.cn/articles/40751.)

一、政府采购的原则

政府采购原则是政府采购制度的重要组成部分,它们在《政府采购法》中起着基础性和指导性的作用。这些原则对政府采购的立法、司法以及实际操作过程都具有重要的指导意义。在制定政府采购制度、颁布相关法律法规、执行政府采购活动以及管理政府采购事务的过程中,这些原则提供了必要的基本指导思想和规范。综观各国的政府采购实践,结合现阶段我国的基本国情,政府采购应该遵循的基本原则主要有以下几方面:公开透明原则、公平竞争原则、公正廉洁原则、诚实信用原则和讲求绩效原则。

(一)公开透明原则

在政府采购制度中,公开透明原则贯穿于整个采购程序中。在具体的实践中,我国政府采购的公开原则主要从三个方面得以体现:一是公开的内容;二是公开的标准;三是公开的途径。

1. 公开的内容

在政府采购活动中,确保透明性和公开性是基本原则之一,关键的公开内容主要包括:

(1) 采购计划与预算。政府部门需公开其年度或特定项目的采购计划和预算,这包括预计的采购物品或服务类型、数量以及预算限额。

(2) 招标文件和要求。政府采购活动必须提供详细的招标文件,其中包含项目需求、评审标准、投标截止日期、合同条款等信息,以便潜在供应商准确理解投标要求。

(3) 评标结果和中标决定。评标过程结束后,应公开中标结果,包括中标供应商的名称、中标金额及相关的评审决策依据,确保过程的公正性可被追溯。

(4) 合同信息。签订的采购合同内容,包括合同金额、供应商信息、履行期限及服务或产品的详细描述,应当对外公布。

(5) 履约和实施情况。政府采购的履约状态、进度更新和最终的交付成果也应透明、公开,以供公众监督。

这些公开措施有助于增加政府采购的透明度,防止腐败行为,提高公众对政府活动的信任度,同时促进供应商之间的公平竞争。

2. 公开的标准

政府采购公开的标准主要包括以下几个方面:

(1) 信息全面性。公开的基本标准就是所有政府采购活动的相关信息都应是可供公众访问,除非特定信息依法应当保密。

(2) 及时性。公开的时效性也是一个重要标准,即信息发布应及时,保证供应商和公众能在关键决策时刻获得必要的信息。

(3) 可获取性。公开的渠道应广泛、便捷,采用政府网站、官方公告等多种媒介,确保信息的广泛传播和易于获取。

(4) 持续性和完整性。公开的持续性和完整性要求政府采购的每一步骤及其变更、更新都应公开,以便形成完整的信息链,供所有利害关系人追踪和监督。

(5) 反馈和纠正机制。应有机制允许供应商和公众对公开的信息提出疑问或质疑,并及时予以纠正或解释,以维护采购过程的公正性和透明度。

3. 公开的途径

政府采购公开的途径多样,旨在确保信息的广泛可达性和透明度。政府采购信息的公开公布主要有以下几种方式:通过报纸、杂志、广播、电视、互联网等媒介公开;将有关资料、文件放于采购中心或某些特定地点,以供潜在供应商和社会公众索取;由采购机构直接向供应商交付有关资料、文件等。以上这些方式可以选择其一,也可以多种方式并行来公布政府采购信息,不过由于第一种方式的公开程度最为广泛,所以应以第一种方式为主。在我国,财政部规定了发布政府采购信息的三个官方途径——"中国政府采购网"、《中国财经报》和《中国政府采购》杂志。

(二)公平竞争原则

政府采购的公平竞争原则是其核心原则之一。在政府采购活动中,所有符合条件的供应商都应享有平等参与的机会。采购人通过公开透明的采购程序,如发布公开招标公告、统一评审标准、公告采购结果等,确保竞争环境的公平公正。严禁任何形式的歧视性或排他性做法,无论是大型企业还是中小企业,都能凭借自身实力角逐项目。这一原则不仅激发了市场活力,促进供应商不断提升产品质量与服务水平,还能实现资源的优化配置,让政府以最合理的价格获得最优质的产品和服务,最终保障公共利益的最大化。

(三)公正廉洁原则

政府采购的公正廉洁原则是保障公共资源合理利用的基石。在整个采购流程中,无论是采购需求的确定、供应商的选择,还是评标定标的环节,都必须确保公正无私。采购人要严格按照既定的法律法规和采购标准行事,杜绝任何偏袒或利益输送行为。通过建立健全的监督体系,如审计部门的审查、社会公众的监督等,对采购活动进行全方位的约束。只有切实遵循公正廉洁原则,才能让政府采购在阳光下运行,确保财政资金的每一分钱都花得合理、透明。

(四)诚实信用原则

政府采购的诚实信用原则是贯穿整个采购过程的关键准则。采购人在发布采购信息时,必须确保采购信息真实、准确、完整,不得隐瞒或误导潜在供应商。供应商参与投标或响应时,要如实提供自身资质、产品或服务信息,不能弄虚作假。在合同履行阶段,双方都应严格遵守约定,采购人按时支付款项,供应商按质按量交付货物或提供服务。若一方违背诚实信用原则,将破坏采购秩序,损害对方利益和公共资源的有效利用,也会面临相应法律责任和信誉损失。

(五)讲求绩效原则

政府采购的讲求绩效原则至关重要。在采购过程中,从项目规划开始,就需考量其预期效益与成本。采购的货物、工程或服务应与实际需求精准匹配,避免资源被浪费。例如,在采购办公设备时,需综合评估设备性能、价格及后续维护成本等因素。在项目实施中,严格监督进度与质量,确保按时交付且符合标准。通过科学的绩效评估体系,对采购结果进行量化分析,促使采购人不断优化采购决策,提升财政资金使用效率,实现公共资源利用效益最大化。

二、政府采购的功能

政府采购作为财政支出的关键组成部分,扮演着至关重要的财政角色。它不仅在财政层面具有显著意义,而且作为政府的一项重要经济活动,对国家的经济和政治格局都具有深远的影响。归纳起来,政府采购具有以下功能:

(一)节约财政支出功能

政府采购具有显著的节约财政支出功能。在采购过程中,通过集中采购、批量采购等

政府采购理论与实务

方式形成规模效应,从而降低采购成本。例如,政府对办公用品进行集中统一采购,相比各部门分散采购,能凭借更大的采购量获得更优惠的价格,直接减少了财政资金的支出。同时,规范的采购程序和严格的竞争机制促使供应商不断优化自身成本与服务,以更具竞争力的报价参与投标。在公开招标中,供应商为赢得合同会在保证质量的前提下降低价格,这使得政府能够用有限的财政资金获取更多、更好的货物、工程和服务,实现财政资源的高效配置,最大程度地发挥财政资金的效益,切实节约财政支出。

(二)强化宏观调控功能

政府采购具有强化宏观调控的功能体现在政府通过采购活动,有效地调节经济运行,促进经济增长和社会发展。这一功能是政府利用其作为市场主体的采购力量,通过对特定商品和服务的需求,对经济进行微调和引导。在经济扩张期,政府可以通过减少采购规模来抑制过热;在经济萎缩期,则可以增加采购规模,刺激需求,促进经济回暖。

理解政府采购在宏观调控中的作用,关键在于认识到政府采购不仅仅是财政支出的一种形式,更是一种重要的经济政策工具。通过精准的采购政策,政府可以引导和激励企业创新和升级,推动产业结构的优化调整。例如,政府通过采购环保、节能产品,可以促进绿色经济的发展;通过优先采购国内产品,可以支持本国制造业的发展。

此外,政府采购还能通过支持中小企业、促进地区经济平衡发展等方式,实现社会经济政策的目标,如扶持弱势群体和落后地区的经济发展,减少地区发展不平衡。因此,政府采购在强化宏观调控中的作用不只是直接的经济刺激,还包括通过政策引导,实现经济结构的长远调整和优化,促进社会经济的全面、协调、可持续发展。

(三)促进市场竞争功能

政府采购具有促进市场竞争的功能。在政府采购活动中,严格遵循公开、公平、公正原则,面向广泛的供应商群体,通过公开招标、竞争性谈判、竞争性磋商等多种采购方式,打破市场垄断,为各类企业提供平等参与机会。例如,在一项大型基础设施建设项目的采购中,无论是大型企业还是中小规模企业,只要符合资质要求,都能参与竞争。这种竞争环境促使供应商不断提升自身实力,在产品质量、服务水平和价格上不断优化。为赢得政府订单,企业加大研发投入,创新技术,提高生产效率以降低成本。同时,新企业也有机会凭借独特优势进入市场,丰富市场主体。政府采购的规模和稳定性吸引了众多供应商积极参与,从而增强了整个市场的活力与竞争力,推动行业不断发展进步,促进资源的有效配置。

(四)推动技术创新功能

政府采购具有推动技术创新的功能,体现在政府通过采购决策,有意识地选择那些采用新技术、新材料或新工艺的商品和服务,从而直接激励企业投入研发,加速技术创新的步伐。这一机制不仅可以提高政府服务的效率和质量,还能为技术创新提供市场导向,促进整个社会的技术进步和产业升级。

(1)政府作为市场的重要参与者,其采购决策具有示范效应,能够向市场传递出对创新技术的需求信号,引导企业将资源配置到研发和技术创新上,从而推动产业技术进步。此外,政府采购还可以通过设置技术性指标和标准,鼓励供应商采用先进技术和环保材料,进一步促进环境友好型和资源节约型的技术创新。

(2)政府可以通过采购合同中的研发条款,直接资助企业的技术创新项目,降低企业的研发风险和成本。特别是对于中小企业而言,这种直接的财政支持对于其承担研发项目具有重要意义。

(3)政府采购还可以实施优先购买创新产品的政策,为新技术的应用和推广提供市场,帮助创新成果实现商业化,加快技术创新向经济增长的转化。

(五)反腐倡廉功能

政府采购具有反腐倡廉功能,指的是通过规范化、透明化的采购流程和制度,政府采购可以有效预防和减少腐败现象,提升政府支出的透明度和公众对政府活动的信任。这一功能需要建立严格的制度框架和监管机制,确保采购活动公正无私,从而避免权力滥用和不正当利益交换。

实现这一功能的关键在于采购过程的全程公开,包括招标、评标、合同签订及执行的每一个环节,都需遵循明确的规则和标准,且相关信息必须对外公布,接受社会监督。此外,建立健全的内部控制和审计系统,以及对违规行为实施严厉的法律制裁,也是确保政府采购反腐倡廉功能得以有效实现的重要措施。

通过这些机制,政府采购不仅能够抑制贪污腐败的行为,还能增强政府机构的责任感和工作透明度,进一步提高公共资源使用的效率和公正性,从而促进整个社会的公平正义。

项目小结

本项目课程内容围绕政府采购的基础知识展开,通过对政府采购的定义、发展历程以及相关法律法规的介绍,为学生提供了一个全面的政府采购概念框架。通过学习,学生能够了解政府采购从古至今的演变过程,认识到政府采购制度在各个历史阶段的特点及其对于财政管理和经济发展的影响。

通过分析政府采购的原则,包括公开透明、公平竞争、公正廉洁等,课程强调了这些原则在确保采购活动公正性和有效性中的核心地位。学生通过学习能够深刻理解如何在实际工作中贯彻这些原则,以及这些原则在防止腐败、保护供应商权益等方面的重要性。

课程还着重讨论了政府采购的功能,包括节约财政支出、强化宏观调控、促进市场竞争、推动技术创新及反腐倡廉等。这一部分的学习能够使学生认识到政府采购不仅是一个财政支出的过程,更是一个涉及经济、社会、技术多个领域的复杂系统。学生将学会如何利用政府采购这一工具来实现更广泛的政策目标,包括促进社会公正、刺激经济增长、支持技术创新等。

通过这一节的学习,学生不仅能够获得政府采购的基础知识和操作技能,更重要的是,能够培养他们的批判性思维能力和解决问题的能力。在了解政府采购的基本原则和功能的基础上,学生应能够分析政府采购过程中可能出现的问题,提出合理的改进建议,同时也能够在实际工作中灵活运用所学知识,有效执行政府采购任务。

能力训练

一、单选题

1. 政府采购采用的非招标方式主要包括以下哪些?(　　)
   A. 公开招标、邀请招标、竞争性谈判、单一来源采购
   B. 公开招标、预审招标、限制性招标、竞争性谈判
   C. 公开招标、邀请招标、抽签招标、竞争性磋商
   D. 竞争性谈判、询价、单一来源采购、竞争性磋商

2. 政府采购采用的招标方式有哪些?(　　)
   A. 公开招标、邀请招标
   B. 公开招标、预审招标、限制性招标、竞争性谈判
   C. 公开招标、邀请招标、抽签招标、竞争性磋商
   D. 竞争性谈判采购、询价采购、单一来源采购、竞争性谈磋商

3. 政府采购的起源可追溯到哪个时期?(　　)
   A. 中世纪　　　　B. 古罗马时期　　　C. 现代早期　　　D. 古埃及时期

4. 《政府采购法》规定,政府采购是指各级国家机关、事业单位和团体组织,使用财政性资金采购依法制定的集中采购目录以内的或者采购限额标准以上的货物、工程和服务的行为。以下哪种情况属于政府采购范畴?(　　)
   A. 国家机关按照预算支出管理规定和本单位内部控制采购规程组织直接向社会公众购买小额办公用品
   B. 政府部门向集中采购代理机构委托招标代理服务
   C. 公路建设单位向建筑企业咨询工程设计方案
   D. 企业单位向政府部门采购设备

5. 下列哪项不是政府采购应遵循的基本原则?(　　)
   A. 公开透明原则　　B. 公平竞争原则　　C. 最高价原则　　D. 公正廉洁原则

二、多选题

1. 政府采购的原则包括哪些?(　　)
   A. 公开透明原则　　　　　　　　　B. 诚实信用原则
   C. 公平竞争原则　　　　　　　　　D. 公正廉洁原则

2. 我国政府采购制度建设的阶段性特征包括(　　)。
   A. 研究探索阶段　　　　　　　　　B. 试点初创阶段
   C. 全面实施阶段　　　　　　　　　D. 国际化发展阶段

3. 我国政府采购的采购模式有( )。
   A. 分散采购　　　　B. 私人采购　　　　C. 集中采购　　　　D. 定时采购
4. 政府采购方式包括( )、单一来源采购或者其他方法。
   A. 公开招标　　　　B. 邀请招标　　　　C. 询价　　　　　　D. 竞争性磋商
5. 招标性采购按照其公开性的程度可以分为( )。
   A. 公开招标　　　　B. 定向招标　　　　C. 邀请招标　　　　D. 约定招标

三、判断题

1. 《政府采购法》的实施标志着我国政府采购制度从试点阶段过渡到全面推行阶段。
   (　　)
2. 现代意义上的政府采购最早形成于18世纪末、19世纪初的自由资本主义时期。
   (　　)
3. 《政府采购协议》对所有国家都具有约束力。　　　　　　　　　　　　(　　)
4. 2002年6月,《政府采购法》颁布并正式实施。　　　　　　　　　　　(　　)
5. 英国政府采购体制的形成和发展对其他国家没有产生重大影响。　　　(　　)

四、简答题

1. 简述政府采购的起源和发展。
2. 政府采购的特点有哪些?
3. 政府采购的模式有哪些? 各有什么含义?
4. 按是否具备招标性质,可将采购方式分为哪几种? 每种方式包含哪些采购形式?
5. 解释政府采购中的公开透明原则。

项目二

政府采购基础

学习目标

1. 了解政府采购当事人的含义。
2. 理解政府采购各当事人的特征、权利与义务。
3. 理解政府采购的范围。

能力目标

1. 掌握政府采购当事人中采购人、采购代理机构和供应商的内涵。
2. 掌握政府采购的适用范围。

任务一 政府采购当事人

采购当事人权利与义务的履行

某竞争性谈判采购,共有3家供应商参加。谈判过程中采购小组当场将技术要求做了相应的调整。随后,谈判小组经过比较,觉得3家参加谈判的供应商中,A和B的第一次报价较合理,C的价格偏高,因此认定C的成交希望不大,决定将其排除。于是,谈判小组口头通知了A、B两家供应商关于技术要求的相应调整,并请他们重新报价,最终根据在满足配置、服务的前提下价格最低的原则,确定B供应商成交,并当场宣布了采购结果。

【案例分析】

本案例的焦点在于两点:一是该采购中心的采购做法有无不妥,二是C应采取怎样的做法维护自己的合法权益?

谈判过程中,采购小组经过仔细研究发现,原先采购文件中提出的技术要求有较大的偏差,为此经与采购人代表现场商议,采购小组当场将技术要求做了相应的调整。随后,谈判小组经过比较,决定将第一次报价偏高的C排除,并口头通知了A、B两家供应商关于技术要求的相应调整,并请他们重新报价,最终确定 B 供应商成交,并当场宣布了采购结果。

《政府采购法》第三十八条规定,谈判小组从符合相应资格条件的供应商名单中确定不少于 3 家的供应商参加谈判,并向其提供谈判文件。谈判文件有实质性变动的,谈判小组应当以书面形式通知所有参加谈判的供应商。

谈判小组的做法在三个方面均不符合《政府采购法》的相关规定:

1. 谈判小组调整相关技术要求后,没有根据法律规定通知包含 C 供应商在内的所有参与谈判的供应商;

2. 未采用书面的形式通知供应商;

3. 由于没有通知 C,最终的报价,实际上只有两家供应商参加,不符合"不少于三家"的有关规定。

由于在谈判过程中,谈判小组仅凭主观推断就认定 C 没有成交希望,从而人为地剥夺了 C 在技术调整后参加二次报价的机会,对 C 供应商的合法权益造成了严重损害。

根据《政府采购法》的相关规定,C 供应商如果认为合法权益受到损害,可在知道受害之日起七个工作日内向政府采购中心提出书面质疑,采购人应当在收到供应商的书面质疑后七个工作日内做出答复,并书面通知质疑供应商和其他有关供应商,但答复的内容不得涉及商业秘密。质疑供应商对采购人、采购代理机构的答复不满意或者采购人、采购代理机构未在规定的时间内作出答复的,可以在答复期满后十五个工作日内向同级政府采购监督管理部门投诉。

政府采购监督管理部门应当在收到投诉后三十个工作日内,对投诉事项做出处理决定,并以书面形式通知投诉人和与投诉事项有关的当事人。

政府采购监督管理部门在处理投诉事项期间,可以视具体情况书面通知采购人暂停采购活动,但暂停时间最长不得超过三十日。

投诉人对政府采购监督管理部门的投诉处理决定不服或者政府采购监督管理部门逾期未作处理的,可以依法申请行政复议或者向人民法院提起行政诉讼。

(资料来源:宋丽颖.政府采购[M].2 版.西安:西安交通大学出版社,2018.)

政府采购活动是一个复杂的过程,涉及多种社会主体和相关方的行为及利益关系。政府采购活动中的参加者包括了在采购过程中发挥作用的不同个人和组织,他们各自承担不同的职责和功能,共同确保政府采购活动的顺利进行和最终目标的实现。

一、政府采购当事人

政府采购当事人是指在政府采购活动中享有权利和承担义务的各类主体,《政府采购法》中规定,政府采购当事人包括采购人、供应商和采购代理机构等。在政府采购活动中,除了当事人,还有其他参加人,比如政府采购评审专家、与采购活动有关的第三人以及政府采购主管机构。

二、采购人

(一) 采购人的含义

采购人,又称采购单位,是政府采购中货物、工程和服务的直接需求者,是政府采购活动的主要当事人。采购人有狭义和广义之分。狭义上的采购人主要是指政府机关,广义上的采购人是指所有使用财政性资金的公共部门。《政府采购法》对采购人的定义取广义,指出采购人是依法进行政府采购的各级国家机关、事业单位和团体组织。值得关注的是在《政府采购法修订草案》中,对采购人的范围进行了拓展,在原有的基础上增加了其他采购实体。其他采购实体是指为实现公共目的,从事公用事业,运营公共基础设施或者公共服务网络的公益性国有单位。

1. 国家机关

国家机关是指根据法律赋予的权力和责任,代表国家行使公权力的政府组织,包括中央和地方的行政机构、立法机构、司法机构以及其他国家公共机构。例如,中央政府的部委(如财政部、教育部)和地方政府(省、市、县政府及其下属部门)常作为采购人进行政府采购活动。立法机构如人大及其常务委员会,司法机构如各级人民法院和人民检察院也会进行政府采购以满足其办公和运作需求。这些机关依法开展采购活动,以确保公共资源的有效利用和国家行政管理的正常运行。

2. 事业单位

事业单位是指政府为实现特定目的而批准设立的事业法人,它一般由国家行政机关举办,受国家行政机关领导,所需经费由公共财政支出,主要承担提供公共服务和实施政府非行政职能的任务。事业单位通常包括教育、科研、文化、卫生、体育等领域的组织,如公立学校、公立医院、研究所、新闻广播、出版单位、博物馆和体育馆等。它们在法人属性上属于公益性、服务性质的机构,旨在满足社会公共需求,提升公共福利水平,同时其财务和运营活动接受政府的监督和管理。

3. 团体组织

团体组织是指各党派和经政府批准、作为预算单位管理的社会团体。经民政部门审查同意并依法进行登记的社会团体,一般不执行政府采购制度,若其使用财政性资金,则应执行政府采购法律法规的规定。例如,某社区书法爱好者协会,其活动资金主要来源于会员缴纳的会费以及一些社会捐赠,没有使用财政性资金。该协会在开展活动时,如购买一些宣纸、毛笔、墨水等书法用品,虽然属于采购行为,但由于资金来源不是财政性资金,所以不执行政府采购制度。

(二) 采购人的特征

政府采购中的采购人具有几个显著特征,这些特征决定了它们在采购活动中的角色和职责。

1. 采购人具有法人资格

政府采购中的采购人具有法人资格并独立承担民事责任,但它们的法人登记过程和性质与普通企业法人或自然人有所区别。

（1）法人资格。在《中华人民共和国民法典》（简称《民法典》）中法人是指具有民事权利能力和民事行为能力，能独立承担民事责任的组织。国家机关、事业单位和团体组织作为采购人，在参与政府采购时，具备法人资格。

（2）法人登记。国家机关不需要进行法人登记，因其根据法律、行政法规或国家授权的文件设立。事业单位和团体组织作为法人，需要依法进行法人登记，必须通过法定程序获得法人资格。

（3）与企业法人和自然人的区别。采购人作为法人在属性和功能上不同于一般的企业法人和自然人。政府采购中的采购人是执行公共职能、使用公共资金进行采购的机构，而企业法人则更多是指以盈利为目的的企业实体。

2. 采购人的活动以公共利益为导向

采购人的活动特点以公共利益为导向，与私营企业以盈利为主要目的的活动特点不同。

（1）公共服务导向。政府采购的主要目的是为公众提供服务、实现政府的政策目标，或者满足政府部门正常运转的需求。采购人的决策和活动通常围绕这些公共目标展开。

（2）非营利目的。与追求利润最大化的私营企业不同，政府采购的目标不是获得财务收益，而是在有效利用公共资金的同时，实现更广泛的社会和公共目的。

（3）综合考虑各项因素。在采购过程中，采购人不仅考虑价格和质量，还会考虑诸如社会责任、环保、技术创新等因素。这是因为政府采购常常被用作推进社会政策目标的工具，如支持中小企业、促进环境可持续性发展、鼓励技术创新等。

3. 采购人的活动受到法律和政策的规范

采购人的活动受到法律和政策的规范，具体表现在以下几个方面：

（1）遵守法律框架。政府采购活动必须严格遵循法律规定的程序和要求，包括招标程序、合同规范、透明度和公平竞争原则等。这些规定旨在保证采购过程的合法性、公正性和透明性。

（2）预算约束。由于政府采购使用的是公共资金，采购人在决策时需严格遵守预算限制，确保资金使用的合理性和有效性。这包括对采购项目的经济性评估、成本控制和效益最大化。

（3）需要进行市场调研和合理规划。采购人需要进行详尽的市场调研，以了解市场情况和价格水平，合理规划采购项目，确保采购的商品、服务或工程符合需求并具有成本效益。为了保证公共资金的有效使用，采购人需要实施严格的成本控制措施，从而优化资源分配，并达到既定的采购目标。

4. 采购人的行为受到社会监督和审计监管

采购人的行为受到社会监督和审计监管，具体表现在以下几个方面：

（1）社会监督。作为公共资金的使用者，采购人的活动受到公众、媒体和相关监管机构的密切关注。这种监督有助于提高政府采购的透明度，防止腐败和公共资源的滥用，确保采购过程公正、高效。

（2）审计监管。政府采购活动常常会接受内部审计或外部审计机构的检查，以确保采购活动的合规性和资金使用的合理性。

（3）承担公共责任。采购人在执行采购任务时，不仅要追求效率和成本效益，还要兼顾社会责任和公共利益。

（三）采购人的权利

政府采购制度必须以法律形式明确采购人的正当、合法权益，这种权益是对采购人合法利益的保证，也是对社会公共利益的保障。从我国政府采购实践来看，采购人主要拥有以下几种权利：

1. 采购人有权选择采购代理机构

采购人自由选择采购代理机构的权利是政府采购体系中的一个重要方面，它不仅提高了采购活动的专业性和效率，还有助于确保采购过程的公正性和透明度。因此，我国《政府采购法》规定采购人有权自行选择采购代理机构，任何单位和个人不得以任何方式为采购人指定采购代理机构。采购人通过开放和透明的方式选择合适的代理机构，可以减少潜在的利益冲突和不正当行为，确保采购活动符合法律和伦理标准。

这种自主选择权还增加了市场竞争，促使采购代理机构提升自身的服务质量和专业能力。为了吸引和保留客户，采购代理机构必须不断优化其服务流程，提高工作效率和专业水平。允许采购人自主选择采购代理机构，也有助于降低采购成本。采购人可以通过比较不同采购代理机构的服务费用、专业能力和过往业绩来选择性价比最高的服务提供者。

2. 采购人有权监督采购代理机构

当采购人把采购任务交由采购代理机构处理时，可能会出现一些不利于采购人和公众利益的情况。这些问题包括采购代理机构采购的商品或服务不满足采购人的需求，或者与实际需要不符，可能存在质量低下、成本过高的问题，甚至出现采购代理机构与供应商之间不当勾结，以牟取非法利益，损害采购人的合法权益。因此，在将采购业务委托给采购代理机构时，双方应明确各自的权利、义务和责任。采购人有权要求采购代理机构严格遵守委托协议，按照其要求正确执行采购任务。如果采购代理机构在采购过程中违反协议，采购人有权要求其必须恪守双方约定，并有权依法追究其违约责任。

3. 采购人有权审查供应商的资格

在政府采购过程中，采购人拥有审查供应商资格的权利，是为了确保选定的供应商具有提供所需货物或服务的能力，从而保证采购项目的效率和质量。我国政府采购立法过程中，考虑到供应商的资格与提供货物和服务的能力将直接关系到采购人的采购质量及效率，因此，《政府采购法》规定，采购人可以要求参加政府采购的供应商提供有关的资质证明文件和业绩情况，并根据法律规定的供应商条件和采购项目对供应商的特定要求，对供应商的资格进行审查。

4. 采购人有权确定中标供应商

采购人在政府采购活动中扮演着核心角色，其中一个重要的权利就是依法确定中标供应商，具体表现在以下几个方面：

（1）法定权限内的决策。《政府采购法》规定，采购人有权在法定权限内，依照招标文件和法律法规的规定，确定符合条件的中标供应商。这个过程需要遵循招标文件所设定的标准和规则。

（2）评审结果的审查。采购人有权对评标委员会的评审结果进行审查，确保评审过程的公正性和透明度。若采购人发现评审过程存在违反规定的情形，如评审标准未正确执行、评审专家存在违规行为等，应及时向相关监督管理部门报告，由监督管理部门依法进行调查处理。

（3）最终确认权的委托。在某些情况下，采购人可能会选择将确定中标供应商的决定权委托给评标委员会或采购代理机构，特别是在涉及专业性较强或复杂的采购项目时。

（4）集中采购的供应商确认。在集中采购机构处理多个采购人的采购项目时，谁来确定中标供应商取决于采购人与采购代理机构的具体委托协议内容。如果委托协议中包含了委托确定中标供应商的条款，采购代理机构则有权直接做出决定。

5. 采购人有权签订采购合同

《政府采购法》规定，采购人有权与供应商签订政府采购合同。这些合同受《民法典》管辖，属于民事合同的范畴。这一规定体现了政府采购活动中采购人与供应商之间的平等地位。在政府采购过程中，作为采购人的国家机关等单位不再是社会管理者的角色，而是作为市场中的一个平等参与者——买方。

《政府采购法》还规定，采购人与供应商之间的合同关系必须建立在自愿和平等的基础之上。这意味着双方都享有平等的权利和义务，并且在签订合同时没有一方对另一方施加不当影响。

在实际操作中，采购人也可以选择将签订合同的权利委托给专业的采购代理机构。这种做法通常用于处理更加复杂或需要特殊专业知识的采购项目。在这种情况下，采购代理机构需要获得采购人的正式授权，以代表采购人与供应商签订合同。

6. 采购人有权对采购项目实施结果进行验收

《政府采购法》规定，采购人有权对采购项目的实施结果进行验收。这一权利的主要目的是确保所采购的货物、工程或服务符合合同中约定的标准和质量要求。验收过程是政府采购流程中的一个关键环节，它确保了采购项目的执行质量，同时也是采购人履行职责、维护公共利益的重要手段。

在验收过程中，采购人需对供应商提供的货物或服务进行全面检查，确认是否满足合同规定的质量标准、技术要求和其他相关条件。如有必要，采购人可以聘请专业机构或专家协助进行验收。只有在验收合格后，采购人才会确认接受货物或服务，并据此进行支付。

（四）采购人的义务与责任

采购人有责任遵循国家对政府采购设定的各项法律、法规及政策规定，确保采购活动的合法性、透明性和有效性。具体而言，采购人必须履行的义务和承担的责任包括以下四个方面：

1. 维护国家利益和社会公共利益，执行政府采购政策

政府采购中的采购人承担着维护国家利益和社会公共利益的重要责任，这是《政府采购法实施条例》及相关法律法规所强调的核心原则。采购人的行为不仅追求采购效率和节约成本，而且在政府采购活动中必须执行政府采购政策，体现国家的宏观调控和政策导向。这包括执行节能、环保、安全等采购政策，推动中小企业发展，购买本国产品以保障信息安全，以及优先采购节能环保产品和支持监狱企业发展等。这些措施不仅丰富了财政调控的手段，促进了国家产业政策的落实，还显示出政府采购作为宏观调控工具的重要作用。

在实际执行过程中，一些采购人可能过于强调单位自身需要，未能充分考虑如何有效执行政府采购政策，忽视了国家利益和社会公共利益，这需要在政府采购法实施过程中加以改进。采购人在政府采购活动中应当依法履行职责，确保其决策和行为符合政府采购政策，同时重视保护国家利益和社会公共利益。

2. 建立政府采购内部管理制度

采购人在政府采购活动中承担重要职责，应建立完善的内部管理制度，以确保采购活动的有效性、合法性及透明度。《行政事业单位内部控制规范（试行）》（财会〔2012〕21号）规定，采购人需设立包括预算与计划管理、采购活动管理、验收管理等在内的政府采购内部管理体系。这一体系要求明确各岗位的职责和权限，实现岗位间的有效分离和相互制约，同时建立沟通协调机制，确保采购需求、招标文件、合同签订与验收等环节正确执行。具体而言，政府采购业务的不相容岗位包括：政府采购需求制定与内部审批、采购文件准备与复核、合同签订与验收等。

同时，采购人还应建立预算编制、政府采购和资产管理等部门或岗位之间的沟通协调机制。要根据本单位实际需求和相关标准编制政府采购预算，按照已批复的预算安排政府采购计划。对政府采购活动实施归口管理，建立政府采购、资产管理、财会、内部审计、纪检监察等部门或岗位相互协调、相互制约的机制。

3. 公正廉洁，诚实守信

采购人在政府采购活动中应当坚持公正廉洁、诚实守信的原则。《政府采购法》第三条明确提出政府采购应当遵循公开透明原则、公平竞争原则、公正原则和诚实信用原则，这些原则是政府采购活动的核心。采购人作为政府行为的代表，其诚信行为直接影响政府公信力。

公正廉洁不仅是采购人的职业操守，更是法律义务。采购人应避免利益冲突，确保采购过程中的决策公平、公正，不得为个人或部门利益损害供应商或公共利益。此外，诚实守信是构建良好市场环境的基石，采购人应遵守契约精神，严格按照采购合同和法律规定开展采购活动。

在实践中，采购人应防止违反诚实信用原则行为的发生，如不合理拖延确认采购结果、无正当理由拒绝签订合同、擅自修改合同条款或延迟支付等。这些行为不仅违反法律规定,更损害了政府在市场中的诚信形象。因此,强化采购人的诚实信用原则,不仅是遵守《政府采购法》的要求,而且是提高政府公信力、构建健康市场环境的重要途径。

4. 厉行节约,科学合理地确定采购需求

采购人在政府采购活动中应秉持厉行节约的原则,同时科学合理地确定采购需求,这是确保政府资金高效使用、提高采购活动效率和质量的关键所在。

采购人应厉行节约,科学合理地确定采购需求,以避免超标准采购和"豪华采购"。根据《党政机关厉行节约反对浪费条例》,采购人必须坚持总量控制和科学设定相关标准,确保采购行为符合法律法规和政策要求,强化财政资金的合理使用。

在实践中,采购人需建立预算执行全过程动态监控机制,完善预算执行管理办法,确保预算执行的严肃性和准确性。同时,采购人要根据"可用和够用"的原则,严格制定相关货物和服务的需求标准,并建立标准调整机制,定期根据市场价格变动调整需求标准。这样的做法有助于从根本上控制"天价采购""豪华采购"等问题的发生。

采购人应加强预算绩效管理,通过有效的预算管理体系,提高财政资金使用效率。在采购过程中,采购人应重视并遵循法律和政策规定,确保政府采购活动既节约又高效,同时维护政府形象和公众利益。

(五)采购人的禁止行为

《政府采购法实施条例》第十一条第二款规定明确禁止采购人在进行政府采购活动中向供应商索要或接受其给予的赠品、回扣或其他与采购无关的商品、服务。这一禁令反映出政府对于采购活动中潜在不正当行为的高度警觉与坚决打击态度。实际上,这类行为虽然在短期内可能为采购单位带来所谓的"节约",但从长远来看,它们却严重破坏了政府采购的规范性和严肃性,侵蚀了公共资源的合理分配和利用效率。

采购人索要或接受与采购无关的赠品和服务,不仅违背了公平公正的市场竞争原则,而且在很大程度上扭曲了采购价格与采购标的的价值对等关系,最终导致国家利益和社会公共利益的损失。这种行为虽在表面上看似小事,实则是对政府采购公平交易原则的明显伤害,必须予以坚决禁止和纠正。同时,此类行为易使得采购价格虚高,不仅增加了政府采购成本,还可能酿成资源浪费和腐败问题,最终损害的是公众利益。

三、采购代理机构

在政府采购活动中,采购代理机构一方联系采购人,另一方联系供应商,在采购活动中作为第三方机构,它们在采购人和供应商之间发挥着中介的角色,保证了采购过程的公平性和客观性。

(一)采购代理机构的含义

采购代理机构是指专门为采购人执行采购职能的第三方服务机构。它们通常是专业化的中介机构,负责协助采购人完成政府采购项目,包括市场调研、招标文件的编制、组织招标和评标、合同签订等。采购代理机构的引入旨在提高采购效率和透明度,确保采购活动的公正性和合法性。这些机构凭借专业知识和经验，有助于采购人更有效地管理采购项目，同时保障公共资源的合理利用和优化配置。采购代理机构作为独立的第三方，还有助于降低腐败风险，确保采购过程的客观性和中立性。

我国《政府采购法》所称采购代理机构，是指集中采购机构和集中采购机构以外的采购代理机构。集中采购机构，是设区的市、自治州以上人民政府依法设立的非营利事业法人，是代理集中采购项目的执行机构。集中采购机构应当根据采购人委托制订集中采购项目的实施方案，明确采购规程，组织政府采购活动，不得将集中采购项目转委托。集中采购机构以外的采购代理机构，是从事采购代理业务的社会中介机构，实践中我们一般称为政府采购代理机构。

（二）采购代理机构的职能定位

采购代理机构按照实际情况可以分为两类：一是政府依法设立的集中采购机构；二是集中采购机构以外的采购代理机构，也就是社会代理机构。

1. 集中采购机构

集中采购机构的法律职能定位是作为非营利事业法人，代理政府集中采购项目的执行机构。作为设区的市、自治州以上人民政府依法设立的机构，集中采购机构的主要职责是根据采购人的委托，负责处理政府采购事宜。这包括组织采购活动、制订采购项目实施方案、明确采购规程等。在政府采购管理体系中，集中采购机构的设立和运作遵循"管采分离"原则，即监督管理部门不直接参与采购交易活动，而集中采购执行主体不具备监督管理职能。这样的定位旨在保障政府采购过程的公正性、透明度和效率，同时确保公共资源的合理利用和优化配置。

2. 社会代理机构

社会代理机构，在2014年《政府采购法》修订后，取消了省级以上人民政府财政部门实施的资格认定行政许可。这些机构被定义为从事采购代理业务的社会中介机构。财政部随后发布的《关于做好政府采购代理机构资格认定行政许可取消后相关政策衔接工作的通知》（财库〔2014〕122号）指出，社会代理机构不再需要事前资格审核，而是通过网上登记管理。尽管取消了资格认定，社会代理机构仍需具备开展业务所需的条件，包括完善的政府采购内部监督管理制度、必要的评审条件和设施。此外，社会代理机构应加强职业化和专业化建设。采购人在选择社会代理机构时，应更多关注其专业水平、采购能力和信誉状况，以确保选择高质量的采购代理服务。

3. 集中采购机构与社会代理机构的区别

集中采购机构与社会代理机构的主要区别在于设立主体、机构性质及代理的业务范围不同。集中采购机构由设区的市、自治州以上人民政府设立，以满足政府采购项目的集中组织需求，其性质为非营利事业法人。相比之下，社会代理机构是依法自愿成立的营利性的社会中介机构。在业务范围上，集中采购机构执行法定强制委托代理，负责纳入集中采购目录中的项目的采购。而社会代理机构则根据采购人的委托，可以代理部门集中采购项目和分散采购项目。这种区分反映了两类机构在政府采购体系中角色和职能的不同。

(三)采购代理机构的设立

1. 集中采购机构的设立

《政府采购法》规定了集中采购机构的设立原则,包括地域性、非强制性和独立性。集中采购机构作为非营利事业法人,由设区的市、自治州以上人民政府设立,主要负责根据采购人的委托处理政府采购事宜。这些机构与行政机关之间不存在隶属或利益关系,保证了其独立性。中央和地方政府根据自身需求独立设立集中采购机构,执行政府采购的操作职能。多数省级政府已完成"管采分离"改革,实现了集中采购机构与财政部门的脱钩。全国大多数地级市也建立了政府采购中心,实现了管理与执行机构的职能分离。

部门集中采购机构是由各部门根据部门集中采购项目的实施需求,在编制管理部门批准下,内部成立的专门负责集中采购的机构。以中央本级为例,中国人民银行、海关总署、国家税务总局、公安部等中央部门已经成立了部门集中采购中心,而水利部、中国民用航空局等中央部门则指定了内设机构来专门负责部门集中采购工作。一些部门还特别制定了适用于本部门的政府采购管理办法,如《人民银行集中采购管理办法》和《海关政府采购管理办法》等,这些管理办法对负责部门集中采购的组织机构及其职责、采购方式、程序、预算和计划管理、合同及档案管理等方面,根据各部门的业务需求和特点,作出了具体和严格的规定。

2. 社会代理机构的设立

社会代理机构实行名录登记管理。省级财政部门依托中国政府采购网省级分网建立政府采购代理机构名录,名录信息全国共享并向社会公开。代理机构应当通过工商登记,在注册地省级分网填报相关信息,申请进入名录,并承诺对信息真实性负责。

社会代理机构的发展大致经历了三个阶段:初始阶段(1996年至2005年)、发展壮大阶段(2005年至2014年)和快速增长阶段(2014年至今)。最初,政府采购主要集中在传统通用类货物和服务上,采购规模较小。随着政府采购制度改革的深入,采购范围和规模逐渐扩大,出现了专业新型货物和服务的采购需求。2005年,《政府采购代理机构资格认定办法》(财政部令第31号)的发布使得具有资格认定的社会代理机构正式参与政府采购。2014年,《政府采购法》进行了修订,取消了社会代理机构的行政许可,导致代理机构的数量大幅增长。自此,社会代理机构转向网上登记管理,实现"宽进严管"的管理模式,社会代理机构数量迎来了快速增长。

3. 对采购代理机构的要求

《政府采购法》及其实施条例对集中采购机构、社会代理机构的执业条件和提高专业化水平作出了明确的规定:

(1)建立完善的政府采购内部监督管理制度。这一点在《政府采购法》及相关条例中得到了明确的规定。这些制度确保了采购活动的透明性、公正性和效率,防止权力滥用,维护了政府形象和公众利益。

具体而言,内部监督管理制度包括职责分离、定期轮岗、严格的审核流程、全面的档案管理及廉洁制度等。通过明确职责分离,确保采购过程中的关键环节由不同人员负责,从而实现相互监督和制约。此外,定期的员工轮岗和持续的培训也是确保专业性和防止腐败的重要措施。这些措施共同构成了采购代理机构内部监督管理的基础,是其依法、有效开展政府采购活动的关键。

(2) 具备开展政府采购业务所需的评审条件和设施。这是采购代理机构执业的必备条件。根据《政府采购法》及相关法规,采购代理机构必须设有专门的开标和评标场所,并配备录音录像、门禁系统等电子监控设备,以确保采购过程的透明性和可追溯性。

这些硬件条件不仅是进行有效采购活动的基础,还是保障采购过程公开、公平、公正的关键措施。尽管部分地区的公共资源交易中心提供了部分公共设施,采购代理机构依然需要独立的评审设施来应对不同的采购需求,并满足财政、审计和监察等监管部门的监督检查需求。这样的设施配备不仅反映了机构的专业性,还是履行法定职责、维护采购活动规范性和有效性的必要条件。

(3) 实行采购代理机构采购人员的职业化和专业化。实行采购代理机构采购人员的职业化和专业化势在必行。从全球政府采购的发展趋势来看,职业化和专业化是提升采购效率和效果的关键因素。美国等发达国家已通过实施注册政府采购师和政府采购官制度,明确了采购人员的专业要求和职业标准。

相对而言,我国在政府采购人员专业性建设方面尚有较大提升空间。目前,虽然我国已设立大量采购机构,并拥有一定数量的从业人员,但从业人员普遍缺乏必要的专业化培训和资格认证。因此,加强政府采购人员的职业化和专业化培训,实施必要的资格认证体系,不仅能够提高政府采购的质量和效率,还是推动政府采购制度向更成熟、规范方向发展的必要步骤。这将有助于提升采购代理机构的整体服务能力,实现从"重程序的合规性采购"向"重需求的专业化采购"转变,从而更好地服务于公共资源的有效配置和公共服务的提升。

(四) 采购代理机构的权利和义务

采购代理机构最基本的职责是实施采购代理行为,实现采购人的采购需求。政府采购代理机构的权利和义务主要是通过采购人与采购代理机构之间签订的委托代理协议进行约定。但是,政府采购不同于一般的商业采购,应按照政府采购的基本原则,实现政府采购的目的,对政府采购代理机构的权利和责任有相应的规定。

1. 集中采购机构的权利和义务

采购代理机构应根据采购人的委托办理采购事宜。严格意义上讲,集中采购机构与采购人的关系是委托与被委托之间的关系,应根据采购人所委托的采购范围、权限和期限等具体事项开展采购活动。同时,从"管采分离"的要求看,集中采购机构作为采购交易的直接参与者,不能同时拥有政策制定权和对采购人、供应商、评审专家等其他参与者的监督管理权,否则容易出现"既当运动员又是裁判员"的矛盾。

(1) 制订集中采购项目实施方案。集中采购机构负责根据采购人委托制订集中采购项目的实施方案,这是其重要工作之一。采购人可以选择"一单一委托"或"一年一委托"的方式。目前,集中采购机构编制的实施方案主要有批量集中采购和框架协议采购。随着政府采购制度改革的深化,制订实施方案的范围将进一步扩大。实施方案通常包括以下内容:一是详细的采购需求,包括供应商资格、产品技术和服务要求以及商务条件;二是选择合适的采购方式;三是确定评审方法和评审细则;四是采购进度计划;五是政府采购政策要求;六是项目合同文本或草案;七是具体的采购时间和完成时间。在制订实施方案时,应事先征求采购人、供应商、专家等相关方面的意见。

(2) 健全内部管理制度,科学合理组织采购活动。集中采购机构在组织采购活动时需严格遵循相关法律的规定,规范操作行为,增强集中采购目录的执行力、科学性和有效性。集中采购机构应建立健全内部监督管理制度,确保采购活动各环节间权责分明、岗位分离,并重视专业化建设。通过优化采购实施方式和内部操作程序,实现采购价格低于市场平均水平、采购质量优良和服务良好的采购目标。集中采购机构制订的采购规程,需综合内部控制要求、机构设置和业务规模等因素,以规范内部操作。

(3) 集中采购机构不得将集中采购项目转委托。实践中,部分集中采购机构因专业性或人员力量限制,将一些集中采购目录内项目转委托给社会中介机构代理采购,这违反了《政府采购法》和国务院办公厅的相关规定。《政府采购法》第十八条明确要求,集中采购目录内的项目必须由集中采购机构代理采购,且该机构必须自行组织采购活动,不得转委托。如果集中采购目录内的项目过多,导致集中采购机构无法有效执行或采购效率低下,应调整集中采购目录。对于部门集中采购项目,如果有编制管理部门批准的内设集中采购机构,则同样不得转委托。未设立集中采购机构的省、市、县级政府可采用不同的制度安排,如委托社会中介机构代理采购,但应避免与《政府采购法》规定相冲突。

2. 社会代理机构的权利和义务

社会代理机构作为政府采购活动中的一个特殊利益主体,应当对政府采购当事人负责,自觉履行政府采购法律、法规规定的义务,依法开展代理采购活动,维护国家利益和社会公共利益。就政府采购的具体操作过程而言,其权利和义务表现为以下几个方面:

(1) 社会代理机构的权利

① 自由接受委托采购的权利。社会代理机构在政府采购体系中扮演着重要角色,拥有自由决定是否接受政府采购项目委托的权利。这种自主选择权反映了市场机制的灵活性和效率,使得代理机构能够根据自己的专业能力、资源状况和业务策略来决定是否参与特定的采购项目。这不仅提高了代理机构在市场中的竞争力,而且有助于提升政府采购的整体效率和质量。

在决策过程中,社会代理机构会考虑多种因素,如项目的规模、复杂度、与自身专业领域的契合度以及潜在的风险和收益。这种基于综合评估的选择机制,确保了代理机构能够在其能力和专业范围内提供高效、高质量的服务。同时,这种选择权也激励代理机构不断提升自身的服务水平和专业能力,以适应不断变化的市场需求。因此,社会代理机构的这一权利不仅有助于优化资源配置,还促进了政府采购市场的公平竞争和专业发展。

② 合法收集采购信息的权利。社会代理机构在政府采购过程中拥有合法收集采购信息的权利,这是确保其能有效参与并提供专业服务的基础。通过公开信息或者是与相关

当事人沟通，代理机构可以获取与采购项目有关的信息，比如采购需求、技术标准、采购预算、拟签订合同等相关内容。代理机构在收集信息时应确保信息来源的合法性和正当性，不得通过非法手段获取信息。此外，代理机构在使用这些信息时应遵守保密义务和公平原则，不得利用信息进行不正当竞争或损害其他参与方的合法权益。同时为了保证政府采购效率，适应政府采购管理的信息化趋势，政府采购代理机构还应该拥有现代信息技术设备，并能够运用现代科技手段完成政府采购代理工作。《政府采购代理机构管理暂行办法》(财库〔2018〕2号)规定，采购代理机构在相关开标及评审活动中应当全程录音录像，录音录像应当清晰可辨，将音像资料作为采购文件一并存档。

③ 合理收取代理费用的权利。社会代理机构依据国家相关规定有权收取采购代理服务费。作为社会中介机构，社会代理机构的主要收入来源是通过提供采购代理服务以收取相应的服务费，这是其持续经营和提供代理服务的基础。在政府采购领域，采购代理服务是社会招标代理服务的一个关键方面。在为采购人提供招标代理服务的过程中，招标代理机构有权根据法律规定向当事人收取相应的服务费。这种收费标准通常遵循市场规律，确保了代理机构能够合法且有效地为各方提供专业服务。

④ 拒绝干预采购代理的权利。社会代理机构接受采购人的采购委托之后，按照政府采购法律法规规定具体承办有关采购事宜，享有协议约定的权利。其具体内容因委托代理协议约定的内容不同而有所不同，一般主要包括：依法审查核实投标人资质资格；组织开标；组织评标活动。在政府采购的招标和投标过程中，代理机构有权拒绝和阻止任何单位和个人对招投标过程的非法干预，确保政府采购的合法性和有序性。

(2) 社会代理机构的义务

① 遵守相关法律法规的义务。政府采购中的社会代理机构，尽管拥有自主选择接受采购委托的权利，但同时也承担着严格遵守相关法律法规的义务。这包括但不限于《政府采购法》及其实施细则、相关的行政规章和地方政策。

社会代理机构必须在采购过程中严格执行公开招标、竞争性谈判等法定程序，保证采购活动的公开透明，防止腐败和利益冲突。同时，它们还需确保所有采购活动符合财政纪律和预算要求，合理使用公共资金。

遵守法律法规的义务还意味着社会代理机构在执行政府采购任务时，需要具备相应的专业能力和操作规范，确保能够有效地管理和执行复杂的采购项目。违反这些规定可能导致法律责任，损害机构的信誉并面临行政或财务处罚。因此，社会代理机构在享有权利的同时，也要严格履行这些法律义务，以保证其服务质量和提升政府采购的整体效益。

② 保障采购效率和质量的义务。政府采购中的社会代理机构担负着保障采购效率和质量的重要义务。这意味着这些机构在执行政府采购任务时，必须确保采购过程不仅遵循法规、透明、公正，而且要高效并能获得最优质的商品或服务。这一义务对于提升公共资源的使用效益和优化政府支出至关重要。

社会代理机构必须采取适当的管理和技术措施，以确保采购活动能够在合理的时间内完成，同时达到预定的质量标准。这包括但不限于选择合适的供应商、进行严格的质量控制以及有效地协调和监督采购流程。此外,社会代理机构还应当采用最新的技术和方法,不断提升采购过程的效率,降低不必要的成本和延误,优化整个采购周期。

履行这些义务能够确保政府采购不仅满足即时的需求,而且对长远的公共利益产生积极影响。因此,社会代理机构在保障采购效率和质量方面的表现直接影响到政府采购制度的信誉和效能。

③ 信息公开的义务。政府采购中的社会代理机构承担着信息公开的义务,这是确保政府采购透明度和增强公众信任的关键方面。这一义务要求代理机构在采购过程中,从招标公告到合同履行的各个阶段,必须向公众公开相关信息。

具体来说,社会代理机构必须公开招标文件、评审标准、中标结果以及合同条款等关键信息。这样的公开使所有潜在的供应商能够在同等的条件下参与竞标,保证了采购过程的公正性和竞争性。

此外,社会代理机构还需及时在官方网站、政府公报或其他公共平台更新信息,使所有相关的采购活动信息对社会公开,便于公众监督和评价。通过履行信息公开的义务,社会代理机构不仅遵守了法律要求,还促进了政府采购环境的整体健康和公正。这种做法增强了政府采购制度的透明度和公众对政府的信任。

④ 保守商业秘密的义务。政府采购中的社会代理机构承担着保守商业秘密的义务,这是为了防止供应商的敏感信息被泄露,维护市场公平竞争和商业伦理。这一义务要求社会代理机构在处理政府采购过程中获取的所有商业信息时必须采取严格的保密措施。

在政府采购活动中,供应商可能需要透露包括技术规格、定价策略、产品制造过程等在内的敏感商业信息。社会代理机构有责任确保这些信息仅用于评标和采购执行的目的,并防止信息被未经授权的第三方获取或使用。

实现这一义务需要社会代理机构制订并执行严格的信息安全策略,包括物理和程序上的安全措施,以确保所有敏感数据的安全。此外,与政府采购相关的所有工作人员都应接受有关保密的培训,明确其在信息处理过程中的责任和义务。

通过履行保守商业秘密的义务,社会代理机构不仅保护了商业伙伴的利益,还提升了自身的职业道德和业务信誉,有助于建立一个健康、透明且具有高度职业标准的政府采购环境。

⑤ 接受监督的义务。政府采购中的社会代理机构具有接受监督的义务,这是为了确保政府采购活动的透明性、公正性和合规性。社会代理机构作为政府采购流程的重要参与者,必须遵守相关法律法规,并接受政府、公众以及其他相关方的监督。

接受监督的义务意味着社会代理机构在执行政府采购任务时,其所有操作必须合法和透明,能够承受来自监管机构的审查,包括财政部门、审计机关以及民众的监督。监督的形式可以是审计检查、定期报告的提交以及通过公开渠道发布采购信息等。

这一义务确保社会代理机构在采购过程中的每一个决策和操作都有记录可查,且符合法定程序和标准。此外,它也有助于发现和纠正潜在的不规范行为,防止腐败和滥用职权,提高政府采购的整体效率和公信力。通过这种方式,社会代理机构的行为更加规范,同时增强了公众对政府采购制度的信任和满意度。

⑥ 答复质疑的义务。在政府采购过程中,社会代理机构有答复质疑的义务,这是确保采购过程公正、透明的关键环节之一。具体来说,当供应商或其他利益相关方对采购过程中的某些环节,如招标条件、评审标准、中标结果等有疑问时,代理机构有责任提供及时、明确且合理的答复。

这种答复质疑的义务不仅有助于消除误解和疑虑,增强采购过程的透明度,还能够提升政府采购系统的整体可信度和效率。通过有效地处理和回应质疑,代理机构可以减少投诉和争议,从而促进采购活动的顺利进行。

⑦ 保存档案的义务。根据《政府采购法》及其实施条例的规定,在政府采购过程中,社会代理机构承担着在法定期限内保存档案的义务。这是为了确保采购活动的每个环节都能被追溯和审计,增强透明度和责任感。此义务强调代理机构必须系统地保存所有与采购活动相关的文档和记录,包括招标文件、投标响应、评标记录、合同文档以及任何相关的通信资料等。

保留完整的采购档案能够在必要时提供决策依据,帮助解决可能出现的争议,同时也便于监察和审计部门进行事后的检查和评估。此外,档案保存还有助于代理机构自身的业务改进和风险管理。社会代理机构保存档案义务是其执行政府采购代理工作的基本要求之一。通过妥善保存相关档案,代理机构不仅能遵守法律法规的要求,还能提升自身服务的专业性和可靠性,从而有效地支持政府采购活动的公正和高效进行。

(五)采购代理机构的禁止行为

《政府采购法》及其实施条例对采购代理机构的行为进行了严格规范,以保障政府采购活动的公正性、透明度和效率,防止任何损害国家利益、社会公共利益及其他当事人合法权益的行为。根据这些规定,采购代理机构的禁止行为主要包括:

(1)不得以不正当手段获取政府采购代理业务。采购代理机构不得采用行贿、提供回扣或通过其他不正当手段拉拢采购人,以谋取政府采购代理业务。

(2)不得有恶意串通行为。禁止采购代理机构与采购人或供应商之间进行恶意串通,包括但不限于泄露供应商信息、设定歧视性或不合理要求,以排斥或限制其他供应商参与竞争,损害政府采购活动的公平性和公正性。

(3)不得有接受宴请、礼品、礼金等行为。采购代理机构及其工作人员不得接受采购人或供应商的宴请、礼品、礼金等,以防止在政府采购活动中形成不正当利益关系,损害政府采购的公正执行。

四、供应商

供应商是政府采购的另一重要当事人,是政府采购的贸易伙伴,承担着向采购人提供货物、工程、服务等采购对象的重要责任,可以说,没有供应商,也就没有政府采购。

(一)供应商的含义

供应商是指参加政府采购活动,向采购人提供货物、工程或者服务的法人、其他组织或者自然人。《政府采购法》规定,供应商必须满足特定的资格条件,以确保其能够提供符合政府采购要求的产品或服务。供应商在政府采购中的角色至关重要,它们直接影响着采购物品的质量、成本和采购项目的整体效率。

1. 法人

法人是指依法成立,具有民事权利能力和民事行为能力,独立享有民事权利和承担民事义务的社会组织,包括企业法人、机关法人、事业单位法人和社会团体法人。

(1) 企业法人。这类法人是指进行商业活动的公司,包括有限责任公司、股份有限公司等,它们按照《中华人民共和国公司法》等相关法律法规进行注册和运营。

(2) 机关法人。通常指政府机关或行政单位,它们代表国家行使职能。

(3) 事业单位法人。如医院、学校、研究机构等,它们主要从事非营利性服务活动,根据《事业单位法人登记管理办法》和其他相关规定进行管理。

(4) 社会团体法人。指依法注册成立的社会组织,如协会、学术团体、非政府组织等。

在政府采购中,供应商可以是以上任何一种法人形式。这些法人组织依法拥有民事权利能力和民事行为能力,能够独立承担民事责任,包括独立进行合同签订、拥有财产等活动。

2. 其他组织

其他组织通常指的是非法人组织,是那些不具备法人资格的组织,它们在法律地位、组织结构和运营方式上与法人组织有所不同。以下是一些常见类型的非法人组织。

(1) 合伙企业。合伙企业分为普通合伙企业和有限合伙企业。普通合伙企业中的普通合伙人对合伙企业的债务承担无限连带责任,而有限合伙企业中的有限合伙人仅对其出资额承担责任。合伙企业本身不是法人,但它是合伙人共同的组织,有承担民事责任的能力。

(2) 个人独资企业。这种企业结构不构成独立的法人实体,企业主对企业的债务负有无限责任。个人独资企业的资产属于个人资产的一部分,因此在债务问题上企业资产和个人资产没有严格分界,这意味着在出现问题时,企业主需以个人全部财产来承担责任,具备承担民事责任的能力。

(3) 企业之间的联营。这种联营通常是基于合同的合作形式,不构成独立的法人实体。它们通常为了特定的商业目的建立合作关系,可能涉及资源共享、技术合作等。各方按协议分担责任和权益。这种联营形式下,联营各方保持独立,只要各自满足政府采购供应商的条件,如具有独立承担民事责任能力、良好商业信誉等,以联营体的名义参与政府采购时,也可以作为供应商。

(4) 企业与事业单位之间的联营。这种形式的合作是企业和事业单位为了实现特定目标而建立的合作关系,也不构成独立的法人实体。它们的运作依赖于合作协议,可能涉及科研项目、社会服务等。

这些非法人组织虽然没有法人资格,但依然可以在法律允许的范围内进行商业活动,并承担相应的法律责任。不同于法人组织,这些组织在资产、责任和法律地位方面有着特

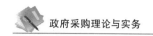 政府采购理论与实务

定的限制和要求。

3. 自然人

根据《民法典》的规定,自然人指的是基于自然规律出生而取得民事主体资格的人。在政府采购中,以个人身份参与政府采购活动的自然人,须具备完全民事行为能力,并且在符合政府采购相关供应商资格要求的前提下,可作为独立经营者,以个体身份提供商品、服务或工程,参与政府采购的投标和公平竞争。

4. 政府和社会资本合作项目的供应商

政府和社会资本合作(Public-Private Partnership,PPP)项目是一种特殊的项目融资和运作模式,它涉及公共部门(政府)和私人部门(社会资本)之间的合作。在这种合作模式中,政府和私人企业共同参与公共服务项目的投资、建设、运营和维护。PPP 项目旨在利用私人部门的效率和创新能力来提供公共服务,同时减轻政府的财政负担,改善公共设施的质量和可获得性。需要关注的是《政府采购法修订草案》中提出,政府和社会资本合作项目的供应商指的就是有意愿提供公共服务,承担项目投资、建设、运营风险的社会资本方。

(二)在政府采购活动中需要明确的相关概念

(1)潜在供应商。指具备提供符合特定技术规格的货物、工程或服务能力的供应商。当采购人发出需求要约后,所有符合条件且愿意参与竞标的供应商均为潜在供应商。他们应满足技术、财务和法规要求,确保能参与公平竞争的政府采购过程。

(2)投标供应商。指在政府采购过程中正式提交投标文件,参与竞标的供应商。他们根据采购人发布的采购需求,提供详细的商品、服务或工程方案,并满足所有资格和技术要求。投标供应商通过提交投标书参与竞争,以赢得采购项目合同。

(3)中标候选供应商。指在政府采购过程中,经过评审委员会评审,被推荐为可能获得合同签订资格的供应商。这些供应商的报价、业务能力和符合性等方面均达到了招标文件的要求,并在评审过程中排名靠前。最终的中标供应商将从这些候选供应商中选出,并签订正式的政府采购合同。

(4)中标供应商。指在政府采购过程中获得采购项目合同签订资格的供应商。中标供应商是由专家评审后推荐并经采购人确认的。所有中标供应商在中标之前都是投标供应商,但并非所有投标供应商都会成为中标供应商。这是因为投标过程是竞争性的,只有最符合采购要求和条件的供应商才会被选定为中标供应商。

(5)供应商联合体。指由两个或多个自然人、法人或其他组织组成的团体,共同参加政府采购活动。这些组织或个人通过签订联合协议,作为一个整体参与投标,协议中明确各方的责任和义务。联合体成员共同承担合同履行的连带责任。这种方式允许不同供应商合并资源和专长,共同满足采购项目的复杂或大规模需求。但一般来说,如果采购文件规定不接受以联合体形式投标的,则不能以联合体进行投标。

(三)供应商参加政府采购活动的资格条件

供应商参加政府采购活动必须具有相应的资格条件是国际通行做法。为此,《政府采

购法》第二十二条规定参加政府采购活动的供应商应当具备以下六个方面的条件：

1. 具有独立承担民事责任的能力

供应商必须具备独立承担民事责任的能力，这是确保政府采购活动中合同义务得到履行的法律要求。供应商的这一资格条件旨在保护采购人的合法权益，确保在合同执行过程中，一旦出现违约或其他法律纠纷，采购人能有效追索损失，维护交易安全。

为此，各类供应商需提供相应的法律文件以证明其资格：企业法人应提供"企业法人营业执照"或"营业执照"；事业单位须出示"事业单位法人证书"；非企业专业服务机构如律师事务所，需提供相应的执业许可证；个体工商户应持有"个体工商户营业执照"；而自然人供应商则需出示有效的身份证明。

此外，法人的分支机构由于不具备独立承担民事责任的能力，不能以分支机构身份参与政府采购。如果法人的分支机构获得了法人的授权，并且在授权范围内参与政府采购活动，同时能提供相关授权文件等证明材料，可以参与政府采购活动，比如银行、保险、石油石化、电力、电信等特殊行业的分支机构在获得法人授权的情况下可以参与政府采购活动。

2. 具有良好的商业信誉和健全的财务会计制度

供应商在政府采购活动中具备良好的商业信誉和健全的财务会计制度，这是确保其能有效、合法地履行合同义务的重要前提。良好的商业信誉意味着供应商在其经营活动中遵守法律法规，诚实守信，并持续展现出优良的履约记录。这种信誉能够增加采购人对供应商的信任，降低交易风险。

健全的财务会计制度指供应商能够按照国家财务和会计相关规定，准确反映其经济活动，保证账目的透明与准确性。这不仅有助于供应商自身的财务健康，还使得采购人及监管机构能够有效审查其经济状况，确保供应商具有履行合同的经济能力。

供应商应向采购人或采购代理机构提供经审计的财务报告或银行资信证明，以及税务登记证和社会保险缴纳凭证等相关证明，以展示其经济责任感和合规性。这些措施不仅符合《政府采购法》的要求，而且是推动市场公平竞争和维护公共利益的重要环节。

3. 具有履行合同所必需的设备和专业技术能力

供应商在参与政府采购活动时，应具有履行合同所必需的设备和专业技术能力，这是确保其按照合同要求保质保量完成项目的基本条件。这种能力包括足够的生产或服务设施、先进的技术设备以及专业的技术人员。例如，在政府采购服装时，供应商必须展示其拥有充足的制衣设备和经验丰富的技术人员，能够满足大量生产的需求和保证产品质量。

为了证明这些能力，供应商需要提供详细的材料，如设备的购置发票、设备清单、技术人员的职称证书和劳动合同等。这些证明材料不仅能够帮助采购人或代理机构评估供应商的生产和技术能力，还是供应商合规性和专业性的体现。检查供应商是否具备这些能力，有助于减少履行合同过程中的风险，提高政府采购项目的执行效率和成果质量，符合《政府采购法》规定的原则和标准。

4. 有依法缴纳税收和社会保障资金的良好记录

供应商参与政府采购活动时,应具备依法缴纳税收和社会保障资金的良好记录,这不仅体现了供应商的财务诚信和社会责任感,还是其资格审查的重要标准之一。

政府采购要做到从源头上保证供应商在同等条件下进行公平竞争。不依法缴纳税收和社会保障资金的供应商,在产品和服务的成本方面会占有一定优势,对依法缴纳税收和社会保障资金的供应商来讲是不公平的。从这个角度讲,政府采购不允许这类供应商参与竞争,是维护合法供应商的利益,保障政府采购公平、公正的需要。

5. 参加政府采购活动前三年内,在经营活动中没有重大违法记录

在政府采购活动中,要求供应商在参加政府采购前三年内没有重大违法记录是一项重要的资格条件。这一要求的实施旨在确保参与政府采购的供应商具有良好的法律遵从性和商业诚信,进而维护政府采购的公正性和效率。

根据《政府采购法》及相关条例,重大违法记录是指供应商因违法经营受到刑事处罚、责令停产停业、吊销许可证或营业执照以及被处以较大数额罚款等行政处罚。供应商必须提供书面声明,证明其在过去三年中没有发生这类重大违法行为。

这种自我声明的方式便于操作,同时要求供应商对其提供的信息的真实性负责。若后续查明供应商提供的声明不实,依据《政府采购法》的规定,不但会取消其参与政府采购的资格,其还可能面临进一步的法律责任。这种机制能有效地促使供应商恪守法律法规,保证政府采购的公正和高效,同时也保护公共利益和政府资金的安全。

6. 法律、行政法规规定的其他条件

国家对一些产品的生产、销售和服务有专门的法律、行政法规规定,供应商生产和销售这类产品、提供这类服务必须取得国家有关主管部门的行政许可。比如:第二、三类医疗器械采购项目,按照《医疗器械监督管理条例》和《医疗器械注册与备案管理办法》的规定,供应商应取得"医疗器械注册证书""医疗器械生产许可证"或"医疗器械经营许可证";建筑行业的供应商按照相关法律要求应当取得建筑企业资质等级证书;食品行业的供应商按照《中华人民共和国食品安全法》等法律法规应取得食品经营许可证等。至于这些特定条件,应根据采购项目的特殊性而定,有的项目对供应商有资质要求,有的项目有特种设备要求,有的项目有财务状况要求或者特殊专业人才要求。

(四)供应商参加政府采购活动的限制情况

在政府采购实践中,供应商参与政府采购活动存在着限制情况,这些限制旨在确保政府采购的公平、高效和合法,同时保障公共利益不受损害,主要有以下两点:

1. 关联供应商不得参加同一合同项下的采购活动

在政府采购活动中,存在着多个关联供应商同时参与同一政府采购合同项下活动的现象。当两个由同一负责人领导或存在控股、管理联系的单位参与同一采购项目时,可能会发生预先协商、私下串通和围标等违反法律法规的行为,这会破坏公平竞争的环境,损害国家和社会公共利益,也侵害其他供应商的合法权益。因此,规定单位负责人为同一人或者存在直接控股、管理关系的不同供应商,不得参加同一合同项下的政府采购活动,对

确保公平竞争、提升采购效益和强化廉政建设具有重要作用。

2. 为采购项目提供过有关服务的供应商不得再参加该采购项目的其他采购活动

供应商在为采购项目提供整体设计和规范编制服务后，若参与同一项目的其他采购活动，可能会因深入理解项目内容而获得不公平优势。他们可能在设计或规范编制过程中加入对自己有利的条款，从而影响竞争的公平性。因此，这样的供应商与其他竞争者并不处于平等的竞争环境中，这违背了公平竞争的基本原则。

供应商若先为采购项目提供项目管理、监理、检测等服务，再参加并中标该项目的其他采购活动，将使项目的管理、监理、检测等均由同一供应商执行。这种情况下，原本旨在确保项目质量的监管和制约措施将失去效力，因为监督者和被监督者是同一方。这种做法削弱了项目监管的独立性和客观性，可能影响项目质量和效率。

（五）供应商的权利

供应商作为交易的卖方，承担着向采购人提供合格采购对象的责任。供应商在政府采购活动中享有一系列合法的权利，主要包括：

1. 供应商有权平等参与政府采购活动

《政府采购法》及其实施条例明确规定了供应商有权平等参与政府采购活动，采购人或者采购代理机构有下列情形之一的，属于以不合理的条件对供应商实行差别待遇或者歧视待遇：

（1）就同一采购项目向供应商提供有差别的项目信息。

（2）设定的资格、技术、商务条件与采购项目的具体特点和实际需要不相适应或者与合同履行无关。

（3）采购需求中的技术、服务等要求指向特定供应商、特定产品。

（4）以特定行政区域或者特定行业的业绩、奖项作为加分条件或者中标、成交条件。

（5）对供应商采取不同的资格审查或者评审标准。

（6）限定或者指定特定的专利、商标、品牌或者供应商。

（7）非法限定供应商的所有制形式、组织形式或者所在地。

（8）以其他不合理条件限制或者排斥潜在供应商。

2. 供应商有权要求保守其商业秘密

供应商在政府采购过程中拥有要求保守其商业秘密的权利，这是确保其商业竞争力和知识产权安全的重要保障。这一权利意味着，当供应商提交包含专有技术、定价策略、研发信息等敏感数据的提案时，他们可以期望这些信息不会被采购人及代理机构泄露或滥用。这种保密的要求不仅合法，而且对于激励供应商参与政府采购、提供创新解决方案是必要的。

采购人及代理机构应尊重并保护供应商的这一权利，确保在评审和采购过程中，对所有敏感信息都严格保密。这不仅有助于维护供应商的商业利益，而且是建立信任和长期合作关系的基础。同时，采购人及代理机构在处理商业秘密时必须遵循相关法律法规和道德规范，防止出现任何可能导致商业秘密泄露的行为。

3. 供应商有权对政府采购活动进行监督

供应商有权根据法律规定对政府采购活动进行监督。当供应商发现采购活动中存在违规或不公正的行为时，他们可以提出质疑或投诉，促使相关部门进行调查和纠正。国际经验表明，供应商间的监督是最有效的监督。

这种监督有助于提高政府采购的透明度和公信力，还可以防止和减少腐败现象，保证公共资源被合理利用。供应商的积极参与和监督，可以促使政府采购过程更加规范化、标准化，从而提升整个采购系统的效率和效果。

此外，供应商的监督还体现了公平竞争原则，确保所有供应商在参与政府采购时享有平等的机会。通过这种方式，可以激发市场活力，促进更多优质供应商参与，最终实现政府采购的最优化。

4. 中标供应商有权与采购人签订并执行政府采购合同

根据《政府采购法》及相关法律法规，中标供应商具有与采购人签订并执行政府采购合同的权利。

中标供应商与采购人签订的政府采购合同是一个具有法律约束力的民事合同，它规定了双方的权利和义务。合同一经签署，就对双方具有约束力，供应商必须按照合同的规定履行其义务，提供符合标准的产品或服务。

同时，供应商在履行合同的过程中，其合法权益受到法律的保护。若采购人未能按照合同约定履行自身责任，如延迟支付等，供应商有权要求赔偿或采取其他法律行动。

（六）供应商的义务与责任

在遵循《政府采购法》及相关法律法规的框架下，参与政府采购活动的供应商必须承担一系列明确的义务与责任。

（1）确保提供的货物、服务或工程符合招标文件的规定和质量标准。供应商必须保证其产品或服务完全符合采购人的技术规格和质量要求，同时符合国家相关法律、法规和标准的规定。

（2）供应商负有诚实守信的责任，即在整个采购过程中应遵守诚信原则，如实提供企业信息、不隐瞒重要事实，不参与任何形式的不正当竞争，如串通投标、欺诈等行为。

（3）供应商还有遵守合同义务，即在中标后，必须与采购人签订并履行合同，按照合同约定的条件、时间、地点交付货物或服务，确保合同的顺利实施。

（4）供应商需要承担法律责任，若违反合同规定或法律法规，将面临相应的法律后果，如经济赔偿、合同终止、行政处罚甚至刑事责任。

五、政府采购评审专家

政府采购评审专家在政府采购过程中扮演着至关重要的角色，其职责和地位在《政府采购法》及其相关实施细则中有明确规定。评审专家的主要任务是依据专业知识和经验，对投标文件进行客观、公正的评审，确保政府采购项目能够选择最合适的供应商。

根据《政府采购法》的规定，评审专家需要具备相关的专业知识和实践经验，能够独立

项目二 政府采购基础

进行评审工作,不受任何单位或个人的非法干预。评审专家的选择应该遵循专业性、公正性和代表性的原则,旨在确保评审过程的公平和透明。

在评审过程中,专家需要对投标文件的技术性能、价格、服务等方面进行全面评估,以确保采购项目的质量和性价比。评审专家还需要遵守严格的保密和廉洁规定,不得泄露投标文件的内容,也不得接受任何形式的贿赂或其他不正当利益。此外,评审专家在评审过程中应当避免利益冲突,确保评审的独立性和客观性。如果评审专家与某个投标单位存在利益关联,他们必须主动回避,以防止评审结果受到不当影响。

综上所述,政府采购评审专家的作用不仅仅是技术性的评审,更重要的是保证政府采购过程的合法性、公正性和高效性。他们的专业判断对于确保政府采购项目能够在合理成本下达到最佳效果具有重要意义。

六、与采购活动有关的第三人

政府采购参加人中的"与采购活动有关的第三人",指的是那些虽然不是政府采购合同的直接签署方,但其行为或决策可能对政府采购活动产生影响的个人或组织。这些第三人可能以各种形式参与或影响采购过程,但不直接承担采购合同的履行责任。他们的作用和影响在采购过程中不容忽视。

这些第三人包括技术专家、法律顾问、财务顾问以及其他相关机构。技术专家为采购项目提供关键的技术建议或评估,影响采购决策;法律顾问就合同条款提供咨询,保证采购活动的合法性;财务顾问对采购项目的成本效益进行分析;其他相关机构如政府采购仲裁机构,可以在采购代理机构与供应商之间、供应商与采购人之间等产生矛盾和纠纷时帮助进行仲裁。此外,与采购活动有关的第三人还包括供应链上的其他相关方,例如原材料供应商、分销商等,他们的产品和服务质量、供应能力等可能间接影响最终的采购结果。

在政府采购过程中,识别并理解这些第三方的角色和影响也至关重要,因为他们可能通过提供关键信息、专业建议或其他方式,对采购结果产生决定性的影响。因此,政府采购活动的参与者需要考虑这些第三方可能带来的影响,并在决策过程中予以适当的处理,以确保采购活动的效果和效率。

七、政府采购监督管理机构

政府采购监督管理机构是指在财政部门内部设立的,制定政府采购政策、法规和制度,规范和监督政府采购行为的行政管理机构,不参与和干涉政府采购中的具体商业活动。《政府采购法》规定,各级人民政府财政部门是负责政府采购监督管理的部门,依法履行对政府采购活动的监督管理职责。各级人民政府其他有关部门依法履行与政府采购活动有关的监督管理职责。

为了明确政府采购监督管理部门监督检查的职责和主要内容,《政府采购法》对政府采购监督管理部门监督检查职责和主要内容作出了具体规定,即政府采购监督管理部门应当加强对政府采购活动及集中采购机构的监督检查。监督检查的主要内容是:有关政府采购的法律、行政法规和规章的执行情况;采购范围、采购方式和采购程序的执行情况;政府采购人员的职业素质和专业技能。

任务二 政府采购的范围

受限制的进口产品

20××年6月,N管理处委托J招标公司,就"电子识别系统"进行公开招标。6月2日,J招标公司在中国政府采购网发布招标公告,并同时开始发售招标文件。标书发售期间,共有8家供应商购买了招标文件。到6月22日投标截止,8家供应商均按时提交了投标文件。开标仪式结束后,J招标公司组织了评标工作,由2名采购人代表和5名随机抽取的专家组成的评标委员会共同完成了评标,23日J招标公司得到采购人的确认后,发布公告,公布A公司为中标人。

6月24日,投标人B公司向J招标公司提出疑问:本项目招标文件中并未标明采购的产品必须为本国产品,B公司因所投产品中包含进口产品被认定为无效投标。B公司认为此次评标过程存在不公正现象,评标委员会没有按照招标文件进行评标,影响了中标结果,要求重新评标。J招标公司回复质疑:进口产品供应商不能参与此项目的评标。根据财政部办公厅《关于政府采购进口产品管理有关问题的通知》(财办库〔2008〕248号)第五条的规定,此项目视为拒绝进口产品参加。B公司对J招标公司质疑答复不满,向财政部门提起投诉。

【案例分析】

本案争议的焦点是,本项目是否允许进口产品参加投标。为此,财政部门调取了本项目的招标文件、投标文件、评标报告及评标录像等材料。调查发现:本项目招标文件中只是列明了拟采购产品的名称、数量、详细技术参数及考核标准,并未规定产品必须为本国产品,也没有明确规定不允许进口产品参加投标。评标录像显示,在评标过程中,评标委员会发现B公司的投标产品中包含大量的进口产品,在公证人员的监督下,评标委员会经评议认定,本项目只能采购本国产品,原产地为国外的投标产品均不符合本项目采购需求,因此,在评标报告的"评标结果"中认定B公司投标文件为无效投标。

(资料来源:德海.案例解读·案例十九:受限制的进口产品[EB/OL].(2017-06-22)[2024-04-03].http://www.cgpnews.cn/articles/40010.)

政府采购制度规范的范围,是指政府采购法律发挥效力的范围,范围的界定是政府采购制度的重要组成部分。各国因国情的不同,在采购范围上也存在较大的差异。但总的来说，政府采购的范围可从主体范围、资金范围、对象范围、空间范围和政策范围等角度来考虑。

一、政府采购的主体范围

政府采购的主体范围，是指政府采购法律应规范哪些社会主体的采购活动。我国是社会主义国家，生产资料以公有制形式为主，从理论上讲，凡是公共资金和财产的使用、消费都应由政府统一进行监督管理。政府采购作为公共资金和财产管理的一种形式，其实施范围应有所选择，即哪些公有性单位可以实行，哪些不能实行，应有划分标准。目前比较一致的认识是所有使用国家财政拨款的单位应被纳入政府采购的监管范围。在我国，《政府采购法》规定，政府采购的主体主要指各级国家机关、事业单位和团体组织。对国家机关而言，将其采购活动纳入政府采购管理是理所当然的；但是对于事业单位、团体组织及国有企业等是否应该被纳入政府采购规范的范围，行业内还存在着不同的认识。

我国公共事业单位的运作方式和预算管理方式存在较大的差别，有些事业单位收入主要依靠国家财政拨款；有些事业单位既依靠财政拨款资助，也有自己的事业收入；还有一些事业单位是所谓的"自收自支"单位，长期实行企业化管理。这里的"预算单位"，是指按照国家有关规定，经过财政部门核定收支、编制单位预算，并且接受财政部门监督管理的单位。通常对于"自收自支"事业单位，如果属于预算单位，即其相关财务收支按照规定仍然纳入预算管理体系，接受财政部门的监督和管理，那么这类单位即是政府采购主体。

就团体组织而言，世界上大多数国家的社会团体属于非政府性的团体，其经费一般由团体成员筹集，或者由企业赞助。我国实行以公有制为基础的社会主义制度，国家的国体和政体有别于其他国家。我国的社会团体组织大多数是为社会公众服务的，由政府财政为其提供活动经费，所以这些社会团体组织的采购普遍被纳入政府采购管理的范围。需要注意的是，经民政部门审查同意并依法进行注册的社会团体，原则上不执行政府采购制度，但若其作为预算单位管理，即按照财政部门的规定，该社会团体的收支活动纳入预算管理，接受财政资金的监管，同时具备预算编制、执行和决算等一系列预算管理流程，则应执行政府采购法律法规的规定。

我国由于多方面的原因，在政府采购制度建设初期，没有将国有企业的采购纳入政府采购制度的约束范围之内。国有企业按其经营性质划分为两大类：一类是非营利性的公共性企业，另一类是以营利为目的的经营性企业。前一类企业的发展靠国家财政拨款来维持，所提供的物品和服务是为了满足社会的公共需要。后一类企业的经营不能依靠行政手段和行政配置来实现，只有依靠市场法则办事，以追求赢利最大化为目标，依靠市场信号配置资源，才能保障其健康发展。在《政府采购法》颁布的时候，国有企业，不管是公共福利性质的，还是赢利导向性质的，都被排除在政府采购之外。但是，随着政府采购事业的发展，在《政府采购法修订草案》中，对于这个问题做了调整，规定：为实现公共目的，从事公共事业，运营公共基础设施或者公共服务网络的公益性国有企业，也适用政府采购管理。调整后，这些公益性国有企业在进行采购活动时，需要按照政府采购的相关法律法规和程序进行,包括采购项目的立项、采购方式的选择、采购合同的签订与执行等环节,都要接受政府采购监管部门的监督和管理,以确保采购活动的公开、公平、公正,提高公共资金的使用效益,同时也有助于规范这些企业的采购行为,促进其更好地履行社会责任。

二、政府采购的资金范围

《政府采购法》对政府采购活动资金来源界定为"财政性资金",即采购主体使用财政性资金采购规定的采购标的,则纳入《政府采购法》的适用范围;反之,则不纳入政府采购管理范围,不受《政府采购法》的约束。因此,"财政性资金"的概念在确定采购活动是否纳入政府采购管理范围时至关重要。

在《政府采购法》被制定时,财政性资金被定义为包括财政预算资金和预算外资金。其中,财政预算资金指年初预算安排及预算执行中追加的资金;预算外资金则包括政府批准的各类收费或基金等。但随着财政管理改革,特别是行政事业性收费被纳入财政预算管理,预算外资金的范围逐渐缩小。到 2010 年财政部发通知规定自 2011 年起将所有预算外收入纳入预算管理,取消预算外收支科目,从而实质上消除了预算外资金的概念。这一改变意味着"财政性资金"的定义随着财政管理体制的演进而发生了变化,使得《政府采购法》中关于财政性资金的解释需要更新以适应新的财政管理体系。

2015 年实施的《政府采购法实施条例》将财政性资金明确为"纳入预算管理的资金",通过"预算管理"来界定财政性资金。该条例通过定义"财政性资金"为纳入预算管理的资金,将政府采购与预算管理紧密联系起来,这种定义也便于各级财政部门和采购人理解以及执行政府采购规定。在实践中,不同地区的预算管理水平和范围存在差异,但是纳入部门预算管理的资金,无论其来源如何,包括事业收入、经营性收入和其他形式的"自有收入",都应被纳入政府采购的管理范畴。这意味着,对财政性资金的解释实际上减少了对资金来源的特定要求,即任何预算单位的采购活动,无论资金来源为何,都应依法纳入政府采购的管理和监督范围。这样规定不仅操作简便,而且有助于拓展政府采购的适用范围和规模。

在政府采购活动中,采购项目与使用财政性资金的对应关系情况往往比较复杂,存在使用混合资金的情况。在确定采购活动是否属于政府采购范围时,需要对混合资金来源的情况加以明确。对于同时使用财政性和非财政性资金的采购项目,关键在于判断这些项目是否能够根据资金来源被分割,如果可以被分割成独立子项目,那么使用财政性资金的部分应遵循《政府采购法》要求,而使用非财政性资金的部分则可以不适用这些规定;如果项目无法被分割,那么只要涉及财政性资金,无论其占比大小,整个项目都必须按照《政府采购法》执行。在实际执行中,特别是在企业与高校或医院等合作的项目中,常涉及混合资金,这些情况需要根据项目的采购主体、资金来源和采购标的所有权归属等具体情况分析处理。此外,以财政性资金作为还款来源的借款视同为财政性资金,在采购活动中也应当遵循《政府采购法》的规定。

三、政府采购的对象范围

为了满足实现社会公共职能的需要,政府及其相关部门需要进行各种各样的采购。政府采购所涉及的对象包罗万象,既有有形的也有无形的,既有物品、工程也有技术,非常庞杂。为了便于管理和统计,国际上通行的做法是按其性质将采购内容分为三大类,即货物、工程和服务。

(一) 货物

货物是指政府为履行其职能和提供公共服务所需购买的物品,它们是政府采购活动中最常见的对象之一。这些货物包括办公设备、计算机和软件、办公家具、交通工具、医疗设备等。采购货物在政府采购活动中占据重要地位,因为它直接关系到政府部门能否高效、顺畅地执行公共职能。《政府采购法》中将货物定义为各种形态和种类的物品,包括原材料、燃料、设备、产品等。

(二) 工程

工程在政府采购中指的是建设工程,包括建筑物和构筑物的新建、扩建、改建、修建、拆除、修缮等多种活动。世界各国普遍将工程视为政府采购的重要部分。根据联合国的《采购示范法》,工程的定义包括与楼房和建筑物相关的建造、改建、拆除、修缮或翻新等工作,以及土地平整、挖掘、架设、建造等活动。此外,工程还可能包括附带的服务,如钻挖、绘图等,这些服务的价值应不超过工程本身的价值。

我国《招标投标法》中对必须招标的工程建设项目也做了规定,包括项目的勘察、设计、施工、监理以及与工程建设相关的重要设备和材料的采购。这与《政府采购法》对工程的定义存在交叉,因此,在《政府采购法实施条例》颁布时,对此问题作了衔接规定:"政府采购工程以及与工程建设有关的货物、服务,采用招标方式采购的,适用《中华人民共和国招标投标法》及其实施条例;采用其他方式采购,适用政府采购法及本条例。"同时条例对工程的定义也做了细化,指出工程是指建设工程,包括建筑物和构筑物的新建、改建、扩建及其相关的装修、拆除、修缮等;与工程建设有关的货物,是指构成工程不可分割的组成部分,且为实现工程基本功能所必需的设备、材料等;与工程建设有关的服务,是指为完成工程所需的勘察、设计、监理等服务。政府采购工程以及与工程建设有关的货物、服务,应当执行政府采购政策。这样的规定明确了政府采购中工程项目的适用法律,确保了采购活动的规范性和合法性。

(三) 服务

在政府采购领域,服务的定义经常被误解为仅指保障政府运转所需的服务,排除了政府购买的公共服务。然而,《政府采购法》并未对作为采购标的的"服务"作出直接定义,而是采用了更广泛的兜底式定义,即除了货物和工程以外的其他政府采购对象。这意味着,服务的范畴实际上十分广泛,凡是不属于货物和工程的、符合《政府采购法》适用范围的采购对象都可被称为服务。国际上的许多公共采购法律和规范,如《公共采购示范法》、《政府采购协议》、欧盟政府采购指令、美国《联邦政府采购条例》等,同样未对服务作出直接定义。

国务院办公厅和财政部的相关文件明确指出,政府购买的服务应按照《政府采购法》执行。特别是,财政部的文件将服务项目分为三类：第一类是保障政府部门自身正常运转所需要的服务,如公文印刷、物业服务、公车租赁、系统维护等；第二类是政府部门履行职能所需要购买的服务,如政策研究、法律咨询等；第三类是政府向公众提供的公共服务,如教育、医疗卫生等。第一、二类服务项目是政府自身需要的服务,第三类服务项目属于政府向社会公众提供的公共服务。

这样的分类说明,政府采购的服务既包括政府自身运转所需的服务,也包括向社会公众提供的公共服务。《政府采购法实施条例》通过区分服务的直接对象(政府自身需求与社会公众需求),明确了政府向社会购买公共服务属于政府采购范围。

四、政府采购的空间范围

政府采购制度规范的空间效力,只限于在中国境内发生的政府采购行为。《政府采购法》明确指出,在中国境内发生的政府采购活动都必须遵守中国的政府采购相关法律和法规。采购信息必须在政府指定的媒体上发布,确保所有合格的供应商有机会平等地获取采购信息并参与竞争。

在我国境外进行的采购活动及其与供应商发生的关系,不在我国政府采购法律法规约束的范围之内。尽管中国已加入世界贸易组织,但尚未签署《政府采购协议》。因此,除非有特殊规定或者是经过财政部门审批,否则,政府采购通常必须采购本国的产品和服务。

五、政府采购的政策范围

在我国,政府采购的政策范围可以从集中采购目录和政府采购限额标准两个角度来分析。这两个方面是政府采购政策的重要组成部分,共同构成了政府采购活动的基本框架。

(1) 集中采购目录。纳入集中采购目录的项目必须实行集中采购。这通常涉及规模较大、性质重要或者需要统一标准的采购项目。集中采购能够实现规模经济效益,提高采购效率和质量,并增强采购过程的透明度和公正性。

(2) 分散采购项目。不在集中采购目录内且预算金额超过特定限额标准的项目属于分散采购项目。这些项目可以由采购人自行采购,或者委托给政府采购代理机构进行采购。分散采购项目虽然不属于集中采购范畴,但仍然是政府采购的一部分,并且需要遵循相应的政府采购规定和程序。

(3) 非政府采购项目。集中采购目录以外且预算金额未达到限额标准的项目被视为非政府采购项目。这些项目的采购由采购人根据相关的预算支出管理规定和本单位的内部控制采购规程自行组织实施。

六、例外范围规定

考虑到国家利益、社会公共利益及特殊情况,《政府采购法》设定了一些例外情形,允许在特定条件下不适用政府采购政策。

(1) 军事采购。由于其特殊性,军事采购不纳入常规的《政府采购法》规定的范围,而是由中央军事委员会制定专门的法规加以约束。

(2) 使用国际组织和外国政府贷款的采购。使用国际组织和外国政府贷款进行的政府采购,贷款方、资金提供方与中方达成的协议对采购的具体条件另有规定的,在我国法律允许的范围内可以适用其规定,但不得损害国家利益和社会公共利益。

(3) 紧急采购和涉及国家安全的采购。对于紧急情况下的采购,如发生严重自然灾害、事故灾难、公共卫生事件和社会安全事件等突发事件所实施的紧急采购,以及涉及国家安全和秘密的采购,不适用政府采购政策,以便快速响应和保护敏感信息。

以上就是关于政府采购例外情形的规定,这也体现出了政府采购政策在特定情况下的适用性和灵活性。

项目小结

政府采购制度是现代国家治理体系中的一个重要组成部分,它旨在通过规范化的采购活动,确保公共资源被有效利用和公共服务的高效提供。深入了解政府采购的当事人和采购范围对于掌握政府采购的全貌具有重要意义。

在政府采购的体系中,主要当事人包括采购人、供应商和采购代理机构三大角色。采购人是指那些依法有权开展政府采购活动的国家机关、事业单位和社会团体,他们是政府采购活动的需求方和决策主体。供应商则指参与政府采购活动,向采购人提供货物、工程或服务的法人、其他组织或自然人,是供应市场的构成者。采购代理机构作为专业的服务机构,受采购人委托,负责具体的采购事宜,包括采购公告的发布、投标的组织和评标等工作,起到桥梁和纽带的作用。这三者的相互作用和合作是政府采购活动能够顺利进行的关键。

政府采购的范围则更加广泛,包括主体范围、资金范围、对象范围、空间范围和政策范围等多个维度。主体范围界定了可以进行政府采购的单位和机构,通常包括各级政府机关和使用公共资金的事业单位等。资金范围指的是政府采购活动所涉及的资金来源,主要是指国家财政拨款,这是政府采购的经济基础。对象范围则涵盖了政府采购所包括的货物、工程和服务等采购内容,几乎涉及所有为实现公共服务目标所需的物资和服务。空间范围限定了政府采购活动的地域,一般仅限于国内。政策范围则涉及政府采购的法律法规、规章制度及操作指南等,是指导和规范政府采购活动的政策体系。

能力训练

一、单选题

1. 我国《政府采购法》规定的政府采购主体不包括(　　)。
   A. 国家机关　　　B. 事业单位　　　C. 团体组织　　　D. 公司

2. 在政府采购中,采购代理机构的角色主要是(　　)。
   A. 提供资金支持　　　　　　　B. 执行采购活动
   C. 提供咨询服务　　　　　　　D. 监督采购过程

3. 《政府采购法》适用的空间范围是指(　　)。
   A. 仅限于省级行政区域内　　　B. 全球范围内的政府采购活动
   C. 中华人民共和国境内　　　　D. 中华人民共和国境内外的所有采购活动

4. 政府采购内容按其性质划分,国际上通行的做法是分为三大类,下面哪一个不属于该分类?(　　)
   A. 货物　　　B. 服务　　　C. 工程　　　D. 贸易

5. 在政府采购中,集中采购的目的是(　　)。
   A. 增加采购成本　　　　　　　B. 限制竞争
   C. 实现规模经济效益　　　　　D. 限定供应商数量

二、多选题

1. 政府采购的当事人包括(　　)。
   A. 供应商　　　　　　　　　　B. 采购人
   C. 政府采购监督管理机构　　　D. 招标代理机构

2. 政府采购的政策范围中,以下哪些属于非政府采购项目?(　　)
   A. 超过特定限额标准的分散采购项目
   B. 未达到限额标准的分散采购项目
   C. 集中采购目录内的项目
   D. 使用个人资金的采购项目

3. 《政府采购法》规定,供应商参加政府采购活动应当具备的条件有哪些?(　　)
   A. 具有独立承担民事责任的能力
   B. 具有良好的商业信誉和健全的财务会计制度
   C. 具有履行合同所必需的设备和专业技术能力
   D. 具有依法缴纳税收和社会保障资金的良好记录
   E. 参加政府采购活动前三年内,在经营活动中没有重大违法记录

4. (　　)就是取得政府采购业务代理资格,接受采购机关委托代理政府采购业务的中介组织。
   A. 政府采购代理机构　　　　　B. 采购单位
   C. 省政府采购中心　　　　　　D. 资金管理部门

5. 以下关于《政府采购法》适用范围的描述正确的有(　　)。
   A. 适用于所有政府部门的采购活动
   B. 仅适用于中央政府的采购活动
   C. 适用于使用财政资金的采购活动
   D. 不适用于使用国际组织贷款的采购项目

三、判断题

1. 国有企业的采购活动完全不受《政府采购法》的约束。(　　)
2. 供应商是指向采购人提供货物、工程或者服务的法人或其他组织,不包括自然人。
   (　　)
3. 对《政府采购法》规定的集中采购目录以内的和集中采购限额标准以上的工程、货物和服务的采购,采购人可以进行自行采购。(　　)
4. 政府采购仅限于政府部门,不包括事业单位和社会团体。(　　)
5. 对于同时使用财政性和非财政性资金的采购项目,整个项目都必须按照《政府采购法》执行。(　　)

四、简答题

1. 什么是政府采购的采购人?其具有哪些特征?享有哪些权利?承担哪些义务和责任?
2. 在政府采购中,何为"财政性资金"?其定义有哪些变化?
3. 什么是政府采购代理机构?其主要职责是什么?
4. 根据《政府采购法》,集中采购和分散采购的区别是什么?
5. 政府采购对象范围通常分为哪三大类?请分别简述。

第二篇

采购人实务

项目三

政府采购预算与政府采购计划

学习目标

1. 了解政府采购预算、政府采购计划的含义。
2. 理解政府采购预算的编制流程、方法及内容。
3. 理解政府采购计划的编制流程、方法及内容。

能力目标

1. 能够编制政府采购预算。
2. 能够编制政府采购计划并进行备案。

任务一 编制政府采购预算

案例导入

供应商能对采购预算进行质疑和投诉吗？

某日，X代理公司收到Y公司针对A政府采购项目的质疑函，Y公司称A政府采购项目的采购预算过高，并列举了其认为更低、更合理的采购预算。Y公司要求采购人中止采购活动，降低采购预算，重新开展采购活动。

X代理公司和采购人回复称，该项目采购预算是财政部门批复同意的，采购人在此基础上，按照《政府采购货物和服务招标投标管理办法》（财政部令第87号）的规定设置了比采购预算低5%的最高限价，Y公司的质疑不成立。

Y公司对质疑答复不满，遂向有关财政部门提起投诉。财政部门在受理后认为，Y公司并未因采购预算而权益受损，不符合质疑和投诉的条件，驳回了Y公司的投诉事项。

（资料来源：肖忠桦，钟志君.供应商能对采购预算进行质疑和投诉吗[EB/OL].(2023-12-04)[2024-04-17].http://www.cgpnews.cn/articles/65851.）

政府采购是采购人使用财政性资金依法采购货物、工程和服务的行为。政府采购活动的资金来源于财政性资金，《政府采购法实施条例》明确指出这些财政性资金是指纳入预算管理的资金，因此产生了一个重要的管理程序，即政府采购预算管理。

将政府采购纳入预算管理是财政资金管理方面的一个重大进步。通过预算管理，政府采购活动可以更好地被规划和监控，从而保证公共资金的合理和有效使用。此外，将政府采购纳入预算管理还有助于提升政府采购的公共责任感，确保采购决策与政府的整体财政策略和公共政策目标保持一致。

一、政府采购预算的含义

政府采购预算是指采购人根据事业发展计划和行政任务编制的，并经过规定程序批准的年度政府采购计划。这个预算反映了采购人在年度内计划进行的政府采购项目及其相关的资金安排，是政府整体财政预算的一个重要部分。

政府采购作为财政资金重要的支出项目，其预算规划了政府在预算年度内的采购活动范围、方向和重点。这有助于确保财政资金的有效和合理使用，同时也反映了政府的政策优先顺序和发展目标。

二、政府采购预算的分类

（一）按采购对象划分

政府采购预算按采购对象划分为货物类采购预算、工程类采购预算和服务类采购预算。

（1）货物类采购预算。这部分预算涵盖了政府为履行其职能所需购买的各类物品。货物类采购通常是标准化和规范化的，容易量化和估算。

（2）工程类采购预算。工程类采购预算涉及政府为建设基础设施、公共设施或其他建筑工程所需的资金。工程类采购往往涉及大额资金，且周期较长，需要精确规划和严格管理。

（3）服务类采购预算。服务类采购预算是指政府为获取各类服务而设立的预算。这类采购通常涉及无形的产品，对服务提供者的专业性和资质有较高要求。

（二）按级次划分

政府采购预算按级次划分为部门单位采购预算和财政采购预算。

政府采购预算通常由部门单位采购预算和财政采购预算组成。在年度政府预算或部门预算的编制过程中，相关部门需要同时报告其政府采购预算。这个过程包括政府采购预算的编制、审批、批复、调整和执行等各个环节。通过这种方式，政府采购预算的管理既符合财政纪律，又能保证预算的合理性和透明度。

（1）部门单位采购预算。这部分预算是指各个政府部门或单位为自身的运行和服务需求所设立的采购预算。部门单位根据自己的职能和任务，预测和规划所需采购的货物、工程和服务，并为这些采购项目设定预算。这些预算通常涵盖了办公用品、专业设备、服务合同等各类采购需求。部门单位采购预算的制定考虑了各部门的特定需求，有助于确保它们能够高效地履行公共职能。

（2）财政采购预算。财政采购预算则是更高层级的预算安排，由中央或地方财政部门统筹制定。这部分预算关注的是整个政府层面的采购需求和资金分配。它可能包括跨部门的大型采购项目、公共工程或者涉及国家安全和重要公共利益的特殊采购。财政采购预算的编制通常基于更广泛的政策目标和财政策略，确保各项采购活动与政府的总体发展规划和财政能力相匹配。

（三）按采购模式划分

按采购模式不同可以将政府采购预算划分为集中采购项目预算和分散采购项目预算。其中集中采购项目预算按照组织主体的不同，又可分为集中采购机构采购预算和部门集中采购预算。

（1）集中采购机构采购预算。它是指采购人采购集中采购机构采购目录内的货物、工程和服务时编制的预算。集中采购机构采购通常适用于规模大、性质统一的采购项目，旨在通过集中采购提高采购效率和降低成本。

（2）部门集中采购预算。它是指针对部门集中采购目录内的货物、工程和服务采购编制的预算。这些通常是特定部门特有的需求，集中在该部门内进行采购。

（3）分散采购预算。它是指采购集中采购目录以外、超出政府采购限额标准的货物、工程和服务所编制的预算。分散采购具有更大的灵活性，适用于小规模或有着特殊需求的采购项目。

三、政府采购预算的编制原则

为确保公共资金的合理和有效使用，在编制政府采购预算时应遵循如下原则：

（1）合法性原则。预算编制必须遵守国家的法律法规和财政纪律，确保所有预算项目都在法律框架内，不违反任何法规和政策。

（2）全面性和准确性原则。编制预算时所有政府采购项目都应当纳入预算编报范围，做到应编尽编，规范编制，与部门预算同步编报，严禁"无预算采购"或"超预算采购"。

（3）经济性原则。在满足功能和质量要求的前提下，优先考虑成本效益。采购预算应消除不必要的开支，确保资金被高效利用。

（4）透明性原则。预算编制过程应公开透明，确保所有利益相关者都能理解预算的构成和目的。

（5）可持续性原则。考虑到长期的财政健康和环境影响，预算应支持可持续发展的采购决策，如优先采购环保和节能产品。

综上所述，政府采购预算的编制原则应重视平衡效率、透明度和法律合规性，同时考虑到社会责任和环保因素，以推动政府采购活动的健康发展。

四、政府采购预算的编制依据

政府采购预算的编制必须反映出国家的方针政策以及国民经济发展的要求，同时必须符合国家有关法律、法规、制度的规定。政府采购预算编制的依据主要有：

（一）集中采购目录和分散采购限额标准

政府各级预算单位在编制政府采购预算时，必须遵循本级年度的集中采购目录和分散采购限额标准。这意味着，所有属于集中采购目录内或超过分散采购限额标准的货物、工程和服务都应被纳入政府采购范围，由预算单位编制相应的政府采购预算。此外，所有被纳入政府采购范围并且采购金额达到公开招标数额标准的项目，预算单位还应当通过公开招标的方式组织采购活动。

（二）采购需求和资金额度

各单位根据自身事业发展和职能需求制订采购计划后，这些计划需作为采购预算提交至财政部门进行审批。这些采购需求只有在经过财政部门的审核并获得批准后，才会被纳入年度政府采购预算中。

在这一过程中，对需求的合法性和合理性进行评估是制定和审核政府采购预算的关键环节，同时也是防止不必要采购和避免重复采购的有效措施。此外，当预算单位在编制政府采购预算时，还必须对其资金额度进行测算，以确保所提出的政府采购预算是可行和可靠的。这一流程不仅保障了政府采购预算的有效性，还确保了公共资源被合理利用。

（三）资产配置标准

政府采购预算编制的一个重要依据是资产配置标准，这些标准涉及资产配置的数量、价格和技术性能等关键方面。编制采购预算时，这些标准帮助决策者确定所需资产的具体规格和数量，以及预计的成本。这不仅有助于确保采购的高效性和经济性，而且保证了采购的需求和预算之间的一致性。

资产配置标准还确保了政府采购的透明性和合规性。通过遵循这些标准，政府机构可以在预算编制时预见各项支出，并对外公示预算计划，从而得到公众的信任和监督。此外，这些标准还促进了采购的质量控制，确保所采购的资产不仅满足功能需求，还符合技术规范和质量标准。资产配置标准在政府采购预算编制过程中起着核心作用，确保了预算的科学性、合理性和适用性，同时也提升了政府采购的整体效率和透明度。

（四）相关的法律法规和政府采购政策

政府采购预算的编制旨在确保政府采购的科学性、高效率和规范性，为此，在制定政府采购预算时，必须参照与预算相关的法律政策体系，同时还要严格遵循《政府采购法》等相关法规制度。

此外，政府采购预算还应落实政府采购政策，并反映国家经济发展的实际需求。例如，为实现政府采购政策的特定目标，政府采购预算中应预留特定份额以专门采购中小企业的产品、创新产品以及贫困地区的农副产品等。

五、政府采购预算编制的内容

政府采购预算编制的内容通过政府采购预算表来体现。政府采购预算表一般包括采购项目名称、采购资金来源、采购数量、采购型号、采购项目使用时间等内容。

(一) 采购项目名称

在编制政府采购预算时,应依照财政部印发的《政府采购品目分类目录》(财库〔2022〕31号)要求,分货物、工程和服务类编制,并细化到具体项目,列明拟采购项目的名称等内容。

(1) 货物类,包括房屋和构筑物、设备、文物和陈列品、图书和档案、家具和用具、特种动植物、物资、无形资产共8个门类。

(2) 工程类,包括房屋施工、构筑物施工、施工工程准备、预制构件组装和装配、专业施工、安装工程、装修工程、修缮工程、工程设备租赁(带操作员)、其他建筑工程共10个门类。

(3) 服务类,包括科学研究和试验开发、教育服务、医疗卫生服务、社会服务、生态环境保护和治理服务、公共设施管理服务、农林牧渔服务等在内,共计25个门类。

目录的内容见表3.1。

表3.1 政府采购品目分类目录(节选)

编码	品目名称	说明
A	货物	
A01000000	房屋和构筑物	
A01010000	房屋	
A01010100	办公用房	包括办公室、服务用房、设备用房、附属用房等办公用房
A01010200	业务用房	
A01010201	警察业务用房	包括公安、安全等业务工作用房
A01010202	检察业务用房	
……		
B	工程	
B01000000	房屋施工	
B01010000	办公用房施工	
B01020000	业务用房施工	
B01020100	警察业务用房施工	
B01020200	检察业务用房施工	
……		
C	服务	
C01000000	科学研究和试验开发	指为揭示客观事物的本质和运动规律而进行的理论研究、政策研究和试验开发服务

(续表)

编码	品目名称	说明
C01010000	社会科学研究和试验开发	
C01010100	社会学的研究和试验开发服务	包括： ——社会组织研究服务； ——社会结构研究服务； ——社会功能研究服务； ——社会变迁研究服务； ——其他社会学研究服务
C01010200	心理学的研究和试验开发服务	包括： ——动物心理学研究服务； ——人类心理学研究服务； ——其他心理学研究服务
……		

（二）采购资金来源

单位的支出一般可分为人员经费、公用经费和专项经费三大类。政府采购项目的资金主要涉及公用经费和专项经费支出部分，其主要来源涵盖以下方面：

（1）财政拨款。财政拨款即财政预算拨款中专门用于政府采购项目的支出款项。这部分资金由财政部门依据年度预算安排，从政府财政收入中划拨，为政府采购提供稳定的资金支持，保障各类公共服务、基础设施建设等采购项目得以实施。

（2）财政专户拨入资金。财政专户拨入资金指的是单位将自身收入存入财政专户后，从该专户中支取用于安排政府采购项目的支出。例如，一些行政事业性收费、政府性基金收入等，在纳入财政专户管理后，可按规定用于特定的政府采购事项，确保资金使用的规范性和专项性。

（3）单位留用收入。单位留用收入是指经相关部门批准，单位可直接留用的部分收入，用于安排政府采购项目的支出。此类收入可能源于单位开展特定业务活动所获得的收益，在符合规定的前提下，能灵活调配用于满足自身采购需求，提升单位运行效率。

（4）其他收入。单位运用上述资金来源以外的资金安排政府采购项目的支出。具体包括：①自筹资金，单位通过自身经营积累等合法合规方式筹集的用于采购的资金；②国家财政转贷资金，由国家财政向地方或特定项目转贷的资金，用于支持具有重要战略意义或公共服务属性的政府采购项目，如大型基础设施建设采购等；③银行贷款，单位以自身信用或资产抵押等方式从银行获取的贷款资金，用于政府采购项目；④国际金融组织贷款，如世界银行、亚洲开发银行等国际金融组织提供的贷款，用于符合其贷款政策和我国发展需求的政府采购项目，这类贷款通常有特定的项目要求和审批流程。

（三）采购数量和采购型号

采购数量是指各采购项目详细规划中的计划采购量，它依据单位的实际业务需求、过往使用数据以及未来发展规划等因素综合确定。例如，办公设备采购数量需考虑单位员工数量、部门设置以及设备更新周期等。采购型号是指各计划采购项目所明确的配置标准,其设定需充分结合采购项目的功能要求、技术先进性、兼容性以及成本效益等多方面因素。以计算机采购为例,采购型号需明确处理器性能、内存容量、硬盘类型与大小、显卡配置等关键参数,确保采购的设备既能满足工作任务对硬件性能的要求,又不会因过度配置造成资源浪费。

(四) 采购估价

所谓采购估价,就是对所需的货物、工程或服务进行的价格估计。采购估价需要处理好定价依据问题,一是以现时市场零售价格为基准进行估价,使产品价格保持在社会零售价格的平均水平上,这种估价方法会显示出较大的节约成果,但不利于对采购人在采购中形成降低成本的压力。二是以产品批发价格为估价依据,这主要是出于委托采购有较大批量的考虑,这种价格估价能使预计的采购价格更容易接近实际发生的采购价格。同时,在估价中,要努力做到不要过高,也不要过低,要做好市场调查,尽可能切合实际,面对瞬息万变的市场价格要尽可能有所预计,建立和完善应对价格变化可以调整的预算机制。

(五) 采购项目使用时间

政府采购项目通过招标或其他方式获取货物、接受服务和工程的用于公共事业服务的时间。采购项目使用时间的确定至关重要,它直接关系到采购计划的合理安排、合同履行的精准把控以及公共事业服务的连续性和稳定性。例如,对于教育领域的教学设备采购项目,使用时间需与新学期开学时间相契合,确保设备能及时投入教学使用;公共交通设施建设项目的使用时间则需综合考虑工程建设周期、验收流程以及运营筹备时间等,以保障建成后的设施能按时投入运营,为市民提供便捷的出行服务。明确采购项目使用时间,有助于提前规划资源调配、人员培训等相关工作,提高政府采购项目的整体效益和公共服务质量。

六、政府采购预算的编制流程

(一) 政府采购预算编制的准备工作

编制政府采购预算是一项细致、复杂且政策性很强的工作,为了科学、合理地编制好预算,保证政府采购预算的质量,必须做好预算编制的准备工作。要认真分析上年度政府采购预算的执行情况,深入了解并掌握各业务部门的资产情况、管理情况及需购物品、工程、服务情况;做好资产合理调配与利用,盘活存量资产;单位财务部门、资产管理部门和业务部门统一协调,实事求是地提出采购需求,并认真论证,落实相应的资金来源;组织财务部门、资产管理部门及有关业务部门掌握编制政府采购预算的有关规定,熟悉政府采购目录,正确领会编制预算的有关要求。

(二) 政府采购预算编制的程序

政府采购预算的编制程序与预算管理体制相适应,一般采用自下而上的方法和"两上两下"的程序。

第一步:"一上"——由下至上逐级填报、汇总政府采购预算草案申请。负有编制部门预算职责的部门在编制部门预算时,须按照财政部门规定的部门预算表格及政府采购预算表格和要求,将本财政年度政府采购的项目及资金来源渠道预算列出。对于一些特殊项目,如涉及新兴技术、定制化产品或服务的采购,以及难以准确预估价格或数量的采购内容,各部门需在备注栏详细说明项目背景、预估难度及相关依据,以便财政部门更好地理解和审核。完成填报后,逐级汇总报财政部门审核。

第二步:"一下"——由上至下审核、修改政府采购预算。部门预算分为收入预算、基本支出预算、专项(项目)支出预算和政府采购预算。专项支出预算也是政府采购预算的主要资金来源,通常专项支出预算中的大型设备购置、工程建设、特定服务外包等类别,在符合政府采购相关规定的前提下,会转化为政府采购预算。转化依据主要基于项目的公共属性、资金规模及是否符合政府采购政策导向等标准。财政部门接到各部门报来的政府采购预算后,结合核定的各部门的支出控制数以及专项支出预算一起进行审核。在审核过程中,依据政策导向,如优先支持节能环保产品采购、促进中小企业发展等政策要求,同时考虑资金平衡及整体财政预算规划等因素,重新编制各部门政府采购预算,并将重新编制的政府采购预算下达给各采购人征求意见。

第三步:"二上"——由下至上重新编制政府采购预算。各单位根据财政部门下达的预算控制数,结合本单位预算年度收支情况,特别是财政拨款(补助)数变动情况,以及市场价格波动、项目需求变更等因素,对相关收支项目进行调整,包括调整政府采购预算,编制正式部门预算。各单位在调整政府采购预算时,应根据事业发展计划和工作任务,提出具体采购项目预算金额及实施时间。各部门要按规定时间将正式预算报送主管部门审核汇总,由主管部门报财政部门汇总审批。

第四步:"二下"——由上至下批复下达政府采购预算。财政部门将各单位包括政府采购预算在内的部门预算汇总编成本级的财政预算,按法定程序批准后,随同各单位的部门预算一起逐级下达给各预算单位。预算下达后,各部门要按照随同下达的政府采购预算编制《政府采购计划表》,并应在规定的时间内上报政府采购计划。

需要说明的是,凡符合政府采购预算表中要求的项目或品目,属于集中采购目录的,各单位在政府采购计划下达之前均不得自行采购。因情况特殊而须进行紧急采购的,应当事先向财政部门提出申请,详细说明紧急采购的原因、采购项目的紧迫性及对单位工作的影响程度等。得到批准的采购预算通常考虑到了确保该采购项目质量的各项费用,执行中不应当突破;否则,采购人应当调整采购需求,例如降低配置标准、减少采购数量等,或者调整本部门的支出预算,总之要保持供求平衡,按照采购合同约定履行付款义务。

七、政府采购预算的执行

政府采购的采购人必须严格按照批准后的预算开展政府采购活动。严禁无预算采购、超预算采购,不得擅自改变已批准的政府采购预算金额及用途。

各部门、各单位应根据本级财政部门批复的政府采购预算,按计划进度编制政府采购计划,主管部门按政府采购有关规定审核后,由采购人组织或者委托采购代理机构实施采购,并且要严格按照核定的项目内容、付款方式、采购方式等组织采购,不得擅自调整。

在预算执行过程中需要调整、追加政府采购预算的,应由采购归口部门报各单位领导小组讨论决定后,报主管部门和财政部门等相关部门批准。

任务二 编制政府采购计划

零预算项目该不该走政府采购程序

2018年2月,某市经济和信息化委员会政务云平台采购项目挂网招标,采购内容为政府政务服务云系统架构设计服务、基础设施服务、支撑软件服务、应用功能服务、信息安全服务、应用部署迁移服务、运行维护保障服务等相关服务。平台整体架构按照"市级平台、多级应用"模式建设,须满足市、县两级云服务需求。服务要求为:云平台可用性不低于99.95%,平均无故障时间不低于8 000小时,数据可靠性指标比例不低于99.999%,安全等级达到等保三级要求,能够根据用户实际需求定制和调整CPU核心数、内存容量、硬盘空间及配套的基础软件、安全软件等。

招标文件显示,该项目预算金额为0元。供应商的投标报价不超过预算金额的为有效报价,如供应商的投标报价低于成本价或高于预算金额,其投标文件将被拒绝。

2018年3月,该项目采购结果公布,某网络通信有限公司成功中标,中标金额为"0.000 000 0万元人民币"。项目中标价0元,意味着政府一分不出,即可免费获得服务。那么,预算金额为0元,不需要政府支付采购资金的项目,该不该走政府采购程序?算不算政府采购项目?需不需要上报政府采购计划?

(资料来源:张志军.政府采购全流程百案精析[M].北京:中国法制出版社,2019.)

一、政府采购计划的含义

《政府采购法实施条例》规定,采购人应当根据集中采购目录、采购限额标准和已批复的部门预算编制政府采购实施计划,报本级人民政府财政部门备案。

该条例所称政府采购实施计划,又称为政府采购计划,用以指导政府采购预算的执行。编制好政府采购计划对于增强政府采购工作的前瞻性和计划性、提高采购工作效率、促进预算单位做好政府采购工作具有重要意义,同时政府采购计划也是政府采购监督管理部门依法对政府采购工作实施监督的重要依据资料。

二、政府采购计划编制的主体

政府采购计划编制的主体是承担政府采购任务的采购人。采购人在政府采购计划的编制过程中担任主要角色，负责确保计划的完整性和准确性。一般来说，采购人需要在部门预算得到批复后，及时编制政府采购计划。

这个过程中，采购人不能简单地以部门预算代替政府采购计划，而是应当根据预算明确和规划采购项目的具体内容、预算分配和实施时间表。这种做法有助于提高政府采购的规范化、科学化管理水平，确保采购活动符合政策指导和财政纪律，从而有效地服务于公共利益。

三、政府采购计划编制的依据

政府采购计划编制的依据主要包括集中采购目录与采购限额标准，以及财政部门批复的部门预算。

集中采购目录和采购限额标准是用于区分哪些项目应纳入集中采购或分散采购范畴的关键依据，以确保采购计划的合规性和范围的准确性。而部门预算，则提供了政府采购项目的预算金额和采购内容，确保预算的合理性和实际可操作性。

采购人必须通过比对集中采购目录和采购限额标准，确保所有适用的采购项目都被纳入实施计划中。此外，采购人还需确保政府采购计划中的预算金额、采购内容与已批复的部门预算相符，以避免超标准采购、豪华采购或变更项目用途等情况的发生。

若部门预算发生调整，采购人应及时调整或重新编制政府采购计划，以确保政府采购活动的透明度和效率。

四、政府采购计划编制的内容

实践中，采购人应当按照本级财政部门的规定，编制本单位的政府采购计划。一般来说，政府采购计划应包括采购组织形式和方式、采购项目的名称、具体构成、采购数量、技术规格、服务要求、使用时间、项目预算金额等内容。

同时，采购人还应充分考虑如何落实政府采购政策功能，如为支持中小企业发展而需预留采购份额等。对于需要申请批准的内容，如拟采购进口产品、拟申请采用公开招标以外方式采购等内容，也应当在政府采购计划中标明。

（一）确定组织形式

《政府采购法》等规定，采购人采购纳入集中采购目录的政府采购项目，必须委托集中采购机构代理采购，而对于未纳入政府集中采购目录，采购金额达到限额以上的货物、工程和服务项目应根据具体情况按《政府采购法》和《招标投标法》有关规定执行，实行分散采购。采购未纳入集中采购目录的政府采购项目，可以自行采购，也可以委托代理机构在委托的范围内代理采购。政府集中采购目录以外、限额标准以下的采购项目，不属于政府采购范畴，可以不用进行政府采购预算执行计划备案。

(二) 确定采购方式

在政府采购预算执行计划备案时,必须确定一种采购方式。为了规范采购程序,提高采购效率,采购人选择合适的政府采购方式至关重要。选择合适的采购方式应从以下两个方面考虑。

1. 依据政府采购公开招标数额标准

根据《政府采购法》的规定,采购金额达到公开招标数额标准的应当实行公开招标,没有达到公开招标数额标准或因特殊情况需要的,可以依法采用非招标采购方式。非招标采购方式包括:竞争性谈判采购、询价采购、单一来源采购、竞争性磋商采购和框架协议采购等。

2. 依据政府采购方式的适用条件

采购人应按照法律法规规定,根据项目特点和采购需求,准确选择和把握采购方式,这是《政府采购法》赋予采购人的权利和责任。

在确定采购方式时,采购人需注意:一是采购人不得将应当以公开招标方式采购的货物或者服务化整为零或者以其他任何方式规避公开招标;二是采购人必须按照《政府采购法》规定的采购方式和采购程序进行采购,任何单位和个人不得违反《政府采购法》规定,要求采购人或者采购工作人员向其指定的供应商进行采购;三是在一个财政年度内,采购人将一个预算项目下的同一品目或者类别的货物、服务采用公开招标以外的方式多次采购,累计资金数额超过公开招标数额标准的,属于以化整为零方式规避公开招标,但项目预算调整或者经批准采用公开招标以外方式采购除外;四是因特殊情况需要采用公开招标以外的采购方式的,应当在采购活动开始前获得设区的市、自治州以上人民政府采购监督管理部门的批准。采购人采购公开招标数额标准以上的货物或者服务,符合《政府采购法》相关规定情形或者有需要执行政府采购政策等特殊情况的,经设区的市级以上人民政府财政部门批准,可以依法采用公开招标以外的采购方式。

(三) 确定项目类别

项目类别的确定应依据《政府采购品目分类目录》。在填报政府采购计划时,必须确定项目类别,即项目是货物类、服务类还是工程类。不同类别的项目适用不同的法律法规,可能采用的采购方式不同,评审办法也不相同。例如, 个系统集成类的项目,内容包含软件开发和硬件采购。如果项目定性为货物类,在采用综合评分法时,价格部分权重不得低于30%;如果项目定性为服务类,则价格部分权重不低于10%。再比如,工程为主,设备采购为辅,如定性为工程类,超出了依法必须进行招标的限额标准,适用《招标投标法》,价格计算公式采用中间值法较多;如定性为货物类,则适用《政府采购法》,必须采用低价优先法。因此,项目类别的选择决定了项目适用的法规和采购程序。

(四) 确定采购内容

采购内容是政府采购计划中的核心组成部分。在采购计划中,一般会附采购项目清单,其内容包含采购的货物、服务及工程品目名、数量、单价、预算总价,以及是否适用进口、节能、环保产品等政府采购政策。

需要注意的是,《财政部关于印发〈政府采购进口产品管理办法〉的通知》(财库〔2007〕119号)中规定,政府采购应当采购本国产品,确需采购进口产品的,实行审核管理。也就是说,采购人确需采购进口产品的,须在申报政府采购计划前获得设区的市、自治州以上人民政府财政部门的核准。

五、政府采购计划编制的方法

(一)按照采购需求进行编制

在编制政府采购计划时,核心原则是满足需求和物有所值。采购计划必须紧密围绕部门预算和实际需求来编制,这意味着采购活动应当基于明确、具体的需求,避免脱离实际需要而导致资源浪费或采购目标偏差。

采购人员需深入分析和理解需求,以确保采购计划的合理性和有效性。在实际操作中,对于那些难以详细描述需求的项目,例如需要供应商提供特定设计或解决方案的情况,可依法采用竞争性谈判或竞争性磋商等灵活的采购方式。

(二)按照集中采购目录、采购限额标准的相关内容进行编制

在编制政府采购计划时,要严格按照集中采购目录的规定,标明并落实集中采购的货物、工程和服务采购内容。属于批量集中采购范围的,如中央预算单位采购满足办公需求的计算机、打印机、复印机、空调机等,应当编制批量集中采购计划。不属于集中采购目录,但达到政府采购限额标准的采购项目,也应当全部纳入政府采购。其中在政府采购实施计划中,单个采购项目预算资金达到公开招标数额标准的,应当公开招标,或者按规定申请变更采购方式。

(三)做好采购人内部各部门统筹安排

在编制政府采购计划时,关键在于采购人内部各部门之间的有效衔接与配合。这要求采购人的使用部门、财务部门、资产部门和采购部门等,必须各司其职,协同工作,以确保采购计划既满足实际需求,又符合国家法规政策。

具体来说,使用部门需明确和精准地提出采购需求,财务部门负责预算的编制和管理,资产部门则需对采购的资产进行有效管理,而采购部门则负责整个采购流程的规划和实施。这种内部各部门的紧密合作,不仅能够确保采购计划的合法性、合规性,同时也能提高采购工作的效率和效果。

六、政府采购计划的备案

《政府采购法实施条例》明确了对政府采购计划实行备案制,而不是审批制。这既体现了财政部门的监管理念要从注重过程控制的程序导向型向注重结果评价的结果导向型转变的改革要求,又明确了采购人对本单位政府采购工作的实施负有完全的责任,同时也是提高政府采购工作效率的需要。

(一) 政府采购计划备案的意义

每一笔政府采购计划备案后,管理系统会生成一个独有的备案编号,并作为开展采购活动的项目编号,采购人、采购代理机构在开展采购活动时按此编号执行采购。此编号就是每个政府采购项目的"终生代码",只要查询项目的备案编号,即可了解到该项目的相关情况。

(二) 政府采购计划备案的主体

《政府采购法实施条例》规定,采购人应当根据集中采购目录、采购限额标准和已批复的部门预算编制政府采购实施计划,报本级人民政府财政部门备案。

(三) 政府采购计划备案的途径

为推进政府采购制度改革,规范政府采购预算编制和执行,同时按照《财政部关于印发〈预算管理一体化规范(试行)〉的通知》(财办〔2020〕13号)的精神,各地陆续推行了预算管理一体化建设。

比如,江苏省2021年4月出台文件《关于进一步加强政府采购预算编制和执行管理的通知》(苏财购〔2021〕36号),其中要求,所有政府采购活动(含集中采购目录以外且采购限额标准以下的项目、涉密政府采购项目和依法必须招标的工程项目)均应当在"江苏省预算管理一体化系统"中编报采购实施计划,并标注是否专门面向中小企业采购。系统申报页面见图3.1。

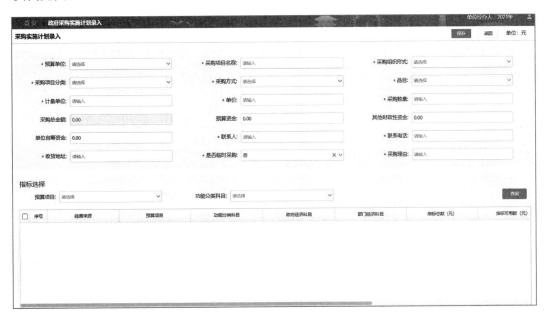

图3.1 "江苏省预算管理一体化系统"政府采购计划申报

(四) 政府采购计划备案的流程

政府采购计划备案一般需要采购人注册登录当地政府采购网,通过"预算管理一体化系统"和"政府采购电子化交易系统"进行计划备案和计划的执行。在政府采购活动开展的实践中,各地区的备案流程各有不同,但基本思路一致,大致流程可以参考图3.2。

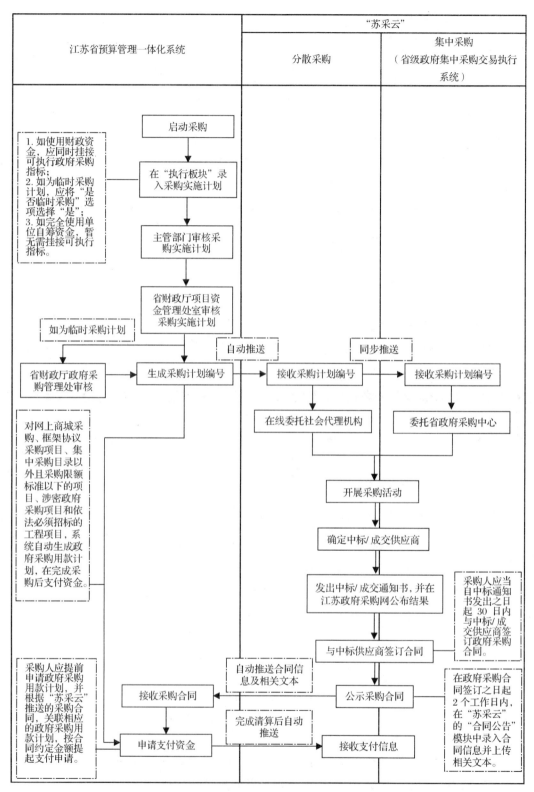

图 3.2　江苏省政府采购电子化操作流程图

七、政府采购计划的执行

政府采购计划执行实际上就是具体组织实施政府采购活动,这是一项具有规范性、流程性特点的工作,也是政府采购的中心环节。采购人依据已批准的政府采购预算和拟定的政府采购计划,自行组织或者委托政府采购代理机构进行采购。

(一) 政府采购计划的执行要求

纳入集中采购目录以内的项目,由采购人在政府采购交易执行系统中填写委托信息,签订委托协议,委托集中采购机构办理。

集中采购目录以外且采购限额标准以上的项目,可由采购人自行组织采购,也可委托社会代理机构组织采购。采购人自行组织采购的,应当合理组建采购小组,依法开展采购活动。委托社会代理机构采购的,采购人应当综合考虑代理机构的信誉、业绩、服务质量等多种因素,根据当地"政府采购网"公布的社会代理机构名录提出初选意见,报本单位分管领导同意后,与代理机构签订书面委托代理协议。

集中采购目录以外且采购限额标准以下的项目,按照各单位相关规定执行。

(二) 政府采购计划的执行流程

为提高政府采购计划完成的效率,加强政府采购全流程闭环管理,各地在执行政府采购计划过程中采用电子化交易和管理。比如,江苏省在《关于进一步加强政府采购预算编制和执行管理的通知》(苏财购〔2021〕36 号)文件中规定,省级预算单位所有委托采购代理机构代理的项目均应在"江苏省政府采购管理交易系统"(简称"苏采云")中操作,具体执行程序见图 3.2。

项目小结

政府采购作为财政资金使用的重要环节,对于确保公共资源被有效利用和促进财政资金管理的规范化具有重要意义。其中,编制政府采购预算和政府采购计划是两个核心步骤,它们分别定义了政府采购的财政框架和实施路径。

在编制政府采购预算的过程中,主要目的是规划和监控政府采购活动,确保公共资金被合理与有效使用。政府采购预算反映了采购人在年度内计划进行的政府采购项目及其相关的资金安排。编制预算须遵循合法性、全面性、准确性、经济性、透明性以及可持续性原则,确保预算的科学性和合理性。同时,政府采购预算的分类明确了货物、工程和服务等不同类别的采购需求,以及按采购对象、级次和采购模式的不同进行细化,从而为采购活动提供了清晰的财政支持和指导。

编制政府采购计划则是在已批准的政府采购预算基础上,具体化政府采购活动的实施细节。政府采购计划旨在指导预算的执行,提高采购效率,并促进预算单位有效执行政府采购工作。编制计划的依据包括集中采购目录、采购限额标准和财政部门批复的部门预算等。计划详尽地规定了采购的组织形式、采购方式、项目类别、具体采购内容等要素,确保了政府采购活动的规范性和合法性。此外,政府采购计划的备案制度加强了财政部门对采购活动的监督,同时保证了采购过程的透明度和公开性。

能力训练

一、单选题

1. 政府采购预算管理的一个重要程序是( )。
   A. 资产评估　　　B. 预算编制　　　C. 财务审计　　　D. 市场调研
2. 根据政府采购预算的分类,下列哪项不是按采购对象划分的?( )
   A. 货物类采购预算　　　　　　　B. 工程类采购预算
   C. 服务类采购预算　　　　　　　D. 管理类采购预算
3. 编制政府采购计划的主体是指( )。
   A. 所有政府工作人员　　　　　　B. 采购人
   C. 供应商　　　　　　　　　　　D. 财政部门
4. 以下哪项不是政府采购计划编制的依据?( )
   A. 集中采购目录与采购限额标准
   B. 财政部门批复的部门预算
   C. 供应商的营业执照
   D. 集中采购目录以外的项目是否超过限额标准
5. 在政府采购计划编制的内容中,哪项是必需的?( )
   A. 供应商的股东信息　　　　　　B. 采购项目的具体构成
   C. 竞争对手的分析　　　　　　　D. 市场趋势预测

二、多选题

1. 政府采购预算按采购对象划分为哪几类?( )
   A. 货物类采购预算　　　　　　　B. 工程类采购预算
   C. 服务类采购预算　　　　　　　D. 研发类采购预算
2. 编制政府采购计划时,需要考虑的依据有哪些?( )
   A. 集中采购目录　　　　　　　　B. 采购限额标准
   C. 财政部门批复的部门预算　　　D. 供应商的建议
3. 政府采购计划编制的内容应当包括哪些方面?( )
   A. 采购组织形式和方式　　　　　B. 采购项目的名称
   C. 供应商资质要求　　　　　　　D. 项目预算金额
4. 在编制政府采购计划时,必须考虑的因素包括哪些?( )
   A. 政府采购政策的实施　　　　　B. 采购项目的技术规格
   C. 政府部门的个人偏好　　　　　D. 项目类别的确定

5. 非招标采购方式包括哪些?( )
   A. 竞争性谈判采购　　　　　　　B. 询价采购
   C. 单一来源采购　　　　　　　　D. 竞争性磋商采购

三、判断题

1. 政府采购预算是根据政府的整体财政预算独立编制的。( )
2. 政府采购计划的编制仅由财政部门负责。( )
3. 政府采购计划必须在财政部门批复的部门预算基础上进行编制。( )
4. 政府采购计划一旦编制完成就不允许作任何修改。( )
5. 集中采购目录以外且采购限额标准以上的项目,可由采购人自行组织采购,也可委托社会代理机构组织采购。( )

四、简答题

1. 政府采购预算的内涵是什么?
2. 政府采购预算按照什么分类?请举例说明。
3. 如何确定政府采购计划中的采购方式?
4. 政府采购计划与政府采购预算有何区别和联系?
5. 实施政府采购计划备案制度的主要意义是什么?

项目四

政府采购项目实施

学习目标

1. 理解采购意向公开的含义。
2. 理解政府采购需求管理的含义。
3. 懂得政府采购代理机构的选择方法。
4. 理解代理机构委托代理协议的分类和内容。
5. 熟悉采购文件的编制方法和内容。
6. 理解采购人代表委派的内涵。

能力目标

1. 掌握采购意向公开的流程。
2. 能够合理编制采购需求。
3. 能够科学选择采购代理机构并签订委托代理协议。
4. 能够编制采购文件。

任务一 采购意向公开

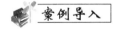

××管理局2024年4月(第1批)政府采购意向公告

为便于供应商及时了解政府采购信息,根据《江苏省财政厅关于做好政府采购意向公开工作的通知》等有关规定,现将××管理局2024年4月(第1批)政府采购意向公告如下:

序号	采购项目名称	采购需求概况	预算金额/万元	预计采购时间（填写到月）	是否专门面向中小企业采购	是否采购节能产品、环境标志产品	备注
1	南京市智慧停车管理平台停车资源共享服务	在南京智慧停车管理平台顶层设计框架下，依托现有平台，新增、升级停车资源共享服务	151	2024年9月	否	否	

本次公开的采购意向是本单位政府采购工作的初步安排，具体采购项目情况以相关采购公告和采购文件为准。

××管理局

2024年4月1日

（资料来源：江苏政府采购网）

采购意向公开是深化政府采购制度改革、提升政府采购透明度、优化政府采购营商环境的重要举措，有助于供应商提前了解采购项目信息，对于提升政府采购效率和绩效、防范腐败具有重要意义。

一、采购意向公开的含义

在正式的政府采购活动开始前，通过网络平台公开采购项目的名称、采购需求概况、预算金额、预计采购时间等信息，这种做法被称为"采购意向公开"。

《政府采购法》及其实施条例规定，除涉及商业秘密的信息之外，政府采购项目信息应在省级以上人民政府财政部门指定的媒体上发布。采购项目预算金额达到国务院财政部门规定标准的，政府采购项目信息应当在国务院财政部门指定的媒体上发布。《关于开展政府采购意向公开工作的通知》（财库〔2020〕10号）要求各地区、各部门要充分认识政府采购意向公开工作的重要意义，高度重视，精心组织，认真做好采购意向公开工作。

这些公开的采购意向信息主要是为了让供应商提前了解采购单位的初步采购安排，供其作为准备投标的参考。需要注意的是，这些信息仅是初步的，并非最终确定的。政府采购项目的实际采购需求、预算金额和执行时间等重要信息，以预算单位最终发布的正式采购公告和采购文件为准。这也意味着初步的采购意向公开信息可能会根据实际情况进行调整。

二、采购意向公开的主体和渠道

采购意向公开的主体是负责公开采购意向的预算单位，包括中央和地方各级预算单位。

公开渠道为：中央预算单位的采购意向在中国政府采购网的中央主网（www.ccgp.gov.cn）进行公开；地方预算单位的采购意向在中国政府采购网的地方分网进行公开。比如，江苏省财政厅在江苏政府采购网（www.ccgp-jiangsu.gov.cn）设置"采购意向公告"专栏，供省级预算单位公开采购意向；同时，要求市县预算单位的采购意向应当在江苏政府采购网的各设区市分网公开,并同步推送到江苏政府采购网公开。

除中国政府采购网及其省级分网以外,采购意向也可以在省级以上财政部门指定的其他媒体上同步公开。

主管预算单位可以汇总本部门或本系统所属预算单位的采购意向,进行集中公开。有条件的主管预算单位还可以在其官方网站同步公开本部门或本系统的采购意向。

三、采购意向公开的内容

采购意向按采购项目公开。除协议供货、定点采购、网上商城等小额零星采购和由集中采购机构统一组织的批量集中采购外,按项目实施的集中采购目录以内或者采购限额标准以上的货物、工程、服务采购均应当公开采购意向。

采购意向公开的主要内容包括:

(1) 采购项目名称。

(2) 采购需求概况,包括采购标的名称,采购标的需实现的主要功能或者目标,采购标的数量,以及采购标的需满足的质量、服务、安全、时限等要求。

(3) 采购预算金额。

(4) 预计采购时间。

(5) 是否专门面向中小企业采购。

(6) 是否采购节能产品、环境标志产品等。

采购意向公开内容应当尽可能清晰完整,采购预算金额应基于充分的市场调研和合理估算,力求准确反映实际预算安排金额。若因市场价格波动、采购需求存在不确定性等客观因素,导致采购意向公开的预算金额与实际预算安排金额可能存在差异,应当在采购意向公告中明确说明预估的依据及可能产生的变动范围,以便于供应商提前做好参与采购活动的相关准备。具体采购意向公开的格式见表4.1。

表 4.1 政府采购意向公告

(单位名称)____年_(至)__月政府采购意向						
为便于供应商及时了解政府采购信息,根据财政部《关于开展政府采购意向公开工作的通知》(财库〔2020〕10号)等有关规定,现将(单位名称)____年_(至)__月采购意向公开如下:					
序号	采购项目名称	采购需求概况	预算金额(万元)	预计采购时间(填写到月)	备注
	(填写具体采购项目的名称)	(填写采购标的名称,采购标的需实现的主要功能或者目标,采购标的数量,以及采购标的需满足的质量、服务、安全、时限等要求)	(精确到万元)	(填写到月)	(其他需要说明的情况)
	……				
	……				

(续表)

> 本次公开的采购意向是本单位政府采购工作的初步安排,具体采购项目情况以相关采购公告和采购文件为准。
>
> （单位名称）
> 年 月 日

(说明：选自《政府采购公告和公示信息格式规范(2020年版)》,格式规范文本中标注斜体的部分是对文件相关内容提示或说明,下同。)

四、采购意向公开的时间

采购意向由预算单位定期或不定期公开。一般来说,预算单位应在委托采购代理机构开展政府采购活动前,在指定媒体及时公开本单位年度预算安排采购项目的采购意向。

无法满足采购意向公开时间要求的项目,应当单独提前公开。对年中新增采购项目以及实行临时采购预算执行制度的采购项目,应当按规定及时公开采购意向。

采购意向公开时间应尽量提前,原则上不得晚于采购活动开始前30日。

因预算单位不可预见的原因急需开展的采购项目,可不公开采购意向。如出现自然灾害等不可抗力、政策变化等不可预见的情形,而急需开展的采购项目,可不公开采购意向。涉密采购项目,可不公开采购意向。

五、采购意向公开的依据

采购意向公开的依据为部门年度采购预算或预算草案,以及政府追加的采购预算。部门预算批复前公开的采购意向,以部门预算"二上"内容为依据；部门预算批复后公开的采购意向,以部门预算为依据。

做好采购意向公开,使政府采购项目更加公开透明,有利于供应商及时了解项目采购信息,也有助于编制采购需求,为供应商准备项目投标工作提供了时间的指导方向,进而为提高项目质量提供了先决条件。

六、采购意向公开的操作流程

采购意向一般由各预算单位在当地政府采购网的采购意向专区提交相关信息并予以公开。比如江苏省《关于做好政府采购意向公开工作的通知》（苏财购〔2020〕84号）规定,省级预算单位登录"江苏省政府采购管理交易系统"（简称"苏采云"）,在"意向公开"模块中填报采购意向公开内容,并自动推送至江苏政府采购网意向公开栏目公开发布。具体流程如下：

（一）登录"苏采云"系统

访问网址 http://jszfcg.jsczt.cn/jszc,选择"采购单位"选项,填入采购人账号、采购人密码,验证通过后登录系统。如果办理好数字证书(CA)的,需要使用CA登录。

（二）采购意向公开编制

登录系统后,选择"意向公开"选项,新建一个意向公开项目。在新建的意向公开项目中录入相关信息。具体信息如下：

(1) 项目名称。录入项目名称。

(2) 采购需求概况。简要录入项目相关的采购需求概况。

(3) 采购预算。录入采购预算。

(4) 预计采购月份。选择采购月份。

(5) 专门面向中小企业。选择是否专门面向中小企业,选择"是"或者"否"。

(6) 节能(环保)产品标志。选择是否为节能(环保)产品标志,选择"是"或者"否"。

(7) 计划关联。在"计划关联"弹出页面中,进行采购意向关联采购计划的操作。采购意向可以不关联采购计划,也可以关联已拆分的采购计划,具体操作可视情况决定。

（三）发布预览

确认发布的格式及最后校对相关信息填写无误后,点击"发布"按钮进行意向公开。意向公开发布后,一般三到五分钟内自动推送至江苏政府采购网意向公开栏目进行公开。

任务二　政府采购需求管理

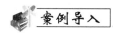

"扒一扒"政采需求的调查要点

为推进和深化政府采购制度改革,财政部制定了《政府采购需求管理办法》(财库〔2021〕22号)(简称《办法》),要求加强对政府采购需求管理,强化采购人需求管理主体责任,突出政府采购的结果导向,这有利于将采购活动的重心从程序规范调整到实现项目绩效目标上来。其中,对于《办法》第十一条规定的4种类型的项目,要求开展需求调查,这对于采购人确定采购需求无疑提出了更高的要求,在追求项目执行效率的同时,如何科学、规范、有效地开展需求调查,也成为采购人实施该项工作的难点。笔者对需求调查的有关规定和要点进行了梳理,以期为更好地开展该项工作提供一些参考。

正确认识开展需求调查的必要性和重要性。开展需求调查有助于科学合理确定采购需求,提高采购需求的合法性、合规性、合理性,使采购需求符合法律法规、政府采购政策和国家有关规定,符合国家强制性标准,落实预算、资产和财务等相关管理制度规定,符合采购项目特点和实际需要,实现"物有所值"目标。

厘清需求调查的组织主体。采购人既可以自行组织需求调查,也可以委托采购代理机构或者其他第三方机构开展。其中,需对采购项目开展可行性研究等前期工作的,可委托可行性研究编制单位开展。

注意需求调查的时间。虽然《办法》并未明确从开展需求调查到实施采购之间的最长时限,但结合《办法》第十一条"编制采购需求前一年内,采购人已就相关采购标的开展过需求调查的可以不再重复开展"的规定,以及年度预算编制、管理等要求,需求调查应在编制采购需求前一年内开展。

认准需求调查的对象。一般可以面向行业协会和专家、第三方咨询机构、市场主体等开展需求调查。在面向市场主体开展需求调查时,选择的调查对象一般不少于3个,并应当具有代表性。

梳理开展需求调查的主要内容有:

（1）了解相关产业发展、市场供给情况。具体而言,可以对市场在售产品的性能、材料、结构、外观、安全,服务内容和标准,以及潜在供应商数量和供给能力等开展调查。

（2）调查同类采购项目历史成交信息。具体而言,可以对同类采购项目的采购时间、预算和成交金额、合同条款、财务和服务要求、付款条件（进度和方式）、包装和运输、售后服务、保险等进行调查。

（3）考虑可能涉及的运行维护、升级更新、备品备件、耗材等后续采购。具体而言,可以对后续产品或服务供应的价格,以及后续采购的可替代性、相关产品和估价情况开展调查。

了解需求调查的形式。可以通过咨询、论证、问卷调查等方式开展需求调查。具体而言,可以通过以下方式:在中国政府采购网各省分网或本部门官方网站公开发布需求调查公告,面向潜在供应商开展需求调查,开放式获取项目所需的全部信息;通过互联网搜索查询行业资讯、产品信息和同类项目采购情况等;查阅行业研究报告和统计数据,了解行业发展方向和市场供给等情况;组织行业专家进行咨询和论证,确定采购项目的主要技术和商务要求,并防止出现倾向性和排他性;向行业协会或第三方咨询机构了解主流产品市场应用情况,以及产品的特点、差异和优缺点等;向行业内有代表性的供应商书面调查或发放问卷,获取技术参数和服务标准等;参加行业展销会,了解行业的最新技术发展方向和创新应用场景等;实地走访市场或相关供应商,了解产品定价和后续采购费用等。

（资料来源:黄众雄."扒一扒"政采需求的调查要点[EB/OL].（2023-07-27）[2024-04-17］. http://www.cgpnews.cn/articles/64466.）

科学合理确定采购需求是加强政府采购源头管理的重要内容,是执行政府采购计划、实现采购政策功能、落实公平竞争交易规则的重要抓手,在采购活动整体流程中具有承上启下的重要作用。正确地进行政府采购需求管理,有助于政府采购预算和政府采购计划的顺利开展和进行。

一、政府采购需求管理的含义

政府采购需求管理,是指采购人组织确定采购需求和编制采购实施计划,并实施相关风险控制管理的活动。采购人对采购需求管理负有主体责任，按照《政府采购需求管理办法》(财库〔2021〕22号)规定开展采购需求管理各项工作，对采购需求和采购实施计划的合法性、合规性、合理性负责。主管预算单位负责指导本部门采购需求管理工作。

采购需求，主要指采购人为实现项目目标，拟采购的标的及其需要满足的技术、商务要求。技术要求是指对采购标的功能和质量的要求，包括性能、材料、结构、外观、安全，或者服务内容和标准等。商务要求是指对采购标的时间、地点、财务和服务的要求，包括交付(实施)的时间(期限)和地点(范围)、付款条件(进度和方式)、包装和运输、售后服务、保险等。

《政府采购需求管理办法》所称采购实施计划，是指采购人围绕实现采购需求，对合同的订立和管理所做的安排。采购实施计划根据法律法规、政府采购政策和国家有关规定，结合采购需求的特点确定。采购实施计划主要包括以下内容：

（1）合同订立安排，包括采购项目预(概)算、最高限价、开展采购活动的时间安排、采购组织形式和委托代理安排、采购包划分与合同分包、供应商资格条件、采购方式、竞争范围和评审规则等。

（2）合同管理安排，包括合同类型、定价方式、合同文本的主要条款、履约验收方案、风险管控措施等。

二、采购需求的编制方法

《政府采购需求管理办法》规定采购人可以自行组织确定采购需求和编制采购实施计划，也可以委托采购代理机构或者其他第三方机构开展。

（一）自行组织编制采购需求

采购需求的编制是政府采购中的关键环节，其核心在于确保采购活动既符合实际需求又遵循法律法规。采购人应基于年度工作计划、项目评审及预算资金安排等因素，协调内部相关部门，明确和确定所需采购的货物、服务和工程项目。

这一过程不仅涉及对具体采购标的的明确，还包括对后续需求的预测，如运行维护、升级更新等。为了更准确地把握市场动态和行业发展趋势，采购人可采用咨询、论证、问卷调查等方式进行需求调查，深入了解市场供给、同类项目的历史成交信息及其他相关情况。

这种自上而下的需求编制方法，既体现了政府采购对公共资源配置效率和效果的重视，也符合公开、公平、公正的原则，有助于提高政府采购的整体效能和透明度。

1. 进行市场调查

采购人自行编制采购需求时，进行全面的市场调查是至关重要的一环。市场调查的目的在于精确把握标的物的市场价格、技术参数、验收标准等关键信息，以确保采购活动的科学性、合理性和效率。市场调查可以采取多种形式，包括网络查询、第三方论证、咨询行业供应商、实地考察以及借鉴同类项目经验等。

具体而言，采购人可以通过直接查询相关产品的生产商、经销商的官方网站或各大电商平台的信息,了解同类产品的市场行情,综合分析来编制采购需求。尤其在专业性较高的采购项目中,如高校采购实验室专业设备,引入第三方机构和专家进行采购需求的专业论证显得尤为重要。此外,咨询供应商或实地考察也是接近产品实际情况的有效方法。

需要特别强调的是,为保证调查结果的客观性和代表性,面向市场主体开展的需求调查应至少涵盖三个调查对象。这不仅有助于避免倾向性和评审偏颇性,而且符合《政府采购法》提倡的公平、公正原则。

综上所述,在自行编制采购需求时,采购人进行市场调查是一个必不可少的步骤,它不仅有利于采购人更准确地制订采购计划,还有利于确保整个政府采购过程的有效性和科学性。

2. 将采购需求进行预公示

在编制采购需求的过程中,采购人通过对采购需求进行预公示,可以提升采购过程的透明度和公正性,同时还具有三个方面的积极效应。

(1)预公示有助于确保采购需求的严谨性和实用性。通过广泛征求各方意见,采购人能够更加准确地了解市场情况和供应商的能力,从而使采购标的更加贴合实际的使用和管理需求,实现物有所值。这种做法有效地提升了需求审核的质量,保证了采购的高效性和经济性。

(2)预公示过程中,来自潜在供应商的反馈有助于识别和排除采购需求中的倾向性条款。这不仅使采购需求更加客观合理,而且能有效避免后期的质疑和投诉,减少可能的法律风险和纠纷。

(3)采购需求的预公示还有利于增加政府采购信息的公开程度,进一步提升政府采购的社会公信力。透明的信息公开机制有助于促进公众对政府采购活动的理解和信任,增强公众参与和监督。

3. 征求专家意见

政府采购评审专家的作用不应仅限于项目评审环节,采购人还可就采购需求征求行业内专家的意见,从专业性、客观性、合理性角度完善采购需求。

将专家的作用前移和后延是充分、有效发挥评审专家作用最直接的做法。前移,是指专家参与到项目实施可行性论证、需求论证等工作中;后延,是指专家参与到项目后期合同签订中各种事项的协商,以及履约验收时的把关中。

在各地专家需求论证的实践中,不同地区有不同的做法,有的是采购人确定需求时直接向专家进行咨询;有的是采购代理机构相关人员为采购人提供咨询服务;还有的是采购代理机构协助采购人,邀请专家对需求进行论证。

(二)委托采购代理机构编制采购需求

在编制政府采购需求时,采购人可以考虑委托具有专业咨询服务能力的采购代理机构进行编制,这种做法能够充分利用代理机构的专业知识和丰富经验,提高采购需求的专业性和准确性。

（1）专业的采购代理机构需要对同类采购项目有深入的研究和丰富的经验积累,拥有大量的项目采购需求数据和完善的信息资源库。这些资源对于了解同类产品的技术参数和市场趋势具有重要的参考价值,有助于采购人编制更加准确和合理的采购需求。

（2）采购代理机构在编制采购需求时,可以提供协助组织专家论证、帮助完善技术标准等多方面的支持。这种专业的辅助服务能够确保采购需求满足采购人的实际需要,同时也符合行业标准和技术发展趋势。

（3）采购人在委托采购代理机构时,应当在采购活动开始前对采购需求进行书面确认,并明确采购需求确定的主体责任。这一措施有助于确保采购需求的准确性和合法性,防止在采购过程中出现责任不清的情况。

（4）采购代理机构在协助编制采购需求的过程中,必须严格遵守国家法律法规以及政府采购政策,确保采购人对技术、服务、安全等方面的要求得到满足。这样做不仅有助于维护国家利益和社会公共利益,还能促进供应商合规生产。

综上所述,委托专业的采购代理机构编制采购需求是一种高效、合理的做法。它能提高采购需求的质量和准确性,还有助于确保整个采购过程的合规性和高效性。

三、采购需求编制的内容及要求

采购需求应当符合法律法规、政府采购政策和国家有关规定,符合国家强制性标准,遵循预算、资产和财务等相关管理制度规定,符合采购项目特点和实际需要。

（一）采购需求内容

采购需求应当完整、明确,包括以下内容:

（1）采购标的需实现的功能或者目标,以及为落实政府采购政策需满足的要求。

（2）采购标的需执行的国家相关标准、行业标准、地方标准或者其他标准、规范。

（3）采购标的需满足的质量、安全、技术规格、物理特性等要求。

（4）采购标的的数量、采购项目交付或者实施的时间和地点。

（5）采购标的需满足的服务标准、期限、效率等要求。

（6）采购标的的验收标准。

（7）采购标的的其他技术、服务等要求。

采购需求可以直接引用相关国家标准、行业标准、地方标准等标准、规范,也可以根据项目目标提出更高的技术要求。

（二）采购需求编制要求

1. 责任明确

《政府采购需求管理办法》规定,采购人对采购需求管理负有主体责任,依法开展采购需求编制等各项需求管理工作。

2. 需求合法

采购需求应当符合法律法规、政府采购政策和国家有关规定,符合国家强制性标准,遵循预算、资产和财务等相关管理制度规定,符合采购项目特点和实际需要。采购需求编制时执行国家相关标准、行业标准、地方标准等标准规范,但不得擅自提高资产配置标准。

3. 符合政策功能要求

采购需求应符合政府采购的政策功能要求。采购人应当通过确定供应商资格条件、设定评审规则等措施,落实支持创新、绿色发展、中小企业发展等政府采购政策功能。

4. 采购需求切合实际

除因技术复杂或性质特殊不能确定详细规格或者具体要求外,采购需求应当完整、明确,不能模棱两可。不能设置过高的技术配置标准,以防造成资源的浪费;也不能设置过低的技术配置标准,以防达不到采购预期目标。

5. 采购需求客观明确

采购需求应当清楚明了,表述规范,含义准确。技术要求和商务要求应当客观,量化指标应当明确相应等次,有连续区间的按照区间划分等次。需由供应商提供设计方案、解决方案或者组织方案的采购项目,应当说明采购标的的功能、应用场景、目标等基本要求,并尽可能明确其中的客观、量化指标。

(三) 应当开展需求调查的采购项目

1.《政府采购需求管理办法》(财库〔2021〕22 号)第十一条规定

开展需求调查编制采购需求是法定要求,开展需求调查是获取采购需求的一种方式。对于下列采购项目,应当开展需求调查:

(1) 1 000 万元以上的货物、服务采购项目,3 000 万元以上的工程采购项目。

(2) 涉及公共利益、社会关注度较高的采购项目,包括政府向社会公众提供的公共服务项目等。

(3) 技术复杂、专业性较强的项目,包括需定制开发的信息化建设项目、采购进口产品的项目等。

(4) 主管预算单位或者采购人认为需要开展需求调查的其他采购项目。

编制采购需求前　年内,采购人已就相关采购标的开展过需求调查的可以不再重复开展。

按照法律法规的规定,对采购项目开展可行性研究等前期工作,已包含《政府采购需求管理办法》规定的需求调查内容的,可以不再重复调查;对在可行性研究等前期工作中未涉及的部分,应当按照《政府采购需求管理办法》的规定开展需求调查。

2.《政府采购法实施条例》规定

政府向社会公众提供的公共服务项目,应当就确定采购需求征求社会公众的意见。必要时,应当就确定采购需求征求相关供应商、专家的意见。

(四) 采购需求编制的参考范文

采购需求编制的参考范文见表 4.2。

表 4.2　政府采购项目采购需求

项目名称：
采购单位：
编制单位：
编制时间：
一、需求调查情况
（一）是否开展需求调查
（二）需求调查方式
（三）需求调查对象
（四）需求调查结果
1. 相关产业发展情况
2. 市场供给情况
3. 同类采购项目历史成交信息
4. 可能涉及的运行维护、升级更新、备品备件、耗材等后续采购情况
5. 其他相关情况
二、需求清单
（一）项目概况
（二）采购项目预（概）算
总预算：
包 1 预算：
包 2 预算：
……
（三）采购标的汇总表

包号	序号	标的名称	品目分类编码	计量单位	数量	是否进口
		采购标的应与财政部制定的《政府采购品目分类目录》对应				
……	……	……	……	……	……	……

（四）技术商务要求
1. 包 1
（1）技术要求
（2）商务要求
2. 包 2
（1）技术要求
（2）商务要求
……

四、采购需求和采购实施计划审查

采购人应当建立审查工作机制,在采购活动开始前,针对采购需求管理中的重点风险事项,对采购需求和采购实施计划进行审查,审查分为一般性审查和重点审查。对于审查不通过的,应当修改采购需求和采购实施计划的内容并重新进行审查。

(一) 一般性审查

一般性审查主要审查是否按照《政府采购需求管理办法》规定的程序和内容确定采购需求、编制采购实施计划。审查内容包括:

(1) 采购需求是否符合预算、资产、财务等管理制度规定。

(2) 对采购方式、评审规则、合同类型、定价方式的选择是否说明适用理由。

(3) 属于按规定需要报相关监管部门批准、核准的事项,是否作出相关安排。

(4) 采购实施计划是否完整。

(二) 重点审查

重点审查是在一般性审查的基础上,进行以下审查:

(1) 非歧视性审查。主要审查是否指向特定供应商或者特定产品,包括资格条件设置是否合理,要求供应商提供超过 2 个同类业务合同的,是否具有合理性;技术要求是否指向特定的专利、商标、品牌、技术路线等;评审因素设置是否具有倾向性,将有关履约能力作为评审因素是否适当。

(2) 竞争性审查。主要审查是否确保充分竞争,包括应当以公开方式邀请供应商的,是否依法采用公开竞争方式;采用单一来源采购方式的,是否符合法定情形;采购需求的内容是否完整、明确,是否考虑后续采购竞争性;评审方法、评审因素、价格权重等评审规则是否适当。

(3) 采购政策审查。主要审查进口产品的采购是否必要,是否落实支持创新、绿色发展、中小企业发展等政府采购政策要求。

(4) 履约风险审查。主要审查合同文本是否按规定由法律顾问审定,合同文本运用是否适当,是否围绕采购需求和合同履行设置权利义务,是否明确知识产权等方面的要求,履约验收方案是否完整、标准是否明确,风险处置措施和替代方案是否可行。

(5) 采购人或者主管预算单位认为应当审查的其他内容。

(三) 审查工作机制

审查工作机制成员应当包括本部门、本单位的采购、财务、业务、监督等内部机构。采购人可以根据本单位实际情况,建立相关专家和第三方机构参与审查的工作机制。参与确定采购需求和编制采购实施计划的专家和第三方机构不得参与审查。

一般性审查和重点审查的具体采购项目范围,由采购人根据实际情况确定。主管预算单位可以根据本部门实际情况,确定由主管预算单位统一组织重点审查的项目类别或者金额范围。对于应当开展需求调查的采购项目,应当开展重点审查。

五、关于政府采购需求管理的几点说明

（1）采购需求和采购实施计划的调查、确定、编制、审查等工作应当形成书面记录并存档。采购文件应当按照审核通过的采购需求和采购实施计划编制。

（2）因采购人不可预见的紧急情况实施采购的，可以适当简化相关管理要求。

（3）集中采购机构组织的批量集中采购和框架协议采购的需求管理，按照有关制度规定执行。

六、编制采购需求常见的违规问题

编制采购需求时应该合理合法，不得违规，常见的违规问题见表 4.3。

表 4.3　编制采购需求时常见的违规问题

违规情形	违规内容	相关依据
采购需求不完整、不明确	1. 未明确采购标的需执行的国家相关标准、行业标准、地方标准或者其他标准、规范。 2. 未明确采购标的需满足的质量、安全、技术规格、物理特性等要求。 3. 未明确采购标的的数量、采购项目交付或者实施的时间和地点。 4. 未明确采购标的需满足的服务标准、期限、效率等要求。 5. 未明确采购标的的验收标准。 6. 非单一产品采购项目，需根据采购项目技术构成、产品价格比重等合理确定核心产品的，未在招标文件中载明。 7. 要求投标人提供样品的，未在招标文件中明确规定样品制作的标准和要求、是否需要随样品提交相关检测报告、样品的评审方法以及评审标准。需要随样品提交检测报告的，未规定检测机构的要求、检测内容等。 8. 未对不允许偏离的实质性要求和条件规定以醒目的方式标注	《政府采购法实施条例》第十五条； 《政府采购货物和服务招标投标管理办法》第二十条、第二十二条和第三十一条； 《政府采购需求管理办法》
以不合理的条件对供应商实行差别待遇	1. 将供应商的所在地作为实质性要求的，限定注册地（总部）在某行政区域内。 2. 限定或者指定特定的专利、商标、品牌或者供应商。 3. 采购需求中的技术、服务等要求指向特定供应商、特定产品。 4. 将特定行政区域或者特定行业的业绩、奖项、特定金额的业绩或代理商的业绩作为实质性要求。 5. 售后服务要求与采购项目无关或超出服务范围的、售后服务要求明显不合理或指向特定对象的，要求供应商提供售后服务不符合（低于）国家强制标准或行业标准的。 6. 将非订制的采购标的关于重量、尺寸、体积等要求表述为固定数值，未作出大于、小于等表示幅度的表述	《政府采购法》第二十二条； 《政府采购法实施条例》第二十条
以其他不合理条件限制或者排斥潜在供应商	1. 设定最低限价。 2. 要求提供赠品、回扣或者与采购无关的其他商品、服务。 3. 将国务院已明令取消的或国家行政机关非强制的资质、资格、认证、目录等作为实质性要求。 4. 将除进口货物以外生产厂家授权、承诺、证明、背书等作为实质性要求	《政府采购法实施条例》第十一条； 《政府采购货物和服务招标投标管理办法》第十二条、第十七条

项目四 政府采购项目实施

任务三 采购代理机构的选择与委托

政府集中采购机构与社会代理机构之间的区别

政府集中采购机构与社会中介代理机构无论是在机构属性、行使的职能还是发挥的作用以及运行目的方面都有根本区别。

第一,政府集中采购机构与社会代理机构所从事活动的目的不同。《政府采购法》规定,集中采购机构是非营利性事业法人,根据采购人的委托办理采购事宜。因此,集中采购机构属于为党政机关各部门办理采购工作的服务性机构。同时,行政性事业单位的性质也决定了集中采购机构属于公益性组织,不以营利为目标,它的运行和从事的集中采购活动全部依靠国家财政来维持。而社会代理机构作为一个市场经济条件下的理性经济人,追求利润最大化是其根本目标,它很难像政府集中采购机构那样,较好地做到经济效益和社会效益兼顾。

第二,社会代理机构面向的是社会上各类市场主体,除了公共部门以外,更多的是为企业提供中介代理服务。其行为准则主要是参与市场活动,遵守市场活动的基本规则。可见,社会中介代理机构不具备像政府集中采购机构那样的功能和作用,在这方面,二者之间有着明显的差别。

这些区别也决定了集中采购机构在政府集中采购活动中的重要地位,它对于国民经济的宏观调控、财政资金的支出管理和国内市场的规范运行都起着举足轻重的作用。当然,社会中介代理机构在政府集中采购活动中所起的辅助作用也是不容置疑的。

(资料来源:施锦明.政府采购[M].北京:经济科学出版社,2010.)

《政府采购法》规定,采购人有权自行选择采购代理机构,任何单位和个人不得以任何方式为采购人指定采购代理机构。《政府采购代理机构管理暂行办法》(财库〔2018〕2号)规定,采购人应当根据项目特点、代理机构专业领域和综合信用评价结果,从名录中自主择优选择代理机构。任何单位和个人不得以摇号、抽签、遴选等方式干预采购人自行选择代理机构。

由此可见,选择代理机构是采购人的自主行为,采购人可以根据需求、择优选择代理机构。目前,代理机构选择的方法主要有直接指定、通过市场调查确定、通过遴选确定等。

一、直接指定采购代理机构

采购人在进行政府采购活动时,选择合适的代理机构是确保采购效率和质量的关键一环。采购人应当依据自身需求和采购项目的具体情况,择优选择具有相应资质和经验的代理机构。在代理机构的选择方法中,直接指定是一种高效的做法。

直接指定的方式主要适用于那些具有特殊性质或者紧急的采购项目,这种方式可以在短时间内确定代理机构,加快采购流程。在选择代理机构时,采购人需要综合考虑代理机构的专业能力、历史业绩、服务质量和信誉等因素。直接指定的方式虽然高效,但同时也需要采购人严格遵循透明和公正的原则,以防止任何形式的不正当行为和利益冲突。

直接指定代理机构的过程中,采购人应当明确代理机构的职责和权利,确保代理机构在采购过程中的行为符合法律法规和采购人的要求。此外,为了保障政府采购的公平性和效率,采购人还应该对代理机构的工作进行监督和评估,确保采购活动的顺利进行。

二、通过市场调查确定采购代理机构

在政府采购过程中,采购人通过市场调查来确定采购代理机构是一种高效且合规的做法。这种方法不仅确保了采购代理机构的选择过程具有透明性和公平性,还能提高政府采购的整体效率和质量。

(1)采购人应组建专门的调查小组,对潜在的采购代理机构进行初步筛选,形成一个调查名单。这一步骤的关键在于确保被选机构具备基本资质和符合采购需求的潜力。

(2)调查小组应对这些机构逐一进行现场调查。调查内容应包括但不限于采购代理机构的场地规模、设施设备、人员配置及其专业素质和服务水平以及类似项目的经验。这一过程有助于评估代理机构的实际能力和适应采购项目需求的可能性。

(3)调查完成后,调查小组应如实编制市场调查报告,采购人召开会议进行集体决策,以确保选择过程的客观性和全面性。采购人可以根据单位项目的数量和特性,择优选择一家或几家采购代理机构。如果项目数量较多,选择多家代理机构可以引入公平竞争机制,不仅能提高项目执行的效率,还能促进代理机构之间的正当竞争,从而提升服务水平。

三、通过遴选确定采购代理机构

采购人通过遴选程序确定采购代理机构是一种越来越普遍的做法,这种方法符合公开透明、公平公正的政府采购原则,并体现了政府的公信力。遴选程序的核心在于其公开性和竞争性,它为所有具备资格的采购代理机构提供了平等的参与机会。

(1)遴选过程通常以发布遴选公告开始,公告中明确遴选的基本要求和条件,确保社会各界代理机构能够广泛了解并参与。随后,采购人发出遴选文件,详细说明采购需求、遴选规则和评价标准。代理机构根据这些信息准备并提交响应文件,这一阶段的关键在于代理机构对遴选要求的理解和响应的质量。

(2)采购人组织评审小组对响应文件进行评审。评审过程中,重点考察代理机构的专业能力、历史业绩、服务质量以及对采购需求的响应程度。这一阶段的公正性和透明度是确保遴选质量的关键。

(3)根据具体情况,遴选可以按年度进行,也可以针对单个项目实施。年度遴选适用于长期或多个项目的采购,有利于建立稳定的合作关系;单个项目遴选则适用于特定、独立的采购项目,能够更精准地满足特定需求。

四、签订委托代理协议

采购人依法委托采购代理机构办理采购事宜的,应当由采购人与采购代理机构签订委托代理协议,依法确定委托代理的事项,约定双方的权利义务。采购代理机构应当严格按照委托代理协议开展采购活动,不得超越代理权限。无委托代理协议采购代理机构不得开展采购代理活动。

委托代理协议是采购人与采购代理机构在开展政府采购活动中履行各自权利和义务的依据。实践中,采购人干预委托事项或违反政府采购法律制度规定的情况时有发生,采购代理机构超越代理权限行事的现象也层出不穷,因此,签订委托代理协议,约定双方的权利和义务非常必要。

(一)签订委托协议的法定要求

《政府采购法》规定,采购人依法委托采购代理机构办理采购事宜的,应当由采购人与采购代理机构签订委托代理协议,依法确定委托代理的事项,约定双方的权利义务。

(二)采购代理机构监督评价的要求

财政部2021年发布了《全国政府采购代理机构评价指标体系》,其中"企业管理情况"指标管理制度评价的内容包括:合法签订委托代理协议;明示代理费用收取方式及标准;未代理集中采购目录内的货物、工程和服务;核实采购人进口产品审核情况。从指标体系的评价观测点可以看出,签订委托代理协议是对采购代理机构的重要监督评价要求。

(三)保护当事人合法权益

委托代理协议作为双方签署的具有效力的法律性文件,适用《民法典》,对当事人双方都具有法律约束力。当事人应当按照约定履行自己的义务,不得擅自变动或者解除合同,双方的合法权益都受到法律保护。

(四)避免法律纠纷

口头委托的弊端在于没有凭证,发生争议后,难以取证,不易分清责任。而书面形式明确肯定,有据可查,对于防止争议和解决纠纷有积极意义。在政府采购项目委托过程中,应当避免采用口头委托的形式委托项目。

五、委托代理协议的分类及内容

(一)委托代理协议的分类

1. 根据签订对象不同划分

政府采购委托代理协议根据签订对象的不同,可以分为集中采购委托代理协议和一般采购委托代理协议两种类型。

(1)集中采购委托代理协议。这类协议是指采购人与政府指定的集中采购机构之间签订的委托代理协议。在这种协议中,委托的事项通常涉及集中采购目录内的项目。

(2) 一般采购委托代理协议。这种协议是指采购人与社会上的采购代理机构签订的委托代理协议。这类代理机构通常是专门从事政府采购服务的社会代理机构。一般采购委托代理协议适用于分散采购的商品和服务。

2. 根据委托期限不同划分

根据委托期限的不同,采购人和采购代理机构之间可以就单个项目签订委托协议,也可以签订长期协议,即一事一委托或者年度批量委托。

(1) 一事一委托。即采购人与代理机构就单个政府采购项目签订委托代理协议。优点是可以根据项目情况选择更为适合的机构和团队,也可以针对不同的项目特点拟定不同的协议条款,是目前的主流方式;缺点是每个项目都需要签订委托协议,较为烦琐。

(2) 年度批量委托。即采购人与代理机构按照年度签订委托代理协议,统一拟定通用的委托权利与义务条款,对于个别项目有特殊要求的,可另行签订补充协议。代理机构只需每年和采购人签订一次协议,大大减轻了工作量;但是协议内容比较宽泛,无法反映具体项目的采购细节要求。

在政府采购实际工作中,长期协议越来越受到采购人和采购代理机构的青睐。年度预算金额大、采购量大、设置有专门的采购管理部门的采购人,如高校、处室较多的机关单位等,采用签订年度委托的方式更为合适。

与单个项目签订委托协议相比,长期协议具有以下几个优势:一是有利于加深采购人和采购代理机构之间的了解,特别是有利于采购代理机构熟悉采购人预算规模、项目性质、内控制度,提高工作效率;二是长期协议下,代理机构可以为采购人提供可持续的咨询服务,服务更精准;三是有利于采购代理机构提高自身专业化服务水平,在确定采购需求、编制采购文件、协助采购人签订政府采购合同和履约验收等方面使采购人受益。

(二) 委托代理协议的内容及主要委托采购代理服务事项

《政府采购法》及其实施条例规定,签订委托代理协议,应当明确代理采购的范围、权限和期限等具体事项。采购人和采购代理机构应当按照委托代理协议履行各自义务,采购代理机构不得超越代理权限。

《政府采购代理机构管理暂行办法》规定,代理机构受采购人委托办理采购事宜,应当与采购人签订委托代理协议,明确采购代理范围、权限、期限、档案保存、代理费用收取方式及标准、协议解除及终止、违约责任等具体事项,约定双方权利义务。

采购人与采购代理机构签订的委托代理协议也适用《民法典》。《民法典》第四百七十条规定,合同的内容一般包括以下条款:

(1) 当事人的姓名或者名称和住所。

(2) 标的。

(3) 数量。

(4) 质量。

(5) 价款或者报酬。

（6）履行期限、地点和方式。

（7）违约责任。

（8）解决争议的方法。

具体而言，根据政府采购项目实施的特点，在委托协议中，采购人应该明确以下基本事项：

（1）编制采购文件。

（2）发布信息公告。

（3）协助采购人组建评审委员会。

（4）组织开标、评标。

（5）发出中标（成交）通知书。

（6）协助采购人处理质疑、投诉事宜。

（三）委托代理协议书参考范文

委托代理协议书参考范文见表4.4。

表4.4 政府采购项目委托代理协议书

甲方：_____ 乙方：××××招标公司_____ 根据《中华人民共和国政府采购法》及其实施条例等法律法规，甲方自愿将本单位政府采购项目委托乙方组织实施采购。乙方愿意接受甲方委托，按照政府采购有关规定，在甲方委托事宜范围内依法组织政府采购工作。经甲乙双方协商一致，现就有关事宜达成如下协议： 一、项目基本情况 1. 项目名称：_____ 2. 预算金额：_____元人民币   经费来源：_____ 二、甲方委托乙方的具体事项 1. 采购方式：公开招标□、邀请招标□、竞争性谈判□、竞争性磋商□、询价采购□、单一来源采购□、框架协议采购□、合作创新采购□； 2. 编制、发售招标（采购）文件：□是 □否； 3. 解释招标（采购）文件：□是 □否； 4. 在指定媒体上发布招标（采购）公告：□是 □否； 5. 供应商资格预审：□是 □否； 6. 落实开标、评标地点：□是 □否； 7. 编制评标办法：□是 □否； 8. 在政府采购专家库中随机抽取专家，组建评标委员会：□是 □否； 9. 邀请政府采购监督管理部门或有关部门现场监督：□是 □否； 10. 主持开标，指定专人记录开标过程：□是 □否； 11. 组织评审工作：□是 □否； 12. 整理评审报告送采购人：□是 □否； 13. 发送中标（成交）通知书：□是 □否；

（续表）

14. 在指定媒体上发布中标（成交）公告：□是 □否；
15. 受采购人委托签订政府采购合同：□是 □否；
16. 受采购人委托进行验收：□是 □否；
17. 答复供应商的询问和质疑：□是 □否；
18. 招标采购活动有关文件报送备案及保存管理：□是 □否；
19. 其他补充事项：_____

三、甲方的权利和义务

1. 甲方应在本项目中授权一名项目联系人，联系人为_____，代表甲方处理招标采购过程中的有关事宜。
2. 甲方应向乙方提供委托项目的技术指标、质量标准和服务内容等书面材料和要求。
3. 甲方应对乙方编制的招标（采购）文件予以审核并书面确认。
4. 甲方有权就委托的项目提出合理、合法的要求，提供的技术和商务要求必须体现充分竞争原则，但不得指定供应商或指定采购品牌，以及含有倾向性或者排斥潜在投标人的要求。
5. 甲方有权利派代表参加评标委员会，并且开标前应以书面形式（单位授权书）将确定的采购人代表通知采购代理机构，但不得非法干预、影响评标办法的确定，以及评标过程和结果。
6. 甲方有权利确定中标、成交供应商，但必须按照评审报告中推荐的中标、成交候选供应商顺序确定。
7. 甲方有权利对乙方在招标采购过程中的行为进行监督。
8. 甲方有义务保守采购过程中有关商业秘密。
9. 甲方有义务及时答复供应商的质疑并配合政府采购监管部门做好投诉处理工作。
10. 甲方应遵守法律法规和各项政府采购制度。

四、乙方的权利和义务

1. 乙方应接受政府采购监管部门及甲方监督，维护甲方和供应商的合法权益。
2. 乙方应根据甲方要求向甲方提出科学的采购方案，并根据甲方需求提出合理化建议。
3. 乙方应根据甲方要求编制招标（采购）文件，并报甲方确认。
4. 乙方应满足甲方的合理、合法要求，但对违法违规以及无理的要求应予拒绝。
5. 乙方可以根据需要，就招标（采购）文件征询有关专家或者供应商意见。
6. 乙方应根据委托代理事项及时答复供应商的询问和质疑。
7. 乙方有义务保守采购过程中有关商业秘密。
8. 乙方有权依法收取采购代理服务费用。
9. 乙方有权向政府采购监督管理部门反映或报告甲方在招标采购过程中的违法违规行为。
10. 按时向甲方报送评标报告。
11. 乙方应遵守法律法规和各项政府采购制度。

五、委托协议的变更和终止

甲乙双方在协商一致的情况下，可以在法律法规许可范围内对委托协议内容做出变更；如因政策原因，致使采购项目发生更改或撤销，本协议应作相应变更或终止。

六、违约责任

甲乙双方应遵守法律法规和本协议规定，否则，将承担相应的法律责任。因违约造成经济损失的，由违约方承担。

(续表)

七、有关费用 1. 乙方承担组织项目采购活动的全部费用。 2. 乙方按照相关约定向中标、成交供应商收取服务费。 八、其他 1. 本协议自甲乙双方签订盖章之日起生效。本协议一式二份,甲乙双方各执一份。 2. 其他未尽事宜由双方协商研究决定。 甲方:　　　　　　　　　　　　　　　乙方: 项目负责人:　　　　　　　　　　　　项目负责人: 地址:　　　　　　　　　　　　　　　地址: 联系电话:　　　　　　　　　　　　　联系电话: 日期:　　年　月　日　　　　　　　　日期:　　年　月　日

六、委托采购代理机构提供延伸服务

传统意义上的政府采购代理服务仅限于完成采购程序,工作内容从编制采购文件开始到发出中标或成交通知书结束。其实,代理机构可凭借自己的专业,发挥特长为采购人提供更多的延伸服务。

采购代理机构应具备较高的专业化服务水平,能够根据采购人委托为采购人提供咨询服务,组织采购人与中标或者成交供应商签订政府采购合同,协助采购人对采购项目进行验收,协助采购人建立政府采购内控制度等。

(一)项目前期咨询服务

在政府采购的过程中,除采购需求编制任务外,采购代理机构还可以为采购人提供更多的项目前期咨询服务。这种咨询服务涵盖了采购方式的选择、项目属性的确定等多个方面,为采购人决策提供专业的指导和建议。

例如,采购代理机构可以根据项目特性和市场情况,协助采购人确定最合适的采购方式,如公开招标、竞争性谈判或询价等,以确保采购过程的效率和合规性。同时,采购代理机构可以在项目属性的确定方面提供专业意见,如判断项目属于商品采购、工程采购还是服务采购等,以便采购人能够更准确地进行项目分类和处理。此外,当采购人在采购过程中遇到疑问时,采购代理机构可以提供及时、专业的解答和支持。

通过这些项目前期的咨询服务,政府采购活动的专业性和合法性得到有效的增强,有助于提升采购效率和质量。

(二)组织签订政府采购合同

根据《政府采购法实施条例》,采购代理机构除了承担采购文件的编制工作,还应具备拟定合同文本的能力。在政府采购流程中,采购文件通常包括拟签订的合同文本,这意味着采购代理机构与采购人在准备采购文件时,实际上已对采购合同进行了详尽的规划。

此外,采购代理机构在政府采购中扮演的角色,除了执行采购程序,还包括作为桥梁,协助采购人与中标或成交供应商签订政府采购合同。

采购代理机构在组织签订合同的过程中,能够提供专业的指导和支持,确保合同的法律效力和执行的可行性。这种延伸服务不仅提高了政府采购的效率,还有助于减少合同执行过程中可能出现的法律风险和纠纷。通过这种方式,采购代理机构为采购人提供的组织签订合同的服务,不仅体现了其专业性,而且增强了政府采购流程的完整性和有效性。

(三)协助履约验收

采购代理机构有能力并且可以为采购人提供协助履约验收的服务。《政府采购法实施条例》明确规定,采购人或者采购代理机构应当按照政府采购合同规定的技术、服务、安全标准组织对供应商履约情况进行验收,并出具验收书。

虽然《政府采购货物和服务招标投标管理办法》和财政部的相关指导意见强调了采购人在履约验收过程中的主体责任,但也不排除采购人可以委托采购代理机构进行这一工作。

在实践中,采购代理机构作为第三方,可以参与到履约验收工作中。采购代理机构可以利用其专业知识和经验,为采购人提供专业的验收服务,包括对供应商提供的商品或服务进行详细检查,确保其符合合同规定的各项标准。

(四)协助采购人建立内控制度

根据《政府采购法实施条例》及相关法律法规,采购人有责任建立和维护一个完善的政府采购内控管理制度。这一制度的建立和完善是政府采购内部管理的基石,近年来,财政部门特别重视这一点。内控管理制度的建设不仅涉及预算编制和实施计划、需求确定、采购活动组织、履约验收等环节,还包括对询问、投诉处理和监督检查的答复。

在这一过程中,采购代理机构扮演着重要角色。它们不仅参与组织采购活动、响应质疑、配合处理投诉和参与监督检查,还可以协助编制政府采购预算、确定采购需求以及履约验收等工作。由于采购代理机构对政府采购项目的全流程有着深入的了解,因此在协助建立和完善内控管理制度方面,采购代理机构具有显著的优势。

任务四　采购文件的编制及发布

"自身分歧"的采购文件

20××年6月15日,K代理机构接受采购人委托,就该单位"灯具设备采购项目"组织公开招标工作。6月30日,采购人确认了招标文件;K代理机构在中国政府采购网上发布了招标公告。7月5日,K代理机构在中国政府采购网上发布了变更公告。招标文件发售日期为6月30日至7月25日,共有5家供应商购买了本项目的招标文件。开标前一个工作日,K代理机构与采购人共同从专家库中抽取了评标专家。到招标文件规定的投标截止时间,5家投标人均按时递交了投标文件。

本项目采用综合评分法评标,评标委员会对实质上响应招标文件要求的投标人进行了价格、商务和技术综合评价打分,按综合评分由高到低的顺序进行排列,向采购人推荐了3名中标候选人。K代理机构在得到采购人对评标结果的确认后,在中国政府采购网发布了中标公告。

公告发布后,A公司质疑本次评标结果称中,标供应商B公司投标产品不满足招标文件关于技术指标m的要求。K代理机构在收到质疑函后,组织原评标委员会进行复核。原评标委员会出具的复核意见称:K代理机构已于7月5日发布变更公告,公告中已将产品技术指标m降低为n,但因工作失误,其中部分内容未作相应变更。更正公告发布后,通过邮件和电话的方式分别通知了各投标人。从投标人提交的投标文件内容来看,各投标人已理解投标产品的技术指标由m降低为n。在评审中,评标委员会以n标准为评标基础进行评标,认为B公司提交的产品符合招标文件要求。同时,评标委员会对实际提交产品符合m标准的投标人予以了加分。A公司对此质疑答复不满,向财政部门提出投诉。

本案争议的焦点是采购文件中关于产品技术指标要求存在互相矛盾的情况,应如何处理。因此,财政部门调取了本项目的采购文件、响应文件和评标报告等资料。调查发现,原招标文件中对产品技术指标共有4处要求为m。采购人、代理机构及潜在投标人现场勘察后,认为应将产品技术指标由m降低为n。7月5日,代理机构发布更正公告,将标准更改为n,但由于采购人和代理机构的工作失误,更正公告中仅将2处技术指标降低为n,另2处技术指标仍为m。在评审过程中,关于产品技术指标,评审委员会以n标准为评标基础进行评标,对符合m标准的予以加分。

【案例分析】

本案反映了政府采购中因采购人和代理机构的工作失误,导致采购文件中关于产品技术指标互相矛盾的问题。

本项目采购活动中,由于采购人和代理机构的工作失误,采购文件中关于产品技术指标的要求不一致,导致部分供应商按m标准投标,部分供应商按n标准投标。同时,因采购文件中对产品技术指标的要求不同,致使参加投标的供应商范围和所投产品的型号及报价也不同,直接影响评审环节,对采购结果的公正性造成了影响。

综上,财政部门作出处理决定如下:根据《中华人民共和国政府采购法》第三十六条第一款第(二)项规定,本项目招标采购中出现了影响采购结果公正性的违法、违规行为,责令采购人废标。针对本项目招标文件和更正公告编制不规范的问题,责令限期整改。

(资料来源:德海.案例解读·案例二十三:"自身分歧"的采购文件[EB/OL].(2017-07-31)[2024-04-03].http://www.cgpnews.cn/articles/40652.)

在政府采购实践中,对于集中采购目录以外且采购限额标准以上的项目,采购人一般会采用委托采购代理机构的方式进行采购。在委托代理采购过程中,一般由采购代理机构编制采购文件并完成采购程序。

一、采购文件的含义

采购文件是政府采购活动中的关键文件。具体而言,采购文件是由采购人或其委托的采购代理机构编制的,用于指导和规范整个政府采购过程的具有法律效力的文件。这些文件旨在明确采购项目的具体要求和条件,确保采购活动的公开、公平和合规。

值得注意的是,采购文件根据采购方式的不同,有不同的命名方式。通常在采用公开招标和邀请招标方式的项目中,编制的采购文件可以用"招标/采购文件"字样。在采用非招标方式的项目中,编制的采购文件不能用"招标文件"字样,一般用"采购方式+文件"字样或者直接用"采购文件"字样,比如在采用竞争性谈判方式的项目中,采购文件命名可以用"××项目竞争性谈判文件"或者"××竞争性谈判项目采购文件"。

二、采购文件的内容

《政府采购法实施条例》对采购文件的编制要求和内容作出了明确的规定。第十五条规定:采购人、采购代理机构应当根据政府采购政策、采购预算、采购需求编制采购文件。同时,其第三十二条又规定,采购人或者采购代理机构应当按照国务院财政部门制定的招标文件标准文本编制招标文件。招标文件应当包括采购项目的商务条件、采购需求、投标人的资格条件、投标报价要求、评标方法、评标标准以及拟签订的合同文本等。

对于适用《招标投标法》的政府采购工程中与工程建设有关的货物和服务项目,编制采购文件应该依法按照"九部委"联合下发的《关于印发〈标准设备采购招标文件〉等五个标准招标文件的通知》(发改法规〔2017〕1606号)提供的标准文本进行编制。

对于适用《政府采购法》的采购项目,在财政部尚未发布采购文件标准文本时,采购人或者代理机构应当按照《政府采购法》及相关法规政策要求,自行编制采购文件。通常采购文件包含以下内容:

(1)封面及目录。封面应清晰展示本项目的采购人、代理机构、项目名称及编号、采购方式等关键信息,其格式和内容应符合政府采购相关规范性文件要求,确保醒目、规范。目录则需准确反映采购文件的结构布局,方便投标人快速定位所需内容,目录层级应清晰合理。

(2)投标邀请(招标公告)。主要是介绍采购项目的基本情况,包括采购项目预算金额、采购项目性质(如是否专门面向中小企业采购等)。告知投标人的资格要求以及获取采购文件和开标的时间、地点以及相关联系方式、联系地址等相关信息。同时,需明确公告发布的媒体渠道及公告的有效期限。

(3)投标人须知。投标人须知包括投标人须知前附表以及对采购项目的一般性说明,如采购项目背景、采购活动的基本流程(从投标文件递交、开标、评标到定标等各个环节的操作要求)、投标保证金的提交要求、投标有效期、质疑与投诉的相关规定等,为投标人提供采购过程中必需的详细指导和信息。

(4) 资格审查要求。资格审查要求主要规定由采购人或采购代理机构(依据项目实际情况确定审查主体),对投标人提供的证明其资格、资质的文件资料进行审查的方法。明确采用资格预审还是资格后审方式,并据此判断投标人是否满足招标文件要求的资格条件。投标人不满足的话,会导致无效投标。

(5) 评标方法和评审标准。主要是对采购项目的评审程序、采用的评标方法(如综合评分法、最低评标价法等,需明确具体方法及适用情形)、评审原则(如公平、公正、科学、择优等)、评审标准以及详细的评分办法作出说明和规定。各项评分因素应明确、细化且具有可操作性,与采购项目的实际需求紧密相关。

(6) 采购需求。采购需求主要指采购人为实现项目目标,拟采购的标的及其需要满足的技术、商务要求。技术规格应明确、详细且合理,避免出现指向特定供应商或产品的倾向性、排他性条款。商务要求需涵盖交货期或服务期限、验收标准、付款方式等内容,且应符合市场实际情况和行业惯例。采购文件中的采购需求指明了采购人的采购目标和要求,它指导并决定整个政府采购活动的方向和结果。

(7) 拟签订合同文本。主要是采购人与供应商通过采购流程达成的合作意向的书面体现。合同文本应包含项目标的、数量、质量标准、价格、履行期限、地点和方式、违约责任、争议解决方式等关键要素,合同条款应清晰、准确,符合《民法典》及政府采购相关法律法规要求,保障双方合法权益。

(8) 投标文件格式。主要是对投标人编制投标(响应)文件的组成部分及其格式作出规定,要求投标人按照规定的要求编制投标文件。投标文件格式应保持一致性和规范性,便于评审工作的顺利开展。

三、采购文件的编制

编制采购文件是政府采购流程中的一项关键工作,需严格遵循《政府采购法》及相关法律法规的规定。采购文件的编制应由采购人或其委托的采购代理机构进行,在编制过程中,需确保文件内容全面、准确,同时符合法律规范和行业标准。

(一) 投标人的资格条件编写

《政府采购法》对供应商及其资格条件有明确的规定,主要分为三个部分:基本资格、特定资格和法律规定的其他条件。

(1) 基本资格条件依据《政府采购法》第二十一条,供应商是指向采购人提供货物、工程或服务的法人、其他组织或者自然人。这一定义为投标人的基本资格提供了法律依据。

(2)《政府采购法》第二十二条第一款规定了供应商需要满足的六项基本条件:具有独立承担民事责任的能力;具有良好的商业信誉和健全的财务会计制度;具备履行合同所必需的设备和专业技术能力;有依法缴纳税收和社会保障资金的良好记录;参加政府采购

活动前三年内,在经营活动中没有重大违法记录;法律、行政法规规定的其他条件。

(3)根据《政府采购法》第二十二条第二款,采购人可以根据采购项目的特殊要求,规定供应商的特定条件,但不得以不合理的条件对供应商实行差别待遇或者歧视待遇。

(二)采购需求编写

根据《政府采购法》及相关法律法规,在编写采购需求的内容时,应注意以下几个方面:

1. 详细描述采购目标和要求

采购需求编写应从采购标的介绍、技术要求和商务要求三个方面详细描述所需货物、服务或工程的具体特性。

(1)采购标的介绍。在编写政府采购文件中的采购标的介绍时,应根据《政府采购法》及相关法律法规,明确采购项目的类型,即确定采购对象是货物类、服务类还是工程类。这一分类对于确保采购文件的准确性和适用性至关重要。

采购标的介绍可分为两部分进行阐述。第一部分涉及项目的背景和概述,这包括采购项目的目的、背景、预期目标等,为供应商提供采购项目的整体框架和背景信息。第二部分则是对采购标的的具体描述。对于货物类采购,这部分应详细说明货物的规格、型号、数量等;对于服务类采购,应包括服务的具体内容、服务周期、服务标准等;对于工程类采购,应明确工程的规模、技术要求、完成时间等关键信息。

(2)技术要求。技术要求是指对采购标的功能和质量的要求,包括性能、材料、结构、外观、安全,或者服务内容和标准等。技术要求编写时应确保其客观性和公正性,不得含有对特定供应商的倾向性描述。技术要求还应充分考虑采购项目的实际需求和市场现状,需求应基于实际使用目的和预期效果来定制,避免过度或不必要的技术指标,确保技术要求既满足功能需求,又不过分限制市场竞争。

(3)商务要求。商务要求主要指在商业事务方面对供应商的要求。商务要求没有严格的划分标准,一般与技术要求互为补充,通常包括:采购项目交付或者实施的时间和地点;付款方式;包装和运输要求;售后服务和其他相关商务要求等。

编写招标文件的商务条件,首先要考虑采购人的需求条件,如取得采购标的时间、地点、财务和服务的要求,包括交付(实施)的时间(期限)和地点(范围)、付款条件(进度和方式)、包装和运输、售后服务、保险等,要满足采购需求。其次要看到商务条件与供应商的报价密切相关,对采购人有利、采购人风险小的商务条件往往意味着对供应商不利、供应商的风险大,供应商会将不利因素和风险列入成本,通过提高投标报价进行抵御。因此,对于采购人能够承受的内容,可适当放宽要求,换取更合理的价格,如支付条件和比例。

2. 符合国家政策和法规

采购需求编写必须遵循国家的经济和社会发展政策,如保护环境、扶持不发达地区和少数民族地区、促进中小企业发展等。同时,需求应满足国家的强制标准或者行业标准等,确保采购的合法性和符合性。

3. 促进公平竞争

需求的编写不应包含任何不合理的条件,不得实行对供应商的差别待遇或歧视待遇。这意味着采购文件中不得指名特定的供应商、品牌或包含指向特定供应商的技术和服务要求,以保证公平性和开放性。

综上所述,采购文件中的采购需求内容应全面、具体,既反映采购人的实际需求,又符合国家的政策和法律法规要求,同时促进市场的公平竞争,确保政府采购活动的有效性、合法性和公正性。

(三) 投标报价要求编写

编写采购文件中的投标报价要求时,应充分考虑到采购项目的具体性质和需求,确保报价内容全面且合规,并对可能出现的各种情况作出相应的规划和准备,以确保采购过程的公平、公正和高效。

投标报价要求必须与采购需求紧密相关,确保投标报价的全面性和针对性。以设备采购为例,投标报价不仅应涵盖设备主机、附件、零备件等货物部分,还应包括运输、安装、调试、培训等伴随服务。此外,如果考虑到设备生命周期的总成本,则还需要供应商提供生命周期内零备件和消耗品的需用数量和供应单价。

对于国际采购,报价要求中还需明确币种和价格术语,确保价格的完整性和可操作性。如果采购文件允许供应商提供备选方案,应对这些备选方案的报价也提出具体要求。此外,投标报价要求应预见合同执行过程中可能出现的索赔和变更,并在价格方面为此做好准备,以确保合同执行的顺利和公平。

(四) 评标方法和评审标准编写

政府采购的评标方法和标准是指在政府采购过程中,用以确定中标供应商的标准和程序。根据《政府采购法》规定,政府采购的评标方法主要包括最低评标价法和综合评分法两种。最低评标价法侧重于选择报价最低的合格投标者,适用于标准化、通用性强的货物或服务;综合评分法则结合价格与技术、服务等多方面因素,通过设定各因素的评分权重,选取综合得分最高的投标者,适用于技术或专业性较强的项目。

编写采购文件时,编制评标方法和评审标准是核心步骤,具体选择哪种方法应基于采购项目的特点决定。在采购文件中,采购人或采购代理机构需明确指出所选用的评标方法。

(五) 拟签订的合同文本编写

合同文本作为采购文件的重要组成部分,是记录招标成果的关键载体,因此必须全面记载招标成果,包括商务条款、采购需求、价格等关键信息。

合同文本与合同草案有根本性区别。根据《政府采购法》及其实施条例的要求,对于招标和询价采购方式,合同内容需在文本中预先固定,签订合同时,除了将招标和询价成果填写进去外,其他内容不得变更。这反映了招标和询价采购的特点,即合同内容的稳定性和预测性。在编写这两种采购方式下的合同文本时,对于付款方式条款,应明确具体的付款时间节点和比例,避免模糊表述;违约责任条款应清晰界定双方违约情形及对应的赔偿方式,赔偿金额需合理,既能补偿采购人的损失,又不过度加重供应商的负担;验收标准条款要详细列出验收的流程、指标及合格判定依据,以确保合同关键条款明确、合理且合法。

对于竞争性谈判和竞争性磋商采购方式,可以在谈判过程中随着采购需求的变动同步调整合同草案的主要条款。这种方法灵活性较强,主要适用于技术复杂、专业性强或需求不明确的项目。在编写此类采购方式下的合同草案时,付款方式条款需根据谈判或磋商结果灵活设计,以平衡双方利益;违约责任条款同样要根据项目实际情况和双方协商结果进行调整;验收标准条款则需充分考虑项目的技术复杂性和需求变动性,制订具有可操作性的验收规则。

因此,在编写采购文件中的合同文本时,应根据采购方式的不同,选择合适的文本类型(合同文本或合同草案),并确保其内容全面、具体、准确,符合项目的需求特点和效率要求。特别是对于技术复杂、专业性强的专用设备和购买公共服务等项目,应适当采取竞争性谈判或竞争性磋商采购方式,以确保合同文本或草案的灵活性和适应性。同时,无论何种采购方式,合同文本或草案都应严格遵循法律法规,保障合同条款的合法性、公平性,杜绝出现任何违反《民法典》《政府采购法》等相关法律法规以及对供应商不公平的条款。

四、采购文件的确认

在实践工作中,采购人委托代理机构进行采购时,一般会由代理机构编制采购文件。为保证采购人和代理机构之间信息的平衡和有效性,采购人应当在采购文件对外发布之前对其进行确认。采购人对采购文件的审核确认应注意以下几个要点。

(一)资格条件的合法性

供应商资格条件的设置必须符合《政府采购法》及相关要求。不得非法限定供应商的所有制形式、组织形式、股权结构或者所在地;不得将供应商规模条件设置为资格条件;不得设定与采购项目的具体特点和实际需要不相适应或者与合同履行无关的资格条件;不得对供应商采取不同的资格审查标准;不得以其他不合理条件限制或者排斥潜在供应商。

(二)评审因素的合规性

采购文件不得将资格条件作为评审因素;不得将规模条件作为评审因素;采用综合评分法的,评审标准中的分值设置应与评审因素的量化指标相对应;不得以不合理的条件对供应商实行差别待遇或者歧视待遇。

(三)采购文件的完整性

采购文件一般包含投标邀请、投标人须知、资格审查要求、评标办法及标准、采购需求、拟签订的合同文本、投标(响应)文件的格式等部分。对供应商进行资格预审的项目,"资格审查要求"一般会单独编制,这也符合政府采购相关法律法规的要求。

采购文件的专业用语、法律用语要具有准确性、专业性和权威性,对技术要求的描述

项目四 政府采购项目实施

要精心提炼语言,高度概括词句,切忌含糊不清,避免产生歧义。更不能前后不一或前后矛盾,要体现一致性。

五、政府采购公告的发布

政府采购公告的发布是指采购人或者其授权的采购代理机构正式对外公布即将进行的采购项目信息的过程。在政府采购项目合同的订立过程中,采购公告可以被视为邀约邀请,向潜在供应商公开宣布采购需求和条件,并邀请他们提交投标。

(一)采购公告发布的媒体

《政府采购信息发布管理办法》(财政部令第 101 号)规定,中央预算单位政府采购信息应当在中国政府采购网发布,地方预算单位政府采购信息应当在所在行政区域的中国政府采购网省级分网发布。除中国政府采购网及其省级分网以外,政府采购信息可以在省级以上财政部门指定的其他媒体同步发布。

发布主体应当确保其在不同媒体发布的同一政府采购信息内容一致。在不同媒体发布的同一政府采购信息内容、时间不一致的,以在中国政府采购网或者其省级分网发布的信息为准。同时在中国政府采购网和省级分网发布的,以在中国政府采购网上发布的信息为准。

(二)采购公告发布的内容

不同采购方式采购公告的内容虽然有所差别,但大体上包括以下内容:

(1)项目基本情况。
(2)申请人的资格要求。
(3)获取采购文件。
(4)投标(响应文件提交)截止时间、开标(开启响应文件)时间及地点。
(5)公告期限。
(6)其他补充事宜。
(7)采购项目联系人姓名和电话。

《政府采购信息发布管理办法》(财政部令第 101 号)规定政府采购信息应当按照财政部规定的格式编制。采购公告的编制格式应当参考《政府采购公告和公示信息格式规范(2020 年版)》中的招标公告、竞争性谈判(竞争性磋商、询价)公告格式。

(三)采购公告发布的期限

按照政府采购相关法律法规的规定,公开招标、邀请招标项目采购公告期限为 5 个工作日;询价采购、竞争性谈判、竞争性磋商项目公告期限为 3 个工作日;框架协议采购项目公告期限参照公开招标方式执行;单一来源采购项目拟采购公示期不得少于 5 个工作日;合作创新采购订购阶段以公告形式邀请供应商的,公告期限不少于 5 个工作日。

按日计算期限的,开始当天不计入,从次日开始计算。期限的最后一日是国家法定节假日的,顺延到节假日后的次日为期限的最后一日。比如周日发布采购公告,公告时间应从次日(周一)开始计算,公告时间为 5 个工作日的,那么就计算为周一至周五;如周一发布采购公告,计算 5 个工作日,则为周二至周六,因周六为法定节假日,顺延至下周一,以此类推。

六、采购文件的提供

采购文件的提供是指采购人或者采购代理机构将详细的采购文件提供给潜在的投标人或供应商的过程。

(一)提供期限

在政府采购实践过程中,不同的采购方式,采购文件提供的时间有所不同。

(1)《政府采购货物和服务招标投标管理办法》(财政部令第 87 号)规定,采购人或者采购代理机构应当按照招标公告、资格预审公告或者投标邀请书规定的时间、地点提供招标文件或者资格预审文件,提供期限自招标公告、资格预审公告发布之日起计算,不得少于 5 个工作日。提供期限届满后,获取招标文件或者资格预审文件的潜在投标人不足 3 家的,可以顺延提供期限,并予公告。

(2)《政府采购非招标采购方式管理办法》(财政部令第 74 号)规定,从谈判文件(询价通知书)发出之日起至供应商提交首次响应文件截止之日止不得少于 3 个工作日。虽然,对于具体提供采购文件的时间并未明确规定,但鉴于从谈判文件(询价通知书)发出之日起至供应商提交首次响应文件截止之日的时间,实践中采购文件提供期限通常不少于 3 个工作日。

(3)《政府采购竞争性磋商采购方式管理暂行办法》(财库〔2014〕214 号)规定,从磋商文件发出之日起至供应商提交首次响应文件截止之日止不得少于 10 日。磋商文件的发售期限自开始之日起不得少于 5 个工作日。

(4)单一来源采购项目因采购方式的特殊性,若有采购文件,一般应尽快提供给供应商;框架协议采购项目一般参照公开招标项目规定执行。

(5)合作创新采购对采购公告和研发谈判文件提供期限未作明确要求,但《政府采购合作创新采购方式管理暂行办法》(财库〔2024〕13 号)规定,供应商提交参与合作创新采购申请文件的时间自采购公告、邀请书发出之日起不得少于 20 个工作日;采购人应当向所有参与创新概念交流的供应商提供研发谈判文件,邀请其参与研发竞争谈判。从研发谈判文件发出之日起至供应商提交首次响应文件截止之日止不得少于 10 个工作日。

(二)提供方式

采购文件的提供方式可以多样化,一般采取网络下载、供应商现场报名提供或其他方式。需要注意的是,如果需要供应商通过报名获取采购文件,采购代理机构应做好供应商信息的登记工作,并须对供应商报名信息保密。

七、采购文件的澄清、修改

采购文件的澄清和修改是指在政府采购过程中对原始采购文件进行必要的说明和调

整。澄清通常发生在投标者对文件中的某些内容有疑问时,采购方应提供明确的解释或补充信息,以确保文件的清晰和准确。修改则是对采购文件进行实质性的变更,如更改规格、需求或条款等。这些修改可能是由于错误、遗漏或项目需求的变化。澄清和修改都应及时通知所有潜在的投标者,以保持采购过程的公平性和透明性。

(一)澄清、修改的时间要求

不同的采购方式对澄清或修改采购文件的时间要求有所不同,这些要求旨在保证供应商有足够的时间响应采购文件的变更,确保整个采购过程的公平性和有效性。

(1)招标采购。根据《政府采购法实施条例》和《政府采购货物和服务招标投标管理办法》,对于招标采购项目,澄清或修改的内容可能影响投标文件编制的,采购人或者采购代理机构应当在投标截止时间至少15日前,以书面形式通知所有获取招标文件的潜在投标人;不足15日的,采购人或者采购代理机构应当顺延提交投标文件的截止时间。此规定确保投标人有足够的时间来适应任何澄清或修改,并据此调整他们的投标文件。

(2)资格预审。在涉及资格预审的项目中,澄清或修改内容可能影响资格预审申请文件的编制。在这种情况下,采购人或者采购代理机构应当在提交资格预审申请文件截止时间至少3日前,以书面形式通知所有获取资格预审文件的潜在投标人;不足3日的,采购人或者采购代理机构应当顺延提交资格预审申请文件的截止时间。

(3)竞争性谈判。《政府采购非招标采购方式管理办法》中规定,对于竞争性谈判项目,澄清或者修改的内容可能影响响应文件编制的,采购人、采购代理机构或者谈判小组应当在提交首次响应文件截止之日3个工作日前,以书面形式通知所有接收谈判文件的供应商,不足3个工作日的,应当顺延提交首次响应文件截止之日。

(4)询价采购。《政府采购非招标采购方式管理办法》中规定,对于询价采购项目,澄清或者修改的内容可能影响响应文件编制的,采购人、采购代理机构或者询价小组应当在提交响应文件截止之日3个工作日前,以书面形式通知所有接收询价通知书的供应商,不足3个工作日的,应当顺延提交响应文件截止之日。

(5)竞争性磋商。根据《政府采购竞争性磋商采购方式管理暂行办法》,对于竞争性磋商采购方式,澄清或者修改的内容可能影响响应文件编制的,采购人、采购代理机构应当在首次响应文件截止时间至少5日前,以书面形式通知所有获取磋商文件的供应商;不足5日的,采购人、采购代理机构应当顺延提交首次响应文件截止时间。

(6)单一来源采购、框架协议采购。针对单一来源采购法律法规未明确规定澄清、修改的时间要求;框架协议采购中封闭式框架协议公开征集程序,按照政府采购公开招标的规定执行。

(7)合作创新采购。《政府采购合作创新采购方式管理暂行办法》规定,采购人可以对已发出的研发谈判文件进行必要的澄清或者修改,但不得改变采购标的和资格条件。澄清或者修改的内容可能影响响应文件编制,导致供应商准备时间不足的,采购人应当按照研发谈判文件规定,顺延提交响应文件的时间。

（二）澄清、修改的内容

根据政府采购相关法律法规的规定，如果澄清或修改的内容可能影响投标（响应）文件的编制，应该及时通知相关的投标人或供应商。一般情况下，可能影响投标（响应）文件编制的澄清或修改的情形有以下方面：

（1）对采购需求的澄清修改。

（2）对合同条款的澄清修改。

（3）对工期或交货期的澄清修改。

（4）澄清修改了投标文件格式。

（5）增加了投标文件需要提交的资料。

（6）调整了评审标准。

（7）其他可能影响投标（响应）文件编制的情形。

（三）澄清、修改的对外公告

澄清或者修改应当在原公告发布媒体上发布澄清公告，澄清或者修改的内容作为采购文件的组成部分。具体公告格式见表4.5。

表 4.5 更正公告

一、项目基本情况 原公告的采购项目编号（或招标编号、政府采购计划编号、采购计划备案文号等，如有）：_____ 原公告的采购项目名称：_____ 首次公告日期：_____ 二、更正信息 更正事项：□采购公告 □采购文件 □采购结果 更正内容：（采购结果更正，还需同时在附件中公告变更后的中标（成交）供应商的相关信息） 更正日期：_____ 三、其他补充事宜 _____ 四、凡对本次公告内容提出询问，请按以下方式联系。 1. 采购人信息 名　　称：_____ 地　　址：_____ 联系方式：_____ 2. 采购代理机构信息（如有） 名　　称：_____ 地　　址：_____ 联系方式：_____ 3. 项目联系方式 项目联系人：（组织本项目采购活动的具体工作人员姓名）

(续表)

电　话：_____

五、附件(适用于更正中标、成交供应商)

1. 中标、成交供应商为中小企业的,应公告其《中小企业声明函》
2. 中标、成交供应商为残疾人福利性单位的,应公告其《残疾人福利性单位声明函》
3. 中标、成交供应商为注册地在国家级贫困县域内物业公司的,应公告注册所在县扶贫部门出具的聘用建档立卡贫困人员具体数量的证明。

(说明：以上内容选自《政府采购公告和公示信息格式规范(2020年版)》)

任务五　采购人代表的委派

一、采购人代表的条件

在政府采购实践中,采购人委托采购代理机构进行采购时,通常会委派代表参与组建评标委员会(评审小组)和监督采购流程的执行。参与评审的采购人代表不一定需要具备专家的资质,比如职称要求等,但采购人代表参与项目评审,需要具有独立评审的能力,熟悉项目情况以及了解采购需求的基本条件。采购人代表具备以上素质并获得采购单位授权后,即可参加项目评审。采购人委派代表时,需要提供授权书,具体格式见表4.6。除此之外,采购人代表还要遵循以下要求：

表4.6　授权书参考样式

关于"……项目"业主代表及监督人授权书

××××招标有限公司：

根据委托代理协议,××××(甲方)授权(姓名、身份证号)就"……项目"作为业主代表参与本次项目的评标,授权(姓名、身份证号)作为监督人对本次项目的开标、评标进行全过程监督。

特此确认。

××××(甲方)

20××年××月××日

(一)公正廉洁要求

采购人代表在政府采购活动中应当维护国家利益、社会公共利益和采购人的合法权益,做到公正廉洁,诚实守信。

(二)禁止影响公正评审

采购人代表不得向评标委员会(评审小组)的评审专家作倾向性、误导性的解释或者说明;不得泄露评审情况以及评审过程中获悉的国家秘密、商业秘密;不得与政府采购其他当事人相互串通,损害国家利益、社会公共利益和其他当事人的合法权益;不得以任何手段排斥其他供应商参与竞争。

二、采购人代表委派的数量

按照相关法律法规的规定,参与评审的采购人代表数量一般参照以下标准执行:

(1) 在采用公开招标和邀请招标的项目中,评标委员会由采购人代表和评审专家组成,成员人数应当为5人以上单数,其中评审专家不得少于成员总数的2/3。常采用4名专家+1名采购人代表的方式。采购预算金额在1000万元以上或技术复杂或社会影响较大的采购项目,评标委员会成员人数应当为7人以上单数,如采用5名专家+2名采购人代表的方式。

(2) 在采用询价采购和竞争性谈判的项目中,询价小组/竞争性谈判小组由采购人代表和评审专家共3人以上单数组成,其中评审专家人数不得少于询价小组/竞争性谈判小组成员总数的2/3。常采用2名专家+1名采购人代表的方式。达到公开招标数额标准的货物或者服务采购项目,或者达到招标规模标准的政府采购工程,询价小组/竞争性谈判小组应当由5人以上单数组成,如采用4名专家+1名采购人代表的方式。

(3) 在采用竞争性磋商的项目中,磋商小组由采购人代表和评审专家共3人以上单数组成,其中评审专家人数不得少于磋商小组成员总数的2/3。常采用2名专家+1名采购人代表的方式。

(4) 在采用框架协议采购的项目中,封闭式框架协议的公开征集程序,按照政府采购公开招标的规定执行,采购人代表的数量也参照公开招标的人数要求。

(5) 在采用合作创新采购的项目中,采购人应当组建谈判小组,谈判小组由采购人代表和评审专家共5人以上单数组成。采购人应当自行选定相应专业领域的评审专家。评审专家中应当包含一名法律专家和一名经济专家。谈判小组具体人员组成比例、评审专家选取办法及采购过程中的人员调整程序按照采购人内部控制管理制度确定。

需要注意的是,采购人代表只能以代表身份参加本部门或本单位采购项目的评审,不得以评审专家身份参与。

三、采购人代表的职责

(一) 资格审查职责

《政府采购货物和服务招标投标管理办法》(财政部令第87号)规定,公开招标采购项目开标结束后,采购人或者采购代理机构应当依法对投标人的资格进行审查。供应商的资格审查可以由采购人或采购代理机构单独完成,也可以由双方共同完成。一般建议由采购人或采购代理机构组成至少3人以上单数的评审小组,负责公开招标项目的供应商资格审查工作。

即使是在电子化招标中,也必须依照规定由采购人或采购代理机构完成资格审查工作,此项工作不能转交给评标委员会。

对于政府采购的其他采购方式,如竞争性谈判、竞争性磋商、询价采购等,供应商资格审查通常由评审小组负责完成。但在单一来源采购方式下,不存在严格意义上的由类似评审小组进行的资格审查,因为单一来源采购一般是在特定情况下直接确定唯一供应商,重点在于对其唯一性及合理性等方面的审查,审查主体通常是采购人及相关监管部门,与其他采购方式的资格审查有所不同。

(二) 项目评审职责

采购人代表与评审专家一样独立履行评审职责,但采购人代表与评审专家的身份不同。评审工作完成后,应按照规定向评审专家支付劳务报酬和异地评审差旅费,但不得向评审专家以外的其他人员支付评审劳务报酬,其中也包含参与评审的采购人代表。

此外,采购人代表不得担任评标委员会或评审小组组长,也不得干预评审专家的独立评审意见。

采购人代表可以在评标前说明项目背景和采购需求,但说明内容不得含有歧视性、倾向性意见,不得超出采购文件所述范围。说明应当提交书面材料,并随采购文件一并存档。在项目评审过程中,如碰到有评审专家向采购人代表征询,以期获得倾向性意见,这种做法是违反评标纪律的,应该及时制止。

项目小结

政府采购活动是公共资源配置的重要手段,其准备阶段包含多个关键环节,从采购意向的公开、需求管理,到采购代理机构的选择与委托,再到采购文件的编制及发布,最后到采购人代表的委派,每一个环节都是确保采购活动公开、公平、透明和高效的重要步骤。

采购意向公开是政府采购制度改革的重要举措。它通过在网络平台公开项目信息,为供应商提前了解采购项目提供便利,增加了政府采购的透明度,有利于提高采购效率和绩效。科学合理地确定采购需求是政府采购源头管理的核心,它涉及采购项目的预算编制、实施计划的编制以及风险控制等,直接影响采购活动的质量和效率。

选择合适的采购代理机构是采购过程中的关键一环。通过直接指定、市场调查确定、遴选确定等方式,采购人可以根据项目特点和代理机构的专业领域,自主择优选择合适的代理机构。在选择完成后,采购人与采购代理机构签订委托代理协议,明确双方的权利和义务,这是确保采购代理活动合法进行的法律基础。

采购文件的编制及发布是整个政府采购活动中的关键步骤,它不仅规范了采购过程,而且直接关系到采购活动的公正性和效果。采购文件包括采购需求、资格审查要求、评标方法和标准、拟签订的合同文本等,确保了采购活动的规范性和透明度。

最后,采购人代表的委派也是政府采购流程中的一个重要环节。采购人代表负责参与评标委员会,监督采购流程,须具备一定的条件,如公正廉洁和熟悉项目情况,以确保采购活动的公平和公正。

能力训练

一、单选题

1. 采购意向公开的主要目的是什么?(　　)
   A. 提升政府采购透明度　　　　B. 增加政府支出
   C. 限制供应商参与　　　　　　D. 增加采购难度

2. 在政府采购需求管理中,不属于采购需求的是?(　　)
   A. 采购标的的数量　　　　　　B. 采购人的偏好
   C. 采购标的需满足的质量标准　D. 预计采购时间

3. 选择政府采购代理机构时,不被允许的选择方式是?(　　)
   A. 直接指定　　　　　　　　　B. 市场调查确定
   C. 遴选确定　　　　　　　　　D. 摇号

4. 编制采购文件时,不属于必须包含的内容是?(　　)
   A. 供应商的社会责任报告　　　B. 采购需求
   C. 评标方法和标准　　　　　　D. 拟签订的合同文本

5. 采购文件中,下列关于供应商资格条件的描述错误的是?(　　)
   A. 需具有独立承担民事责任的能力
   B. 有良好的商业信誉和健全的财务会计制度
   C. 指定特定的供应商
   D. 有依法缴纳税收和社会保障资金的良好记录

二、多选题

1. 委托代理协议中应明确约定的事项包括?(　　)
   A. 代理范围　　　　　　　　　B. 代理费用收取方式及标准
   C. 代理机构的装修标准　　　　D. 协议解除及终止条件

2. 采购文件的内容包括哪些?(　　)
   A. 采购需求　　　　　　　　　B. 评标方法和标准
   C. 供应商的社会责任报告　　　D. 拟签订的合同文本

3. 采购公告可以发布在哪些媒体上?(　　)
   A. 中国政府采购网
   B. 省级以上财政部门指定的其他媒体
   C. 任意第三方商业网站
   D. 所在行政区域的中国政府采购网省级分网

4. 采购文件的提供可以通过哪些方式进行?(　　)
   A. 网络下载　　　　　　　　　B. 现场报名提供
   C. 电话邮寄　　　　　　　　　D. 电子邮件发送

5. 关于采购文件的澄清或修改,正确的做法包括?(　　)
   A. 及时以书面形式通知所有潜在的投标人
   B. 随意更改采购需求而不告知潜在的投标人
   C. 在原公告发布媒体上发布澄清或修改的内容
   D. 确保澄清或修改的内容作为采购文件的组成部分

三、判断题
1. 政府采购需求管理的核心是科学合理地确定采购需求。　　　　　　(　　)
2. 采购文件一旦编制完成后就不能进行任何形式的修改和澄清。　　　(　　)
3. 采购人代表在评审过程中可以提供倾向性的意见以影响评审结果。　(　　)
4. 采购公告发布的媒体仅限于中国政府采购网。　　　　　　　　　　(　　)
5. 采购公告的发布期限对所有采购方式都是统一的。　　　　　　　　(　　)

四、简答题
1. 简述采购意向公开的主要意义。
2. 采购代理机构委托协议中通常包括哪些内容?
3. 简述编制采购文件的基本步骤。
4. 采购公告需要发布在哪些媒体上?
5. 说明政府采购需求管理在采购活动中的作用。

第三篇

代理机构实务

项目五

政府采购方式

学习目标

1. 理解集中采购与分散采购操作规则。
2. 熟悉公开招标的特点及操作流程。
3. 熟悉邀请招标的特点及操作流程。
4. 熟悉询价的特点及操作流程。
5. 熟悉竞争性谈判的特点及操作流程。
6. 熟悉竞争性磋商的特点及操作流程。
7. 熟悉单一来源采购的特点及操作流程。
8. 熟悉框架协议采购的特点及操作流程。
9. 熟悉合作创新采购的特点及操作流程。
10. 了解不同政府采购方式的对比内容。

能力目标

1. 能够运用公开招标采购方式进行实务操作。
2. 能够运用邀请招标采购方式进行实务操作。
3. 能够运用询价采购方式进行实务操作。
4. 能够运用竞争性谈判采购方式进行实务操作。
5. 能够运用竞争性磋商采购方式进行实务操作。
6. 能够运用单一来源采购方式进行实务操作。
7. 能够运用框架协议采购方式进行实务操作。
8. 能够运用合作创新采购方式进行实务操作。
9. 掌握不同采购方式的对比内容。

任务一　执行集中采购与分散采购实务操作

国家医保局：心脏支架集采节省了117亿

2020年11月5日，国家组织集中带量采购高值医用耗材打响"首战"，集采中选的冠脉支架平均价格从1.3万元降到了700元左右，降幅约达到94.6%。其中，某进口品牌的一款支架从18 207元降到648元，在10个中选产品中按价格从低到高排序位列第5，成为随后确定协议采购量时增量最高的中选产品。

这是我国第一次对价格高昂的高值医用耗材进行国家级集中带量采购。高值医用耗材跟药品不一样，没有稳定的结构，很难设计类似于药品一致性评价的制度体系。虽然用量越来越大，但因标准不一，难以比质比价，给采购带来难度。业内普遍将其视为改革的"深水区"、难啃的"硬骨头"。

从2019年4月到2020年11月，国家医保局开展了大量调研和市场分析，鼓励地方试点，明确一品一策集采原则。他们筛选后发现，技术较成熟、替代性较强的心脏支架较为合适。其中，具备铬合金、西罗莫司及其衍生物两个特征的心脏支架，在临床上比较先进，被确定为集采产品。招采规则设计为按产品注册证招采，由医疗机构自主报量，发挥集中和带量的规模效应、联动效应，让企业自主降价。

2020年11月5日上午10点，企业申报产品价格信息开标。按照规则，入围价格必须小于市场最低申报价的1.8倍，高于最低申报价的1.8倍的必须低于2 850元。2 850元熔断价来自去年江苏省试点的带量采购中最低申报价。之所以确定这个申报价格范围，是因为国家医保局在前期调研中发现，我国药物洗脱支架的价格高于国际上其他国家水平。一些国家在没有开展集中采购的情况下，相同品牌的支架价格也就是2 000元左右，开展带量集中采购的价格降低到1 000元，甚至更低。

精心的规则设计之下，价格成为唯一比拼的砝码。在国家级集中带量效应的威力下，中选产品均报出了低于千元的价格，大多集中在700多元价位。此次心脏支架集采预计节省109亿元。专家建议，各地应利用集采结果执行的空间和契机，配套推进医务人员薪酬制度改革、医院补偿机制改革等，调动医务人员积极性，更好地保障集采结果落地。

我国将总结冠脉支架集采的好经验，着手筛选使用量较大、价格较高、虚高水分较严重、群众关注较多的产品，作为下一个集中带量采购的品种。按照一品一策的办法，做好充分的技术分析、市场调研、专家论证，制订适合的集采规则。预计成熟一个开展一个，将采购金额占比较高、又适合集采的主要品种逐步纳入集中采购，让群众用上质量更高、价格较低的产品。

（资料来源：《人民日报》，2020年11月20日19版）

《政府采购法》规定,我国政府采购实行集中采购和分散采购相结合的模式。纳入集中采购目录的属于通用的政府采购项目,应当委托集中采购机构代理采购;属于本部门、本系统有特殊要求的项目,应当实行部门集中采购;属于本单位有特殊要求的项目,经省级以上人民政府批准,可以自行采购。政府集中采购目录和采购限额标准由省级以上人民政府确定并公布。政府采购限额标准中,属于中央预算的政府采购项目,由国务院确定并公布;属于地方预算的政府采购项目,由省、自治区、直辖市人民政府或者其授权的机构确定并公布。

实践中,具体哪些项目需要进行集中采购,以及达到什么标准需要进行分散采购,下面以《江苏省2024年政府集中采购目录及标准》进行说明。

一、江苏省政府采购集中采购目录(2024年)

(一)集中采购目录

2024年,以下项目应当按规定委托集中采购机构代理采购,见表5.1。

表5.1　江苏省政府集中采购目录(2024)

序号	品目	编码	说明	备注
1	服务器	A02010104		小额零星采购实行框架协议采购,全省联动
2	台式计算机	A02010105		小额零星采购实行框架协议采购,全省联动
3	便携式计算机	A02010108		小额零星采购实行框架协议采购,全省联动
4	信息安全设备	A02010300	限于品目为A02010301、A02010302、A02010303、A02010307的信息安全设备	小额零星采购实行框架协议采购,全省联动
5	复印机	A02020100		
6	投影仪	A02020200		
7	多功能一体机	A02020400		小额零星采购实行框架协议采购,全省联动
8	触控一体机	A02020800		
9	打印机	A02021000	限于品目为A02021001、A02021002、A02021003、A02021004、A02021006的打印机	小额零星采购实行框架协议采购,全省联动
10	LED显示屏	A02021103		
11	液晶显示器	A02021104		

(续表)

序号	品目	编码	说明	备注
12	扫描仪	A02021118		
13	碎纸机	A02021301		
14	乘用车	A02030500	限于品目为A02030501、A02030502、A02030503、A02030504、A02030505的乘用车	小额零星采购实行框架协议采购,全省联动
15	多用途货车	A02030603	限于皮卡车	小额零星采购实行框架协议采购,全省联动
16	电梯	A02051227		
17	不间断电源	A02061504		
18	空调机	A02061804		小额零星采购实行框架协议采购,全省联动
19	视频会议系统设备	A02080800		
20	家具	A05010000		
21	用具	A05020000		
22	复印纸	A05040101		
23	基础软件	A08060301		操作系统、数据库管理系统小额零星采购实行框架协议采购,全省联动
24	应用软件	A08060303	限于信息安全软件	
25	出租车客运服务	C15030300		省本级小额零星采购实行框架协议采购
26	软件开发服务	C16010000		
27	信息系统集成实施服务	C16020000		
28	云计算服务	C16040000		
29	运行维护服务	C16070000		
30	网络接入服务	C17010200		
31	财产保险服务	C18040102	限于机动车辆保险服务	小额零星采购实行框架协议采购,全省联动
32	物业管理服务	C21040000		
33	一般会议服务	C22010200		

(续表)

序号	品目	编码	说明	备注
34	印刷服务	C23090100		省本级小额零星采购实行框架协议采购
35	车辆维修和保养服务	C23120301		省本级小额零星采购实行框架协议采购
36	车辆加油、添加燃料服务	C23120302	限于乘用车等车辆的加油服务	小额零星采购实行框架协议采购,全省联动

(二)集中采购目录的执行说明

(1)集中采购目录的编码和品目根据财政部《政府采购品目分类目录》(财库〔2022〕31号)制定和解释。

(2)集中采购目录内实行框架协议采购的品目,应当严格执行框架协议采购结果。未实行框架协议采购的小额零星采购,按照政府采购网上商城的有关规定执行。框架协议采购和网上商城不能满足需求,或者通过其他采购方式价格更低或服务更优的,采购人可按照框架协议采购相关规定、预算支出管理规定和本单位内部控制制度自行采购。小额零星采购是指采购人需要多频次采购且单笔采购金额未达到分散采购限额标准的采购行为。

(3)高校、科研院所采购科研仪器设备不适用此目录,具体按照《江苏省财政厅关于完善省属高校和科研院所科研仪器设备采购管理有关事项的通知》(苏财购〔2017〕53号)执行。

二、江苏省政府采购限额标准(2024年)

(一)分散采购限额标准

集中采购目录以外,采购人单项或批量采购金额达到分散采购限额标准的项目,应当按照《政府采购法》有关规定实行分散采购。江苏省2024年分散采购限额标准为:

货物、服务类项目:省本级、南京市本级100万元;其他设区市、县(市)级50万元。

工程类项目:省本级100万元,设区市、县(市)级60万元。

集中采购目录以外且分散采购限额标准以下的采购项目(包括政府购买服务项目),不执行《政府采购法》规定的方式和程序,由采购人按照相关预算支出管理规定和本单位内控制度自行组织实施。

(二)公开招标数额标准

采购人采购货物、服务项目单项或批量采购金额在400万元以上的,应当采用公开招标方式;采购金额在400万元以下的,由采购人依法自行选择采购方式。采购金额在400万元以上、符合其他法定采购方式适用情形的,采购人可经财政部门批准后采用非公开招标方式采购。

政府采购工程项目公开招标数额标准按照国务院有关规定执行。

三、有关说明和要求

（一）关于集中采购项目的实施

对集中采购目录内的采购项目，采购金额达到分散采购限额标准的，采购人应当依法委托集中采购机构代理采购。

各级采购人可以不受行政区域、预算管理级次的所限，自主择优委托省内集采机构组织开展集中采购活动。鼓励集采机构积极承接不同级次、不同地区的采购人代理业务。各级财政部门应将集采机构跨级、跨地区接受采购人委托情况纳入集采机构年度工作考核范围，督促同级集采机构积极开展竞争。集采机构要加强专业能力建设，适应竞争机制。

对于供应标准统一的产品和服务，各级集采机构可通过联合采购统一谈判确定价格。对于统一配备标准的办公设备或采购人有共性需求的产品和服务，集采机构可组织采购人联合开展集中带量采购，发挥规模优势，降低采购成本，提高采购效益。

（二）关于分散采购项目的实施

分散采购项目可由采购人委托采购代理机构代理采购，也可自行组织采购。委托社会代理机构代理采购的，采购人应当在省级财政部门公布的政府采购代理机构名录中择优委托具备相应专业能力的社会代理机构代理采购；自行组织采购的，采购人应具备相应人员、能力和条件，并依法采用适宜的采购方式。采购金额大、社会关注度高、与社会公共利益或公共安全关系密切的重大分散采购项目（包括政府购买服务项目），采购人可商请委托具备相应专业能力的集采机构代理采购。

（三）关于部门集中采购项目的实施

财政部《关于印发〈地方预算单位政府集中采购目录及标准指引（2020年版）〉的通知》（财库〔2019〕69号）规定，集中采购目录一般不包含部门集中采购项目。部门集中采购项目由各主管部门结合自身业务特点，自行确定本部门集中采购目录范围，由设区市县级财政部门汇总并报省财政厅备案后实施。

（四）关于集中采购目录和采购限额标准的制定

江苏省当年执行的集中采购目录和采购限额标准一般由省财政厅在上一年中进行规划和公布。每一年的集中采购目录和采购限额标准会随着优化营商环境的执行而有所变化。比如2024年的集中采购目录较2023年减少了"科学研究和试验开发C01000000""预算绩效评价咨询服务C20030800""审计服务C23030000"等项目；2024年的采购限额标准相比较2023年的变化是，在货物、服务类项目中将县（市、区）级30万元标准统一提高至50万元。

需要关注的是，《政府采购法修订草案》中提出，集中采购目录和政府采购限额标准由国务院确定并公布。未来，集中采购目录的制定权力收归中央，政府采购限额标准也由中央确定，不再有地方政府集中采购目录，全国共用同一个目录，全国政府采购限额标准也将统一。

项目五 政府采购方式

任务二　公开招标实务操作

"业绩门槛"引发的政府采购纠纷：甲公司与采购代理机构的争议

2017年12月26日，某市实验小学发布课桌采购项目采购公告，采购方式为公开招标。招标公告规定，供应商须具有近三年内与本市教育部门签订的课桌采购合同业绩方可参加投标。招标文件发售期间，采购代理机构以潜在供应商甲公司未按招标公告要求提供业绩证明材料、不符合资格条件为由，拒绝向其出售招标文件。甲公司认为采购代理机构拒绝出售招标文件的行为损害了其合法权益，向采购人提出书面质疑，要求采购代理机构依法向其出售招标文件。采购代理机构认为：招标公告要求明确，甲公司未按公告要求提供业绩证明材料，因此对甲公司的质疑主张不予支持。

甲公司对答复内容不满意，遂向当地财政部门投诉，要求给予其购买招标文件参与项目竞争的机会。

市财政局经审查后认为：本项目为公开招标项目，且为非资格预审项目，原则上所有潜在供应商都有权购买招标文件。本案采购代理机构要求潜在供应商在购买招标文件时，须出具业绩证明材料，属于以不合理的要求限制或排斥潜在投标人，投诉成立。根据《政府采购供应商投诉处理办法》第十八条有关规定，责令采购代理机构修改招标文件内容，并按修改后的招标文件开展采购活动。

【案例分析】

潜在供应商有权自行决定是否购买招标文件。采购代理机构不应在法定程序外新设登记、报名、备案、资格审核等程序，限制或阻止采购代理机构、供应商进入本地的政府采购市场。否则，属于以不合理的要求对供应商实行差别待遇或者歧视待遇。

（资料来源：张志军.政府采购全流程百案精析[M].北京：中国法制出版社，2019.）

一、公开招标采购方式的含义

公开招标，是指采购人依法以招标公告的方式邀请非特定的供应商参加投标的采购方式。在所有采购方式中，公开招标最能体现政府采购制度的优越性，因此是《政府采购法》规定的主要采购方式。

在政府采购过程中，对招标活动进行指导的法律主要有《政府采购货物和服务招标投标管理办法》（财政部令第87号）和《招标投标法》。在我国境内开展的政府采购货物和服务项目，适用《政府采购货物和服务招标投标管理办法》；政府采购工程以及与工程建设有关的货物、服务，采用招标方式采购的，适用《招标投标法》及其实施条例。

二、公开招标的特点

公开招标作为政府采购的一种主要方式,其优点和不足均在《政府采购法》及相关法律法规的框架下得到体现。

(一) 公开招标的优点

1. 增强市场竞争

公开招标面向所有合格供应商,为众多潜在参与者搭建了竞争平台。众多供应商为赢得项目,会在价格上相互博弈,在质量方面精益求精。以某市政道路建设项目招标为例,参与投标的建筑企业超过 10 家。激烈的竞争促使中标价格相较于预算降低了 15%,同时中标企业凭借先进技术和优质管理,高质量完成了道路建设,显著提升了道路的使用年限和通行舒适度,充分展现了公开招标在降低采购成本、提升商品或服务质量方面的积极作用。

2. 提高透明度

依据《政府采购法》的要求,公开招标从采购意向公开、招标公告发布,到开标、评标、中标结果公告,全过程都需保持高度透明。整个采购过程在公众监督下进行,极大增强了公众对政府采购活动的信任,有效抑制了腐败的滋生,维护了政府采购的公信力。

3. 保障公平性

公开招标确保所有参与者在相同的起跑线上竞争。统一的招标文件详细规定了项目技术规格、质量标准、评标办法等,所有供应商均按同样的要求准备投标文件。投标截止时间统一设定,开标时当众拆封、宣读投标文件,避免提前泄露信息。在公开招标过程中,所有参与者都遵循相同的规则参与竞争,杜绝了偏袒和不公平行为,保障了公平竞争的市场环境。

4. 规范采购程序

公开招标需严格遵循法定程序和标准。从招标项目的前期需求调查、预算编制,到招标公告发布、招标文件编制与发售,再到开标、评标、定标以及后续合同签订、履行等各个环节,都有明确的法律条文和操作规范,确保了采购活动合法合规,保障了采购活动的规范进行。

(二) 公开招标的缺点

1. 采购周期较长

公开招标涉及多个复杂且相互关联的环节,每个步骤都需严格遵循法定时间要求与操作规范。这一系列流程下来,整体耗时往往较长,少则数周,多则数月。例如,在一些大型基础设施建设项目招标中,从最初筹备到最终确定中标单位,整个过程可能长达半年甚至更久。对于那些有紧急采购需求的情况,如突发公共事件下急需采购医疗物资、应急抢险设备等,公开招标的长周期特性使其难以在短时间内满足实际需求,可能导致延误最佳应对时机。

2. 程序单一、不够灵活

公开招标遵循一套成熟、固定且严格的法定程序和标准,这是保障采购活动公平、公正、规范的基石。然而,这种高度标准化也带来了局限性。在面对一些具有特殊技术要求、独特服务需求或复杂项目背景的采购时,公开招标的流程很难针对这些特殊情况进行灵活调整。例如,某些科研项目需要采购具有前沿性且定制化技术的设备,或者一些文化创意类项目对服务供应商的创意和个性化能力有极高要求,公开招标单一固定的程序可能无法精准筛选出最能满足此类特殊需求的供应商,导致采购结果与预期目标存在偏差。

3. 成本问题

尽管在充分竞争的情况下,公开招标能够促使供应商通过优化自身成本结构来降低报价,进而为部分采购项目带来成本下降,但公开招标本身的管理和运作成本不容小觑。招标活动的各个环节都需要耗费大量的人力和物力资源,特别是在处理大量投标时,工作量呈几何倍数增长,成本也随之大幅上升。同时,投标者为了应对公开招标复杂的流程,需要投入更多的精力和资源来准备投标文件,包括深入研究招标文件、组织专业团队编写方案、进行市场调研等,这些额外的投入往往会被投标者考虑进报价中,最终导致采购成本上升。

4. 过度竞争可能导致质量问题

公开招标通过引入广泛的竞争机制,能够在一定程度上促使供应商在价格方面展开竞争,为采购方带来价格优势。然而,当竞争过于激烈时,可能会引发一些不良后果。部分供应商为了在众多竞争者中脱颖而出,获取中标资格,可能会过度压低价格。当价格被压低到无法覆盖合理成本时,供应商可能会采取降低原材料质量、减少服务环节或使用低质替代品等方式来控制成本,以维持自身的利润空间。这种做法无疑会对采购物品或服务的质量产生负面影响。例如,在一些建筑材料采购项目中,部分供应商为了降低成本,选用质量不达标的原材料,虽然在短期内降低了采购价格,但可能给建筑工程带来严重的质量隐患,影响工程的安全性和使用寿命。

三、公开招标的适用条件

公开招标采购方式最突出的特点是竞争性。当采购的产品性质不具竞争性,或者采购时有特殊原因不适用竞争时,就应当采用其他政府采购方式。以下是公开招标适用情形的分析:

(一)根据项目特点不适用公开招标方式的项目

特殊项目需要标准高、款式新、功能全的产品,由于自然或技术原因,一般产品难以满足。例如,科研、军事领域部分产品的采购,只有少数垄断供应商能提供,市场缺乏竞争,此时公开招标没有意义,应采用其他采购方式。对于技术复杂或者性质特殊,采购前无法确定详细采购需求,需要供应商提供设计方案、解决方案的采购项目,比如某些公共服务采购项目,不适合采用公开招标方式。此外,采购物资价值低,使用公开招标采购耗费成本较大时,也不适宜采用公开招标方式。

（二）特殊情况不适合采用公开招标方式

紧急采购情况，比如因突发自然灾害或者严重公共卫生事件需要进行采购时，公开招标程序烦琐、法定流程耗时较长，等标期会远超紧急情况的时间要求，严重影响及时之需，可能延误救援或应对工作的最佳时机，因此不适合采用公开招标方式采购，应采用更灵活、快速的采购方式，如询价或单一来源采购等。

（三）公开招标方式适用的情形

除了以上不适宜采用公开招标方式采购的情况外，理论上只要是条件允许，都可以采用公开招标方式采购。我国规定，公开招标是政府采购的主要采购方式，项目采购金额达到一定标准以上的，都要采用公开招标方式采购。这是因为公开招标能够借助广泛的市场竞争，实现资源的优化配置，最大限度地提高财政资金的使用效益，同时有力保证采购项目的质量和公正性。在实际操作中，不同地区会依据自身经济发展水平、财政状况等因素，对公开招标的金额标准作出相应调整。例如，江苏省规定，采购人采购货物、服务项目单项或批量采购金额在400万元以上的，应当采用公开招标方式；湖北省规定，政府采购货物或服务项目，省级和武汉市本级单项或批量采购金额达到400万元以上、市县级200万元以上的，应当采用公开招标方式。

（四）采用公开招标方式需注意的问题

依法应当采用公开招标采购方式的，因特殊情况需要改为公开招标以外的采购方式时，应当在采购活动开始前获得设区的市级以上人民政府财政部门批准。

此外，我国《政府采购法》中规定，采购人不得将应当以公开招标方式采购的货物或者服务化整为零或者以其他任何方式规避公开招标采购。《政府采购法实施条例》进一步明确，所谓化整为零规避公开招标，是指在一个财政年度内，采购人将一个预算项目下的同一品目或者类别的货物、服务采用公开招标以外的方式多次采购，累计资金数额超过公开招标数额标准的行为，但项目预算调整或者经批准采用公开招标以外方式采购除外。

四、公开招标的程序

公开招标程序主要包括招标、投标、开标、评标、定标等法定程序，具体如下：

（一）编制招标文件

1. 招标文件的内容

采购人或者采购代理机构应当按照国务院财政部门制定的招标文件标准文本，以及采购项目的特点和采购需求编制招标文件。招标文件应当包括采购项目的商务条件、采购需求、投标人的资格条件、投标报价要求、评标方法、评标标准以及拟签订的合同文本等，主要内容有以下几点：

（1）投标邀请。

（2）投标人须知（包括投标文件的密封、签署、盖章要求等）。

（3）投标人应当提交的资格、资信证明文件。

(4) 为落实政府采购政策,采购标的需满足的要求,以及投标人须提供的证明材料。

(5) 投标文件编制要求、投标报价要求和投标保证金交纳、退还方式以及不予退还投标保证金的情形。

(6) 采购项目预算金额,设定最高限价的,还应当公开最高限价。

(7) 采购项目的技术规格、数量、服务标准、验收等要求,包括附件、图纸等。

(8) 拟签订的合同文本。

(9) 货物、服务提供的时间、地点、方式。

(10) 采购资金的支付方式、时间、条件。

(11) 评标方法、评标标准和投标无效情形。

(12) 投标有效期。

(13) 投标截止时间、开标时间及地点。

(14) 采购代理机构代理费用的收取标准和方式。

(15) 投标人信用信息查询渠道及截止时点、信用信息查询记录和证据留存的具体方式、信用信息的使用规则等。

(16) 省级以上财政部门规定的其他事项。

2. 招标文件编制过程中的注意事项

(1) 对于不允许偏离的实质性要求和条件,采购人或者采购代理机构应当在招标文件中规定,并以醒目的方式标明。

(2) 对于非专门面向小微企业的政府采购项目,应当在采购文件中对小微企业报价给予价格扣除,用扣除后的价格参与评审。比如,江苏省在《关于印发江苏省省级预算单位政府采购内部控制规范的通知》(苏财购〔2021〕10号)中规定,对于非专门面向小微企业的政府采购项目,应当在采购文件中对小微企业报价给予10%的扣除,用扣除后的价格参与评审。

(二) 发布招标公告

采购人或采购代理机构应当在财政部门指定的政府采购信息发布媒体上发布招标公告。招标公告的公告期限为5个工作日。公告内容应当以省级以上财政部门指定媒体发布的公告为准,公告期限自省级以上财政部门指定媒体最先发布公告之日起算。

如果公开招标进行资格预审,招标公告和资格预审公告可以合并发布,招标文件应当向所有通过资格预审的供应商提供。

中央预算单位的政府采购信息应当在财政部指定的媒体上公开,地方预算单位的政府采购信息应当在省级(含计划单列市)财政部门指定的媒体上公开。比如江苏省在《关于印发江苏省省级预算单位政府采购内部控制规范的通知》中规定:采购归口部门应当严格遵守政府采购法律法规规定的期间,按照采购流程完整、及时地编制各类公告信息,在"江苏政府采购网"公开发布。涉及国家秘密和商业秘密的除外。

为了便于政府采购当事人获取信息,在其他政府采购信息发布媒体公开的政府采购信息应当同时在中国政府采购网发布。对于预算金额在500万元以上的地方采购项目信息,中国政府采购网各地方分网应当通过数据接口同时推送至中央主网发布。

招标公告应当包括以下主要内容:

(1) 采购人及其委托的采购代理机构的名称、地址和联系方法。

(2) 采购项目的名称、预算金额,设定最高限价的,还应当公开最高限价。

(3) 采购人的采购需求。

(4) 投标人的资格要求。

(5) 获取招标文件的时间期限、地点、方式及招标文件售价。

(6) 公告期限。

(7) 投标截止时间、开标时间及地点。

(8) 采购项目联系人姓名和电话。

采购人或者采购代理机构应当根据采购项目的实施要求,在招标公告中载明是否接受联合体投标。如未载明,不得拒绝联合体投标。

招标公告格式见表5.2。

表 5.2 招标公告

项目概况

(*采购标的*)招标项目的潜在投标人应在(*地址*)获取招标文件,并于＿＿ 年 月 日 点 分(北京时间)前递交投标文件。

一、项目基本情况

项目编号:(*或招标编号、政府采购计划编号、采购计划备案文号等,如有*):

项目名称:

预算金额:

最高限价(如有):

采购需求:(*包括但不限于标的的名称、数量、简要技术需求或服务要求等*)

合同履行期限:

本项目(*是/否*)接受联合体投标。

二、申请人的资格要求

1. 满足《中华人民共和国政府采购法》第二十二条规定。

2. 落实政府采购政策需满足的资格要求:(*如属于专门面向中小企业采购的项目,供应商应为中小微企业、监狱企业、残疾人福利性单位*)

3. 本项目的特定资格要求:(*如项目接受联合体投标,对联合体应提出相关资格要求;如属于特定行业项目,供应商应当具备特定行业法定准入要求*)。

三、获取招标文件

时间:＿＿年 月 日至 年 月 日(*提供期限自本公告发布之日起不得少于5个工作日*),每天上午＿至＿,下午＿至＿(北京时间,法定节假日除外)

地点:

方式:

售价:

(续表)

四、提交投标文件截止时间、开标时间和地点　　年　月　日　点　分(北京时间)(*自招标文件开始发出之日起至供应商提交投标文件截止之日止,不得少于20日*)

地　点：

五、公告期限

自本公告发布之日起5个工作日。

六、其他补充事宜

_____

七、对本次招标提出询问,请按以下方式联系

1. 采购人信息

名　　称：_____

地　　址：_____

联系方式：_____

2. 采购代理机构信息(如有)

名　　称：_____

地　　址：_____

联系方式：_____

3. 项目联系方式

项目联系人：(*组织本项目采购活动的具体工作人员姓名*)

电　　话：_____

(说明：选自《政府采购公告和公示信息格式规范(2020年版)》)

(三) 发售招标文件

采购人或者采购代理机构应当按照招标公告或者投标邀请书规定的时间、地点提供招标文件,提供期限自招标公告发布之日起计算不得少于5个工作日。提供期限届满后,获取招标文件的潜在供应商不足3家的,可以顺延提供期限,并予公告。

招标文件开始发出之日起至供应商提交投标文件截止之日止,不得少于20天。例如,1号发布招标公告,发公告当天不计算时间,时间周期从2号开始计算,2号至21号24时为20天,因而开标时间从22号开始才算满足时间要求。

公开招标进行资格预审的,招标公告和资格预审公告可以合并发布,招标文件应当向所有通过资格预审的供应商提供。

(四) 答疑、招标文件澄清及修改

采购人或采购代理机构根据招标项目的具体情况,在招标文件提供期限截止后,组织现场考察或召开答疑会的,应当在招标文件中载明,或者在招标文件提供期限截止后以书面形式通知所有获取招标文件的潜在供应商,组织已获取招标文件的潜在供应商现场考察或者召开开标前答疑会。

采购人或采购代理机构对已发出的招标文件进行必要的澄清或者修改的,澄清或者

修改的内容可能影响投标文件编制的,采购人或者采购代理机构应当在投标截止时间至少15日前,以书面形式通知所有获取招标文件的潜在供应商;不足15日的,采购人或者采购代理机构应当顺延提交投标文件的截止时间。

(五)投标

投标人,即投标供应商,应当在招标文件要求提交投标文件的截止时间前,将投标文件密封送达投标地点。采购人或者采购代理机构收到投标文件后,应当如实记载投标文件的送达时间和密封情况,签收保存,并向投标人出具签收回执。任何单位和个人不得在开标前开启投标文件。

投标人在投标截止时间前,可以对所递交的投标文件进行补充、修改或者撤回,并书面通知采购人或者采购代理机构。补充、修改的内容应当按照招标文件要求签署、盖章、密封后,作为投标文件的组成部分。

(六)组建评标委员会

评标委员会由采购人代表和评审专家组成,成员人数应当为5人以上单数,其中评审专家不得少于成员总数的2/3。对于预算金额1 000万元以上、技术复杂、社会影响大的项目,评标委员会成员人数应当为7人以上单数。

采购人或采购代理机构应当从省级以上财政部门设立的政府采购评审专家库中通过随机抽取方式抽取评审专家。对技术复杂、专业性强的采购项目,通过随机方式难以确定合适评审专家的,经主管预算单位同意,采购人可以自行选定相应专业领域的评审专家。

依法组建评标委员会,评审专家抽取的开始时间原则上不得早于评审活动开始前2个工作日。

评标委员会成员名单在评标结果公告前应当保密。

(七)开标

开标应当在招标文件确定的提交投标文件截止时间的同一时间进行。开标地点应当为招标文件中预先确定的地点。开标时,应当由投标人或者其推选的代表检查投标文件的密封情况;经确认无误后,由采购人或者采购代理机构工作人员当众拆封,宣布投标人名称、投标价格和招标文件规定的需要宣布的其他内容。

投标人不足3家的,不得开标。

开标过程应当由采购人或者采购代理机构负责记录,由参加开标的各投标人代表和相关工作人员签字确认后随采购文件一并存档。

投标人代表对开标过程和开标记录有疑义,以及认为采购人、采购代理机构相关工作人员有需要回避的情形的,应当场提出询问或者回避申请。采购人、采购代理机构对投标人代表提出的询问或者回避申请应当及时处理。

投标人未派代表参加开标的,视同认可开标结果。

(八)资格审查

公开招标项目开标结束后,采购人或者采购代理机构应当依法对供应商的资格进行审查。合格投标人不足3家的,不得评标。

不同的是,在适用《招标投标法》的政府采购项目中,招标人采用资格后审办法对投标人进行资格审查的,应当在开标后由评标委员会按照招标文件规定的标准和方法对投标人的资格进行审查。

(九) 评标

采购人或者采购代理机构负责组织评标工作。在评标前,先核对评审专家身份和采购人代表授权函;宣布评标纪律,公布投标人名单,告知评审专家应当回避的情形;组织评标委员会推选评标组长(采购人代表不得担任组长);在评标期间采取必要的通信管理措施,保证评标活动不受外界干扰。

评标委员会应当对符合资格投标人的投标文件进行符合性检查,以确定其是否满足招标文件的实质性要求。对招标文件作实质响应的投标人不足3家的,应予废标。废标后,采购人应当将废标理由通知所有投标人,除采购任务取消情形外,应当重新组织招标;需要采取其他方式采购的,应当在采购活动开始前获得设区的市、自治州以上人民政府采购监督管理部门或者政府有关部门批准。

对于投标文件中含义不明确、同类问题表述不一致或者有明显文字和计算错误的内容,评标委员会应当以书面形式要求投标人作出必要的澄清、说明或者补正。

投标人的澄清、说明或者补正应当采用书面形式,并加盖公章,或者由法定代表人或其授权的代表签字。投标人的澄清、说明或者补正不得超出投标文件的范围或者改变投标文件的实质性内容。

评标委员会应当按照招标文件中规定的评标方法和标准,对符合性检查合格的投标文件进行商务和技术评估,综合比较与评价。

评标方法采用综合评分法或者最低评标价法。

采用综合评分法的,评标结果按评审后得分由高到低顺序排列。得分相同的,按投标报价由低到高顺序排列。得分且投标报价相同的并列。投标文件满足招标文件全部实质性要求,且按照评审因素的量化指标评审得分最高的投标人为排名第一的中标候选人。

采用最低评标价法的,评标结果按投标报价由低到高顺序排列。投标报价相同的并列。投标文件满足招标文件全部实质性要求且投标报价最低的投标人为排名第一的中标候选人。

(十) 定标

采购代理机构应当在评标结束后2个工作日内将评标报告送采购人。

采购人应当自收到评标报告之日起5个工作日内,在评标报告确定的中标候选供应商名单中按顺序确定中标人,即中标供应商。中标候选人并列的,由采购人或者采购人委托评标委员会按照招标文件规定的方式确定中标人;招标文件未规定的,采取随机抽取的方式确定。

采购人自行组织招标的,应当在评标结束后5个工作日内确定中标人。

采购人在收到评标报告5个工作日内未按评标报告推荐的中标候选人顺序确定中标人，又不能说明合法理由的，视同按评标报告推荐的顺序确定排名第一的中标候选人为中标人。

（十一）发布中标公告、发出中标通知书

采购人或者采购代理机构应当自中标人确定之日起2个工作日内，在省级以上财政部门指定的媒体上公告中标结果，招标文件应当随中标结果同时公告。中标公告期限为1个工作日。

在公告中标结果的同时，采购人或者采购代理机构应当向中标人发出中标通知书；对未通过资格审查的投标人，应当告知其未通过的原因；采用综合评分法评审的，还应当告知未中标人本人的评审得分与排序。

中标通知书发出后，采购人不得违法改变中标结果，中标人无正当理由不得放弃中标。

（十二）合同签订及公告

采购人应当自中标通知书发出之日起30日内，与中标人签订书面合同。所签订的合同不得对招标文件确定的事项和中标人投标文件作实质性修改。

中标人拒绝签订合同的，采购人可以根据采购文件规定，按照评审报告推荐的中标候选人名单排序，确定下一候选人为中标供应商，也可以重新开展政府采购活动。

政府采购合同自签订之日起2个工作日内应在省级以上人民政府财政部门指定的媒体上公告。比如，江苏省《关于印发江苏省省级预算单位政府采购内部控制规范的通知》规定，政府采购合同自签订之日起2个工作日内在"江苏政府采购网"公告。

（十三）合同履约及验收

采购人与中标人应当根据合同的约定依法履行合同义务。采购人应当及时对采购项目进行验收。采购人可以邀请参加本项目的其他投标人或者第三方机构参与验收。参与验收的投标人或者第三方机构的意见作为验收书的参考资料一并存档。

收取履约保证金的，应当允许供应商自主选择以支票、汇票、本票、保函等非现金形式缴纳或者提交，并在合同中约定履约保证金退还的方式、时间、条件和不予退还的情形。江苏省《关于印发江苏省省级预算单位政府采购内部控制规范的通知》规定，履约保证金数额不得超过合同金额的10%。

（十四）采购资金支付

采购人应当加强对中标人的履约管理，并按照采购合同约定，及时向中标人支付采购资金。对于中标人违反采购合同约定的行为，采购人应当及时处理，依法追究其违约责任。

（十五）公开招标流程及时间周期

公开招标的流程见图5.1，公开招标的时间周期见图5.2。

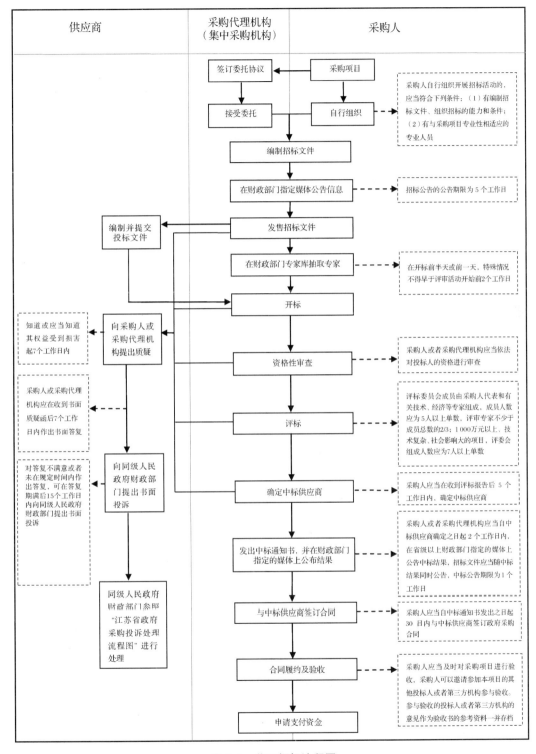

图 5.1 公开招标流程图

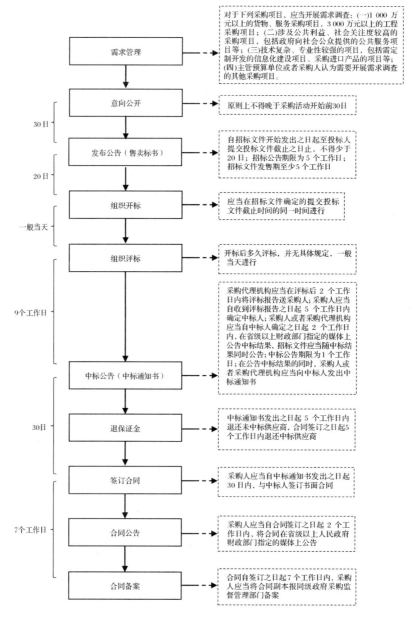

图 5.2 公开招标时间周期图

任务三　邀请招标实务操作

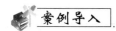

计算机设备采购"疑云"：邀请招标方式合规性之辩

某县广播电视台计算机设备采购项目进行邀请招标，采购预算为 78 万元。广播电视台与采购代理机构于2017年5月8日向考察确定的A、C、E三家公司发出投标邀请书,5月30日组织开标。经评审,A公司为第一中标候选供应商,5月31日广播电视台向A公司发出中标通知书并同时公告中标结果,中标金额为77.5万元。10天之后广播电视台与A公司签订了政府采购合同。

广播电视台前期考察过的B公司得知中标结果后,认为计算机设备本身属于通用设备,供应商数量较多,不应该采取邀请招标方式。广播电视台通过考察,人为筛选了三家邀请单位,没有对外公开采购信息和筛选理由,便产生了中标结果,使其未能及时知晓项目情况,不合理地将众多供应商排除在外,采购程序不合法,决定向法院提起民事诉讼,要求法院判定合同无效。

【案例分析】

本项目属于政府采购货物类项目,根据《政府采购法》第二十九条规定:具有特殊性,只能从有限范围的供应商处采购的;或采用公开招标方式的费用占政府采购项目总价值的比例过大的,可以采用邀请招标方式采购。本案中采购标的为计算机设备,属于常规通用设备,技术标准较为统一,潜在供应商数量较多;且采购预算78万元相较于广播电视台其他类似预算金额的公开招标项目,在其他费用基本相同的基础上增加了前期外出考察费用,因此,本案采用邀请招标方式不符合《政府采购法》的规定。另,本案中广播电视台直接确定了三家邀请单位并向其发出投标邀请书,违反《政府采购法》第三十四条关于邀请招标的强制性规定:"货物或者服务项目采取邀请招标方式采购的,采购人应当从符合相应资格条件的供应商中,通过随机方式选择三家以上的供应商,并向其发出投标邀请书。"

本案并不适合采用邀请招标方式,且广播电视台在确定拟邀单位过程中存在程序不合法情形,其采购结果应为无效行为。根据《合同法》第五十二条第五项(2021年1月废止,相关内容已整合至《民法典》第一百五十三条第一款)"违反法律、行政法规的强制性规定的民事法律行为无效",判决广播电视台与A公司所签订的政府采购合同无效。

(资料来源:张志军.政府采购全流程百案精析[M].北京:中国法制出版社,2019.)

一、邀请招标采购方式的含义

邀请招标作为政府采购的一种方式,指的是采购人或者采购代理机构在确定的供应商范围内发出招标邀请,进行竞争性采购的过程。与公开招标相比,邀请招标在参与竞标的供应商数量上有所限制,通常仅向少数预先筛选出的供应商发出邀请。

《政府采购货物和服务招标投标管理办法》(财政部令第87号)中规定,邀请招标是指采购人依法从符合相应资格条件的供应商中随机抽取3家以上供应商,并以投标邀请书的方式邀请其参加投标的采购方式。

二、邀请招标的特点

邀请招标作为一种特定的政府采购方式,既有其独特的优点,也存在一定的缺点。

(一) 邀请招标的优点

(1) 流程高效和目标明确。由于不需要发布公开的招标公告,而是直接向特定供应商发出邀请,邀请招标的流程更加高效和目标明确。该方式省略了公开招标中吸引大量未知潜在供应商的环节,能快速聚集符合项目需求的供应商群体。这种方式适用于需要特定专业技能或资质的采购项目,因为采购方预先筛选出的供应商,在专业能力上更契合项目要求,减少了因供应商广泛征集带来的不确定性,极大地提升了采购效率。

(2) 竞争范围合理。邀请招标仅要求向 3 家以上供应商发出邀请,这种有限的竞争范围在保证一定竞争程度的同时,避免了过多供应商参与导致的评标工作量剧增等问题,使得评标过程更加集中和高效。既确保了项目能在竞争环境下获得较优方案与价格,又不会因竞争范围过大而使采购流程烦琐冗长,有效平衡了竞争与效率。

(3) 成本控制。与公开招标相比,邀请招标的招标成本相对较低,这对于预算有限的项目尤为有利。邀请招标中由于受邀供应商数量相对较少,相比较而言,评审工作量也随之减少,这使得采购方在人力、物力以及专家聘请等方面的成本投入显著下降,使有限的预算能够更精准地用于项目本身,切实提高了资金的使用效率。

(4) 高中标成功率。由于招标方对投标方的信息了解程度较高,且竞争范围有限,相比公开招标,邀请招标可能会有相对较高的中标成功率。招标方基于对受邀供应商过往业绩、专业能力、信誉等多方面的了解,所邀请的供应商在项目适配度上通常更高。受邀供应商也因对项目及招标方需求有更深入认知,投标方案更具针对性。当然,这并非绝对,中标成功率还会受到项目复杂程度、技术要求高低、各供应商实际实力对比等多种因素影响。

(二) 邀请招标的缺点

(1) 公开程度较低。与公开招标相比,邀请招标的公开程度较低。公开招标面向全社会发布招标公告,任何符合条件的供应商都能参与竞争。而邀请招标仅向特定范围内的供应商发出邀请,这就使得潜在供应商获取招标信息的渠道受限,知晓招标项目的供应商数量相对较少,无法像公开招标那样充分激发市场竞争活力,进而可能影响招标过程及结果的公平性。

(2) 项目周期虽短但灵活性有限。一般而言,由于无需发布公开招标公告,邀请招标能较快进入投标和评标阶段,相比公开招标在项目周期上具有一定优势。然而,邀请招标的流程在既定框架下相对固定,虽然整体耗时可能较短,但在面对一些对时间要求极为紧迫、需要进一步压缩采购周期的项目时,其可调整的空间有限,难以像一些更为灵活的采购方式那样,根据项目实际情况大幅缩短时间。

(3) 可能存在偏袒风险。由于招标方对投标方有更多了解,存在偏袒某些供应商的风险,可能导致不公正的竞争环境。在邀请招标中,招标方预先筛选确定受邀供应商,对这些供应商的过往业绩、合作经历等方面比较熟悉。这种信息优势虽有助于选择更符合项目需求的供应商,但也增加了主观因素干扰的可能性。若缺乏严格的监督机制与规范的评审流程,招标方可能会倾向于选择关系密切或偏好的供应商,从而破坏公平竞争的市场环境。

(4)适用范围具有局限性。邀请招标主要适用于具有特殊性、只能从有限范围供应商处采购的项目,比如某些技术复杂、专业性强,只有少数供应商具备相应能力的项目;或者采用公开招标方式的费用占采购项目总价值的比例过大的情况。在其他一般性采购项目中,公开招标因能更大程度激发市场竞争、保障公平公正,应用更为广泛。

三、邀请招标的适用条件

邀请招标作为招标性采购方式的一种,在适用的项目中具有一定的要求。目前,我国在两部法律中对适用邀请招标的项目作出了规定。

(一)《政府采购法》中的规定

《政府采购法》第二十九条规定,符合下列情形之一的货物或者服务,可以依照本法采用邀请招标方式采购:

(1)具有特殊性,只能从有限范围的供应商处采购的。这类项目通常具有独特的技术、工艺、性能要求,或基于特定的行业标准、应用场景等因素,致使一般的供应商难以满足需求。例如,某些前沿科研项目所需的专业实验设备,其研发制造涉及高度专业化的技术领域,仅少数具备相关核心技术与研发能力的供应商能够提供;又如,针对特定文化遗产保护项目的专业修复服务,由于其对传统工艺传承、文物保护知识以及实践经验的特殊要求,使得符合条件的供应商数量极为有限。在这些情况下,公开招标可能无法吸引到真正有能力承接项目的供应商,而邀请招标能够精准地向有限范围内具备相应能力的供应商发出邀请,确保采购目标的达成。

(2)采用公开招标方式的费用占政府采购项目总价值的比例过大的。公开招标涉及诸多环节,包括在指定媒体发布招标公告、组织大规模的资格评审、制作招标文件等,这些环节都伴随着相应的费用支出。对于一些采购项目,尤其是总价值相对较低的项目,如果采用公开招标方式,所需花费的人力、物力、财力成本占项目总价值的比例过高,会严重影响采购的经济效益。此时,采用邀请招标方式,直接向经过筛选的几家熟悉的、有能力的供应商发出邀请,能够有效降低采购成本,提高资金使用效率。

(二)《招标投标法》及其实施条例中的规定

《招标投标法》第十一条规定:国务院发展计划部门确定的国家重点项目和省、自治区、直辖市人民政府确定的地方重点项目不适宜公开招标的,经国务院发展计划部门或者省、自治区、直辖市人民政府批准,可以进行邀请招标。

《招标投标法实施条例》第八条规定,国有资金占控股或者主导地位的依法必须进行招标的项目,应当公开招标;但有下列情形之一的,可以邀请招标:

(1)技术复杂、有特殊要求或者受自然环境限制,只有少量潜在投标人可供选择;

(2)采用公开招标方式的费用占项目合同金额的比例过大。

四、邀请招标的程序

(一) 发布资格预审公告

在政府采购实践中,有人误认为资格预审只适用于邀请投标,这其实是一种误解。资格预审是采购程序中一个独立的环节,除单一来源采购外,其他采购方式均可以适用,具体情况应由采购人或者采购代理机构酌情决定。

发布资格预审资格公告征集潜在供应商是邀请招标过程中产生符合资格条件供应商名单的主要方法之一。采购人或采购代理机构应在财政部门指定的政府采购信息发布媒体上发布资格预审公告。资格预审公告应当包括以下主要内容:

(1) 采购人及其委托的采购代理机构的名称、地址和联系方法。
(2) 采购项目的名称、预算金额,设定最高限价的,还应当公开最高限价。
(3) 投标人的资格要求。
(4) 采购人的采购需求。
(5) 公告期限。
(6) 获取资格预审文件的时间期限、地点、方式。
(7) 提交资格预审申请文件的截止时间、地点及资格预审日期。
(8) 采购项目联系人姓名和电话。

采购人或者采购代理机构应当根据采购项目的实施要求,在资格预审公告中载明是否接受联合体投标,如未载明,不得拒绝联合体投标。

资格预审公告期限为5个工作日,公告期限自省级以上财政部门指定媒体最先发布公告之日起算。资格预审公告的格式见表5.3。

表 5.3 资格预审公告

项目概况
(<u>采购标的</u>)招标项目的潜在资格预审申请人应在(<u>地址</u>)领取资格预审文件,并于 <u>　年　月　日　点　分</u>(北京时间)前提交申请文件。 一、项目基本情况 项目编号(<u>或招标编号、政府采购计划编号、采购计划备案文号等,如有</u>): 项目名称: 采购方式:□公开招标　□邀请招标 预算金额: 最高限价(如有): 采购需求:(<u>包括但不限于标的的名称、数量、简要技术需求或服务要求等</u>) 合同履行期限: 本项目(<u>是/否</u>)接受联合体投标。 二、申请人的资格要求 1. 满足《中华人民共和国政府采购法》第二十二条规定。 2. 落实政府采购政策需满足的资格要求:(<u>如属于专门面向中小企业采购的项目,供应商应为中小微企业、监狱企业、残疾人福利性单位</u>)。

(续表)

3. 本项目的特定资格要求：（*如项目接受联合体投标，对联合体应提出相关资格要求；如属于特定行业项目，供应商应当具备特定行业法定准入要求*）

三、领取资格预审文件

时间：__年__月__日至__年__月__日（*提供期限自本公告发布之日起不得少于5个工作日*），每天上午__至__，下午__至__（北京时间，法定节假日除外）

地点：

方式：

四、资格预审申请文件的组成及格式

（*可详见附件*）

五、资格预审的审查标准及方法

_____

六、拟邀请参加投标的供应商数量

□采用随机抽取的方式邀请__家供应商参加投标。如通过资格预审供应商数量少于拟邀请供应商数量，采用下列方式（□1 或□2）。（*适用于邀请招标*）

1. 如通过资格预审供应商数量少于拟邀请供应商数量，但不少于三家则邀请全部通过资格预审供应商参加投标。

2. 如通过资格预审供应商数量少于拟邀请供应商数量，则重新组织招标活动。

□邀请全部通过资格预审供应商参加投标。（*适用于公开招标*）

七、申请文件提交

应在__年__月__日__点__分（北京时间）前，将申请文件提交至__。

八、资格预审日期

资格预审日期为申请文件提交截止时间至__年__月__日前。

九、公告期限

自本公告发布之日起5个工作日。

十、其他补充事宜

_____

十一、凡对本次资格预审提出询问，请按以下方式联系

1. 采购人信息

名　　称：_____

地　　址：_____

联系方式：_____

2. 采购代理机构信息（如有）

名　　称：_____

地　　址：_____

联系方式：_____

3. 项目联系方式

项目联系人：（*组织本项目采购活动的具体工作人员姓名*）

电　　话：_____

（说明：选自《政府采购公告和公示信息格式规范（2020年版）》；采用竞争性谈判、竞争性磋商、询价等非招标方式采购过程中，如需要使用资格预审的，可参照上述格式发布公告）

（二）提供资格预审文件

采购人或者采购代理机构应当根据采购项目的特点和采购需求编制资格预审文件。资格预审文件应当包括以下主要内容：

(1) 资格预审邀请。

(2) 申请人须知。

(3) 申请人的资格要求。

(4) 资格审核标准和方法。

(5) 申请人应当提供的资格预审申请文件的内容和格式。

(6) 提交资格预审申请文件的方式、截止时间、地点及资格审核日期。

(7) 申请人信用信息查询渠道及截止时点、信用信息查询记录和证据留存的具体方式、信用信息的使用规则等内容。

(8) 省级以上财政部门规定的其他事项。

采购人、采购代理机构不得将投标人的注册资本、资产总额、营业收入、从业人员、利润、纳税额等规模条件作为资格要求或者评审因素，也不得通过将除进口货物以外的生产厂家授权、承诺、证明、背书等作为资格要求，对投标人实行差别待遇或者歧视待遇。

采购人或者采购代理机构应当按照资格预审公告规定的时间、地点提供资格预审文件，提供期限自资格预审公告发布之日起计算不得少于 5 个工作日。提供期限届满后，获取资格预审文件的潜在供应商不足 3 家的，可以顺延提供期限，并予公告。资格预审文件应当免费提供。

采购人或者采购代理机构可以对已发出的资格预审文件进行必要的澄清或者修改，但不得改变采购标的和资格条件。澄清或者修改应当在原公告发布媒体上发布澄清公告。澄清或者修改的内容为资格预审文件组成部分。

澄清或者修改的内容可能影响资格预审申请文件编制的，采购人或者采购代理机构应当在提交资格预审申请文件截止时间至少 3 日前，以书面形式通知所有获取资格预审文件的潜在供应商；不足 3 日的，采购人或者采购代理机构应当顺延提交资格预审申请文件的截止时间。

（三）资格预审

获取资格预审文件的供应商应当按照资格预审公告规定的时间、地点提交资格预审申请文件。

采用资格预审方式产生符合资格条件供应商名单的，采购人或者采购代理机构应当按照资格预审文件载明的标准和方法，对潜在供应商进行资格预审。

已进行资格预审的，评审阶段可以不再对供应商资格进行审查，以缩短评审时间，提高评审效率。通过资格预审的供应商在评审阶段资格发生变化的，应当通知采购人和采购代理机构。

（四）供应商名单的产生、邀请合格供应商

采用邀请招标方式，采购人或者采购代理机构应当通过以下方式产生符合资格条件

的供应商名单,并从中随机抽取 3 家以上供应商向其发出投标邀请书:

(1) 发布资格预审公告征集;

(2) 采购人书面推荐。

采用第一种方式产生符合资格条件供应商名单的,采购人或者采购代理机构应当按照资格预审文件载明的标准和方法,对潜在投标人进行资格预审。

采用第二种方式产生符合资格条件供应商名单的,备选的符合资格条件供应商总数不得少于拟随机抽取供应商总数的两倍。

随机抽取是指通过抽签等能够保证所有符合资格条件供应商机会均等的方式选定供应商。随机抽取供应商时,应当有不少于两名采购人工作人员在场监督,并形成书面记录,随采购文件一并存档。

投标邀请书应当同时向所有受邀请的供应商发出。

(五) 编制和发出招标文件

采购人或者采购代理机构应当按照国务院财政部门制定的招标文件标准文本,以及采购项目的特点和采购需求编制招标文件。招标文件应当包括采购项目的商务条件、采购需求、投标人的资格条件、投标报价要求、评标方法、评标标准以及拟签订的合同文本等内容。招标文件开始发出之日起至供应商提交投标文件截止之日,不得少于 20 天。

(六) 答疑、招标文件澄清及修改

采购人或采购代理机构根据招标项目的具体情况,在招标文件提供期限截止后,组织现场考察或召开答疑会的,应当在招标文件中载明,或者在招标文件提供期限截止后以书面形式通知所有获取招标文件的潜在投标人,组织已获取招标文件的潜在投标人现场考察或者召开开标前答疑会。

采购人或采购代理机构对已发出的招标文件进行必要澄清或者修改的,澄清或者修改的内容可能影响投标文件编制的,采购人或者采购代理机构应当在投标截止时间至少 15 日前,以书面形式通知所有获取招标文件的潜在供应商;不足 15 日的,采购人或者采购代理机构应当顺延提交投标文件的截止时间。

(七) 投标

供应商应当在招标文件要求提交投标文件的截止时间前,将投标文件密封送达投标地点。采购人或者采购代理机构收到投标文件后,应当如实记载投标文件的送达时间和密封情况,签收保存,并向供应商出具签收回执。任何单位和个人不得在开标前开启投标文件。

供应商在投标截止时间前,可以对所递交的投标文件进行补充、修改或者撤回,并书面通知采购人或者采购代理机构。补充、修改的内容应当按照招标文件要求签署、盖章、密封后,作为投标文件的组成部分。

(八) 组建评标委员会

评标委员会由采购人代表和评审专家组成,成员人数应当为 5 人以上单数,其中评审专家不得少于成员总数的 2/3。对于预算金额 1 000 万元以上、技术复杂、社会影响大的

项目,评标委员会成员人数应当为7人以上单数。

采购人或采购代理机构应当从省级以上财政部门设立的政府采购评审专家库中通过随机抽取方式抽取评审专家。对技术复杂、专业性强的采购项目,通过随机方式难以确定合适评审专家的,经主管预算单位同意,采购人可以自行选定相应专业领域的评审专家。

依法组建评标委员会,评审专家抽取的开始时间原则上不得早于评审活动开始前2个工作日。

评标委员会成员名单在评标结果公告前应当保密。

(九)开标

开标应当在招标文件确定的提交投标文件截止时间的同一时间进行。开标地点应当为招标文件中预先确定的地点。开标时,应当由供应商或者其推选的代表检查投标文件的密封情况;经确认无误后,由采购人或者采购代理机构工作人员当众拆封,宣布供应商名称、投标价格和采购文件规定的需要宣布的其他内容。

供应商不足3家的,不得开标。

开标过程应当由采购人或者采购代理机构负责记录,由参加开标的各供应商代表和相关工作人员签字确认后随采购文件一并存档。

供应商代表对开标过程和开标记录有疑义,以及认为采购人、采购代理机构相关工作人员有需要回避的情形的,应当场提出询问或者回避申请。采购人、采购代理机构对供应商代表提出的询问或者回避申请应当及时处理。

供应商未派代表参加开标的,视同认可开标结果。

(十)评标

采购人或者采购代理机构负责组织评标工作。在评标前,先核对评审专家身份和采购人代表授权函;宣布评标纪律,公布供应商名单,告知评审专家应当回避的情形;组织评标委员会推选评标组长(采购人代表不得担任组长);在评标期间采取必要的通信管理措施,保证评标活动不受外界干扰。

评标委员会应当对符合资格的供应商的投标文件进行符合性检查,以确定其是否满足招标文件的实质性要求,对招标文件作实质响应的供应商不足3家的,应予废标。废标后,采购人应当将废标理由通知所有供应商,除采购任务取消情形外,应当重新组织招标;需要采取其他方式采购的,应当在采购活动开始前获得设区的市、自治州以上人民政府采购监督管理部门或者政府有关部门批准。

对于投标文件中含义不明确、同类问题表述不一致或者有明显文字和计算错误的内容,评标委员会应当以书面形式要求供应商作出必要的澄清、说明或者补正。

供应商的澄清、说明或者补正应当采用书面形式,并加盖公章,或者由法定代表人或其授权的代表签字。供应商的澄清、说明或者补正不得超出投标文件的范围或者改变投标文件的实质性内容。

评标委员会应当按照招标文件中规定的评标方法和标准,对检查合格的投标文件进行商务和技术评估,综合比较与评价。

评标方法分为综合评分法和最低评标价法。

采用综合评分法的,评标结果按评审后得分由高到低顺序排列。得分相同的,按投标报价由低到高顺序排列。得分且投标报价相同的并列。投标文件满足采购文件全部实质性要求,且按照评审因素的量化指标评审得分最高的供应商为排名第一的中标候选人。

采用最低评标价法的,评标结果按投标报价由低到高顺序排列。投标报价相同的并列。投标文件满足招标文件全部实质性要求且投标报价最低的供应商为排名第一的中标候选人。

(十一) 定标

采购代理机构应当在评标结束后 2 个工作日内将评标报告送采购人。

采购人应当自收到评标报告之日起 5 个工作日内,在评标报告确定的中标候选人名单中按顺序确定中标人。中标候选人并列的,由采购人或者采购人委托评标委员会按照招标文件规定的方式确定中标人;招标文件未规定的,采取随机抽取的方式确定。采购人自行组织招标的,应当在评标结束后 5 个工作日内确定中标人。

采购人在收到评标报告 5 个工作日内未按评标报告推荐的中标候选人顺序确定中标人,又不能说明合法理由的,视同按评标报告推荐的顺序确定排名第一的中标候选人为中标人。

(十二) 发布中标公告、发出中标通知书

采购人或者采购代理机构应当自中标人确定之日起 2 个工作日内,在省级以上财政部门指定的媒体上公告中标结果,招标文件应当随中标结果同时公告。中标公告期限为 1 个工作日。

在公告中标结果的同时,采购人或者采购代理机构应当向中标人发出中标通知书;对未通过资格审查的供应商,应当告知其未通过的原因;采用综合评分法评审的,还应当告知未中标人本人的评审得分与排序。

中标通知书发出后,采购人不得违法改变中标结果,中标人无正当理由不得放弃中标。

(十三) 合同签订

采购人应当自中标通知书发出之日起 30 日内,按照招标文件和中标人投标文件的规定,与中标人签订书面合同。所签订的合同不得对招标文件确定的事项和中标人投标文件作实质性修改。

(十四) 合同履约及验收

采购人与中标人应当根据合同的约定依法履行合同义务。采购人应当及时对采购项目进行验收。采购人可以邀请参加本项目的其他供应商或者第三方机构参与验收。参与验收的供应商或者第三方机构的意见作为验收书的参考资料一并存档。

(十五) 采购资金支付

采购人应当加强对中标人的履约管理,并按照采购合同约定,及时向中标人支付采购资金。对于中标人违反采购合同约定的行为,采购人应当及时处理,依法追究其违约责任。

(十六) 邀请招标流程及时间周期

邀请招标的流程见图 5.3，邀请招标的时间周期见图 5.4。

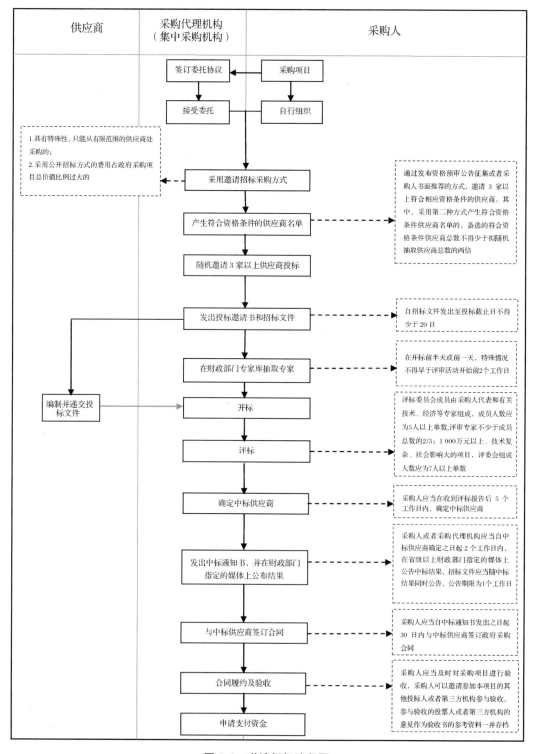

图 5.3　邀请招标流程图

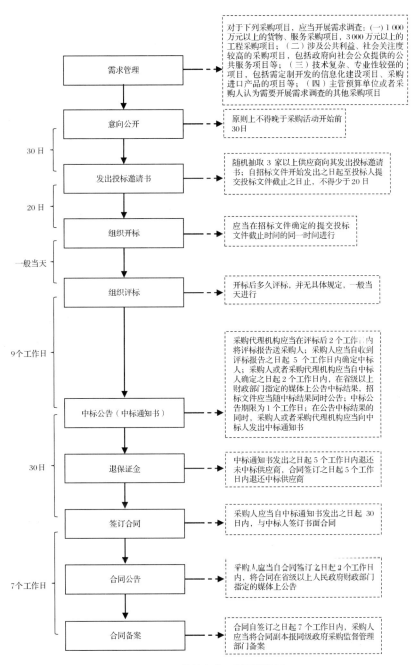

图 5.4 邀请招标时间周期图

任务四 询价实务操作

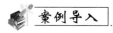

保洁服务采购争议：询价项目评审方法该用哪种？

2014年12月10日，某市特殊教育学校2015年度保洁服务对外发包，承包方式为包工包料，由物业公司负责该项目的劳务支出、安全保险、劳务福利、住宿、材料、器械损耗、税收、管理费、社会保险等一切费用。保洁范围为笃行楼、学生宿舍楼、教学楼、创意坊、点烹楼、浴室、洗衣房和领操台等。

该项目采用询价方式进行采购。询价采购文件规定：本项目采用综合评分法进行评审，评审因素包括报价、公司资质、人员配置、相关业绩和服务方案等。12月16日上午9:30，该项目响应文件提交截止，询价小组根据询价文件确定的评审方法和标准，经综合评审后，推荐甲、乙、丙3家物业公司为排名前三的成交候选人。

成交结果公告后，乙物业公司向采购人提出质疑，称本项目采购活动违法，根据政府采购相关法律规定，询价项目应当采用最低价成交法，不得采用综合评分法进行评审。采购人回复称：对于采购文件内容的质疑，至少应当在响应文件提交截止时间前提出，现已超过质疑期限，不予受理。乙供应商不服，遂向财政部门投诉。经财政部门调查核实，本项目采购活动存在违法行为，成交结果无效，责令采购人重新开展采购活动。

【案例分析】

《政府采购法》第四十条规定："采取询价方式采购的，应当遵循下列程序：……（四）确定成交供应商。采购人根据符合采购需求、质量和服务相等且报价最低的原则确定成交供应商，并将结果通知所有被询价的未成交的供应商。"依据《政府采购法》的规定，询价采购项目确定成交供应商的原则是"符合采购需求、质量和服务相等且报价最低"，即在符合采购需求和质量服务相等（质量和服务相等，是指供应商提供的产品质量和相关服务均能满足采购文件规定的实质性要求）的前提下，报价最低的供应商应当被推荐为成交供应商。《政府采购法》的相关规定表明，询价采购项目应使用最低价成交法。

（案例来源：张志军.政府采购全流程百案精析[M].北京：中国法制出版社，2019.）

一、询价采购方式的含义

询价，也就是我们常说的"货比三家"，是指采购单位向有关供应商（通常不少于三家）发出询价单，让其报价，然后在报价的基础上进行比较并确定中标供应商的一种采购方式。

《政府采购非招标采购方式管理办法》（财政部令第74号）中规定询价是指询价小组向符合资格条件的供应商发出采购货物询价通知书，要求供应商一次报出不得更改的价格，采购人从询价小组提出的成交候选人中确定成交供应商的采购方式。

二、询价采购的特点

询价采购作为政府采购的常见方式,具有以下特点:

(一)询价采购方式适用于货物采购

询价采购方式多用于货物采购,适用于货物规格、标准统一,现货货源充足且价格变化幅度小的政府采购项目,比如办公用品采购、计算机采购、低值消耗品采购等。

(二)报价过程简单明了

询价采购中,通常要求邀请至少 3 家供应商进行报价,并且供应商只允许提供一次固定且不得更改的报价。这简化了报价过程,减少了后续的谈判和调整。因此"比价格"是询价方式最典型的特征,通常以最低价中标。

(三)高效的评审流程

询价小组根据报价及供应商满足采购文件的情况进行评审,选择报价最低且符合要求的供应商,流程简洁,有利于快速确定成交供应商。

(四)采购周期短

询价采购的一个显著优势就是采购周期短,这有助于节约时间成本。相比于公开招标或邀请招标,询价采购的程序更加简化和快捷,尤其适合于那些采购需求紧急或对时间敏感的项目。

三、询价采购的程序

(一)成立询价小组

询价小组由采购人代表和评审专家共 3 人以上单数组成,其中评审专家人数不得少于询价小组成员总数的 2/3。采购人不得以评审专家身份参加本部门或本单位采购项目的评审。采购代理机构人员不得参加本机构代理的采购项目的评审。

达到公开招标数额标准的货物或者服务采购项目,或者达到招标规模标准的政府采购工程,询价小组应当由 5 人以上单数组成。

(二)编制询价通知书

询价小组确认或者编制询价通知书。询价通知书应当根据采购项目的特点和采购人的实际需求制定,并经采购人书面同意。采购人应当以满足实际需求为原则,不得擅自提高经费预算和资产配置等采购标准。

询价通知书不得要求或者标明供应商名称或者特定货物的品牌,不得含有指向特定供应商的技术、服务等条件。询价通知书应当包括供应商资格条件、采购邀请、采购方式、采购预算、采购需求、采购程序、价格构成或者报价要求、响应文件编制要求、提交响应文件截止时间及地点、保证金交纳数额和形式、评定成交的标准等。

询价采购的适用范围决定了供应商对合同条款十分敏感,合同条款特别是其中与支付有关的条款是供应商报价的重要考虑因素。因此,采购人或者采购代理机构应当在询价通知书中载明详细的合同条款。

(三) 确定被询价的供应商名单

采购人、采购代理机构应当通过发布公告或者采购人和评审专家分别书面推荐的方式邀请不少于 3 家符合相应资格条件的供应商参与询价采购活动。询价公告的格式见表 5.4。

采取采购人和评审专家书面推荐方式选择供应商的,采购人和评审专家应当各自出具书面推荐意见。采购人推荐供应商的比例不得高于推荐供应商总数的 50%。

询价小组根据采购需求,从上述符合相应资格条件的供应商名单中确定不少于 3 家的供应商参加询价。

表 5.4　询价采购公告

项目概况 (采购标的)采购项目的潜在供应商应在(地址)获取采购文件,并于 __年 月 日 点 分__(北京时间)前提交响应文件。 一、项目基本情况 　项目编号(或招标编号、政府采购计划编号、采购计划备案文号等,如有): 　项目名称: 　采购方式:询价 　预算金额: 　最高限价(如有): 　采购需求:(包括但不限于标的的名称、数量、简要技术需求或服务要求等) 　合同履行期限: 　本项目(是/否)接受联合体。 二、申请人的资格要求 　1. 满足《中华人民共和国政府采购法》第二十二条规定。 　2. 落实政府采购政策需满足的资格要求:(如属于专门面向中小企业采购的项目,供应商应为中小微企业、监狱企业、残疾人福利性单位) 　3. 本项目的特定资格要求:(如项目接受联合体投标,对联合体应提出相关资格要求;如属于特定行业项目,供应商应当具备特定行业法定准入要求) 三、获取采购文件 　时间:__年 月 日 点 分至 年 月 日__,每天上午__至__,下午__至__(北京时间,法定节假日除外) 　地点: 　方式: 　售价: 四、响应文件提交 　截止时间:__年 月 日 点 分__(北京时间)(从询价通知书开始发出之日起至供应商提交响应文件截止之日止不得少于3个工作日) 　地点: 五、开启 　时间:__年 月 日 点 分__(北京时间) 　地点: 六、公告期限 　自本公告发布之日起 3 个工作日。 七、其他补充事宜

(续表)

> 八、凡对本次采购提出询问，请按以下方式联系
> 1. 采购人信息
> 名　　称：＿＿＿＿＿＿＿＿＿＿＿＿＿＿＿＿＿＿＿＿＿＿＿＿＿＿＿＿＿＿＿
> 地　　址：＿＿＿＿＿＿＿＿＿＿＿＿＿＿＿＿＿＿＿＿＿＿＿＿＿＿＿＿＿＿＿
> 联系方式：＿＿＿＿＿＿＿＿＿＿＿＿＿＿＿＿＿＿＿＿＿＿＿＿＿＿＿＿＿＿＿
> 2. 采购代理机构信息（如有）
> 名　　称：＿＿＿＿＿＿＿＿＿＿＿＿＿＿＿＿＿＿＿＿＿＿＿＿＿＿＿＿＿＿＿
> 地　　址：＿＿＿＿＿＿＿＿＿＿＿＿＿＿＿＿＿＿＿＿＿＿＿＿＿＿＿＿＿＿＿
> 联系方式：＿＿＿＿＿＿＿＿＿＿＿＿＿＿＿＿＿＿＿＿＿＿＿＿＿＿＿＿＿＿＿
> 3. 项目联系方式
> 项目联系人：（_组织本项目采购活动的具体工作人员姓名_）
> 电　　话：＿＿＿＿＿＿＿＿＿＿＿＿＿＿＿＿＿＿＿＿＿＿＿＿＿＿＿＿＿＿＿
> （说明：选自《政府采购公告和公示信息格式规范（2020年版）》；询价、竞争性谈判、竞争性磋商采购公告内容基本一致）

（四）发出询价通知书

从询价通知书发出之日起至供应商提交响应文件截止之日止不得少于3个工作日。供应商应当在询价通知书要求的截止时间前，将响应文件密封送达指定地点。在响应文件中供应商应当按照询价通知书的规定一次报出不得更改的价格。

提交响应文件截止之日前，采购人、采购代理机构或者询价小组可以对已发出的询价通知书进行必要的澄清或者修改，澄清或者修改的内容作为询价通知书的组成部分。澄清或者修改的内容可能影响响应文件编制的，采购人、采购代理机构或者询价小组应当在提交响应文件截止之日3个工作日前，以书面形式通知所有接收询价通知书的供应商，不足3个工作日的，应当顺延提交响应文件截止之日。

（五）询价、推荐成交候选人

1. 资格审查

询价小组对询价供应商的响应文件进行资格审查，资格审查合格供应商不足3家时，不得继续进行询价采购活动。

2. 符合性检查

询价小组对符合资格的询价供应商的响应文件进行符合性检查，以确定其是否满足询价文件的实质性要求。未实质性响应询价文件的响应文件按无效处理。符合性检查合格供应商不足3家时，不得继续进行询价采购活动。询价小组在对响应文件的有效性、完整性和响应程度进行审查时，可以要求供应商对响应文件中含义不明确、同类问题表述不一致或者有明显文字和计算错误的内容等作出必要的澄清、说明或者更正。供应商的澄清、说明或者更正不得超出响应文件的范围或者改变响应文件的实质性内容。询价小组要求供应商澄清、说明或者更正响应文件应当以书面形式作出。供应商的澄清、说明或者更正应当由法定代表人或其授权代表签字或者加盖公章。由授权代表签字的，应当附法定代表人授权书。供应商为自然人的，应当由本人签字并附身份证明。

3. 详细评审

询价小组在询价过程中,不得改变询价通知书所确定的技术和服务等要求、评审程序、评定成交的标准和合同文本等事项。

4. 编写评审报告

询价小组应当从质量和服务均能满足采购文件实质性响应要求的供应商中,按照报价由低到高的顺序提出 3 名以上成交候选人,并编写评审报告。

(六) 确定成交供应商

采购代理机构应当在评审结束后 2 个工作日内将评审报告送采购人确认。

采购人应当在收到评审报告后 5 个工作日内,从评审报告提出的成交候选人中,根据质量和服务均能满足采购文件实质性响应要求且报价最低的原则确定成交供应商,也可以书面授权询价小组直接确定成交供应商。

采购人逾期未确定成交供应商且不提出异议的,视为确定评审报告提出的最后报价最低的供应商为成交供应商。

(七) 发布成交结果公告、发出成交通知书

采购人或者采购代理机构应当在成交供应商确定后 2 个工作日内,在省级以上财政部门指定的媒体上公告成交结果,同时向成交供应商发出成交通知书,并将询价通知书随成交结果同时公告。

采用书面推荐供应商参加采购活动的,还应当公告采购人和评审专家的推荐意见。

除不可抗力等因素外,成交通知书发出后,采购人改变成交结果,或者成交供应商拒绝签订政府采购合同的,应当承担相应的法律责任。

(八) 合同签订

采购人应当自成交通知书发出之日起 30 日内,按照询价文件和成交供应商相应文件的规定,与成交供应商签订书面合同。所签订的合同不得对询价文件确定的事项和成交供应商响应文件作实质性修改。

采购人不得向成交供应商提出任何不合理的要求作为签订合同的条件。

政府采购合同应当包括采购人与成交供应商的名称和住所、标的、数量、质量、价款或者报酬、履行期限及地点和方式、验收要求、违约责任、解决争议的方法等内容。

(九) 合同履约及验收

采购人与成交供应商应当根据合同的约定依法履行合同义务。采购人应当及时对采购项目进行验收。采购人可以邀请参加本项目的其他供应商或者第三方机构参与验收。参与验收的供应商或者第三方机构的意见作为验收书的参考资料一并存档。

(十) 采购资金支付

采购人应当加强对成交供应商的履约管理,并按照采购合同约定,及时向成交供应商支付采购资金。对于成交供应商违反采购合同约定的行为,采购人应当及时处理,依法追

究其违约责任。

(十一) 询价采购流程及时间周期

询价采购流程见图 5.5,询价采购时间周期见图 5.6。

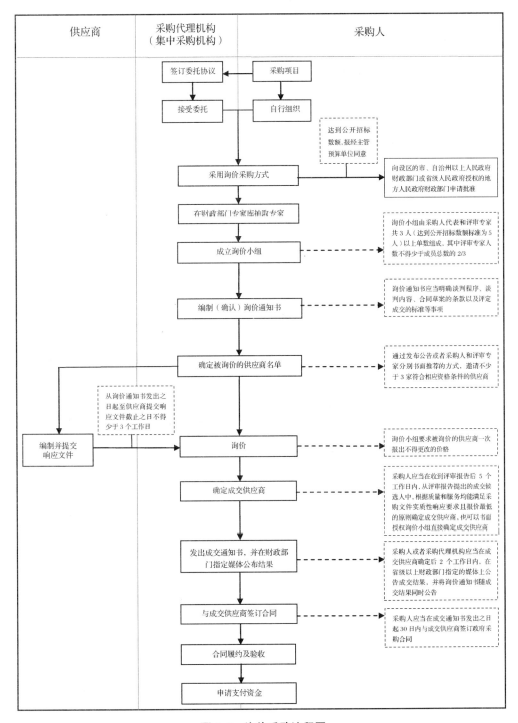

图 5.5　询价采购流程图

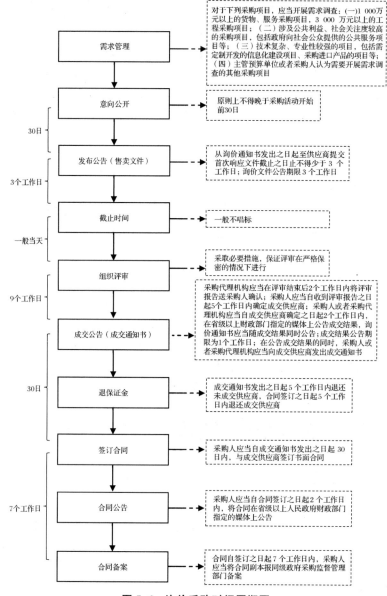

图 5.6　询价采购时间周期图

任务五　竞争性谈判实务操作

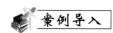

办公室具采购风波：公开招标转竞争性谈判的合规争议

某机关采用公开招标方式为其下属的培训中心(事业单位)采购办公家具。该项目于

项目五 政府采购方式

2017年12月在当地公共资源交易中心公开开标,投标截止时间前,共有甲、乙、丙三家供应商提供了投标文件。在评审过程中,甲供应商的技术指标没有响应招标文件的实质性要求,其投标文件被评标委员会作无效投标处理。此时,对招标文件作实质响应的供应商只有2家。应采购人的要求,评标委员会仔细审查了本项目招标程序和招标文件后,在评审现场出具了本项目招标时间程序合法、招标文件无倾向性的论证意见。采购人一边要求评审专家在评审现场稍做等待,一边向监管部门申请变更采购方式。

经当地财政部门同意,本项目采购方式改为竞争性谈判方式。采购人遂在评审现场宣布:原招标文件视为竞争性谈判文件,原评标委员会转为竞争性谈判小组。谈判小组5名成员集中与剩余的两家供应商分别进行谈判后,要求两家供应商在规定时间内提交第二轮报价,谈判小组依据两家供应商的报价高低,向采购人推荐了标明排序的成交候选供应商。谈判小组提交评审报告后3个工作日,采购人确定排名第一的乙供应商为成交供应商,并在财政部门指定的信息发布媒体发布了成交公告。

成交公告发布后,采购人收到丙供应商的质疑,质疑书称:本项目为公开招标项目,招标失败后现场改为竞争性谈判没有法律依据,采购程序不合法,要求采购人终止竞争性谈判活动,重新组织采购。

【案例分析】

政府采购招标项目在评审过程中,发现实质性响应的供应商只有两家时,采购人须根据财政部令第74号第二十八条的要求,持评标委员会或者3名以上评审专家出具的招标文件没有不合理条款的论证意见,在省级以上财政部门指定的媒体上发布招标公告的证明材料,采购人、采购代理机构出具的对招标文件和招标过程是否有供应商质疑及质疑处理情况的说明,采购人名称、采购项目名称、项目概况等项目基本情况说明,项目预算金额、预算批复文件或者资金来源证明,拟申请采用竞争性谈判方式的理由等申请材料,向财政部门申请变更采购方式,经批准后方可采用竞争性谈判方式进行采购。

招标失败后变更为竞争性谈判项目的,采购人应依据原招标文件重新编制竞争性谈判文件,向该两名供应商发出竞争性谈判文件3个工作日后,组织该两名供应商进行谈判。

(案例来源:张志军.政府采购全流程百案精析[M].北京:中国法制出版社,2019.)

一、竞争性谈判采购方式的含义

《政府采购非招标采购方式管理办法》(财政部令第74号)规定竞争性谈判是指谈判小组与符合资格条件的供应商就采购货物、工程和服务事宜进行谈判,供应商按照谈判文件的要求提交响应文件和最后报价,采购人从谈判小组提出的成交候选人中确定成交供应商的采购方式。

二、竞争性谈判的特点

竞争性谈判采购方式是政府采购的一种重要方法,它在《政府采购法》及相关法规中有明确的规定和应用场景。这种采购方式既继承了公开招标的某些优点,又具有其独特

的特性,以下是其优点和缺点的详细分析:

(一)竞争性谈判的优点

1. 直接谈判,明确需求

竞争性谈判允许谈判小组直接与供应商进行谈判,通过一次或多次谈判,针对技术、性能、需求等关键因素进行反复沟通。在这一过程中,谈判小组会依据项目的复杂程度与特殊性质,深入地与供应商探讨技术细节。例如在提供物业服务的项目采购中,项目需求可能因服务内容和方式不确定而在采购初期未完全明晰。通过与供应商的反复谈判,能够逐步明确详细的服务内容、服务时间和服务方式等具体要求,将模糊的需求具象化。这种直接交流有助于针对项目的特点和实际情况,通过与供应商的反复谈判,逐步明确详细的采购要求。通过谈判活动参与确定最终设计方案或解决方案是竞争性谈判的显著特点。

2. 节省时间,方法灵活

相比于公开招标、邀请招标等方式,竞争性谈判的等标期时间一般会大幅缩短,通常能将等标期从公开招标需要的数周甚至数月,缩减至一周左右,极大地节约了时间,显著提高了工作效率。另外,竞争性谈判在操作方法上相对灵活,为采购人和供应商提供了较大的商谈空间。以某应急物资采购项目为例,在谈判过程中,采购人可以根据项目实际情况,灵活调整应急物资的交付时间、包装要求等细节,进而发现综合实力强的供应商;而供应商也能够基于自身优势,对产品特性、服务保障等方面进行充分展示,使双方需求与优势得到更好匹配。

3. 更具有性价比

竞争性谈判在采购项目性价比方面优势突出。从价格层面看,其多轮谈判机制促使供应商在竞争压力下不断优化报价。与一次性报价的采购方式不同,供应商为争取项目,会综合考量成本与利润空间,给出更为合理且贴合市场行情的价格,帮助采购方节省开支。从产品和服务质量维度看,采购方在谈判中可与供应商就技术规格、质量标准进行深度沟通,确保所采购产品完全符合项目需求。这种采购方式能够促使供应商提供更优质的产品和服务,同时还能降低采购成本,更具有性价比。

(二)竞争性谈判的缺点

1. 操作复杂,成本增加

与其他采购方式相比,竞争性谈判在具体操作上更为复杂。谈判小组需与多个供应商逐一进行谈判,如果供应商众多,且采购项目复杂,将会花费大量的时间和资源,增加采购成本。例如,在某大型企业的办公系统采购项目中,由于涉及多种功能模块、众多供应商参与,采购方与每家供应商进行深入谈判,从功能细节沟通到价格协商,一轮谈判下来耗费大量时间,且需要投入众多人力进行组织协调、资料整理等工作,采购成本大幅攀升。在实际操作中,应当合理规划谈判流程和时间安排,提前做好充分准备,以此来尽量降低复杂性和成本。

2. 容易滋生腐败

由于谈判过程中可能带有主观性,存在一定的"不公"嫌疑,可能会因个人关系或偏好影响采购决策,容易滋生腐败问题。为了防范此类问题,应当建立严格的监督机制,如设立独立的监督小组,对谈判全过程进行实时监督,包括谈判文件的编制、谈判现场的记录以及谈判结果的审核等;同时,利用信息化手段实现谈判过程的全程留痕,确保谈判过程的公开透明。

3. 可能出现串标行为

长期的谈判过程和现场控制的难度使得串标行为成为可能,尤其是供应商之间可能存在暗中勾结。对此,应加强对谈判现场的管理和监控,采用技术手段防止信息泄露和不正当沟通,例如使用信号屏蔽设备防止供应商之间非法通信,运用监控软件对谈判现场的电子设备使用情况进行实时监测。同时对发现的串标行为依法追究责任,维护公平竞争的市场环境。

4. 成交价格可能过低

为了竞标成功,供应商可能报出过低的价格,这会影响采购物品或服务的质量,从而影响项目的最终实施效果。因此,在评审过程中,不仅要关注价格因素,还要考虑供应商的信誉、产品质量、售后服务和成本等多方面因素,通过成本核算模型对供应商的成本报价合理性进行分析,确保选择的供应商能够提供符合要求的产品和服务。

三、竞争性谈判的适用条件

我国《政府采购法》规定符合下列情形之一的货物或者服务采购项目,可以采用竞争性谈判方式采购:

(一)招标后没有供应商投标或者没有合格标的或者重新招标未能成立的

具体有三种情况:

1. 招标后没有供应商投标

例如,在某偏远地区开展的一项专业性较强的环境监测设备采购招标,由于项目所在地交通不便、市场知晓度低等因素,招标公告发布后,截止投标日期,未收到任何供应商的投标文件。

2. 招标后有效投标供应商没有达到法定的3家以上,或投标供应商虽达到3家以上,但其中合格者不足3家的

例如,在一次医疗设备采购招标中,虽然有多家供应商参与投标,但在资格审查环节,因对医疗器械注册证、生产许可等资质要求严格,符合条件的有效投标供应商未达到法定的3家以上;或者投标供应商虽达到3家以上,但在技术参数、质量标准等实质性响应方面,合格者不足3家。

3. 再进行重新招标也不会有结果且重新招标不成立的

例如某城市的智能交通系统升级项目,首次招标失败后进行重新招标。然而,由于项目技术复杂、预算限制等原因,重新招标过程中依然无法吸引到足够数量且符合要求的供应商,即再进行重新招标也不会有结果,导致重新招标不成立。

（二）技术复杂或者性质特殊，不能确定详细规格或具体要求的

主要是针对技术含量高和性质特殊的采购对象。以大型企业定制化的企业资源规划（ERP）软件系统开发与设计项目为例，由于不同企业的业务流程、管理模式差异巨大，在项目初期，采购人难以明确软件的功能模块细节、界面交互设计要求、数据接口标准等详细规格和具体要求。此时，采用竞争性谈判采购方式，通过与供应商的多轮沟通谈判，能够逐步明晰项目需求，确定合适的解决方案。

（三）采用招标所需时间不能满足用户紧急需要的

公开招标采购有固定的程序，所需采购时间较长，当采购人出现不可预见的因素急需采购时，无法通过公开招标采购方式得到所需商品或服务。同时，由于非采购人拖延造成招标采购所需时间不能满足用户紧急需要时，也适用竞争性谈判方式采购。

（四）不能事先计算出价格总额

对以前不曾采购或很少采购的货物或服务，由于其复杂或特殊性，掌握的成本信息不足，不能计算出价格总额的。例如在艺术品采购中，由于艺术品的独特性、稀缺性以及市场价格波动大等因素，很难在采购前准确预估价格；专利和专有技术的价值评估也因技术的创新性、应用前景的不确定性而难以事先确定价格；还有一些服务，如根据特定项目需求提供的咨询服务，由于服务的时间、数量事先不能确定，也无法事先计算出价格总额。对于这些项目适宜采用竞争性谈判方式。

四、竞争性谈判的程序

竞争性谈判的特点是经过谈判，达到至少有 3 家供应商的设计方案或解决方案满足采购需求，由谈判小组通过票决的方式确定参加最终报价的供应商。具体流程如下：

（一）成立谈判小组

竞争性谈判小组由采购人代表和评审专家共 3 人以上单数组成，其中评审专家人数不得少于小组成员总数的 2/3。采购人不得以评审专家身份参加本部门或本单位采购项目的评审。采购代理机构人员不得参加本机构代理的采购项目的评审。达到公开招标数额标准的货物或者服务采购项目，或者达到招标规模标准的政府采购工程，竞争性谈判小组应当由 5 人以上单数组成。

采用竞争性谈判采购的政府采购项目，评审专家应当从政府采购评审专家库内相关专业的专家名单中随机抽取。技术复杂、专业性强的竞争性谈判采购项目，通过随机方式难以确定合适的评审专家的，经主管预算单位同意，可以自行选定评审专家。

对于需求不确定的竞争性项目，谈判小组应当包含 1 名法律专家。采购需求不明确，需要由供应商提供最终设计方案或者解决方案的项目，在谈判过程中，要根据谈判的进展，及时调整合同草案的条款，需要法律专家对合同事项进行专业把关。

（二）编制谈判文件

谈判小组确认或者编制谈判文件。谈判文件应当包括供应商资格条件、采购邀请、采

购方式、采购预算、采购需求、采购程序、价格构成或者报价要求、响应文件编制要求、提交响应文件截止时间及地点、保证金交纳数额和形式、评定成交的标准等。

谈判文件还应当明确谈判小组根据与供应商谈判情况可能实质性变动的内容,包括采购需求中的技术、服务要求以及合同草案条款。

谈判文件不得要求或者标明供应商名称或者特定货物的品牌,不得含有指向特定供应商的技术、服务等条件。

(三)确定邀请参加谈判的供应商名单

采购人、采购代理机构应当通过发布公告或者采购人和评审专家分别书面推荐的方式邀请不少于3家符合相应条件的供应商参与竞争性谈判采购活动。公告的格式见表5.5。

采取采购人和评审专家书面推荐方式选择供应商的,采购人和评审专家应当各自出具书面推荐意见。采购人推荐供应商的比例不得高于推荐供应商总数的50%。

谈判小组从符合相应资格条件的供应商名单中确定不少于3家的供应商参加谈判,并向其提供谈判文件。

表5.5 竞争性谈判采购公告

项目概况
(采购标的)采购项目的潜在供应商应在(地址)获取采购文件,并于___年__月__日__点__分(北京时间)前提交响应文件。
一、项目基本情况
项目编号(或招标编号、政府采购计划编号、采购计划备案文号等,如有):
项目名称:
采购方式:竞争性谈判
预算金额:
最高限价(如有):
采购需求:(包括但不限于标的的名称、数量、简要技术需求或服务要求等)
合同履行期限:
本项目(是/否)接受联合体。
二、申请人的资格要求
1. 满足《中华人民共和国政府采购法》第二十二条规定。
2. 落实政府采购政策需满足的资格要求:(如属于专门面向中小企业采购的项目,供应商应为中小微企业、监狱企业、残疾人福利性单位)
3. 本项目的特定资格要求:(如项目接受联合体投标,对联合体应提出相关资格要求;如属于特定行业项目,供应商应当具备特定行业法定准入要求)
三、获取采购文件
时间:__年__月__日__点__分至__年__月__日每天上午__至__,下午__至__(北京时间,法定节假日除外)
地点:
方式:
售价:
四、响应文件提交
截止时间:__年__月__日__点__分(北京时间)(从谈判文件开始发出之日起至供应商提交首次响应文件截止之日止不得少于3个工作日)
地点:
五、开启
时间:__年__月__日__点__分(北京时间)
地点:

(续表)

六、公告期限 自本公告发布之日起 3 个工作日。 七、其他补充事宜 _____ 八、凡对本次采购提出询问,请按以下方式联系 1. 采购人信息 名　　称:_____ 地　　址:_____ 联系方式:_____ 2. 采购代理机构信息(如有) 地　　址:_____ 联系方式:_____ 3. 项目联系方式 项目联系人:(<u>组织本项目采购活动的具体工作人员姓名</u>) 电　　话:_____ (说明:选自《政府采购公告和公示信息格式规范(2020 年版)》;询价、竞争性谈判、竞争性磋商采购公告内容基本一致)

(四) 发出谈判文件

从谈判文件发出之日起至供应商提交首次响应文件截止之日止不得少于 3 个工作日。提交首次响应文件截止之日前,采购人、采购代理机构或者谈判小组可以对已发出的谈判文件进行必要的澄清或者修改,澄清或者修改的内容作为谈判文件的组成部分。

澄清或者修改的内容可能影响响应文件编制的,采购人、采购代理机构或者谈判小组应当在提交首次响应文件截止之日 3 个工作日前,以书面形式通知所有接收谈判文件的供应商,不足 3 个工作日的,应当顺延提交首次响应文件截止之日。

(五) 递交响应文件

供应商应当按照谈判文件的要求编制响应文件,并对其提交的响应文件的真实性、合法性承担法律责任。

供应商应当在谈判文件要求的截止时间前,将响应文件密封送达指定地点。在截止时间后送达的响应文件为无效文件,采购人、采购代理机构或者谈判小组应当拒收。

供应商在提交响应文件截止时间前,可以对所提交的响应文件进行补充、修改或者撤回,并书面通知采购人、采购代理机构。补充、修改的内容作为响应文件的组成部分。补充、修改的内容与响应文件不一致的,以补充、修改的内容为准。

(六) 谈判、评审及推荐成交候选人

具体的谈判、评审过程及需要注意的问题如下:

1. 第一阶段,谈判小组与符合资格条件的供应商进行谈判

供应商按照竞争性谈判文件的要求提供设计方案或解决方案等谈判响应方案,谈判小组所有成员集中与单一供应商分别进行谈判,并给予所有参加谈判的供应商平等的谈判机会。通过反复谈判,采购人明确需求,供应商细化谈判响应方案,最终实现 3 家以上供应商的响应方案满足需求。

谈判过程中,谈判小组可以根据谈判文件和谈判情况实质性变动采购需求中的技术、服务要求以及合同草案条款,但不得变动谈判文件中的其他内容。实质性变动的内容,须经采购人代表确认。对谈判文件作出的实质性变动是谈判文件的有效组成部分,谈判小组应当及时以书面形式同时通知所有参加谈判的供应商。

谈判结束后,谈判小组投票推荐3家以上供应商的谈判响应方案,并要求其在规定时间内提交最后报价。第一阶段结束。

2. 第二阶段,供应商在规定的时间内提交最后报价

被通知最后报价的供应商在规定的时间内提交最后报价,最后报价是供应商响应文件的有效组成部分。

谈判小组根据谈判文件规定的政策功能进行价格扣减后,按照最后报价从低到高的顺序确定3家以上成交候选人及其排序,并编写评审报告。竞争性谈判结束。

3. 谈判、评审过程中需要注意的几个问题

(1) 谈判小组在对响应文件的有效性、完整性和响应程度进行审查时,可以要求供应商对响应文件中含义不明确、同类问题表述不一致或者有明显文字和计算错误的内容等作出必要的澄清、说明或者更正。供应商的澄清、说明或者更正不得超出响应文件的范围或者改变响应文件的实质性内容。供应商的澄清、说明或者更正应当由法定代表人或其授权代表签字或者加盖公章。由授权代表签字的,应当附法定代表人授权书。供应商为自然人的,应当由本人签字并附身份证明。

(2) 在谈判中,谈判的任何一方不得透露与谈判有关的其他供应商的技术资料、价格和其他信息。采购人、采购代理机构应当按照《政府采购法》和《政府采购非招标采购方式管理办法》的规定组织开展非招标采购活动,并采取必要措施,保证评审在严格保密的情况下进行。任何单位和个人不得非法干预、影响评审过程和结果。

(3) 对谈判文件作出的实质性变动是谈判文件的有效组成部分,谈判小组应当及时以书面形式同时通知所有参加谈判的供应商。供应商应当按照谈判文件的变动情况和谈判小组的要求重新提交响应文件,并由其法定代表人或授权代表签字或者加盖公章。由授权代表签字的,应当附法定代表人授权书。供应商为自然人的,应当由本人签字并附身份证明。

(4) 谈判文件能够详细列明采购标的技术、服务要求的,谈判结束后,谈判小组应当要求所有继续参加谈判的供应商在规定时间内提交最后报价,提交最后报价的供应商不得少于3家。谈判文件不能详细列明采购标的技术、服务要求,需经谈判由供应商提供最终设计方案或解决方案的,谈判结束后,谈判小组应当按照少数服从多数的原则投票推荐3家以上供应商的设计方案或者解决方案,并要求其在规定时间内提交最后报价。

(5) 谈判小组投票为记名投票。谈判小组成员要对自己的评审意见承担责任,确定成交候选人是其中非常重要的内容,需要用记名的方式厘清每名成员的责任。

(6) 最终报价后,谈判小组不能再与供应商进行谈判。竞争性谈判中常见的有两到三轮报价,最后以最低价中标。所有需要谈判的内容应当在提交最后报价前完成,最终报价后,谈判小组不能再与供应商进行谈判。

(7) 避免出现只有2家最后报价。为避免出现只有2家最后报价的情况,可以在符合关键需求的前提下，降低一般条件，促进竞争，保证3家以上供应商对采购活动有积极性并最终进入最后报价阶段，避免因个别供应商主动放弃最后报价，造成供应商不足3家的情况。

（七）确定成交供应商

采购代理机构应当在评审结束后2个工作日内将评审报告送采购人确认。采购人应当在收到评审报告后5个工作日内，从评审报告提出的成交候选人中，根据质量和服务均能满足采购文件实质性响应要求且最后报价最低的原则确定成交供应商，也可以书面授权谈判小组直接确定成交供应商。采购人逾期未确定成交供应商且不提出异议的，视为确定评审报告提出的最后报价最低的供应商为成交供应商。

（八）发布成交结果公告、发出成交通知书

采购人或者采购代理机构应当在成交供应商确定后2个工作日内，在省级以上财政部门指定的媒体上公告成交结果，同时向成交供应商发出成交通知书，并将竞争性谈判文件随成交结果同时公告。

采用书面推荐供应商参加采购活动的，还应当公告采购人和评审专家的推荐意见。

除不可抗力等因素外，成交通知书发出后，采购人改变成交结果，或者成交供应商拒绝签订政府采购合同的，应当承担相应的法律责任。

（九）合同签订

采购人与成交供应商应当在成交通知书发出之日起30日内，按照采购文件确定的合同文本以及采购标的、规格型号、采购金额、采购数量、技术和服务要求等事项签订政府采购合同。采购人不得向成交供应商提出超出采购文件以外的任何要求作为签订合同的条件，不得与成交供应商订立背离采购文件确定的合同文本以及采购标的、规格型号、采购金额、采购数量、技术和服务要求等实质性内容的协议。

成交供应商拒绝签订政府采购合同的，采购人可以从评审报告提出的成交候选供应商中，按照排序由高到低的原则确定其他供应商作为成交供应商并签订政府采购合同，也可以重新开展采购活动。拒绝签订政府采购合同的成交供应商不得参加对该项目重新开展的采购活动。

（十）合同履约及验收

采购人与成交供应商应当根据合同的约定依法履行合同义务。采购人应当及时对采购项目进行验收。采购人可以邀请参加本项目的其他供应商或者第三方机构参与验收。参与验收的供应商或者第三方机构的意见作为验收书的参考资料一并存档。

（十一）采购资金支付

采购人应当加强对成交供应商的履约管理，并按照采购合同约定，及时向成交供应商支付采购资金。对于成交供应商违反采购合同约定的行为，采购人应当及时处理，依法追究其违约责任。

（十二）竞争性谈判采购流程及时间周期

竞争性谈判采购流程见图5.7，竞争性谈判采购时间周期见图5.8。

项目五　政府采购方式

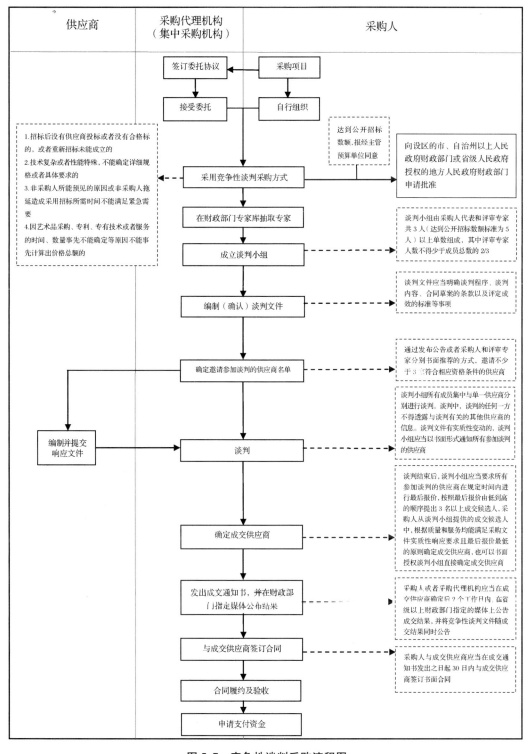

图 5.7　竞争性谈判采购流程图

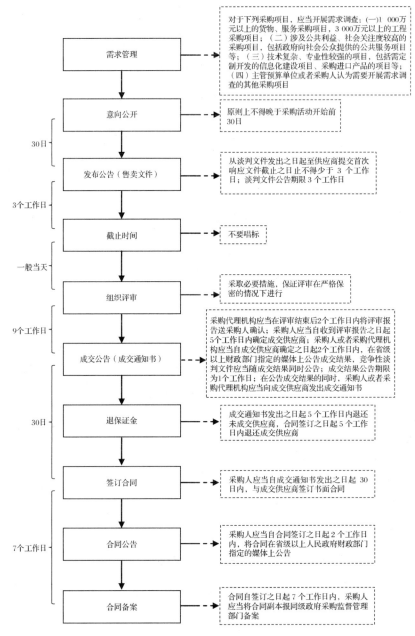

图 5.8　竞争性谈判采购时间周期图

任务六　竞争性磋商实务操作

竞争性磋商采购之困：敬老院物业管理项目响应时间争议

某市2017年度乡镇(街道)敬老院物业管理项目，由该市集中采购机构负责组织采购活动,采用竞争性磋商方式。采购文件规定,供应商应于2017年9月19日上午9:00前提交首次响应文件。集中采购机构发出竞争性磋商文件后,又于9月14日上午8:40发布了补充文件,该补充文件对原竞争性磋商文件的实质性内容进行了修改,增加了3个乡镇敬老院的物业管理内容。

9月18日上午,甲供应商向集中采购机构递交了一份书面质疑函。该质疑函称:《财政部关于做好政府采购信息公开工作的通知》(财库〔2015〕135号)规定,澄清或者修改的内容可能影响响应文件编制的,采购人应当在"提交首次响应文件截止之日3个工作日前"发出澄清修改文件。由于9月15日、16日和17日正值中秋节,属法定节假日,本项目集中采购机构于9月14日发出补充文件,距提交首次响应文件截止时间只有2个工作日,不符合规定,要求推迟提交首次响应文件截止时间。

集中采购机构回复称:《政府采购竞争性磋商采购方式管理暂行办法》(财库〔2014〕214号)第十条第三款规定,澄清或者修改的内容可能影响响应文件编制的,"采购人、采购代理机构应当在提交首次响应文件截止时间至少5日前,以书面形式通知所有获取磋商文件的供应商……"本项目首次响应文件提交截止时间为9月19日上午9:00,补充文件发布时间为9月14日上午8:40,已满足"至少5日前"的时限要求,符合相关文件规定。

质疑供应商对上述回复意见不服,遂向财政部门提起投诉。

【案例分析】

本例案发时间以及争议引用的财库〔2014〕214号、财库〔2015〕135号两份文件的颁布时间,均属于《中华人民共和国民法总则》(简称《民法总则》,2017年3月颁布,2021年1月废止,相关内容融入《民法典》)颁布实施前的事宜,相关人员对民法的期间计算方面的规定理解不太到位。《民法总则》颁布后,财政部出台的《政府采购货物和服务招标投标管理办法》(财政部令第87号)和《政府采购质疑和投诉办法》(财政部令第94号)等部门规章,均在附则部分引用或强调了《民法总则》(现为《民法典》)的期间计算规则,明文规定"期间开始之日,不计算在期间内。期间届满的最后一日是节假日的,以节假日后的第一日为期间届满的日期"。结合本案例的期间计算,补充文件发布时间9月14日当天不应计算在期间内,而应当以9月15日作为期间计算的第一天。

(案例来源:张志军.政府采购全流程百案精析[M].北京:中国法制出版社,2019.)

一、竞争性磋商采购方式的含义

竞争性磋商是首个"国务院政府采购监督管理部门认定的其他采购方式"。这种采购方式在特定条件下,允许采购人通过与多个预选的供应商进行磋商,以确定最终的采购合同条件。它旨在结合公开招标的透明度和直接谈判的灵活性,具体体现在磋商过程中,采购信息需按规定公开,保障供应商的知情权;同时,多轮报价机制给予供应商充分调整报价和方案的空间,体现了灵活性。

《政府采购竞争性磋商采购方式管理暂行办法》(财库〔2014〕214号)规定,竞争性磋商采购方式是指采购人、政府采购代理机构通过组建竞争性磋商小组与符合条件的供应商就采购货物、工程和服务事宜进行磋商,供应商按照磋商文件的要求提交响应文件和报价,采购人从磋商小组评审后提出的候选供应商名单中确定成交供应商的采购方式。

二、竞争性磋商的特点

竞争性磋商作为《政府采购法》框架下的一种新采购方式,旨在为特定的采购需求提供更加灵活、高效的解决方案。其核心特点在于灵活性强、效率高以及采用了综合评分法,这些特点使其在特定情况下成为比传统公开招标更合适的采购方式。其特点主要体现在以下几个方面:

(一)缩短项目实施周期

相较于公开招标方式,竞争性磋商能够在一定程度上缩短项目的准备和实施周期。《政府采购竞争性磋商采购方式管理暂行办法》规定,从磋商文件发出之日起至供应商提交首次响应文件截止之日止不得少于10日。相较于公开招标从招标文件发出至投标截止时间要求的至少20日,竞争性磋商在这一环节上时间更短。

(二)提高工作效率与降低成本

通过直接与供应商进行磋商,采购人可以更加精准地传达自己的需求,同时供应商也能提出更加贴合实际需要的解决方案,这种双向沟通显著提高了工作效率。而且由于能更精准匹配需求,从而在一定程度上减少了采购过程中的行政和管理成本,进而提高了整体的效率和效益。

(三)灵活的谈判空间

竞争性磋商允许采购人与供应商就采购需求中的技术规格、服务要求以及合同草案条款等进行灵活的谈判。不过,虽然这种方式允许对技术、服务要求以及合同草案条款进行调整,但不得对磋商文件中的其他内容进行变动。如果涉及对采购需求关键、核心内容进行实质性改变,必须以书面形式通知所有供应商,并给予供应商合理的时间重新准备响应文件,以确保采购活动的公平、公正和规范,使得最终的采购结果更贴近采购人的实际需求,实现双方的共赢。

(四)弱化价格主导

与以价格作为决定因素的竞争性谈判不同,竞争性磋商采用综合评分法。在综合评分法中,价格因素只是其中一部分,还会综合评价供应商的技术能力、服务水平、项目实施方案等多个维度。这种全面的评价机制有利于采购人获得性价比更高的货物、服务和工程,特别适合政府购买服务和政府与社会资本合作(PPP)项目。

(五)多轮报价

在竞争性磋商过程中,通常采取多轮报价的方式,多轮报价的轮次会在磋商文件中明确设定,一般为2~3轮,通过逐步的报价和反馈,使供应商的报价更加接近采购人的预算和期望。最终报价在经过综合评分后,评分最高的供应商成为成交供应商。

三、竞争性磋商的适用条件

《政府采购竞争性磋商采购方式管理暂行办法》规定,以下几种情形可以采用竞争性磋商方式开展采购:

(1) 政府购买服务项目。例如政府向社会组织购买后勤管理服务,由于服务内容需根据后勤服务实际需求进行调整优化,难以通过固定标准和流程进行采购,适合采用竞争性磋商方式,以便与供应商充分沟通确定服务细节。

(2) 技术复杂或者性质特殊,不能确定详细规格或者具体要求的项目。例如,某新型人工智能算法研发项目,技术处于行业前沿,采购方难以在采购开始就明确具体的算法技术指标、功能模块详细规格等。在这种情况下,通过竞争性磋商,采购方可以在与供应商的交流过程中,逐步明确需求,使采购更贴合实际需求。

(3) 因艺术品采购、专利、专有技术或者服务的时间、数量事先不能确定等原因不能事先计算出价格总额的项目。以艺术创作服务采购为例,如城市公共艺术作品创作项目,由于创作主题、作品数量和交付时间可能根据项目进展动态调整,导致无法事先算出价格总额。对于这类项目,竞争性磋商可以让采购方根据实际情况与供应商协商价格和其他采购条件。

(4) 市场竞争不充分的科研项目,以及需要扶持的科技成果转化项目。其中,"市场竞争不充分"通常指市场上掌握相关科研技术的供应商较少,或者科研项目创新性过强导致参与竞争的主体有限等情况。例如某新兴材料研发项目,全球范围内仅有少数几家企业掌握相关技术,竞争不充分,适合采用竞争性磋商。"需要扶持的科技成果转化项目",一般是指那些有助于推动特定地区或行业科技进步,但转化过程面临资金、市场等困难的项目。例如某农业科技成果转化项目,能有效提高农作物产量,但在推广初期需要政府支持,此时可通过竞争性磋商选择合适的合作方。

(5) 按照招标投标法及其实施条例必须进行招标的工程建设项目以外的工程建设项目,即依法不进行招标的政府采购工程项目。例如,一些小型的市政基础设施修缮项目,投资规模较小,按照相关规定可不进行招标,采用竞争性磋商方式可以在保证采购质量的同时,提高采购效率,降低采购成本。

四、竞争性磋商的程序

竞争性磋商作为《政府采购法》规定的一种采购方式,旨在为特定情形下的政府采购提供更为灵活、高效的操作流程。竞争性磋商程序体现了政府采购活动的公正性、透明性和效率性,其主要步骤包括需求发布、供应商资格审查、磋商邀请、磋商实施、评审与定标等环节,具体如下:

(一) 依法确认采用竞争性磋商采购方式

对于适宜采用竞争性磋商方式采购的项目依法进行采购方式的确认。对于达到公开招标数额标准的货物、服务采购项目,拟采用竞争性磋商采购方式的,采购人应在采购活动开始前,报经主管预算单位同意后,依法向设区的市、自治州以上人民政府财政部门或省级人民政府授权的地方人民政府财政部门申请批准。

(二)抽取专家成立磋商小组

磋商小组由采购人代表和评审专家共 3 人以上单数组成,其中评审专家人数不得少于磋商小组成员总数的 2/3。采购人代表不得以评审专家身份参加本部门或本单位采购项目的评审。采购代理机构人员不得参加本机构代理的采购项目的评审。

采用竞争性磋商方式的政府采购项目,评审专家应当从政府采购评审专家库内相关专业的专家名单中随机抽取。市场竞争不充分的科研项目,需要扶持的科技成果转化项目,以及情况特殊、通过随机方式难以确定合适的评审专家的项目,经主管预算单位同意,可以自行选定评审专家。技术复杂、专业性强的采购项目,评审专家中应当包含 1 名法律专家。

(三)编制磋商文件

磋商文件应当根据采购项目的特点和采购人的实际需求编制,并经采购人书面同意。采购人应当以满足实际需求为原则,不得擅自提高经费预算和资产配置等采购标准。

磋商文件不得要求或者标明供应商名称或者特定货物的品牌,不得含有指向特定供应商的技术、服务等条件。

磋商文件应当包括供应商资格条件、采购邀请、采购方式、采购预算、采购需求、政府采购政策要求、评审程序、评审方法、评审标准、价格构成或者报价要求、响应文件编制要求、保证金交纳数额和形式以及不予退还保证金的情形、磋商过程中可能实质性变动的内容、响应文件提交的截止时间、开启时间及地点以及合同草案条款等。

对集中采购目录以内或者采购限额标准以上,适宜由中小企业提供的项目,应当在采购文件中规定专门面向中小企业采购。对于非专门面向小微企业的政府采购项目,应当在采购文件中对小微企业报价给予价格扣除,用扣除后的价格参与评审。比如江苏省在《关于印发江苏省省级预算单位政府采购内部控制规范的通知》(苏财购〔2021〕10 号)里规定,对集中采购目录以内或者采购限额标准以上,200 万元以下的货物和服务采购项目、400 万元以下的工程采购项目,适宜由中小企业提供的,应当在采购文件中规定专门面向中小企业采购。对于非专门面向小微企业的政府采购项目,应当在采购文件中对小微企业报价给予 10% 的扣除,用扣除后的价格参与评审。

(四)确定邀请参加磋商的供应商名单

采购人、采购代理机构应当通过发布公告或者采购人和评审专家分别书面推荐的方式邀请不少于 3 家符合相应资格条件的供应商参与竞争性磋商采购活动。公告格式见表 5.6。

采取采购人和评审专家书面推荐方式选择供应商的,采购人和评审专家应当各自出具书面推荐意见。采购人推荐供应商的比例不得高于推荐供应商总数的 50%。

采用公告方式邀请供应商的,采购人、采购代理机构应当在省级以上人民政府财政部门指定的政府采购信息发布媒体发布竞争性磋商公告。竞争性磋商公告应当包括以下主要内容:

(1) 采购人、采购代理机构的名称、地点和联系方法。
(2) 采购项目的名称、数量、简要规格描述或项目基本概况介绍。
(3) 采购项目的预算。
(4) 供应商资格条件。
(5) 获取磋商文件的时间、地点、方式及磋商文件售价。
(6) 响应文件提交的截止时间、开启时间及地点。
(7) 采购项目联系人姓名和电话。

表 5.6 竞争性磋商采购公告

项目概况

(采购标的)采购项目的潜在供应商应在(地址)获取采购文件,并于___年__月__日__点__分(北京时间)前提交响应文件。

一、项目基本情况

项目编号(或招标编号、政府采购计划编号、采购计划备案文号等,如有):

项目名称:

采购方式:竞争性磋商

预算金额:

最高限价(如有):

采购需求:(包括但不限于标的的名称、数量、简要技术需求或服务要求等)

合同履行期限:

本项目(是/否)接受联合体。

二、申请人的资格要求

1. 满足《中华人民共和国政府采购法》第二十二条规定。

2. 落实政府采购政策需满足的资格要求:(如属于专门面向中小企业采购的项目,供应商应为中小微企业、监狱企业、残疾人福利性单位)

3. 本项目的特定资格要求:(如项目接受联合体投标,对联合体应提出相关资格要求;如属于特定行业项目,供应商应当具备特定行业法定准入要求)

三、获取采购文件

时间:___年__月__日至___年__月__日(磋商文件的发售期限自开始之日起不得少于5个工作日),每天上午___至___,下午___至___(北京时间,法定节假日除外)

地点:

方式:

售价:

(续表)

四、响应文件提交 截止时间：___年___月___日___点___分(北京时间)(*从磋商文件开始发出之日起至供应商提交首次响应文件截止之日止不得少于10日*) 地点： 五、开启(*竞争性磋商方式必须填写*) 时间：___年___月___日___点___分(北京时间) 地点： 六、公告期限 自本公告发布之日起3个工作日。 七、其他补充事宜 _____ 八、凡对本次采购提出询问，请按以下方式联系 1. 采购人信息 名　　称：_____ 地　　址：_____ 联系方式：_____ 2. 采购代理机构信息(如有) 名　　称：_____ 地　　址：_____ 联系方式：_____ 3. 项目联系方式 项目联系人：(*组织本项目采购活动的具体工作人员姓名*) 电　　话：_____ (说明：选自《政府采购公告和公示信息格式规范(2020年版)》；询价、竞争性谈判、竞争性磋商采购公告内容基本一致)

(五) 发出磋商文件

从磋商文件发出之日起至供应商提交首次响应文件截止之日止不得少于10日。磋商文件的发售期限自开始之日起不得少于5个工作日。

提交首次响应文件截止之日前，采购人、采购代理机构或者磋商小组可以对已发出的磋商文件进行必要的澄清或者修改，澄清或者修改的内容作为磋商文件的组成部分。澄清或者修改的内容可能影响响应文件编制的，采购人、采购代理机构应当在提交首次响应文件截止时间至少5日前，以书面形式通知所有获取磋商文件的供应商；不足5日的，采购人、采购代理机构应当顺延提交首次响应文件截止时间。

(六) 递交响应文件

供应商应当在磋商文件要求的截止时间前，将响应文件密封送达指定地点。在截止时间后送达的响应文件为无效文件，采购人、采购代理机构或者磋商小组应当拒收。

供应商在提交响应文件截止时间前,可以对所提交的响应文件进行补充、修改或者撤回,并书面通知采购人、采购代理机构。补充、修改的内容作为响应文件的组成部分。补充、修改的内容与响应文件不一致的,以补充、修改的内容为准。

(七) 磋商、评审及推荐成交候选人

1. 资格审查

磋商小组对磋商供应商的响应文件进行资格审查,资格审查合格供应商不足 3 家时,不得继续进行竞争性磋商采购活动。不满足磋商文件资格要求的响应文件按无效处理,磋商小组应当告知有关供应商。

2. 符合性检查

磋商小组对符合资格的磋商供应商的响应文件进行符合性检查,以确定其是否满足磋商文件的实质性要求。

符合性检查不足 3 家时,如该项目为政府购买服务项目(含政府和社会资本合作项目)且符合要求的供应商(社会资本)有 2 家,该项目磋商采购活动可以继续进行;其他情形则不得继续评审。

未实质性响应磋商文件的响应文件按无效响应处理,磋商小组应当告知提交响应文件的供应商。磋商文件内容违反国家有关强制性规定的,磋商小组应当停止评审并向采购人或者采购代理机构说明情况。

磋商小组在对响应文件的有效性、完整性和响应程度进行审查时,可以要求供应商对响应文件中含义不明确、同类问题表述不一致或者有明显文字和计算错误的内容等作出必要的澄清、说明或者更正。供应商的澄清、说明或者更正不得超出响应文件的范围或者改变响应文件的实质性内容。磋商小组要求供应商澄清、说明或者更正响应文件应当以书面形式作出。供应商的澄清、说明或者更正应当由法定代表人或其授权代表签字或者加盖公章。由授权代表签字的,应当附法定代表人授权书。供应商为自然人的,应当由本人签字并附身份证明。

3. 磋商

磋商小组所有成员应当集中与单一供应商分别进行磋商,并给予所有参加磋商的供应商平等的磋商机会。

在磋商过程中,磋商小组可以根据磋商文件和磋商情况实质性变动采购需求中的技术、服务要求以及合同草案条款,但不得变动磋商文件中的其他内容。实质性变动的内容,须经采购人代表确认。对磋商文件作出的实质性变动是磋商文件的有效组成部分,磋商小组应当及时以书面形式同时通知所有参加磋商的供应商。

供应商应当按照磋商文件的变动情况和磋商小组的要求重新提交响应文件,并由其法定代表人或授权代表签字或者加盖公章。由授权代表签字的,应当附法定代表人授权书。供应商为自然人的,应当由本人签字并附身份证明。

4. 最后报价

磋商文件能够详细列明采购标的的技术、服务要求的,磋商结束后,磋商小组应当要

求所有实质性响应的供应商在规定时间内提交最后报价,提交最后报价的供应商不得少于 3 家。

磋商文件不能详细列明采购标的的技术、服务要求,需经磋商由供应商提供最终设计方案或解决方案的,磋商结束后,磋商小组应当按照少数服从多数的原则投票推荐 3 家以上供应商的设计方案或者解决方案,并要求其在规定时间内提交最后报价。

最后报价是供应商响应文件的有效组成部分。符合《政府采购竞争性磋商采购方式管理暂行办法》第三条第四项情形的,即市场竞争不充分的科研项目,以及需要扶持的科技成果转化项目,提交最后报价的供应商可以为 2 家。《财政部关于政府采购竞争性磋商采购方式管理暂行办法有关问题的补充通知》(财库〔2015〕124 号)又进一步补充,采用竞争性磋商采购方式采购的政府购买服务项目(含政府和社会资本合作项目),在采购过程中符合要求的供应商(社会资本)只有 2 家的,竞争性磋商采购活动可以继续进行。在这种情形下,提交最后报价的供应商也可以为 2 家。除以上两种情形外,提交最后报价的供应商少于 3 家时,应当终止竞争性磋商采购活动。

5. 详细评审

经磋商确定最终采购需求和提交最后报价的供应商后,由磋商小组采用综合评分法对提交最后报价的供应商的响应文件和最后报价进行综合评分。综合评分法评审标准中的分值设置应当与评审因素的量化指标相对应。磋商文件中没有规定的评审标准不得作为评审依据。评审时,磋商小组各成员应当独立对每个有效响应的文件进行评价、打分,然后汇总每个供应商每项评分因素的得分。

磋商小组应当根据综合评分情况,按照评审得分由高到低顺序推荐 3 名以上成交候选供应商,并编写评审报告。符合《政府采购竞争性磋商采购方式管理暂行办法》第二十一条第三款情形的,即市场竞争不充分的科研项目,以及需要扶持的科技成果转化项目,可以推荐 2 家成交候选供应商。评审得分相同的,按照最后报价由低到高的顺序推荐。评审得分且最后报价相同的,按照技术指标优劣顺序推荐。

6. 编写评审报告

评审报告应当包括以下主要内容:

(1)邀请供应商参加采购活动的具体方式和相关情况。

(2)响应文件开启日期和地点。

(3)获取磋商文件的供应商名单和磋商小组成员名单。

(4)评审情况记录和说明,包括对供应商的资格审查情况、供应商响应文件评审情况、磋商情况、报价情况等。

(5)提出的成交候选供应商的排序名单及理由。

评审报告应当由磋商小组全体人员签字认可。磋商小组成员对评审报告有异议的,磋商小组按照少数服从多数的原则推荐成交候选供应商,采购程序继续进行。对评审报告有异议的磋商小组成员,应当在报告上签署不同意见并说明理由,由磋商小组书面记录相关情况。磋商小组成员拒绝在报告上签字又不书面说明其不同意见和理由的,视为同意评审报告。

(八) 确定成交供应商

采购代理机构应当在评审结束后 2 个工作日内将评审报告送采购人确认。

采购人应当在收到评审报告后 5 个工作日内,从评审报告提出的成交候选供应商中,按照排序由高到低的原则确定成交供应商,也可以书面授权磋商小组直接确定成交供应商。采购人逾期未确定成交供应商且不提出异议的,视为确定评审报告提出的排序第一的供应商为成交供应商。

(九) 发布成交结果公告、发出成交通知书

采购人或者采购代理机构应当在成交供应商确定后 2 个工作日内,在省级以上财政部门指定的政府采购信息发布媒体上公告成交结果,同时向成交供应商发出成交通知书,并将磋商文件随成交结果同时公告,公告期为 1 个工作日。

采用书面推荐供应商参加采购活动的,还应当公告采购人和评审专家的推荐意见。

(十) 合同签订

采购人与成交供应商应当在成交通知书发出之日起 30 日内,按照磋商文件确定的合同文本以及采购标的、规格型号、采购金额、采购数量、技术和服务要求等事项签订政府采购合同。

采购人不得向成交供应商提出超出磋商文件以外的任何要求作为签订合同的条件,不得与成交供应商订立背离磋商文件确定的合同文本以及采购标的、规格型号、采购金额、采购数量、技术和服务要求等实质性内容的协议。

成交供应商拒绝签订政府采购合同的,采购人可以按照从评审报告提出的成交候选供应商中,按照排序由高到低的原则确定其他供应商作为成交供应商并签订政府采购合同,也可以重新开展采购活动。拒绝签订政府采购合同的成交供应商不得参加对该项目重新开展的采购活动。

(十一) 合同履约及验收

采购人与成交供应商应当根据合同的约定依法履行合同义务。采购人应当及时对采购项目进行验收。采购人可以邀请参加本项目的其他供应商或者第三方机构参与验收。参与验收的供应商或者第三方机构的意见作为验收书的参考资料一并存档。

(十二) 采购资金支付

采购人应当加强对成交供应商的履约管理,并按照采购合同约定,及时向成交供应商支付采购资金。对于成交供应商违反采购合同约定的行为,采购人应当及时处理,依法追究其违约责任。

(十三) 竞争性磋商采购流程及时间周期

竞争性磋商采购流程见图 5.9,竞争性磋商采购时间周期见图 5.10。

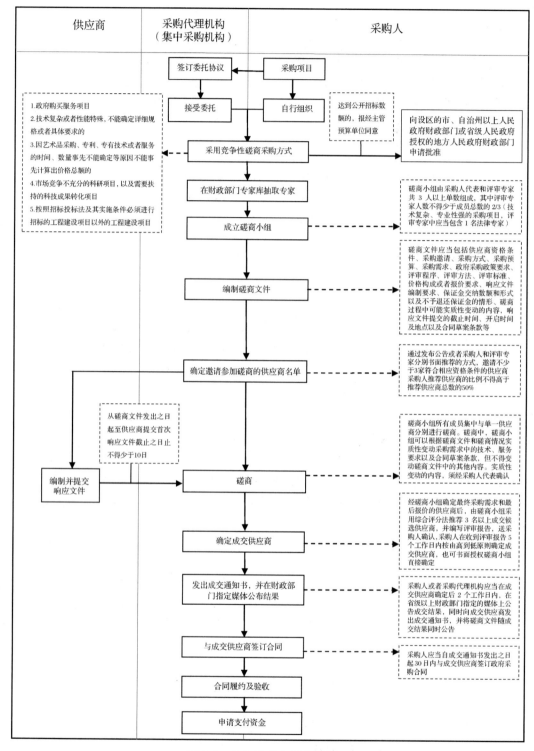

图 5.9 竞争性磋商采购流程图

项目五 政府采购方式

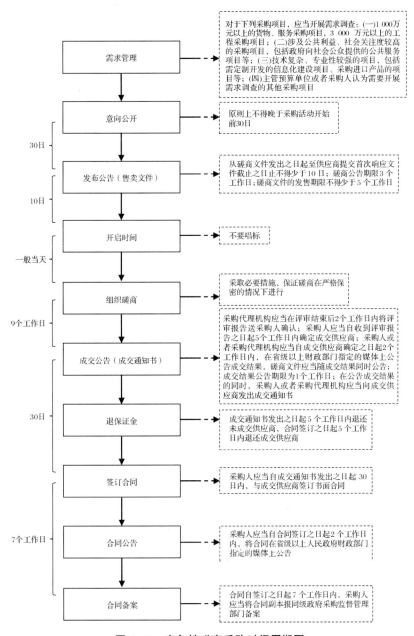

图 5.10 竞争性磋商采购时间周期图

任务七　单一来源采购实务操作

竞争性谈判失败改为单一来源采购惹争议

2016年12月,某市采购中心就市地税软件2017年度维保项目采用竞争性谈判方式公开采购,首次响应文件提交截止时,只有某信息公司和某软件公司2家供应商参加谈判。采购人依据财政部74号令的相关规定终止竞争性谈判采购活动,并于2016年12月下旬重新开展竞争性采购活动。

二次竞争性谈判公告后,共有某信息公司、某软件公司和某通信公司3家供应商参加竞争,后某软件公司和某通信公司的响应文件被谈判小组判为无效响应文件,该项目二次采购再次失败。由于本项目实施时间紧急,且已经过两次采购,采购中心随即改用单一来源采购,确定该信息公司为唯一供应商,并组织专业人员组成协商小组,与某信息公司商定成交价格并签订成交合同。

成交结果公告后,某软件公司向市采购中心提出书面质疑。市采购中心答复后,某软件公司不满采购中心的答复向市财政局投诉。某软件公司诉称:本项目竞争性谈判结果未公布而将采购方式变更为单一来源采购的行为违法。

【案例分析】

本项目采用单一来源采购的做法值得商榷。《政府采购法》第三十一条规定:"符合下列情形之一的货物或者服务,可以依照本法采用单一来源方式采购:(一)只能从唯一供应商处采购的;(二)发生了不可预见的紧急情况不能从其他供应商处采购的;(三)必须保证原有采购项目一致性或者服务配套的要求,需要继续从原供应商处添购,且添购资金总额不超过原合同采购金额百分之十的。"

逐一对照单一来源采购方式的三种适用情形,分析如下:(1)《政府采购法实施条例》第二十七条明确规定:"政府采购法第三十一条第一项规定的情形,是指因货物或者服务使用不可替代的专利、专有技术,或者公共服务项目具有特殊要求,导致只能从某一特定供应商处采购。"依据这一规定,本项目不属于"只能从唯一供应商处采购的"情形。(2)本项目先后两次采购失败,导致2017年度软件维保期间即将开始,项目实施时间确属紧急,但发生多次采购失败这一特殊情况,是一个有经验的采购人和采购代理机构应当预见的情况,不属于"不可预见"的紧急情况。(3)本项目并非为出于特定目的而需要从原供应商处添购的情形,显然不属于法定的第三种适用情形。

综上分析,本项目竞争性谈判失败,不属于单一来源采购方式的法定适用情形。

(案例来源:张志军.政府采购全流程百案精析[M].北京:中国法制出版社,2019.)

一、单一来源采购方式的含义

单一来源采购方式,是政府采购领域中一种特殊且重要的采购形式。它也被叫做直接采购,具体是指在特定情形下,采购人仅从某一个特定供应商处获取货物、工程和服务。与其他采购方式相比,单一来源采购最大的特点就是没有竞争环节。这种采购方式的实施,是为了解决一些特殊的采购需求。但为确保公平、公正与合法,它有着严格的操作规范,例如采购前要进行公示,接受社会监督,部分项目还需要经过专家论证,以此来保障采购决策的科学性与合理性,进而维护政府采购市场的良好秩序。

二、单一来源采购的特点

单一来源采购,作为《政府采购法》中明确规定的一种特殊采购方式,仅在特定条件下应用。它的主要特点体现在采购过程的简便性、采购周期的缩短,以及竞争的局限性等方面。

(一) 采购过程的简便性

单一来源采购方式因只涉及一家供应商,相比公开招标或竞争性谈判等采购方式,手续更为简单,过程更为简化。这种方式通常不需要复杂的招标文件准备、投标、开标和评标过程,从而大幅度减少了采购准备和执行所需的工作量和时间。

(二) 采购周期的缩短

由于采购过程的简化,单一来源采购的整个采购周期显著缩短了。对于有紧急需求、特殊技术要求,或市场上仅有唯一供应商能提供所需产品或服务的政府采购项目,这种采购方式能够确保采购人在最短时间内获得必要的商品或服务。

(三) 竞争的局限性

单一来源采购的一个显著缺点是缺乏市场竞争。由于只有一家供应商参与,这可能使采购方在价格谈判中处于不利地位,单一供应商有可能利用这一优势地位提高价格或提出不利于采购方的附加条件,从而导致采购成本上升。也正因如此,在单一来源采购中,缺失竞争机制使得成交价的下降空间有限,供应商知道采购人缺乏替代选择,可能不会主动降低价格,这对于追求性价比的政府采购目标构成挑战。

(四) 协商灵活性

单一来源采购允许采购人与供应商进行多轮协商,以便双方就合同条款、价格等达成满意协议,在合理范围内为双方提供了较大的协商空间。虽然单一来源采购允许多轮协商以达成满意协议,但如果双方在关键条款上分歧过大,可能导致协商失败,影响采购项目的推进。

(五) 快速响应需求

对于紧急采购需求,或者在市场上只有单一供应商可提供所需的特殊产品或服务时,单一来源采购能够节约大量时间,快速响应采购需求,这一优势与采购周期缩短的特点紧密相关。

三、单一来源采购的适用条件

单一来源采购方式只有在特殊的情况下才能使用,《政府采购法》第三十一条规定这些特殊的情况指以下三种:

(一)只能从唯一供应商处采购

只能从唯一供应商处采购是指因货物或者服务使用不可替代的专利、专有技术,或者公共服务项目具有特殊要求,导致只能从某一特定供应商处采购。

1. 使用专利或者专有技术的项目采用单一来源方式采购,需要同时满足三个方面的条件

(1)项目的功能需求客观上决定了必须使用特定的专利、专有技术或服务。这一点强调项目需求的客观性,而非采购人基于主观偏好作出的决定。选用特定技术的决策是基于实际的项目功能需求,而非采购人的主观意愿或对技术难易程度的考量。例如在某高精度医疗影像设备采购项目中,由于其要实现对微小病灶的精准诊断功能,必须依赖特定供应商的某项专利成像技术,这种基于实际功能需求而非主观意愿的情况,就符合该条件。

(2)所需使用的专利、专有技术或服务具有不可替代性。这意味着,项目的功能定位必须依赖于这些特定的技术或服务,市场上没有其他技术方案能在关键性能指标(如分辨率、检测灵敏度等)和质量标准(如稳定性、可靠性等)上达到与该特定专利、专有技术或服务同样的水平,以满足项目功能要求。如果存在能满足相同或相似功能需求目标的其他替代技术方案,则不应采用单一来源方式。

(3)因产品或生产工艺的专利、专有技术或服务具有独占性,导致该技术或服务只能由特定供应商提供,无其他供应商能提供相同的技术或服务。这一条件突出了专利或专有技术的独特性和供应市场的限制性,确保了采用单一来源采购方式的合理性。判断产品或生产工艺的专利、专有技术或服务是否具有独占性,可通过查询专利数据库、市场调研以及咨询行业专家等方式进行。若经过严谨的调查,确认市场上不存在其他供应商拥有相同或等效的技术,即可认定其具有独占性。

2. 公共服务项目具有特殊要求可以采取单一来源采购方式

公共服务项目因其特殊性,可采取单一来源采购方式,主要是为了响应党中央、国务院推进政府购买公共服务改革的政策要求。这种采购方式考虑到了公共服务项目的特殊需求和改革进程的需要,允许政府在某些情况下直接从特定的供应商处采购服务。公共服务项目的特殊要求涵盖多个方面:

(1)服务的独特性与唯一性。如当某项地方戏曲文艺服务仅由特定文艺团体提供时,其独特的艺术表现形式、文化传承价值以及对当地文化氛围营造的特殊意义,使其在服务提供上具有不可替代的唯一性,符合只能从唯一供应商处采购的情形,可采用单一来源采购方式。

(2) 地域限制与适配性。某些公共服务项目受地域因素限制,例如偏远地区的电力供应服务,当地特殊的地理环境、电网布局等因素,使得只有当地某一家电力企业具备建设和运营维护的能力,能够满足当地特殊的供电需求,这种情况下可采用单一来源采购。

(3) 与现有系统或服务的高度关联性。在教育、医疗卫生和社会服务领域,部分服务与现有系统紧密相连。以医疗信息系统为例,若医院前期已搭建了特定供应商的信息化管理系统,为实现患者信息的连贯性、医疗服务的高效性以及系统的兼容性,后续相关功能拓展或维护服务,只有原供应商能够基于已有的技术架构和数据结构进行无缝对接,保障服务质量和数据安全,此时可能需要直接向这些特定单位采购。

(二) 发生了不可预见的紧急情况不能从其他供应商处采购

发生了不可预见的紧急情况不能从其他供应商处采购,比如自然灾害发生后的紧急救援物资采购。由于灾害的突发性和紧急性,采购人可能无法通过正常的公开招标程序来采购所需的救援物资,因为这样的程序通常需要较长的时间完成,包括发布招标公告、等待投标、评标和确定供应商等过程,这些时间延迟可能会对灾区的救援工作造成不利影响。

在这种不可预见的紧急情况下,采购人可能需要直接联系已知能够迅速提供所需救援物资的供应商,并采用单一来源采购的方式采购这些救援物资。例如,如果某个供应商因其地理位置靠近灾区或已有充足的救援物资库存而能够立即提供所需物资,采购人便可能直接选择这个供应商进行单一来源采购,以确保救援物资能够在最短时间内被送达灾区。

(三) 必须保证原有采购项目一致性或者服务配套的要求,需要继续从原供应商处添购,且添购资金总额不超过原合同采购金额百分之十

在原采购项目基础上,对于因保证项目一致性或服务配套要求而需追加的采购内容,且追加合同金额不超过原合同采购金额10%的项目,如采购大型设备,因维护需要,必须要求提供该设备的供应商负责维修服务;采购建筑材料,维修时需要购买相同规格和颜色的墙砖;又如软件系统因业务拓展需升级功能,为保证新功能与原系统无缝对接、数据兼容,只能由原软件供应商实施升级服务等等情况,需要采用单一来源方式采购。

四、单一来源采购的程序

(一) 单一来源采购方式的确定和公示

属于《政府采购法》第三十一条第一项情形,即只能从唯一供应商处采购的,且达到公开招标数额的货物、服务项目,拟采用单一来源采购方式的,采购人、采购代理机构在报财政部门批准之前,应当在省级以上财政部门指定媒体上公示,并将公示情况一并报财政部

门。公示期不得少于 5 个工作日，公示内容应当包括：

（1）采购人、采购项目名称和内容。

（2）拟采购的货物或者服务的说明。

（3）采用单一来源采购方式的原因及相关说明。

（4）拟定的唯一供应商名称、地址。

（5）专业人员对相关供应商因专利、专有技术等原因具有唯一性的具体论证意见，以及专业人员的姓名、工作单位和职称。

（6）公示的期限。

（7）采购人、采购代理机构、财政部门的联系地址、联系人和联系电话。

任何供应商、单位或者个人对采用单一来源采购方式公示有异议的，可以在公示期内将书面意见反馈给采购人、采购代理机构，并同时抄送相关财政部门。

采购人、采购代理机构收到对采用单一来源采购方式公示的异议后，应当在公示期满后 5 个工作日内，组织补充论证，论证后认为异议成立的，应当依法采取其他采购方式；论证后认为异议不成立的，应当将异议意见、论证意见与公示情况一并报相关财政部门。

采购人、采购代理机构应当将补充论证的结论告知提出异议的供应商、单位或者个人。

单一来源采购公示的格式见表 5.7。

表 5.7 单一来源采购公示

一、项目信息
采购人：_____
项目名称：_____
拟采购的货物或服务的说明：_____
拟采购的货物或服务的预算金额：_____
采用单一来源采购方式的原因及说明：_____
二、拟定供应商信息
名称：_____
地址：_____
三、公示期限
年 月 日至 年 月 日（*公示期限不得少于 5 个工作日*）
四、其他补充事宜
五、联系方式
1. 采购人
联 系 人：_____
联系地址：_____
联系电话：_____

(续表)

2. 财政部门 　联 系 人：＿＿＿＿＿＿＿＿＿＿＿ 　联系地址：＿＿＿＿＿＿＿＿＿＿＿ 　联系电话：＿＿＿＿＿＿＿＿＿＿＿ 3. 采购代理机构（如有） 　联 系 人：＿＿＿＿＿＿＿＿＿＿＿ 　联系地址：＿＿＿＿＿＿＿＿＿＿＿ 　联系电话：＿＿＿＿＿＿＿＿＿＿＿	

六、附件

专业人员论证意见（格式见附件）

附件

单一来源采购方式专业人员论证意见

专业人员信息	姓名：
	职称：
	工作单位：
项目信息	项目名称：
	供应商名称：
专业人员论证意见	（专业人员论证意见应当完整、清晰和明确的表达从唯一供应商处采购的理由）
专业人员签字	日期：　年　月　日

注：表格中专业人员论证意见由专业人员手工填写。

（说明：选自《政府采购公告和公示信息格式规范（2020 年版）》）

（二）单一来源协商

采用单一来源采购方式采购的，采购人、采购代理机构应当组织具有相关经验的专业人员与供应商商定合理的成交价格并保证采购项目质量。

单一来源采购人员应当编写协商情况记录，主要内容包括以下几方面：

（1）依法进行公示的，公示情况说明。

（2）协商日期和地点，采购人员名单。

（3）供应商提供的采购标的成本、同类项目合同价格以及相关专利、专有技术等情况说明。

(4) 合同主要条款及价格商定情况。

协商情况记录应当由采购全体人员签字认可。对记录有异议的采购人员,应当签署不同意见并说明理由。采购人员拒绝在记录上签字又不书面说明其不同意见和理由的,视为同意。

(三) 发布成交结果公告、发出成交通知书

采购人或者采购代理机构应当在省级以上财政部门指定的媒体上公告成交结果,同时向成交供应商发出成交通知书,并将采购文件随成交结果同时公告。

除不可抗力等因素外,成交通知书发出后,采购人改变成交结果,或者成交供应商拒绝签订政府采购合同的,应当承担相应的法律责任。

值得注意的是,在《国务院印发关于在有条件的自由贸易试验区和自由贸易港试点对接国际高标准推进制度型开放若干措施的通知》(国发〔2023〕9号)中,要求试点地区的采购人如采用单一来源方式进行政府采购,在公告成交结果时应说明采用该方式的理由。这一规定在不改变现行采购方式审批管理的前提下,进一步要求采购人在结果公告中同步公开采用单一来源采购方式的理由。这意味着在试点地区,对采用单一来源采购项目的相关管理可能带来三大变化:一是,单一来源采购项目在成交公告环节也应当公布采用单一来源采购方式的原因及相关说明。二是,之前采购限额标准以上,但未达到公开招标数额的单一来源采购项目,无需公示采用单一来源采购方式的原因及相关说明;今后,此类项目也应当在公告成交结果时公布采用单一来源采购方式的原因及相关说明。三是目前我国政府采购法律法规对公示采用单一来源采购方式原因的要求相对简单,今后试点地区将会逐步细化规范,加强单一来源采购管理。

(四) 合同签订

采购人应当自成交通知书发出之日起30日内,按照单一来源文件和成交供应商相应文件的规定,与成交供应商签订书面合同。所签订的合同不得对单一来源文件确定的事项和成交供应商响应文件作实质性修改。

采购人不得向成交供应商提出任何不合理的要求作为签订合同的条件。

政府采购合同应当包括采购人与成交供应商的名称和住所、标的、数量、质量、价款或者报酬、履行期限及地点和方式、验收要求、违约责任、解决争议的方法等内容。

(五) 合同履约及验收

采购人与成交供应商应当根据合同的约定依法履行合同义务。采购人应当及时对采购项目进行验收。采购人可以邀请第三方机构参与验收,参与验收的第三方机构的意见作为验收书的参考资料一并存档。

(六) 采购资金支付

采购人应当加强对成交供应商的履约管理,并按照采购合同约定,及时向成交供应商支付采购资金。对于成交供应商违反采购合同约定的行为,采购人应当及时处理,依法追究其违约责任。

(七) 单一来源采购流程及时间周期

单一来源采购流程见图5.11,单一来源采购时间周期见图5.12。

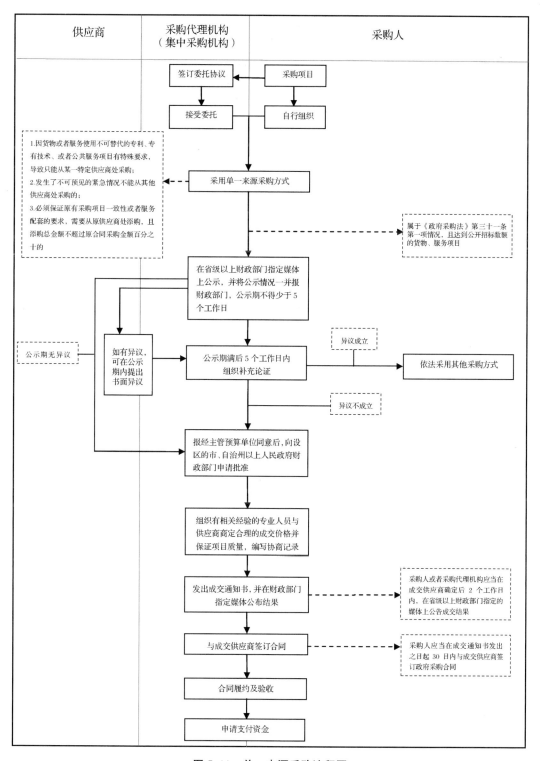

图5.11 单一来源采购流程图

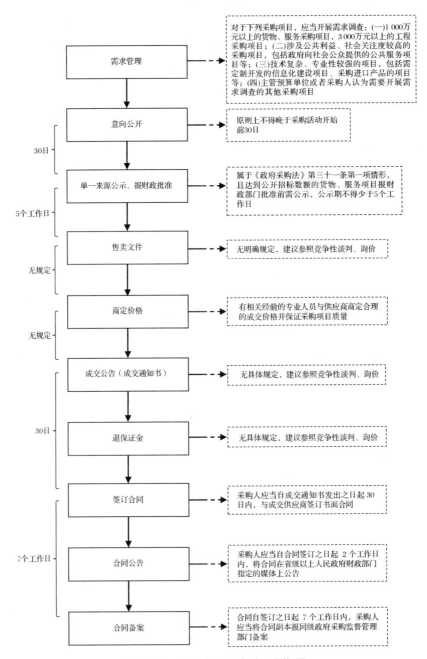

图 5.12 单一来源采购时间周期图

项目五 政府采购方式

任务八 框架协议采购实务操作

小额零星采购难题待解:《政府采购框架协议采购方式管理暂行办法》出台

2022年1月,财政部公布了《政府采购框架协议采购方式管理暂行办法》(财政部令第110号,简称《办法》),自2022年3月1日起施行。中央全面深化改革委员会第五次会议审议通过的《深化政府采购制度改革方案》明确提出,规范小额零星采购活动,提升小额零星采购的便利性。为贯彻落实《改革方案》要求,促进小额零星采购效率和规范的有机统一,财政部研究制定了《办法》。

长期以来,在政府采购实践中存在大量单次采购金额小、不同采购主体需要多次重复采购的需求,例如,采购计算机软件、汽车维修和加油等。这类采购不同于单一项目采购,难以适用现行政府采购法规定的公开招标、邀请招标、竞争性谈判(磋商)、询价和单一来源等采购方式,一般通过集中采购机构的协议供货和定点采购来实施。这种做法为小额零星采购活动提供了便利,但也因缺乏专门的制度规范,暴露出一些问题,社会多有反映。比如,有的以资格入围方式选定供应商,造成市场分割,影响公平竞争;有的搞政府采购专供产品,采购价格远超市场价;还有的在设备采购中以本机低价入围,后续耗材价格却远超市场价格。因此,《办法》借鉴国际经验,明确了框架协议采购方式的管理制度,以期从根本上系统性解决相关问题,构筑长效机制。

(资料来源:《人民日报》,2022年1月27日)

一、框架协议采购的概念

框架协议采购,是指集中采购机构或者主管预算单位对技术、服务等标准明确、统一,需要多次重复采购的货物和服务,通过公开征集程序,确定第一阶段入围供应商并订立框架协议,采购人或者服务对象按照框架协议约定规则,在入围供应商范围内确定第二阶段成交供应商并订立采购合同的采购方式。

框架协议采购是依据《政府采购法》及相关法律法规确立的第七种采购方式,与过去的六种采购方式(公开招标、邀请招标、竞争性磋商、竞争性谈判、询价、单一来源采购)相比,框架协议采购具有明显的两阶段特征:第一阶段,公开征集程序确定一到多家入围供应商并订立框架协议;第二阶段,在入围供应商范围内确定成交供应商并订立采购合同。其采购标的的特点是,技术、服务等标准明确、统一,需要多次重复采购。

《政府采购框架协议采购方式管理暂行办法》(财政部令第110号)将框架协议采购

分为封闭式框架协议采购和开放式框架协议采购两种形式,并明确以封闭式框架协议采购为主。封闭式框架协议采购强调通过公开竞争订立框架协议后,除经框架协议约定的补充征集程序外,不得增加协议供应商。开放式框架协议采购则是先明确采购需求和付费标准等框架协议条件,愿意接受协议条件的供应商可以随时申请加入。

二、框架协议采购的特点

框架协议采购在政府采购领域发挥着日益重要的作用。传统的协议供货、定点采购是集中采购的实现形式,并非法定采购方式。在过往实践中,它们出现诸多问题,例如竞争与公平性问题:市场分割现象严重,导致供应商间竞争性不足,甚至异化为供应商资格库,极大地影响了公平竞争的市场环境。价格不合理问题:存在搞政府采购特供产品的情况,致使采购价格虚高,远超市场正常价格水平;在设备采购方面,部分供应商采用本机低价入围策略,后续耗材价格却高得离谱,给采购单位带来沉重负担。框架协议采购在一定程度上对协议供货、定点采购存在的问题进行了优化和规范。

框架协议采购方式与其他采购方式相比,主要有以下特点:

(一)适用范围不同

框架协议采购适用于多频次、小额度采购,不适用于单一项目采购。例如单位日常办公用品的采购,每月都有需求且单次采购金额较小,适用框架协议采购。但是像建设一座大型桥梁、购买一台专用设备、采购一项公共服务等一次性的采购项目就不适用。

(二)程序不同

框架协议采购具有明显的两阶段特征,第一阶段由集中采购机构或者主管预算单位通过公开征集程序,确定入围供应商并订立框架协议。如某市政府的办公设备框架协议采购,集中采购机构通过公开征集确定了几家办公设备供应商入围并签订框架协议。第二阶段由采购人或者服务对象按照框架协议约定规则,在入围供应商范围内确定成交供应商并订立采购合同。各单位需要采购办公设备时,就从入围供应商中按规则选择一家并签订具体采购合同。

(三)供应商范围不同

采用其他采购方式的,一个采购包只能确定一名中标(成交)供应商,例如某学校采购一批特定型号的实验设备,通过公开招标确定一家供应商供货。而框架协议采购可以产生一名或多名入围供应商,例如某区政府对公务用车维修服务进行框架协议采购,确定了多家符合条件的汽车维修店入围。

三、框架协议采购的适用范围

《政府采购框架协议采购方式管理暂行办法》规定框架协议采购的适用范围具体包括:

（1）集中采购目录以内品目，以及与之配套的必要耗材、配件等，属于小额零星采购的。采购人需要多频次采购，单笔采购金额没有达到政府采购限额标准，既包括集中采购机构采购项目中的小额零星采购，也包括纳入部门集中采购范围的本部门、本系统有特殊要求的小额零星采购。比如，中央预算单位单笔采购金额小于 100 万元的计算机、复印机、扫描仪等。

（2）集中采购目录以外，采购限额标准以上，本部门、本系统行政管理所需的法律、评估、会计、审计等鉴证咨询服务，属于小额零星采购的。采购人需要多频次采购，单笔采购金额没有达到政府采购限额标准，从前期财政部清理违规设置备选库、名录库、资格库的情况看，采购人在法律、评估、会计、审计等鉴证咨询服务领域订立框架协议的需求比较突出，因此专门将这类服务中的小额零星采购纳入了适用范围。

（3）集中采购目录以外，采购限额标准以上，为本部门、本系统以外的服务对象提供服务的政府购买服务项目，需要确定 2 家以上供应商由服务对象自主选择的。例如，实践中的凭单制政府购买服务。

（4）国务院财政部门规定的其他情形。

该条款属于兜底条款，为未来随着实践发展，财政部根据实际情况和政策需要规定其他适用框架协议采购方式的情形预留了空间。实践中，采用框架协议采购时应当结合当地监管部门的要求执行，比如《关于启用江苏省政府采购框架协议电子采购平台的通知》（苏财购〔2023〕35 号）要求，自 2023 年 3 月 15 日起在江苏省正式启用框架协议电子采购平台，使用"苏采云"系统的市、县，均应当通过此平台开展框架协议采购活动。

四、封闭式框架协议采购和开放式框架协议采购的区别

封闭式框架协议和开放式框架协议都要通过公开征集程序订立，二者的主要区别在于：

（一）第一阶段入围阶段是否有淘汰

（1）封闭式框架协议采购确定入围供应商必须有淘汰，依据《政府采购框架协议采购方式管理暂行办法》第二十七条规定，确定第一阶段入围供应商时，提交响应文件和符合资格条件、实质性要求的供应商应当均不少于 2 家，淘汰比例一般不得低于 20%，且至少淘汰一家供应商。采用质量优先法的检测、实验等仪器设备采购，淘汰比例不得低于 40%，且至少淘汰一家供应商。例如，某科研单位采购一批专业检测仪器，在进行封闭式框架协议采购时，共有 5 家供应商提交响应文件且均符合资格条件和实质性要求，按照规定至少要淘汰 1 家供应商。若采用质量优先法，由于对仪器质量要求较高，需淘汰比例不低于 40%，也就是至少淘汰 2 家供应商。

（2）开放式框架协议采购无淘汰的要求，征集公告发布后至框架协议期满前，供应商可以按照征集公告要求，随时提交加入框架协议的申请。征集人应当在收到供应商申请后 7 个工作日内完成审核，并将审核结果书面通知申请供应商。例如在某市政府办公用品开放式框架协议采购项目中，在协议期内，新成立的一家办公用品供应商看到征集公告

后,提交了加入申请,征集人在收到申请后的第 5 个工作日就完成审核并书面通知该供应商审核结果。

(二) 第二阶段确定成交供应商方式不同

(1) 封闭式框架协议采购确定第二阶段成交供应商的方式包括直接选定、二次竞价和顺序轮候。直接选定一般适用于对供应商有特定要求或需求较为明确单一的项目,例如对具有特定专业资质或以往合作表现优秀的供应商进行直接选择;二次竞价适用于在入围供应商中进一步通过价格竞争确定成交供应商,通常在采购项目对价格敏感度较高时采用,入围供应商根据采购人给出的新需求再次报价,以低价者成交;顺序轮候则按照事先确定的顺序依次选择成交供应商,这种方式适用于采购需求相对稳定、供应周期较长的项目,按照既定顺序保障供应。

(2) 开放式框架协议采购第二阶段成交供应商由采购人或者服务对象从第一阶段入围供应商中直接选定。例如某社区为居民提供家政服务,在开放式框架协议入围的多家家政服务供应商中,社区根据居民的反馈和服务评价,直接选定了一家口碑较好的供应商为居民提供服务。

(三) 框架协议有效期内能否自由退出

(1) 封闭式框架协议入围供应商无正当理由,不得主动放弃入围资格或者退出框架协议。例如,在某大型企业办公用品封闭式框架协议采购项目中,一家入围供应商因自身经营策略调整,试图退出框架协议,但由于没有正当理由,其退出申请未被允许。"正当理由"通常包括供应商破产、被吊销营业执照等不可抗力或重大经营变故情况,具体可依据相关法律法规和框架协议约定判断。

(2) 开放式框架协议入围供应商可以随时申请退出框架协议。集中采购机构或者主管预算单位应当在收到退出申请 2 个工作日内,发布入围供应商退出公告。例如在某区政府物业服务开放式框架协议项目中,一家入围的物业服务公司因业务调整,决定退出框架协议,其提交申请后,区政府相关部门在 2 个工作日内就发布了该公司的退出公告。

五、框架协议采购的程序

(一) 封闭式框架协议采购的流程

框架协议采购中以封闭式框架协议采购为主,封闭式框架协议采购的公开征集程序,按照政府采购公开招标的规定执行,评审步骤可以参考公开招标的评审步骤。

1. 征集人发布征集公告、编制征集文件

(1) 征集公告应当包括以下主要内容:

① 征集人的名称、地址、联系人和联系方式。

② 采购项目名称、编号,采购需求以及最高限制单价,适用框架协议的采购人或者服务对象范围,能预估采购数量的,还应当明确预估采购数量。对于预估采购数量,若存在

分批采购或不同阶段采购量有变化的情况,应尽可能详细说明各阶段的大致数量及总体预估量。

③ 供应商的资格条件。应明确指出对资格条件的审核方式,如是否进行资格预审,以及预审的时间、地点和方式等。

④ 框架协议的期限。同时说明框架协议期限是否可根据实际情况进行调整,若可调整,需明确调整的条件和程序。

⑤ 获取征集文件的时间、地点和方式。

⑥ 响应文件的提交方式、提交截止时间和地点,开启方式、时间和地点。

⑦ 公告期限。

⑧ 省级以上财政部门规定的其他事项。

(2) 征集文件应当包括以下主要内容:

① 参加征集活动的邀请。

② 供应商应当提交的资格材料。

③ 资格审查方法和标准。

④ 采购需求以及最高限制单价。若采购需求存在技术参数或服务标准的变更可能性,需说明变更的触发条件和通知方式。

⑤ 政府采购政策要求以及政策执行措施。明确违反政府采购政策的后果及相应处理方式。

⑥ 框架协议的期限。

⑦ 报价要求。若涉及多轮报价或特殊报价规则,需详细阐述。

⑧ 确定第一阶段入围供应商的评审方法、评审标准、确定入围供应商的淘汰率或者入围供应商数量上限和响应文件无效情形。

⑨ 响应文件的编制要求,提交方式、提交截止时间和地点,开启方式、时间和地点,以及响应文件有效期。

⑩ 拟签订的框架协议文本和采购合同文本。若框架协议文本或采购合同文本存在可协商条款,需指出协商的范围和方式。

⑪ 确定第二阶段成交供应商的方式。

⑫ 采购资金的支付方式、时间和条件。对于可能出现的资金延迟支付情况,应说明原因及补偿措施。

⑬ 入围产品升级换代规则。明确升级换代的发起主体、评估标准以及对价格和服务的影响。

⑭ 用户反馈和评价机制。说明反馈和评价的渠道、频率以及结果的应用方式。

⑮ 入围供应商的清退和补充规则。明确清退和补充过程中的信息公示要求。

⑯ 供应商信用信息查询渠道及截止时点、信用信息查询记录和证据留存的具体方式、信用信息的使用规则等。

⑰ 采购代理机构代理费用的收取标准和方式。

⑱ 省级以上财政部门规定的其他事项。

2. 供应商按照征集文件要求编制响应文件

供应商应当按照征集文件要求编制响应文件,对响应文件的真实性和合法性承担法律责任。

供应商响应的货物和服务的技术、商务等条件不得低于采购需求,货物原则上应当是市场上已有销售的规格型号,不得是专供政府采购的产品。对货物项目每个采购包只能用一个产品进行响应,征集文件有要求的,应当同时对产品的选配件、耗材进行报价。服务项目包含货物的,响应文件中应当列明货物清单及质量标准。

3. 评审,确定第一阶段入围供应商

确定第一阶段入围供应商的评审方法包括价格优先法和质量优先法。

价格优先法是指对满足采购需求且响应报价不超过最高限制单价的货物、服务,按照响应报价从低到高排序,根据征集文件规定的淘汰率或者入围供应商数量上限,确定入围供应商的评审方法。

质量优先法是指对满足采购需求且响应报价不超过最高限制单价的货物、服务进行质量综合评分,按照质量评分从高到低排序,根据征集文件规定的淘汰率或者入围供应商数量上限,确定入围供应商的评审方法。货物项目质量因素包括采购标的的技术水平、产品配置、售后服务等,服务项目质量因素包括服务内容、服务水平、供应商的履约能力、服务经验等。质量因素中的可量化指标应当划分等次,作为评分项;质量因素中的其他指标可以作为实质性要求,不得作为评分项。

有政府定价、政府指导价的项目,以及对质量有特别要求的检测、实验等仪器设备,可以采用质量优先法,其他项目应当采用价格优先法。

对耗材使用量大的复印、打印、实验、医疗等仪器设备进行框架协议采购的,应当要求供应商同时对3年以上约定期限内的专用耗材进行报价。评审时应当考虑约定期限的专用耗材使用成本,修正仪器设备的响应报价或者质量评分。

征集人应当在征集文件、框架协议和采购合同中规定,入围供应商在约定期限内,应当以不高于其报价的价格向适用框架协议的采购人供应专用耗材。

确定第一阶段入围供应商时,提交响应文件和符合资格条件、实质性要求的供应商应当均不少于2家,淘汰比例一般不得低于20%,且至少淘汰一家供应商。采用质量优先法的检测、实验等仪器设备采购,淘汰比例不得低于40%,且至少淘汰一家供应商。

4. 发布入围结果公告和入围通知书

在入围结果公告的同时,征集人应当向入围供应商发出入围通知书。入围结果公告应当包括以下主要内容:

(1)采购项目名称、编号。

(2)征集人的名称、地址、联系人和联系方式。

(3)入围供应商名称、地址及排序。

(4) 最高入围价格或者最低入围分值。

(5) 入围产品名称、规格型号或者主要服务内容及服务标准,入围单价。

(6) 评审小组成员名单。

(7) 采购代理服务收费标准及金额。

(8) 公告期限。

(9) 省级以上财政部门规定的其他事项。

5. 签订框架协议

集中采购机构或者主管预算单位应当在入围通知书发出之日起 30 日内和入围供应商签订框架协议,并在框架协议签订后 7 个工作日内,将框架协议副本报本级财政部门备案。框架协议不得对征集文件确定的事项以及入围供应商的响应文件作实质性修改。

征集人应当在框架协议签订后 3 个工作日内通过电子化采购系统将入围信息告知适用框架协议的所有采购人或者服务对象。

入围信息应当包括所有入围供应商的名称、地址、联系方式、入围产品信息和协议价格等内容。入围产品信息应当详细列明技术规格或者服务内容、服务标准等能反映产品质量特点的内容。

征集人应当确保征集文件和入围信息在整个框架协议有效期内随时可供公众查阅。

除剩余入围供应商不足入围供应商总数 70% 且影响框架协议执行的情形外,框架协议有效期内,征集人不得补充征集供应商。征集人补充征集供应商的,补充征集规则应当在框架协议中约定,补充征集的条件、程序、评审方法和淘汰比例应当与初次征集相同。补充征集应当遵守原框架协议的有效期。补充征集期间,原框架协议继续履行。

6. 确定第二阶段成交供应商

确定第二阶段成交供应商的方式包括直接选定、二次竞价和顺序轮候。

直接选定方式是确定第二阶段成交供应商的主要方式。除征集人根据采购项目特点和提高绩效等要求,在征集文件中载明采用二次竞价或者顺序轮候方式外,确定第二阶段成交供应商应当由采购人或者服务对象依据入围产品价格、质量以及服务便利性、用户评价等因素,从第一阶段入围供应商中直接选定。

二次竞价方式是指以框架协议约定的入围产品、采购合同文本等为依据,以协议价格为最高限价,采购人明确第二阶段竞价需求,从入围供应商中选择所有符合竞价需求的供应商参与二次竞价,确定报价最低的为成交供应商的方式。进行二次竞价应当给予供应商必要的响应时间。二次竞价一般适用于采用价格优先法的采购项目。

顺序轮候方式是指根据征集文件中确定的轮候顺序规则,对所有入围供应商依次授予采购合同的方式。每个入围供应商在一个顺序轮候期内,只有一次获得合同授予的机会。合同授予顺序确定后,应当书面告知所有入围供应商。除清退入围供应商和补充征集外,框架协议有效期内不得调整合同授予顺序。顺序轮候一般适用于服务项目。

7. 发布成交结果公告

以二次竞价或者顺序轮候方式确定成交供应商的,征集人应当在确定成交供应商后 2 个工作日内逐笔发布成交结果公告。成交结果单笔公告可以在省级以上财政部门指定的媒体上发布,也可以在开展框架协议采购的电子化采购系统发布,发布成交结果公告的渠道应当在征集文件或者框架协议中告知供应商。单笔公告应当包括以下主要内容:

(1) 采购人的名称、地址和联系方式。

(2) 框架协议采购项目名称、编号。

(3) 成交供应商名称、地址和成交金额。

(4) 成交标的名称、规格型号或者主要服务内容及服务标准、数量、单价。

(5) 公告期限。

(二) 开放式框架协议采购的流程

开放式框架协议也要通过公开征集程序订立,具体为:

1. 发布征集公告,邀请供应商加入框架协议

订立开放式框架协议的,征集人应当发布征集公告,邀请供应商加入框架协议。征集公告应当包括以下主要内容:

(1) 征集人的名称、地址、联系人和联系方式。

(2) 采购项目名称、编号,采购需求以及最高限制单价,适用框架协议的采购人或者服务对象范围,能预估采购数量的,还应当明确预估采购数量。

(3) 供应商的资格条件。

(4) 框架协议的期限。

(5) 供应商应当提交的资格材料。

(6) 资格审查方法和标准。

(7) 入围产品升级换代规则。

(8) 用户反馈和评价机制。

(9) 入围供应商的清退和补充规则。

(10) 供应商信用信息查询渠道及截止时点、信用信息查询记录和证据留存的具体方式、信用信息的使用规则等。

(11) 订立开放式框架协议的邀请。

(12) 供应商提交加入框架协议申请的方式、地点,以及对申请文件的要求。

(13) 履行合同的地域范围、协议方的权利和义务、入围供应商的清退机制等框架协议内容。

(14) 采购合同文本。

(15) 付费标准,费用结算及支付方式。

(16) 省级以上财政部门规定的其他事项。

2. 供应商提交加入框架协议的申请

征集公告发布后至框架协议期满前，供应商可以按照征集公告要求，随时提交加入框架协议的申请。

3. 审核供应商申请

征集人应当在收到供应商申请后 7 个工作日内完成审核，并将审核结果书面通知申请供应商。

4. 发布入围结果公告

征集人应当在审核通过后 2 个工作日内，发布入围结果公告，公告入围供应商名称、地址、联系方式及付费标准，并动态更新入围供应商信息。征集人应当确保征集公告和入围结果公告在整个框架协议有效期内随时可供公众查阅。

5. 第二阶段成交供应商选定

征集人可以根据采购项目特点，在征集公告中申明是否与供应商另行签订书面框架协议。申明不再签订书面框架协议的，发布入围结果公告，视为签订框架协议。

第二阶段成交供应商由采购人或者服务对象从第一阶段入围供应商中直接选定。供应商履行合同后，依据框架协议约定的凭单、订单以及结算方式，与采购人进行费用结算。

（三）框架协议电子化采购流程

实践中，为落实框架协议电子化采购要求，提高多频次、小额度采购效率，各地区陆续推进框架协议电子化采购，比如江苏省财政厅依托"苏采云"政府采购交易系统开发了框架协议电子采购平台，规定框架协议电子化采购流程如下：

1. 填报采购实施计划

采购人应当在预算管理一体化系统执行板块填报采购实施计划（采购方式选择"框架协议采购"），选择拟采购的货物和服务品目，并关联政府采购指标。采购实施计划经审核后自动推送至"苏采云"系统。

2. 登录平台下单采购

采购人登录"苏采云"系统，选择"框架协议"模块进入框架协议电子采购平台，选择相应品目，按照征集文件规定的方式，选定供应商和产品服务，关联采购实施计划并下单采购。

3. 合同管理与付款

框架协议采购应签订电子合同。采购人应当在供应商履约后及时在线确认收货、提交履约评价并备案采购合同。"苏采云"系统将合同自动推回预算管理一体化系统后，采购人在一体化系统中编制政府采购用款计划，关联采购实施计划、政府采购指标和采购合同，按照约定付款。

4. 其他

对出租车客运服务、车辆维修和保养服务、车辆加油和添加燃料服务等单笔金额小、频次高的品目，采购人可在年初估算全年采购金额，结合实际与框架协议采购入围供应商签订定期合同,并按上述流程实施采购。达到分散采购限额标准的,采购人应作为单个采购项目组织实施。

(四) 采用框架协议采购的几点说明

协议供货、定点采购等常见的政府采购行为,并不是法定采购方式,缺乏明确的法定采购程序和规范要求,导致执行不够严谨。有些供应商虽然入围,但一直得不到合同,容易出现争议;有些供应商搞政府采购专供产品,价格高于同类产品市场价;还有些供应商以低价产品入围,但后续的配件、耗材价格畸高。框架协议采购较好地解决了这些问题:

(1) 框架协议采购遵循竞争择优、讲求绩效的原则,应当有明确的采购标的和定价机制,不得采用供应商符合资格条件即入围的方法。

(2) 确定框架协议采购需求应当开展需求调查,听取采购人、供应商和专家等意见。面向采购人和供应商开展需求调查时,应当选择具有代表性的调查对象,调查对象一般各不少于3个。

(3) 货物原则上应当是市场上已有销售的规格型号,不得是专供政府采购的产品。对货物项目每个采购包只能用一个产品进行响应,征集文件有要求的,应当同时对产品的选配件、耗材进行报价。服务项目包含货物的,响应文件中应当列明货物清单及质量标准。

(4) 对耗材使用量大的复印、打印、实验、医疗等仪器设备进行框架协议采购的,应当要求供应商同时对3年及以上约定期限内的专用耗材进行报价。

(5) 采购人证明能够以更低价格向非入围供应商采购相同货物,且入围供应商不同意将价格降至非入围供应商以下的,可以将合同授予非入围供应商。

(6) 集中采购机构和主管预算单位应当根据工作需要和采购标的的市场供应及价格变化情况,科学合理确定框架协议期限。货物项目框架协议有效期一般不超过1年,服务项目框架协议有效期一般不超过2年。需要注意的是,此处的框架协议期限不等于合同期限。双方可在框架协议期限内,依据项目实际情况,选择合适时间签订合同,在货物框架协议不超过1年、服务框架协议不超过2年的期限内完成合同签订即可,合同的有效期从合同约定的生效时间算起,对于服务项目合同依然可以适用"一采三年""一年一签"。具体而言,"一采三年"指通过一次采购活动确定供应商并签订三年期服务合同,期间采购人会定期对供应商服务质量、进度、效果等进行考核评估,若供应商存在违约或服务不达标的情况,采购人有权要求整改、扣除违约金甚至提前终止合同。"一年一签"则是采购人在服务项目框架协议有效期内,每年依据上一年度供应商服务表现、市场情况及自身需求决定是否续签合同,促使供应商持续保持良好服务状态,同时给予采购人应对变化的灵活性。

(五) 框架协议采购的时间周期

框架协议采购的时间周期见图5.13。

项目五 政府采购方式

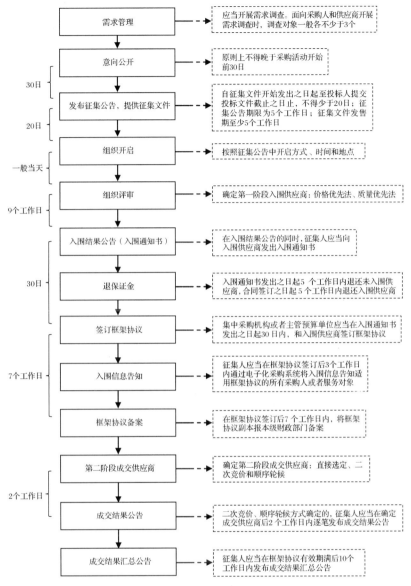

图 5.13 框架协议采购时间周期图

任务九　合作创新采购实务操作

案例导入

政府采购创新经验及实际操作案例

1. 摘要

政府采购作为公共资源配置的重要手段,对于促进经济发展和社会进步具有重要作用。然而,传统的政府采购模式往往缺乏创新性,限制了公共资源的有效利用。本文通过对政府采购创新经验的研究和实际操作案例的分析,探讨了政府采购创新的重要性和可行性,并提出了一些促进政府采购创新的建议。

2. 引言

政府采购是指政府机关为履行职责和提供公共服务而购买商品、工程和服务的行为。传统的政府采购模式往往以价格为主要考量因素,忽视了创新的重要性。然而,随着社会的发展和科技的进步,政府采购也需要与时俱进,注重创新,以更好地满足公众的需求。

3. 政府采购创新经验

(1) 制定创新政策和法规。政府应制定相关政策和法规,鼓励和支持创新型企业参与政府采购,并为其提供相应的优惠政策和支持措施。

(2) 引入竞争机制。政府采购应引入竞争机制,通过公开招标等方式,吸引更多的供应商参与,提高采购效率和质量。

(3) 加强信息共享和合作。政府采购部门应与科研机构、高校和企业建立紧密的合作关系,共享信息和资源,促进技术创新和成果转化。

4. 实际操作案例分析

(1) 案例一:某市政府采购创新实践。该市政府采购部门通过与创新型企业合作,引入了一种新型环保材料,用于城市道路建设。这种材料具有较高的耐久性和环保性能,有效解决了传统材料易损坏和对环境造成污染的问题。

(2) 案例二:某省教育厅采购创新实践。该省教育厅通过与高校和科研机构合作,开展了一项教育信息化项目的采购。通过引入先进的教育技术和平台,提高了教学质量和效率,促进了教育现代化的发展。

5. 促进政府采购创新的建议

(1) 完善政策和法规。政府应加大对政府采购创新的支持力度,完善相关政策和法规,为创新型企业提供更多的机会和支持。

(2) 加强人才培养和交流。政府采购部门应加强人才培养和交流,提高员工的创新意识和能力,引进更多具有创新精神的人才。

(3) 推动信息化建设。政府采购部门应加快信息化建设,建立统一的采购信息平台,提高采购的透明度和效率。

结论:政府采购创新是提高公共资源配置效率和质量的重要手段。通过制定创新政策和法规、引入竞争机制、加强信息共享和合作等措施,可以促进政府采购的创新发展。实际操作案例的分析表明,政府采购创新已经取得了一定的成效。然而,仍然需要进一步加大力度,推动政府采购创新的发展,为经济发展和社会进步做出更大的贡献。

(资料来源:湖南众启工程造价咨询有限公司. 政府采购创新经验及实际操作案例[EB/OL].(2023-06-28)[2024-04-28].http://www.zhongqicost.com/? 179.html.)

政府采购是支持应用技术创新的重要政策工具。近年来,政府采购在支持科技创新方面取得积极成效,但是以政府应用需求为导向、以公平竞争及采购人与供应商风险共担为基础的创新产品研发和应用推广一体化管理制度还没有建立。为落实《深化政府采购制度改革方案》要求,财政部结合国内开展订购、首购的实践经验,借鉴国际上政府采购支持创新的主要做法,研究推出了合作创新采购方式。

一、合作创新采购的概念

合作创新采购是指采购人邀请供应商合作研发,共担研发风险,并按研发合同约定的数量或者金额购买研发成功的创新产品的采购方式。合作创新采购方式分为订购和首购两个紧密相连的阶段,订购是创新产品的研发环节,为后续的首购提供基础,首购则是对订购成果的应用与转化,二者缺一不可。

订购是指采购人提出研发目标,与供应商合作研发创新产品并共担研发风险的活动。创新产品应当具有实质性的技术创新,包含新的技术原理、技术思想或者技术方法。对现有产品的改型以及对既有技术成果的验证、测试和使用等没有实质性技术创新的,不属于创新产品范围。

首购是指采购人对于研发成功的创新产品,按照研发合同约定采购一定数量或者一定金额相应产品的活动。首购阶段需依据合同规定的标准进行产品验收,确保采购的产品符合研发要求。

二、合作创新采购的特点

合作创新采购方式是政府采购领域中引入的一种新型采购方式,它旨在通过政府与企业、科研院所、高校的合作,共同推动科技创新和产品研发。这种采购方式的核心特点在于它不仅仅关注采购成本的优化,更注重通过采购活动激发市场的创新潜力和促进技术进步。

合作创新采购的实施通常涉及政府与供应商在项目初期就进行深度合作,共同确定研发方向,设定技术标准和性能指标。这种模式允许政府部门在采购过程中与供应商共同承担研发风险,同时也预设了未来采购成功研发成果的条款,确保了研发投入的成果能够得到有效的市场应用。

此外,合作创新采购强调采购结果的长远效益而非仅仅是成本节约,它通过预定的采购合约激励供应商投入更多资源进行创新研发。这种采购策略在国际上已被广泛应用于高科技、环保和公共健康等领域,有效地促进了这些领域技术的快速发展和更新。

通过合作创新采购,政府能够充当技术创新的催化剂,推动公私合作,优化资源配置,同时确保公共资金的高效利用,实现社会和经济的双重效益。这种模式不仅为政府采购活动本身带来了新的发展机遇,还为整个社会的技术创新和产业升级提供了强大的动力。

三、合作创新采购订购和首购两阶段的特点

(一) 订购阶段特点

1. 多环节递进式推进

订购阶段涵盖创新概念交流、研发竞争谈判、研发中期谈判和创新产品验收等环节,各环节紧密相连且循序渐进。在创新概念交流环节,采购人组成谈判小组,邀请供应商参与,充分交流创新想法与思路,基于此形成研发谈判文件,并向所有参与交流的供应商提供,为后续竞争谈判奠定基础。

2. 竞争性确定研发供应商

通过组织供应商提交响应文件参与研发竞争谈判,采购人依据评审结果确定研发供应商。这一过程充分引入竞争机制,促使供应商展现自身研发实力与创新方案,保障筛选出具有较强研发能力与创新潜力的合作伙伴。且对确定研发供应商数量有一定限制,最多不超过三家,防止资源分散,确保研发资源集中投入,同时也能在一定程度上控制研发成本。

3. 研发中期动态管理

在研发不同阶段,采购人依据研发合同约定,组织谈判小组与研发供应商开展研发中期谈判。此环节会根据供应商研发情况支付研发成本补偿费用,对研发进度、成果进行动态把控与调整。若供应商未完成相应研发阶段的标志性成果,如未能形成创新产品的详细设计方案、技术原理在实验室环境未获得验证通过等,将在研发中期被淘汰,保证研发方向的正确性与研发质量。对于被淘汰的供应商,应按照合同约定的方式结算其已投入的合理成本,保障供应商的合法权益。

4. 明确研发合同补偿性质

订购阶段签订的研发合同为成本补偿合同,成本补偿范围包括供应商在研发过程中实际投入的设备费、业务费、劳务费以及间接费用等,且成本补偿费用实行总额控制,采购人给予每个研发供应商各阶段补偿成本范围不得超过研发合同约定范围,各阶段成本补偿金额之和不得超过约定的研发成本补偿金额,有效平衡了采购人与供应商的研发投入风险。成本核算应依据相关财务规定和行业通行标准,确保成本计算的合理性与准确性。

5. 强调研发能力的资格条件

在资格条件设定上,采购人围绕供应商须具备的研发能力设定,包括合作创新采购项目所必需的已有专利、计算机软件著作权、专有技术类别,同类项目的研发业绩,供应商已具备的研究基础等,从源头筛选出符合研发要求的供应商。

(二) 首购阶段特点

1. 基于验收结果确定首购产品

创新产品通过验收后,采购人组织谈判小组按照研发合同约定的评审标准确定一家研发供应商的创新产品为首购产品。若仅有一家研发供应商产品通过验收,可直接对其首购;若有两家以上研发供应商研制的创新产品通过验收,则需经过评审确定首购产品,

确保首购产品在功能、性能、价格、售后服务方案等方面达到性价比最优。

2. 首购信息公开推广

采购人需将首购产品信息在指定媒体上公布,以便其他采购人有需求时可按规定购买,促进创新产品的广泛应用与推广。同时,财政部会同相关部门对首购产品中的重点产品制定采购需求标准,进一步规范创新产品市场,引导创新产品持续优化升级。

3. 延续合同管理规范

首购阶段签订首购协议,此协议即为首购产品的采购合同,在合同管理上延续了政府采购合同管理的规范性要求,保障采购双方的合法权益,明确双方权利义务关系,确保采购活动依法依规进行。

四、合作创新采购的适用条件

为稳妥推进合作创新采购方式,避免滥用,《政府采购合作创新采购方式管理暂行办法》规定采购项目符合国家科技和相关产业发展规划,有利于落实国家重大战略目标任务,并且具有下列情形之一的,可以采用合作创新采购方式采购:

(1)市场现有产品或者技术不能满足要求,需要进行技术突破的。当市场上现有的产品或技术在关键性能指标、功能实现、使用场景适配等方面,无法达到采购项目的预期标准时,即可认定为不能满足要求。例如,在某地区的新能源汽车推广项目中,采购方期望新能源汽车的续航里程在特定工况下达到 500 千米以上,且充电时间缩短至 30 分钟以内,但当时市场上的主流产品续航里程大多在 400 千米左右,充电时间普遍超过 1 小时,这就表明现有产品无法满足该项目需求,需要通过合作创新采购进行技术突破。在判断时,通常会依据行业标准、采购方特定需求文件等作为参考依据。

(2)以研发创新产品为基础,形成新范式或者新的解决方案,能够显著改善功能性能,明显提高绩效的。所谓新范式或新解决方案,是指在产品设计理念、技术应用方式、服务提供模式等方面实现创新性变革。显著改善功能性能和明显提高绩效则体现在具体量化指标上,例如某企业在采购生产管理系统时,传统系统订单处理效率较低,平均处理一单需要 2 小时,准确率为 90%。而通过合作创新采购,引入以人工智能和大数据技术为核心的新系统,订单处理效率提升至每单 0.5 小时,准确率提高到 98%,大幅提升了生产管理的效率和质量。这里的效率提升和准确率提高就是显著改善功能性能、明显提高绩效的体现。

(3)国务院财政部门规定的其他情形。国务院财政部门规定的其他情形。该条款为兜底条款,为今后财政部根据实践发展需要调整适用范围留下了制度接口,为应对复杂多变的市场环境和不断涌现的新需求提供了灵活性。一般来说,当出现新型产业发展需求、重大公共事件引发的特殊采购需求等情况,且现有采购方式无法满足时,国务院财政部门可能启用该条款。

五、合作创新采购的程序

根据合作创新采购方式的特点,大致可以将采购过程分为四个部分,即需求管理、订购程序、首购程序和研发合同管理。

（一）需求管理

1. 开展市场调研和专家论证

（1）采购人开展合作创新采购前，应当开展市场调研和专家论证，科学设定最低研发目标、最高研发费用和研发期限。科学设定这些要素，需充分参考市场同类项目的过往经验数据，紧密结合采购项目自身的实际需求以及所处行业的发展趋势。例如，通过收集大量同类型创新产品研发项目的成本数据，分析不同研发周期下的费用投入情况，以此为基础，结合本项目的技术难度、预期成果等因素，合理确定最高研发费用和研发期限。同时，依据对市场现有产品和技术水平的深入调研，明确最低研发目标，确保目标既具有挑战性又具备现实可行性。

（2）合作创新采购应当围绕供应商须具备的研发能力设定资格条件。具体从多个方面考量供应商的研发能力，包括但不限于研发团队的专业构成，要求团队涵盖相关领域的资深专家、技术骨干，具备丰富的研发经验；研发设备的先进程度，如是否拥有先进的实验仪器、模拟仿真设备等，以保障研发工作的高效开展；过往研发项目的成果，如成功研发的创新产品数量、获得的专利数量、在行业内的技术领先程度等。

（3）除涉及国家安全和国家秘密的采购项目外，应当保障内外资企业平等参与。通过制订公平公正、一视同仁的采购规则来保障这一点，例如，在采购文件中明确统一的评审标准和流程，杜绝任何形式的歧视性条款；消除不合理的准入壁垒，不得因企业的外资属性设置额外的限制条件，确保内外资企业在同一起跑线上参与竞争。

（4）根据采购项目特点，预留一定份额专门面向中小企业，推动中小企业参与创新研发。预留份额的确定需依据项目规模和中小企业的实际承接能力，以及相关政策的要求来合理安排，例如对于规模较小、技术难度适中的项目，可适当提高预留比例，让更多中小企业有机会参与。

2. 编制采购方案

采购人开展合作创新采购前，应当制定采购方案。采购方案包括以下内容：

（1）创新产品的最低研发目标、最高研发费用、应用场景和研发期限。

（2）供应商邀请方式。

（3）谈判小组组成，评审专家选取办法，评审方法以及初步的评审标准。

（4）给予研发成本补偿的成本范围及该项目用于研发成本补偿的费用限额。

（5）是否开展研发中期谈判。

（6）关于知识产权权属、利益分配、使用方式的初步意见。

（7）创新产品的迭代升级服务要求。

（8）研发合同应当包括的主要条款。

（9）研发风险分析和风险管控措施。

（10）需要确定的其他事项。

采购人应当对采购方案的科学性、可行性、合规性等开展咨询论证，并按照《政府采购需求管理办法》有关规定履行内部审查、核准程序后实施。

3. 发布合作创新采购项目信息

采购人应当按照政府采购有关规定,在省级以上人民政府财政部门指定的媒体上及时发布合作创新采购项目信息,包括采购意向、采购公告、研发谈判文件、成交结果、研发合同、首购协议等,但涉及国家秘密、商业秘密的信息,以及其他依照法律、行政法规和国家有关规定不得公开的信息除外。

(二) 订购程序

1. 采购人组建谈判小组

采购人应当组建谈判小组,谈判小组负责供应商资格审查、创新概念交流、研发竞争谈判、研发中期谈判和首购评审等工作。谈判小组由采购人代表和评审专家共 5 人以上单数组成。采购人应当自行选定相应专业领域的评审专家。评审专家中应当包含一名法律专家和一名经济专家。法律专家可确保合作创新采购中复杂的法律事务得到专业处理,如知识产权归属、合同条款拟定等,避免法律风险。经济专家则能对创新项目的成本、预算及潜在效益进行精准评估,保证资金合理使用,助力项目实现经济上的可行性与合理性。

2. 发布合作创新采购公告邀请供应商

采购人应当发布合作创新采购公告邀请供应商,但受基础设施、行政许可、确需使用不可替代的知识产权或者专有技术等限制,只能从有限范围或者唯一供应商处采购的,采购人可以直接向所有符合条件的供应商发出合作创新采购邀请书。例如在某地区的智慧医疗系统建设项目中,当地医疗信息系统已采用特定的底层数据架构,新采购的设备及软件需与该架构深度兼容,仅一家掌握相关核心技术的供应商能够满足要求,这种情况下采购人即可直接向该供应商发出邀请。

以公告形式邀请供应商的,公告期限不得少于 5 个工作日。合作创新采购公告、合作创新采购邀请书应当包括采购人和采购项目名称,创新产品的最低研发目标、最高研发费用、应用场景及研发期限,对供应商的资格要求以及供应商提交参与合作创新采购申请文件的时间和地点等。同时,采购人应当在合作创新采购公告、合作创新采购邀请书中明确,最低研发目标、最高研发费用可能根据创新概念交流情况进行实质性调整。

3. 供应商提交参与合作创新采购申请文件

参与合作创新采购项目的供应商应提交申请文件。提交参与合作创新采购申请文件的时间自采购公告、邀请书发出之日起不得少于 20 个工作日。采购人应当在合作创新采购公告、合作创新采购邀请书中载明是否接受联合体参与。若未明确载明,根据相关规定,采购人不得拒绝联合体参与。但为提升采购流程的清晰度与效率,采购人应尽可能清晰、明确地在公告和邀请书中说明是否接受联合体参与,同时详细阐述对联合体的具体要求,例如联合体成员各自应具备的资质条件,在项目实施过程中的责任划分细则,包括但不限于技术研发、生产制造、售后服务等环节的分工,以此减少后续采购流程中可能出现的误解与纠纷,保障采购活动顺利推进。

4. 谈判小组与供应商进行创新概念交流

谈判小组依法对供应商的资格进行审查。提交申请文件或者通过资格审查的供应商只有两家或者一家的，可以按照《政府采购合作创新采购方式管理暂行办法》规定继续开展采购活动。这是基于合作创新采购鼓励创新、共担风险的特点，以及在保障采购项目顺利进行、实现采购目标前提下的特殊处理方式。这种特殊处理不是为了轻易终止采购项目，而是充分发挥财政资金对科技创新的支持作用，同时给予供应商更多参与创新采购的机会。

谈判小组集中与所有通过资格审查的供应商共同进行创新概念交流，交流内容包括创新产品的最低研发目标、最高研发费用、应用场景及采购方案的其他相关内容。创新概念交流中，谈判小组应当全面及时回答供应商提问。必要时，采购人或者其授权的谈判小组可以组织供应商进行集中答疑和现场考察。这里的"必要时"，通常指供应商对采购项目的关键信息存在普遍疑问，或采购项目涉及复杂的应用场景、特殊的技术要求等情况。在组织集中答疑时，应提前确定答疑时间、地点，并通过正式渠道通知所有供应商；现场考察则需提前规划好考察路线、明确考察重点，让供应商能够直观了解项目实施环境等重要信息。

采购人根据创新概念交流情况，对采购方案内容进行实质性调整的，应当按照内部控制管理制度有关规定，履行必要的内部审查、核准程序。

5. 形成研发谈判文件

采购人根据创新概念交流结果，形成研发谈判文件。研发谈判文件主要内容包括：

（1）创新产品的最低研发目标、最高研发费用、应用场景、研发期限及有关情况说明。

（2）研发供应商数量。

（3）给予单个研发供应商的研发成本补偿的成本范围和限额，另设激励费用的，明确激励费用的金额。

（4）创新产品首购数量或者金额。

（5）评审方法与评审标准，在谈判过程中不得更改的主要评审因素及其权重，以及是否采用两阶段评审。评审因素主要包括供应商研发方案，供应商提出的研发成本补偿金额和首购产品金额的报价，研发完成时间，创新产品的售后服务方案等。其中，供应商研发方案的分值占总分值的比重不得低于50%。

（6）对研发进度安排及相应的研发中期谈判阶段划分的响应要求。

（7）各阶段研发成本补偿的成本范围和金额、标志性成果的响应要求。

（8）研发成本补偿费用的支付方式、时间和条件。

（9）创新产品的验收方法与验收标准。

（10）首购产品的评审标准。

（11）关于知识产权权属、利益分配、使用方式等的响应要求。

（12）落实支持中小企业发展等政策的要求。

（13）创新产品的迭代升级服务要求。

(14) 研发合同的主要条款。

(15) 响应文件编制要求，提交方式、提交截止时间和地点，以及响应文件有效期。

(16) 省级以上财政部门规定的其他事项。

6. 提供研发谈判文件

采购人应当向所有参与创新概念交流的供应商提供研发谈判文件，邀请其参与研发竞争谈判。从研发谈判文件发出之日起至供应商提交首次响应文件截止之日止不得少于10个工作日。

采购人可以对已发出的研发谈判文件进行必要的澄清或者修改，但不得改变采购标的和资格条件。澄清或者修改的内容可能影响响应文件编制，导致供应商准备时间不足的，采购人按照研发谈判文件规定，顺延提交响应文件的时间。

7. 供应商编制响应文件

供应商应当根据研发谈判文件编制响应文件，对研发谈判文件的要求作出实质性响应。响应文件包括以下内容：

(1) 供应商的研发方案。

(2) 研发完成时间。

(3) 响应报价，供应商应当对研发成本补偿金额和首购产品金额分别报价，且各自不得高于研发谈判文件规定的给予单个研发供应商的研发成本补偿限额和首购费用。首购产品金额除创新产品本身的购买费用以外，还包括创新产品未来一定期限内的运行维护等费用。

(4) 各阶段的研发成本补偿的成本范围和金额。

(5) 创新产品的验收方法与验收标准。

(6) 创新产品的售后服务方案。

(7) 知识产权权属、利益分配、使用方式等。

(8) 创新产品的迭代升级服务方案。

(9) 落实支持中小企业发展等政策要求的响应内容。

(10) 其他需要响应的内容。

8. 谈判小组与供应商进行谈判

谈判小组集中与单一供应商分别进行谈判，对相关内容进行细化调整。谈判主要内容包括：

(1) 创新产品的最低研发目标、验收方法与验收标准。

(2) 供应商的研发方案。

(3) 研发完成时间。

(4) 研发成本补偿的成本范围和金额，及首购产品金额。

(5) 研发竞争谈判的评审标准。

(6) 各阶段研发成本补偿的成本范围和金额。

(7) 首购产品的评审标准。

(8) 知识产权权属、利益分配、使用方式等。

(9) 创新产品的迭代升级服务方案。

(10) 研发合同履行中可能出现的风险及其管控措施。

在谈判中,谈判小组可以根据谈判情况实质性变动谈判文件有关内容,但不得降低最低研发目标、提高最高研发费用,也不得改变谈判文件中的主要评审因素及其权重。

9. 确定最终谈判文件

谈判结束后,谈判小组根据谈判结果,确定最终的谈判文件,并以书面形式同时通知所有参加谈判的供应商。供应商按要求提交最终响应文件,谈判小组给予供应商的响应时间应当不少于5个工作日。提交最终响应文件的供应商只有两家或者一家的,可以按照《政府采购合作创新采购方式管理暂行办法》规定继续开展采购活动。

10. 谈判小组对满足实质性要求供应商进行评审

谈判小组对响应文件满足研发谈判文件全部实质性要求的供应商开展评审,按照评审得分从高到低排序,推荐成交候选人。

谈判小组根据谈判文件规定,可以对供应商响应文件的研发方案部分和其他部分采取两阶段评审,先评审研发方案部分,对研发方案得分达到规定名次的,再综合评审其他部分,按照总得分从高到低排序,确定成交候选人。

11. 确定研发供应商

采购人根据谈判文件规定的研发供应商数量和谈判小组推荐的成交候选人顺序,确定研发供应商,也可以书面授权谈判小组直接确定研发供应商。研发供应商数量最多不得超过三家。成交候选人数量少于谈判文件规定的研发供应商数量的,采购人可以确定所有成交候选人为研发供应商,也可以重新开展政府采购活动。采购人应当依法与研发供应商签订研发合同。

只能从唯一供应商处采购的,采购人与供应商应当遵照《政府采购合作创新采购方式管理暂行办法》规定的原则,根据研发成本和可参照的同类项目合同价格协商确定合理价格,明确创新产品的功能、性能,研发完成时间,研发成本补偿的成本范围和金额,首购产品金额,研发进度安排及相应的研发中期谈判阶段划分等合同条件。

12. 研发中期谈判

采购人根据研发合同约定,组织谈判小组与研发供应商在研发不同阶段就研发进度、标志性成果及其验收方法与标准、研发成本补偿的成本范围和金额等问题进行研发中期谈判,根据研发进展情况对相关内容细化调整,但每个研发供应商各阶段补偿成本范围不得超过研发合同约定的研发成本补偿的成本范围,且各阶段成本补偿金额之和不得超过研发合同约定的研发成本补偿金额。研发中期谈判应当在每一阶段开始前完成。

每一阶段约定期限到期后,研发供应商应当提交成果报告和成本说明,采购人根据研发合同约定和研发中期谈判结果支付研发成本补偿费用。研发供应商提供的标志性成果满足要求的,进入下一研发阶段;研发供应商未按照约定完成标志性成果的,予以淘汰并终止研发合同。

13. 对供应商提交的创新产品和样品进行验收

对于研发供应商提交的最终定型的创新产品和符合条件的样品,采购人应当按照研发合同约定的验收方法与验收标准开展验收,验收时可以邀请谈判小组成员参与。

(三) 首购程序

采购人按照研发合同约定开展创新产品首购。

只有一家研发供应商研制的创新产品通过验收的,采购人直接确定其为首购产品。有两家以上研发供应商研制的创新产品通过验收的,采购人应当组织谈判小组评审,根据研发合同约定的评审标准确定一家研发供应商的创新产品为首购产品。

首购评审综合考虑创新产品的功能、性能、价格、售后服务方案等,按照性价比最优的原则确定首购产品。此时研发供应商对首购产品金额的报价不得高于研发谈判文件规定的首购费用。

采购人应当在确定首购产品后 10 个工作日内在省级以上人民政府财政部门指定的媒体上发布首购产品信息,并按照研发合同约定的创新产品首购数量或者金额,与首购产品供应商签订创新产品首购协议,明确首购产品的功能、性能、服务内容和服务标准,首购的数量、单价和总金额,首购产品交付时间,资金支付方式和条件等内容,作为研发合同的补充协议。

(四) 研发合同管理

研发合同管理主要涉及以下几个内容:

(1) 采购人应当根据研发谈判文件的所有实质性要求以及研发供应商的响应文件签订研发合同。研发合同应当包括以下内容:

① 采购人以及研发供应商的名称、地址和联系方式;

② 采购项目名称、编号;

③ 创新产品的功能、性能,服务内容、服务标准及其他产出目标;

④ 研发成本补偿的成本范围和金额,另设激励费用的,激励费用的金额;

⑤ 创新产品首购的数量、单价和总金额;

⑥ 研发进度安排及相应的研发中期谈判阶段划分;

⑦ 各阶段研发成本补偿的成本范围和金额、标志性成果;

⑧ 研发成本补偿费用的支付方式、时间和条件;

⑨ 创新产品验收方法与验收标准;

⑩ 首购产品评审标准;

⑪ 创新产品的售后服务和迭代升级服务方案;

⑫ 知识产权权属约定、利益分配、使用方式等;

⑬ 落实支持中小企业发展等政策的要求;

⑭ 研发合同期限;

⑮ 合同履行中可能出现的风险及其管控措施;

⑯ 技术信息和资料的保密;

⑰ 合同解除情形;

⑱ 违约责任;

⑲ 争议解决方式;

⑳ 需要约定的其他事项。

（2）研发合同期限包括创新产品研发、迭代升级以及首购交付的期限,一般不得超过两年,属于重大合作创新采购项目的,不得超过三年。研发合同有效期内,供应商按照研发合同约定提供首购产品迭代升级服务,用升级后的创新产品替代原首购产品。

（3）研发合同为成本补偿合同。成本补偿的范围包括供应商在研发过程中实际投入的设备费、业务费、劳务费以及间接费用等。采购人应当按照研发合同约定向研发供应商支付研发成本补偿费用和激励费用。预留份额专门面向中小企业的合作创新采购项目,联合协议或者分包意向协议应当明确按照研发合同成本补偿规定分担风险。

（4）采购人应当向首购产品供应商支付预付款用于创新产品生产制造。预付款金额不得低于首购协议约定的首购总金额的百分之三十。

（5）研发合同履行中,因市场已出现拟研发创新产品的同类产品等情形,采购人认为研发合同继续履行没有意义的,应当及时通知研发供应商终止研发合同,并按研发合同约定向研发供应商支付相应的研发成本补偿费用。因出现无法克服的技术困难,致使研发失败或者部分失败的,研发供应商应当及时通知采购人终止研发合同,并采取适当补救措施减少损失,采购人按研发合同约定向研发供应商支付相应的研发成本补偿费用。因研发供应商违反合同约定致使研发工作发生重大延误、停滞或者失败的,采购人可以解除研发合同,研发供应商承担相应违约责任。

（6）其他采购人有需求的,可以直接采购指定媒体上公布的创新产品,也可以在不降低创新产品核心技术参数的前提下,委托供应商对创新产品进行定制化改造后采购。其他采购人采购创新产品的,应当在该创新产品研发合同终止之日前,以不高于首购价格的价格与供应商平等自愿签订采购合同。

任务十　政府采购方式的对比

现行的政府采购方式主要有公开招标、邀请招标、询价、竞争性谈判、竞争性磋商、单一来源采购、框架协议采购以及合作创新采购 8 种方式。为了更加清晰地了解各种政府采购方式的特点,下面从基本流程、适用法律规定、定义、适用情形、供应商产生方式、等标期、修改采购文件、评审委员会组建、报价次数、评审办法、定标流程等方面对政府采购方式进行综合比较。

一、基本流程对比

八种采购方式基本流程对比见表5.8。

表5.8　八种采购方式基本流程对比

采购方式	公开招标	邀请招标	询价	竞争性谈判	竞争性磋商	单一来源采购	框架协议采购
采购意向公开	原则上不得晚于采购活动开始前30日公开采购意向（框架协议采购特殊）						
时间周期	至少20日		至少3个工作日	至少10日		无规定	封闭式框架协议公开征集程序，按照政府采购公开招标的规定执行
采购公告期限	5个工作日		3个工作日			拟采用单一来源公示期至少5个工作日	
文件发售	至少5个工作日		无规定，常见至少3个工作日	至少5个工作日		无规定	
澄清或变更	投标截止前至少15日		提交首次响应文件截止前至少3个工作日	提交首次响应文件截止前至少5日		无规定	
评标报告送交采购人	评审结束后2个工作日内						
采购人确定中标、成交供应商	收到评标报告之日起5个工作日内，在评标报告确定的中标、成交候选人名单中确定						
发布中标、成交公告	中标、成交供应商确定后2个工作日内发布						
签发中标通知书	发布中标、成交公告当天						
签订合同	中标、成交通知书发布之日起30日内						

合作创新采购方式具有明显的谈判和分阶段特征，因而该采购方式与其他政府采购方式的基本流程存在着较大差异。《政府采购合作创新采购方式管理暂行办法》（财库〔2024〕13号）第八条规定，合作创新采购，除只能从有限范围或者唯一供应商处采购以外，采购人应当通过公开竞争确定研发供应商。

《政府采购框架协议采购方式管理暂行办法》（财政部令第110号）规定，框架协议采购包括封闭式框架协议采购和开放式框架协议采购，封闭式框架协议采购是框架协议采购的主要形式。因此本节论述针对框架协议部分，主要介绍封闭式框架协议。

二、适用法律规定对比

八种采购方式适用法律规定对比见表5.9。

表 5.9　八种采购方式适用法律规定对比

采购方式	适用的法律规定	
公开招标、邀请招标	《政府采购货物和服务招标投标管理办法》（财政部令第 87 号）	《政府采购法》《政府采购法实施条例》《政府采购需求管理办法》《政府采购质疑和投诉办法》……
询价、竞争性谈判、单一来源采购	《政府采购非招标采购方式管理办法》（财政部令第 74 号）	
竞争性磋商	《政府采购竞争性磋商采购方式管理暂行办法》（财库〔2014〕214 号）	
框架协议采购	《政府采购框架协议采购方式管理暂行办法》（财政部令第 110 号）	
合作创新采购	《政府采购合作创新采购方式管理暂行办法》（财库〔2024〕13 号）	

三、基本定义对比

八种采购方式定义对比见表 5.10。

表 5.10　八种采购方式定义对比

采购方式	定义
公开招标	公开招标是指采购人依法以招标公告的方式邀请非特定的供应商参加投标的采购方式
邀请招标	邀请招标是指采购人依法从符合相应资格条件的供应商中随机抽取 3 家以上供应商，并以投标邀请书的方式邀请其参加投标的采购方式
询价	询价是指询价小组向符合资格条件的供应商发出采购货物询价通知书，要求供应商一次报出不得更改的价格，采购人从询价小组提出的成交候选人中确定成交供应商的采购方式
竞争性谈判	竞争性谈判是指谈判小组与符合资格条件的供应商就采购货物、工程和服务事宜进行谈判，供应商按照谈判文件的要求提交响应文件和最后报价，采购人从谈判小组提出的成交候选人中确定成交供应商的采购方式
竞争性磋商	竞争性磋商是指采购人、政府采购代理机构通过组建竞争性磋商小组与符合条件的供应商就采购货物、工程和服务事宜进行磋商，供应商按照磋商文件的要求提交响应文件和报价，采购人从磋商小组评审后提出的候选供应商名单中确定成交供应商的采购方式
单一来源采购	单一来源采购是指采购人从某一特定供应商处采购货物、工程和服务的采购方式
框架协议采购	框架协议采购是指集中采购机构或者主管预算单位对技术、服务等标准明确、统一，需要多次重复采购的货物和服务，通过公开征集程序，确定第一阶段入围供应商并订立框架协议，采购人或者服务对象按照框架协议约定规则，在入围供应商范围内确定第二阶段成交供应商并订立采购合同的采购方式。其中封闭式框架协议采购是指通过公开竞争订立框架协议后，除经过框架协议约定的补充征集程序外，不得增加协议供应商的框架协议采购
合作创新采购	合作创新采购是指采购人邀请供应商合作研发，共担研发风险，并按研发合同约定的数量或者金额购买研发成功的创新产品的采购方式。合作创新采购方式分为订购和首购两个阶段

四、适用情形对比

八种采购方式适用情形对比见表 5.11。

表 5.11　八种采购方式适用情形对比

采购方式	适用情形
公开招标	最主要的采购方式,公开招标数额标准以上的货物、服务和工程项目
邀请招标	① 具有特殊性,只能从有限范围的供应商采购的; ② 采用公开招标方式的费用占政府采购项目总价值的比例过大的
询价	采购的货物规格、标准统一,现货货源充足且价格变化幅度小的政府采购项目
竞争性谈判	① 招标后没有供应商投标或者没有合格标的或者重新招标未能成立的; ② 技术复杂或者性质特殊,不能确定详细规格或者具体要求的; ③ 采用招标所需时间不能满足用户紧急需要的; ④ 不能事先计算出价格总额的
竞争性磋商	① 政府购买服务项目; ② 技术复杂或者性质特殊,不能确定详细规格或者具体要求的; ③ 因艺术品采购、专利、专有技术或者服务的时间、数量事先不能确定等原因不能事先计算出价格总额的; ④ 市场竞争不充分的科研项目,以及需要扶持的科技成果转化项目; ⑤ 按照招标投标法及其实施条例必须进行招标的工程建设项目以外的工程建设项目
单一来源采购	① 只能从唯一供应商处采购的; ② 发生了不可预见的紧急情况不能从其他供应商处采购的; ③ 必须保证原有采购项目一致性或者服务配套的要求,需要继续从原供应商处添购,且添购资金总额不超过原合同采购金额百分之十的
框架协议采购	① 集中采购目录以内品目,以及与之配套的必要耗材、配件等,属于小额零星采购的; ② 集中采购目录以外,采购限额标准以上,本部门、本系统行政管理所需的法律、评估、会计、审计等鉴证咨询服务,属于小额零星采购的; ③ 集中采购目录以外,采购限额标准以上,为本部门、本系统以外的服务对象提供服务的政府购买服务项目,需要确定 2 家以上供应商由服务对象自主选择的; ④ 国务院财政部门规定的其他情形
合作创新采购	① 市场现有产品或者技术不能满足要求,需要进行技术突破的; ② 以研发创新产品为基础,形成新范式或者新的解决方案,能够显著改善功能性能,明显提高绩效的; ③ 国务院财政部门规定的其他情形

五、供应商产生方式对比

八种采购方式供应商产生方式对比见表 5.12。

表 5.12　八种采购方式供应商产生方式对比

采购方式	供应商产生的方式
公开招标	以招标公告的方式邀请非特定的供应商参加投标
邀请招标	采购人、采购代理机构通过以下方式产生符合资格条件的供应商名单,并从中随机抽取 3 家以上供应商向其发出投标邀请书: ① 发布资格预审公告征集; ② 采购人书面推荐
询价	采购人、采购代理机构应当通过以下方式邀请不少于 3 家符合相应资格条件的供应商参与采购活动: ① 发布公告; ② 采购人和评审专家分别书面推荐。 采购人推荐供应商的比例不得高于推荐供应商总数的 50%
竞争性谈判	
竞争性磋商	
单一来源采购	一般通过单一来源采购公示拟定供应商
框架协议采购	通过发布征集公告邀请供应商
合作创新采购	除只能从有限范围或者唯一供应商处采购以外,采购人应当通过公开竞争确定研发供应商

六、等标期对比

八种采购方式等标期对比见表 5.13。

表 5.13　八种采购方式等标期对比

采购方式	发出采购文件至投标(响应)文件提交截止的时间
公开招标	自招标文件开始发出之日起至投标人提交投标文件截止之日止,不得少于 20 日。
邀请招标	招标文件的提供期限自公告发布之日起,不得少于 5 个工作日
询价	从询价通知书/谈判文件发出之日起至供应商提交首次响应文件截止之日止,不得少于 3 个工作日
竞争性谈判	
竞争性磋商	从磋商文件发出之日起至供应商提交首次响应文件截止之日止,不得少于 10 日。 磋商文件的发售期限自开始之日起,不得少于 5 个工作日
单一来源采购	无明确要求
框架协议采购	封闭式框架协议的公开征集程序,按照政府采购公开招标的规定执行
合作创新采购	提交参与合作创新采购申请文件的时间自采购公告、邀请书发出之日起,不得少于 20 个工作日。从研发谈判文件发出之日起至供应商提交首次响应文件截止之日止,不得少于 10 个工作日。供应商按要求提交最终响应文件,谈判小组给予供应商的响应时间应当不少于 5 个工作日

七、修改采购文件要求对比

八种采购方式修改采购文件要求对比见表 5.14。

表 5.14　八种采购方式修改采购文件要求对比

采购方式	对采购文件修改的相关要求
公开招标 邀请招标	① 采购人或者采购代理机构可以对已发出的招标文件、资格预审文件、投标邀请书进行必要的澄清或者修改,但不得改变采购标的和资格条件。 ② 澄清或者修改应当在原公告发布媒体上发布澄清公告。澄清或者修改的内容为招标文件、资格预审文件、投标邀请书的组成部分。 ③ 澄清或者修改的内容可能影响投标文件编制的,采购人或者采购代理机构应当在投标截止时间至少 15 日前,以书面形式通知所有获取招标文件的潜在投标人;不足 15 日的,采购人或者采购代理机构应当顺延提交投标文件的截止时间。 ④ 澄清或者修改的内容可能影响资格预审申请文件编制的,采购人或者采购代理机构应当在提交资格预审申请文件截止时间至少 3 日前,以书面形式通知所有获取资格预审文件的潜在投标人;不足 3 日的,采购人或者采购代理机构应当顺延提交资格预审申请文件的截止时间
询价 竞争性谈判	① 提交首次响应文件截止之日前,采购人、采购代理机构或者询价/谈判小组可以对已发出的询价通知书/谈判文件进行必要的澄清或者修改,澄清或者修改的内容作为询价通知书/谈判文件的组成部分。 ② 澄清或者修改的内容可能影响响应文件编制的,采购人、采购代理机构或者询价/谈判小组应当在提交首次响应文件截止之日 3 个工作日前,以书面形式通知所有接收询价通知书/谈判文件的供应商,不足 3 个工作日的,应当顺延提交首次响应文件截止之日
竞争性磋商	① 提交首次响应文件截止之日前,采购人、采购代理机构或者磋商小组可以对已发出的磋商文件进行必要的澄清或者修改,澄清或者修改的内容作为磋商文件的组成部分。 ② 澄清或者修改的内容可能影响响应文件编制的,采购人、采购代理机构应当在提交首次响应文件截止时间至少 5 日前,以书面形式通知所有获取磋商文件的供应商;不足 5 日的,采购人、采购代理机构应当顺延提交首次响应文件截止时间
单一来源采购	无明确要求
框架协议采购	封闭式框架协议的公开征集程序,按照政府采购公开招标的规定执行
合作创新采购	① 采购人可以对已发出的研发谈判文件进行必要的澄清或者修改,但不得改变采购标的和资格条件。澄清或者修改的内容可能影响响应文件编制,导致供应商准备时间不足的,采购人按照研发谈判文件规定,顺延提交响应文件的时间。 ② 在谈判中,谈判小组可以根据谈判情况实质性变动谈判文件有关内容,但不得降低最低研发目标、提高最高研发费用,也不得改变谈判文件中的主要评审因素及其权重

八、评审委员会组建对比

八种采购方式评审委员会组建对比见表 5.15。

表 5.15 八种采购方式评审委员会组建对比

采购方式	评标委员会/评审小组组成人数
公开招标	① 评标委员会由采购人代表和评审专家组成,成员人数应当为 5 人以上单数,其中评审专家不得少于成员总数的 2/3。常用:4 名专家+1 名采购人代表。
邀请招标	② 采购预算金额在 1 000 万元以上、技术复杂、社会影响大的项目,评标委员会成员人数应当为 7 人以上单数。常用:5 名专家+2 名采购人代表
询价	① 询价小组/竞争性谈判小组由采购人代表和评审专家共 3 人以上单数组成,其中评审专家人数不得少于询价小组/竞争性谈判小组成员总数的 2/3。常用:2 名专家+1 名采购人代表。
竞争性谈判	② 达到公开招标数额标准的货物或者服务采购项目,或者达到招标规模标准的政府采购工程,询价小组/竞争性谈判小组应当由 5 人以上单数组成。常用:4 名专家+1 名采购人代表
竞争性磋商	磋商小组由采购人代表和评审专家共 3 人以上单数组成,其中评审专家人数不得少于磋商小组成员总数的 2/3。常用:2 名专家+1 名采购人代表。 技术复杂、专业性强的采购项目,评审专家中应当包含 1 名法律专家
单一来源采购	单一来源采购中没有"评审"的概念。协商小组成员可以不从政府采购评审专家库中产生,由采购人或者采购代理机构根据采购项目的需要,组织具有相关经验的专业人员与供应商商定合理的成交价格并保证采购项目质量
框架协议采购	封闭式框架协议的公开征集程序,按照政府采购公开招标的规定执行
合作创新采购	采购人应当组建谈判小组,谈判小组由采购人代表和评审专家共 5 人以上单数组成。采购人应当自行选定相应专业领域的评审专家。评审专家中应当包含 1 名法律专家和 1 名经济专家。谈判小组具体人员组成比例,评审专家选取办法及采购过程中的人员调整程序按照采购人内部控制管理制度确定

九、报价次数对比

八种采购方式报价次数对比见表 5.16。

表 5.16 八种采购方式报价次数对比

采购方式	供应商报价次数
公开招标	供应商一次报出不得更改的价格,必须公开唱标
邀请招标	
询价	供应商一次报出不得更改的价格
竞争性谈判	供应商在规定时间内提交最后报价。在提交最后报价之前可根据谈判/磋商情况退出谈判/磋商。常见两次以上报价,以最后报价为准
竞争性磋商	
单一来源采购	没有具体的规定,一般情况下供应商可以多次报价,商定合理的成交价

(续表)

采购方式	供应商报价次数
框架协议采购	封闭式框架协议的公开征集程序,按照政府采购公开招标的规定执行
合作创新采购	未作明确规定。谈判结束后,谈判小组根据谈判结果,确定最终的谈判文件,并以书面形式同时通知所有参加谈判的供应商。供应商按要求提交最终响应文件

十、评审办法对比

八种采购方式评审办法对比见表5.17。

表5.17 八种采购方式评审办法对比

采购方式	评审办法
公开招标	综合评分法、最低评标价法
邀请招标	
询价	根据质量和服务均能满足采购文件实质性响应要求且最后报价最低的原则确定成交供应商
竞争性谈判	
竞争性磋商	综合评分法
单一来源采购	与供应商商定合理的成交价格并保证采购项目质量
框架协议采购	封闭式框架协议: ① 入围时采用质量优先法或价格优先法; ② 第二阶段采用直接选定、二次竞价或顺序轮候
合作创新采购	① 谈判小组对响应文件满足研发谈判文件全部实质性要求的供应商开展评审,按照评审得分从高到低排序,推荐成交候选人。 ② 谈判小组根据谈判文件规定,可以对供应商响应文件的研发方案部分和其他部分采取两阶段评审,先评审研发方案部分,对研发方案得分达到规定名次的,再综合评审其他部分,按照总得分从高到低排序,确定成交候选人

十一、定标流程对比

八种采购方式定标流程对比见表5.18。

表5.18 八种采购方式定标流程对比

采购方式	确定中标/成交供应商,并发布中标/成交公告
公开招标	① 采购代理机构应当自评审结束之日起2个工作日内将评审报告送交采购人。 ② 采购人应当自收到评审报告之日起5个工作日内在评审报告推荐的中标或者成交候选人中按顺序确定中标或者成交供应商。 ③ 采购人或者采购代理机构应当自中标、成交供应商确定之日起2个工作日内,在省级以上人民政府财政部门指定的媒体上公告中标、成交结果,招标文件、询价通知书、竞争性谈判文件、磋商文件随中标、成交结果同时公告。公告期限1个工作日。在公告中标、成交结果的同时,向中标、成交供应商发出中标、成交通知书。 ④ 采购人应当自中标、成交通知书发出之日起30日内,与中标、成交供应商签订书面合同
邀请招标	
询价	
竞争性谈判	
竞争性磋商	

(续表)

采购方式	确定中标/成交供应商,并发布中标/成交公告
单一来源采购	无明确要求
框架协议采购	① 封闭式框架协议的公开征集程序,按照政府采购公开招标的规定执行,另有规定的,按其规定执行。 ② 以二次竞价或者顺序轮候方式确定成交供应商的,征集人应当在确定成交供应商后 2 个工作日内逐笔发布成交结果公告。 ③ 征集人应当在框架协议有效期满后 10 个工作日内发布成交结果汇总公告。 ④ 采购人将合同授予非入围供应商的,应当在确定成交供应商后 1 个工作日内,将成交结果抄送征集人,由征集人按照单笔公告要求发布成交结果公告
合作创新采购	① 采购人根据谈判文件规定的研发供应商数量和谈判小组推荐的成交候选人顺序,确定研发供应商,也可以书面授权谈判小组直接确定研发供应商。研发供应商数量最多不得超过 3 家。成交候选人数量少于谈判文件规定的研发供应商数量的,采购人可以确定所有成交候选人为研发供应商,也可以重新开展政府采购活动。采购人应当依法与研发供应商签订研发合同。 ② 只能从唯一供应商处采购的,采购人与供应商应当遵照《政府采购合作创新采购方式管理暂行办法》规定的原则,根据研发成本和可参照的同类项目合同价格协商确定合理价格,明确创新产品的功能、性能,研发完成时间,研发成本补偿的成本范围和金额,首购产品金额,研发进度安排及相应的研发中期谈判阶段划分等合同条件。 ③ 只有 1 家研发供应商研制的创新产品通过验收的,采购人直接确定其为首购产品。有 2 家以上研发供应商研制的创新产品通过验收的,采购人应当组织谈判小组评审,根据研发合同约定的评审标准确定一家研发供应商的创新产品为首购产品。 ④ 采购人应当在确定首购产品后 10 个工作日内在省级以上人民政府财政部门指定的媒体上发布首购产品信息,并按照研发合同约定的创新产品首购数量或者金额,与首购产品供应商签订创新产品首购协议,明确首购产品的功能、性能、服务内容和服务标准,首购的数量、单价和总金额,首购产品交付时间,资金支付方式和条件等内容,作为研发合同的补充协议

项目小结

通过细致分析与比较政府采购的不同实务操作方式,本项目深入探讨了集中采购与分散采购、公开招标、邀请招标、询价、竞争性谈判、竞争性磋商、单一来源采购、框架协议采购以及合作创新采购等多种政府采购方式的具体实施流程、适用情景、优缺点及其法律规定等,为政府采购实践提供了全面而深入的参考和指导。

首先,从执行集中采购与分散采购实务操作入手,明确了集中采购能有效提高采购效率、降低成本、规避风险的同时,也指出了分散采购具有在特定条件下能够更灵活地满足单位需求、缩短采购周期等优点。

其次,公开招标实务操作展示了公开招标的严格程序和高度透明性,为保证公平竞争和选择最优供应商提供了有力保障。而邀请招标实务操作则侧重于如何在有限的供应商范围内实施有效竞争,以及在特殊情况下的应用价值。

询价实务操作与竞争性谈判、竞争性磋商实务操作则分别展现了在采购规模较小、时间要求紧急或项目复杂性较高时的操作流程与技巧,展示了政府采购在不同需求下的灵活性与适应性。

单一来源采购实务操作专注于在特定情况下,如唯一供应商或紧急情况,如何合法有效地选择供应商,保证采购活动的合理性与合法性。

框架协议采购实务操作则是对新兴采购方式的探索,它通过建立长期合作框架,为多次、小额采购提供了高效、灵活的解决方案,减少了重复招标的工作量,提升了采购效率。

合作创新采购作为新推出的政府采购方式,对于政府采购支持应用技术创新具有重要意义,将会更好地推动以政府应用需求为导向、以公平竞争及采购人与供应商风险共担为基础的创新产品研发和应用推广一体化管理制度建设。

最后,通过"政府采购方式的对比"深入分析了各种采购方式的适用场景、优势与劣势,为采购人在面对不同采购需求时提供了明确的选择依据,强调了合理选择采购方式对提升政府采购效率、确保财政资金使用效益的重要性。

能力训练

一、单选题

1. 根据《政府采购法》,分散采购项目的采购人可以选择的采购方式包括?(　　)
   A. 公开招标　　　　　　　　B. 邀请招标
   C. 竞争性谈判　　　　　　　D. 以上都是

2. 公开招标的招标文件开始发出之日起至供应商提交投标文件截止之日止的最短期限是多少天?(　　)
   A. 5 天　　　B. 15 天　　　C. 20 天　　　D. 30 天

3. 邀请招标过程中,采购人应当从符合相应资格条件的供应商中随机抽取几家以上的供应商发出投标邀请书?(　　)
   A. 1 家　　　B. 2 家　　　C. 3 家　　　D. 4 家

4. 询价采购中,成交供应商的确定原则是什么?(　　)
   A. 服务最优　　　　　　　　B. 报价最低且符合采购需求
   C. 供应商资质最强　　　　　D. 提供的方案最创新

5. 在竞争性谈判中,谈判文件的修改和澄清应在首次响应文件提交截止前最少多少工作日通知所有供应商?(　　)
   A. 1 个工作日　　　　　　　B. 2 个工作日
   C. 3 个工作日　　　　　　　D. 5 个工作日

6. 竞争性磋商文件发出至供应商提交首次响应文件截止之日的最短时间是多少?( )
   A. 3个工作日　　　　　　　　　B. 5个工作日
   C. 10日　　　　　　　　　　　　D. 15日
7. 以下哪项不是单一来源采购适用的条件?( )
   A. 只能从唯一供应商处采购　　　B. 发生了不可预见的紧急情况
   C. 需要保证原有采购项目一致性　D. 所有供应商报价相同
8. 框架协议采购适用于哪类采购需求?( )
   A. 单次大额采购　　　　　　　　B. 多频次、小额度采购
   C. 单一项目采购　　　　　　　　D. 长期大宗采购

二、多选题

1. 根据《政府采购法》规定,哪些情形下的项目应当采用集中采购?( )
   A. 属于通用的政府采购项目
   B. 有特殊要求的项目,且经省级以上人民政府批准
   C. 本单位有特殊要求的项目
   D. 属于本部门、本系统有特殊要求的项目
2. 在公开招标中,评标委员会的组成应包括哪些成员?( )
   A. 采购人代表　　　　　　　　　B. 评审专家
   C. 所有投标人代表　　　　　　　D. 第三方监督人员
3. 邀请招标适用的情况包括哪些?( )
   A. 具有特殊性的项目　　　　　　B. 公开招标方式的费用过高
   C. 供应商数量过多　　　　　　　D. 技术复杂、有特殊要求的项目
4. 询价通知书不得含有哪些要求?( )
   A. 标明供应商名称或特定货物的品牌
   B. 报价要求
   C. 提交响应文件的截止时间
   D. 含有指向特定供应商的技术条件
5. 在竞争性谈判过程中,供应商对响应文件可以进行哪些操作?( )
   A. 补充　　　B. 修改　　　C. 撤回　　　D. 随时更改价格
6. 竞争性磋商采购方式的特点包括哪些?( )
   A. 等标期比公开招标时间短　　　B. 强化价格主导
   C. 灵活的谈判空间　　　　　　　D. 多轮报价与综合评分
7. 单一来源采购方式中,哪些步骤是正确的?( )
   A. 单一来源采购方式的确定和公示
   B. 单一来源协商
   C. 发布成交结果公告、发出成交通知书
   D. 通过招标方式选择供应商

8. 封闭式框架协议采购确定第二阶段成交供应商的方式可以是?(　　)
   A. 直接选定　　B. 二次竞价　　C. 顺序轮候　　D. 公开招标

三、判断题

1. 集中采购只适用于国家级的大型采购项目,地方政府不能采用集中采购方式。(　　)
2. 在公开招标过程中,如果投标人未派代表参加开标,视同认可开标结果。(　　)
3. 在邀请招标中,采购人在确定拟邀请单位过程中必须公开采购信息和筛选理由。
   (　　)
4. 询价采购可以采用综合评分法进行评审。(　　)
5. 竞争性谈判可以在只有两家供应商最终报价的情况下结束。(　　)
6. 竞争性磋商采购方式允许采购人直接确定成交供应商,无需经过磋商小组评审。
   (　　)
7. 单一来源采购方式不允许采购人与供应商协商确定成交价格。(　　)
8. 封闭式框架协议采购中,入围供应商在框架协议有效期内无正当理由不得主动放弃入围资格或退出框架协议。
   (　　)

四、简答题

1. 集中采购和分散采购各自有什么优点?
2. 简述公开招标的流程。
3. 说明在合作创新采购中如何确定供应商名单。
4. 简述询价采购的基本含义。
5. 简述竞争性谈判的适用条件。
6. 竞争性磋商的主要特点有哪些?
7. 什么是单一来源采购方式?
8. 封闭式框架协议采购与开放式框架协议采购的主要区别是什么?

项目六

政府采购项目评审

学习目标

1. 了解政府采购开标、唱标的含义。
2. 熟悉政府采购开标的程序及注意事项。
3. 熟悉项目评审的程序及方法。
4. 理解定标的含义及程序。

能力目标

1. 能够组织项目完成开标、唱标实务操作。
2. 能够组织项目完成评审实务操作。
3. 能够完成定标实务操作。

任务一 开标、唱标

标书售卖时间岂可随意延长

某单位委托政府采购中心就党员干部现代远程教育终端结点建设项目进行公开招标。按照中央和省远程办的要求,该市要在全市一百多个乡镇(街道)总共近两千个行政村建设远程教育工作站,给每个站点配备计算机、电视机及相关配套设备。

当地政府对这个招标项目十分重视,成立了由纪委书记为组长的招标工作领导小组,纪委和政府采购管理处等相关部门为监督小组的招标监管机构,并就招标采购工作的总体设想、采购工作时间安排、采购资金的筹集调度、招标采购工作的基本方法等召开了两次工作会议。政府采购中心在招标前期较早介入方案的起草,为领导小组决策提供参考。

一切相关程序完成以后,采购中心在财政部门规定的媒体上发布了招标公告,规定2月15日至2月28日开始出售标书(节假日除外),开标时间为3月15日,充分考虑了春节过年的因素,同时也基本满足了招标工作领导小组规定的"2月10日前首批300个终端接收站点设备采购公开招标,3月10日现场竞标,签订合同进行采购,3月底前完成设备安装与调试"的要求。

在正常的发售采购文件截止时间以后,陆续有一些供应商,如当地的大型商场部门经理纷纷上门要求购买标书,甚至出动领导身边工作人员替自己说情,找到采购经办人,政府采购监管部门、集中采购机构分管领导及别的部门领导,要求通融。认为只是取得投标资格,至于是否中标是另一回事,过年前后开会耽误了收集招标信息的时机,自己有过错,但是有众多的供应商参与投标岂不是更有利于政府采购的公开竞争。采购中心的答复很明确:标书上规定的投标截止时间,是程序上的事情,从采购中心的工作环节上来说,必须维护标书的尊严,任何人来打招呼也不可能得到标书,招标活动开标现场投标人的名单必须与采购中心的登记名称相一致,否则就是无效标。要求购买标书的供应商在几天内闹得沸沸扬扬,各供应商可以说各显神通,但是采购中心一直把关严密,滴水不漏,几天以后这场风波才终于趋于平静。

(资料来源:宋丽颖.政府采购[M].2版.西安:西安交通大学出版社,2018.)

一、接收投标文件

采购代理机构应当在采购文件规定的地点、规定的投标截止时间前接收供应商提交的投标文件,并如实记载投标文件的送达时间和密封情况,签收保存,向供应商出具签收回执,并确保所接收的投标文件在开标前不被开启。需要注意的是,不同的采购方式,所提交的文件叫法不同,招标方式中所提交的文件称为投标文件,非招标方式中所提交的文件一般称为响应文件。

对于投标(响应)文件的接收,应注意以下几个问题:

(一) 投标(响应)文件的提交截止时间

采购文件中通常会明确规定投标(响应)文件提交的截止时间,只有在采购文件规定的截止时间之前送达的投标(响应)文件,采购代理机构才能接收。

(二) 投标(响应)文件的送达方式

供应商递送投标(响应)文件的方式可以是直接送达,即供应商派授权代表直接将投标(响应)文件按照规定的时间和地点送达,也可以通过邮寄方式送达。如果以邮寄方式送达,应以采购人或采购代理机构实际收到的时间为准,而不是以邮戳为准。此外,在电子招投标广泛应用的场景下,还可通过电子采购平台上传投标(响应)文件。具体的送达方式需严格按照采购文件的要求执行。

(三) 投标(响应)文件的送达地点

采购代理机构不能随意变更投标(响应)文件的送达地点,如需变更,应提前书面告知供应商。供应商应严格按照采购文件规定的地址送达,特别是采用邮寄送达方式,应提前做好沟通，以避免纠纷。供应商因为递交地点发生错误而逾期送达投标（响应）文件的，采购代理机构应拒绝接收。

（四）投标文件的签收和保管

《政府采购货物和服务招标投标管理办法》（财政部令第87号）第三十三条规定，投标人应当在招标文件要求提交投标文件的截止时间前，将投标文件密封送达投标地点。采购人或者采购代理机构收到投标文件后，应当如实记载投标文件的送达时间和密封情况，签收保存，并向投标人出具签收回执。任何单位和个人不得在开标前开启投标文件。

采购代理机构在签收投标（响应）文件后即对投标（响应）文件负有保管义务，双方在交接时应核实文件件数，一般以外信封个数为准。通常情况下，完整的投标（响应）文件包括正本、副本、开标一览表和电子文件等，具体要求应在采购文件中明确约定，供应商按照采购文件要求密封和包装投标（响应）文件，在送达时，先由供应商授权代表确认文件送达及密封情况并签字，之后采购代理机构接收时做好清点，无误后向供应商出具签收回执。

（五）投标（响应）文件的拒收

以下两种投标（响应）文件采购代理机构应当拒收：在投标（递交响应文件）截止时间以后送达的投标（响应）文件，未按照采购文件要求进行密封的投标（响应）文件。

（六）投标（响应）文件的补充、修改和撤回

供应商在投标截止时间前，可以对所递交的投标（响应）文件进行补充、修改或者撤回，并书面通知采购人或者采购代理机构。补充、修改的内容应当按照招标文件要求签署、盖章、密封后，作为投标（响应）文件的组成部分。但在投标截止时间后，供应商提交的投标（响应）文件、补充或修改文件均为无效文件，采购代理机构应当拒收。

（七）电子投标文件的接收

如果项目采用电子招标方式，投标人应当按照招标文件和电子招标投标交易平台的要求编制并加密投标文件。投标人未按规定加密的投标文件，电子招标投标交易平台应当拒收并提示。投标人应当在投标截止时间前完成投标文件的传输递交，并可以补充、修改或者撤回投标文件。投标截止时间前未完成投标文件传输的，视为撤回投标文件。投标截止时间后送达的投标文件，电子招标投标交易平台应当拒收。

电子招标投标交易平台收到投标人送达的投标文件，应当即时向投标人发出确认回执通知，并妥善保存投标文件。在投标截止时间前，除投标人补充、修改或者撤回投标文件外，任何单位和个人不得解密、提取投标文件。

二、开标和唱标

开标是指在供应商提交投标文件后，采购人或其委托的采购代理机构依据采购文件规定的时间和地点，当众公开拆封供应商提交的投标文件的过程。

唱标是政府采购过程中的一个重要环节，指在开标过程中采购人或其委托的采购代理机构公开拆封投标文件后，由工作人员按照规定的顺序和格式当众宣读各供应商的主

要投标信息的过程。这一过程是政府采购公开、公平、公正原则的体现,旨在确保所有参与投标的供应商在平等的条件下竞争,防止任何形式的不公正和腐败行为的发生。

需要说明的是,通常情况下只有公开招标、邀请招标方式和框架协议采购的公开征集程序阶段才有开标、唱标程序;竞争性谈判、询价采购和竞争性磋商等采购方式根据相关法律法规规定需要采取必要措施,保证评审在严格保密的情况下进行;单一来源采购方式因其采购方式的特殊性也不存在开标、唱标的流程;合作创新采购由于其采购目标和流程的独特性,开标、唱标需要根据实际情况而定。

三、开标的程序

(一) 开标的时间、地点

开标时间在招标文件中规定,任何单位和个人不得干预。开标应当在招标文件确定的提交投标文件截止时间的同一时间公开进行;开标地点应当为招标文件中预先确定的地点。在特殊情况下,开标的时间可依据相关法律法规和采购程序要求调整。《政府采购法实施条例》第三十一条规定,采购人或者采购代理机构可以对已发出的招标文件进行必要的澄清或者修改。澄清或者修改的内容可能影响投标文件编制的,采购人或者采购代理机构应当在投标截止时间至少 15 日前,以书面形式通知所有获取招标文件的潜在投标人;不足 15 日的,采购人或者采购代理机构应当顺延提交投标文件的截止时间。这也就意味着要调整开标时间。例如某工程项目采购中,招标文件对合同条款作了修改,影响到投标文件的编制,这时就需要按规定调整开标时间以满足法定的时间要求。

(二) 开标出席人

开标作为一项公开进行的活动,应当有相关人员参与,以此确保公开性,使投标人的投标信息为各供应商及有关方面所知晓。通常情况下,开标由采购人或其委托的采购代理机构主持。主持人依照规定的程序负责开标的全过程,其他开标工作人员负责办理开标作业及制作记录等事项。开标过程一般会邀请所有的供应商或其代表出席,这既能让供应商了解开标是否依法依规进行,也有助于供应商知悉其他供应商的投标情况,做到知己知彼。

不过,开标现场并非强制要求供应商代表必须到现场。在采用电子标方式时,供应商在线提交投标文件即可,无需到现场参加开标会议。采购人或采购代理机构可通过网络在线的方式向供应商公开开标及唱标的内容,具体形式并不固定。需要特别注意的是,根据相关规定,评标委员会成员不得参加开标活动。

(三) 开标的步骤

(1) 主持人开场。主持人宣布开标纪律,介绍相关情况,明确开标现场的各项规则,确保开标活动在有序的环境下进行。

(2) 验标环节。依据《政府采购货物和服务招标投标管理办法》(财政部令第 87 号)第四十一条的规定,开标时,应当由投标人或者其推选的代表检查投标文件的密封情况,以此保障投标文件的密封性和完整性。

（3）开标操作。确认投标文件密封无误后，由采购人或者采购代理机构工作人员当众拆封。需注意，若投标人不足3家，按照相关规定，不得开标，应重新组织采购活动。

（4）唱标流程。当众宣布每个投标人名称、投标价格以及采购文件规定的需要宣布的其他内容，如不同项目类型下，工程类的工期、质量标准，货物类的规格型号、交货期等关键信息，使所有参与方对投标情况有清晰了解。

（5）记录与存档。开标过程应当由采购人或者采购代理机构负责详细记录，记录内容涵盖开标全过程的关键信息。由参加开标的各投标人代表和相关工作人员签字确认后，该记录随采购文件一并存档。对于投标人未参加开标的情况，依据相关规定，视同认可开标结果。同时，采购人或者采购代理机构应当对开标活动进行全程录音录像，确保录音录像清晰可辨，音像资料作为采购文件的重要组成部分一并存档，以便后续查阅追溯。

（6）后续安排说明。主持人宣读评标原则、评标纪律和下一步工作安排，且这些内容应与招标文件中的规定保持一致，保障投标人的知情权。

（四）开标流程

开标流程见图6.1。

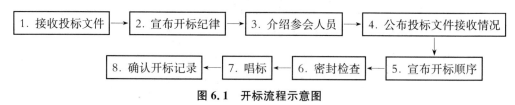

图6.1 开标流程示意图

四、开标的组织

（一）资料准备

开标常见资料主要有：

（1）开标讲稿。开标讲稿的参考范文见表6.1。开标讲稿应涵盖开标流程介绍、相关法规政策强调、注意事项说明等内容，以便主持人在开标过程中清晰引导各项环节。

表6.1 开标讲稿（参考）

现在是20××年×月×日上午×时×分，我宣布(采购项目)的开标大会正式开始。受(采购单位)的委托，就本次采购项目依照法定程序进行公开招标。本次招标的资金来源为财政支付；招标编号为_____。投标截止时间前，共有×家供应商递交了投标文件(逐一宣读供应商名称)，满足开标条件。宣布开标顺序。 下面介绍与会的监督，(采购单位)纪检监察监督员_____同志。_____同志将对本次采购项目的开标、评标、定标进行全过程监督。 进入大会第二项，宣布开标大会会场纪律及评标原则。 会场纪律：请参会人员将手机调到静音状态；不得在会场抽烟；保持会场安静，未经许可，参会人员不得随意在会场内走动；需要发言请举手示意，不得以任何理由干扰会议的正常进行。

(续表)

> 评标原则：坚持公平、公正、诚信、择优的原则；严格按照招标文件中规定的评审办法对各投标人的投标文件进行评审。
> 　　请监督人和投标人查验投标文件密封状况是否完整……
> 　　请问投标代表，投标文件密封是否完整……
> 　　请监督人和投标人在投标文件密封状况表签字确认……
> 　　请工作人员开启投标文件……
> 　　请唱标人唱标……
> 　　请问投标代表，唱标是否有误或有遗漏……
> 　　请监督人和投标代表在开标记录表签字确认……
> 　　现在，我宣布本次开标大会到此结束，请各位投标人在此等候，保证联系方式绝对畅通以便评标专家质询。

（2）投标文件递交登记表、密封状况表、开标记录表等。投标文件递交登记表用于翔实记录投标人递交文件的时间、人员以及文件基本信息等，在投标文件接收环节使用；密封状况表用于记录投标文件密封检查情况，确保投标文件的密封性；开标记录表则全面记录开标过程中唱标等关键信息，为后续存档和查询提供依据。

（二）人员安排及通知

（1）投标人。投标人需按招标文件要求准时到达开标现场，提交投标文件并参与开标过程。若投标人未按时到场，或投标文件未按要求密封、提交，将依据招标文件相关规定进行处理，可能导致投标被拒绝。

（2）代理机构工作人员，包括主持人、唱标人、记录人。主持人负责统筹开标流程，把控节奏并引导各项环节有序进行；唱标人需准确、清晰地宣读投标文件中的关键信息；记录人应细致记录开标全过程的重要信息，包括但不限于投标文件密封情况、唱标内容等。

（3）采购方人员，包括甲方开标代表、监督部门人员、协办部门人员等。甲方开标代表代表采购方参与开标，了解投标情况；监督部门人员负责监督开标程序是否合法合规，确保开标过程公平、公正、公开；协办部门人员协助处理开标现场的各类事务，保障开标活动顺利开展。

（4）其他人员，如监管部门人员等。监管部门人员在开标现场履行监督职责，对开标程序、投标文件的密封性检查、唱标环节等进行全程监督，确保开标活动严格遵循相关法律法规和采购程序。

（三）开标场地布置

开标场地布置主要有：

（1）摆好台签，准备好剪刀、胶水、胶带、夹子、签字笔等开标常用物资。台签应清晰标注各区域人员身份，方便识别；开标常用物资应提前检查数量和可用性，确保在开标过程中能够随时使用。

（2）开启监控设备、计算机、投影仪、麦克风、音响、打印机等设备。设备开启后，需进行简单调试，确保监控设备能够清晰覆盖整个开标区域，记录开标全过程；计算机、投影仪、麦克风、音响等设备正常运行，保证开标过程中的信息展示、沟通顺畅；打印机能够正常打印开标所需文件，如开标记录表等。

（3）布置好投标文件接收区域、投标人落座区域、代理机构工作人员区域、甲方参会人员区域等。各区域划分应遵循合理、便捷的原则，投标文件接收区域应设置在便于投标人递交文件且易于工作人员整理和保管的位置；投标人落座区域应保证视野良好，方便投标人观看开标过程；代理机构工作人员区域和甲方参会人员区域应根据其职责和工作流程进行合理设置，便于各方开展工作和沟通交流。

（四）电子标开标组织

电子开标应当按照招标文件确定的时间，在电子招标投标交易平台上公开进行，所有投标人均应当准时在线参加开标。

开标时，电子招标投标交易平台自动提取所有投标文件，提示招标人和投标人按招标文件规定方式按时在线解密。解密全部完成后，应当向所有投标人公布投标人名称、投标价格和招标文件规定的其他内容。

因投标人原因造成投标文件未解密的，视为撤销其投标文件；因投标人之外的原因造成投标文件未解密的，视为撤回其投标文件，投标人有权要求责任方赔偿因此遭受的直接损失。部分投标文件未解密的，其他投标文件的开标可以继续进行。

招标人可以在招标文件中明确投标文件解密失败的补救方案，投标文件应按照招标文件的要求作出响应。

电子招标投标交易平台应当生成开标记录并向社会公众公布，但依法应当保密的除外。

任务二　项目评审

无视招标文件规定，评标专家违法评审受罚

2016年，某学院南区体育馆LED灯光设备采购项目评标委员会成员刘某、林某、晁某、赵某、詹某5人，因在该项目评审活动中存在违法行为被某省财政厅处以行政处罚。据悉，在这次评审活动中，这5名评标专家主要存在以下违法行为：

一是招标文件规定"照抄或复印招标文件技术及商务要求的、手写的、未按规定签署的投标文件将导致不被接受"。A公司投标文件"技术规格和商务条款偏差表"技术部分照抄招标文件要求。对此，5名评审专家没有按照招标文件规定给予该公司无效投标处理。

二是 A 公司投标产品型号、"规格书/检测报告"产品型号、投标文件所附彩页产品型号、样品彩页产品型号相互之间不一致,但对上述情况 5 名评审专家没有审慎处理,虽然对照样品满分 20 分扣 6 分,但没有就此签署评审意见。

三是招标文件五种产品均要求"灯具均需提供厂家出具的灯具参数检测报告,并加盖厂家公章,参数报告应显示灯具功率、显示指数、功率因数、色温、光效"。但 A 公司提供的是制造商自己出具的检测报告,其中有两款与投标产品无对应型号的检测报告。按招标文件 * 号偏差打分规定,一项应扣 4 分,共 5 处,应扣 20 分未扣。

四是招标文件第六章设备配置及技术要求"10.1LED 泛光灯须提供芯片原厂商的授权书"。A 公司投标文件中提供的授权书(7.11.4 项)是 B 公司授权给 C 公司的,没有针对投标产品制造商使用芯片的授权书,投标产品制造商也没有所使用芯片来源的证明材料。按招标文件 * 号偏差打分规定,一项应扣 4 分,共 5 处,应扣 20 分未扣。

针对上述问题,5 名评审专家仍给 A 公司技术参数部分打了满分,折成权重分以后,A 公司的技术部分得分为满分 35 分。

某省财政厅先后对 5 名评审专家发出《行政处罚事先告知书》。其中,刘某提交的陈述书对以上违法评审行为的说明与辩解,省财政厅不予认可,陈述书中关于专家评审行为与询问笔录中"评审专家没有分块打分、协商打分"的情况也自相矛盾,对没有依法评审存在错误认识;林某在规定日期内提交了陈述书,没有否定违法事实,陈述书中关于专家评审行为与询问笔录中"评审专家没有分块打分、协商打分"的情况也自相矛盾,对没有依法评审存在错误认识;晁某逾期未提交陈述书;赵某在规定日期内提交了陈述书,没有否定违法事实,承认了作为商务专家在评审方面出现的失误,也说明了技术部分及样品打分限于专业问题是依照技术专家的意见,也没有推荐 A 公司为中标人;詹某在规定日期内提交了陈述书,没有否定违法事实,虽然没有推荐 A 公司为中标人,但承认大家有分工、有协作,作为业主代表是按照分工重点负责审核售后服务与承诺,在商务与技术方面听从商务专家与技术专家的意见和建议打分,没有履行独立评审职责。

根据 5 名评审专家在该项目评审活动中的违法行为及态度,省财政厅作出如下处理决定:评审意见无效;退还招标公司所发评审费;对刘某罚款 10 000 元,林某罚款 10 000 元,晁某罚款 10 000 元,赵某罚款 2 000 元,詹某罚款 1 000 元。

【案例分析】

评标委员会成员应坚持独立、客观、公正和审慎原则对投标文件进行评审,并独立发表评审意见,不得相互影响、干扰评审,不得脱离招标文件规定的评标方法和评审标准进行评审。采购人在选择评标委员会成员时,应当依法选择熟悉招标项目的相应专业的技术、经济专家,依法协助和监督评审专家开展评标工作。针对政府采购实践中存在部分专家履职不当、违法违规进行评审的情况,政府采购监管部门应当依法加强监督和查处,维护好国家利益、社会公共利益和当事人的合法权益。

(资料来源:张志军.政府采购全流程百案精析[M].北京:中国法制出版社,2019.)

政府采购活动因采购方式不同,其程序要求可能各不相同,除单一来源采购方式之外,其他采购方式都离不开政府采购专家的评审活动。项目评审过程是政府采购过程中最为核心的环节,也是采购人和供应商关注的焦点,评审工作的好坏将直接影响整个政府采购活动的成败。

一、评审专家

政府采购活动中,无论是招标方式还是招标方式以外的竞争性谈判、竞争性磋商、询价等其他采购方式,评审专家都起着重要作用。

(一) 评审专家选聘与解聘

1. 评审专家的含义

评审专家,是指评标委员会中的评标专家,谈判小组、磋商小组和询价小组成员中的评审专家。评审专家是经省级以上人民政府财政部门选聘,以独立身份参加政府采购评审,纳入评审专家库管理的人员。

省级以上人民政府财政部门通过公开征集、单位推荐和自我推荐相结合的方式选聘评审专家。评审专家实行统一标准、管用分离、随机抽取的管理原则。财政部负责制定全国统一的评审专家专业分类标准和评审专家库建设标准,建设管理国家评审专家库。省级人民政府财政部门负责建设本地区评审专家库并实行动态管理,与国家评审专家库互联互通、资源共享。各级人民政府财政部门依法履行对评审专家的监督管理职责。

2. 评审专家应具备的条件

《政府采购评审专家管理办法》(财库〔2016〕198号)规定评审专家应当具备以下条件:

(1) 具有良好的职业道德,廉洁自律,遵纪守法,无行贿、受贿、欺诈等不良信用记录。

(2) 具有中级专业技术职称或同等专业水平且从事相关领域工作满8年,或者具有高级专业技术职称或同等专业水平。

(3) 熟悉政府采购相关政策法规。

(4) 承诺以独立身份参加评审工作,依法履行评审专家工作职责并承担相应法律责任的中国公民。

(5) 不满70周岁,身体健康,能够承担评审工作。

(6) 申请成为评审专家前三年内,无不良行为记录。

3. 评审专家申报

符合《政府采购评审专家管理办法》规定条件,自愿申请成为评审专家的人员,应当提供以下申请材料:

(1) 个人简历、本人签署的申请书和承诺书。

(2) 学历学位证书、专业技术职称证书或者具有同等专业水平的证明材料。

(3) 证明本人身份的有效证件。

(4) 本人认为需要申请回避的信息。

(5) 省级以上人民政府财政部门规定的其他材料。

项目六 政府采购项目评审

申请人应当根据本人专业或专长申报评审专业。省级以上人民政府财政部门对申请人提交的申请材料、申报的评审专业和信用信息进行审核,符合条件的选聘为评审专家,纳入评审专家库。评审专家工作单位、联系方式、专业技术职称、需要回避的信息等发生变化的,应当及时向相关省级以上人民政府财政部门申请变更相关信息。

4. 评审专家管理

(1) 评审专家库实行动态管理,《政府采购评审专家管理办法》规定,评审专家存在以下情形之一的,省级以上人民政府财政部门应当将其解聘:

① 不符合评审专家应当具备的规定条件。

② 本人申请不再担任评审专家。

③ 存在《政府采购评审专家管理办法》规定的不良行为记录。

④ 受到刑事处罚。

(2) 申请人或评审专家若存在以下行为的,列入不良行为记录:

① 未按照采购文件规定的评审程序、评审方法和评审标准进行独立评审,包括但不限于在评审过程中随意更改评审标准、不按既定流程进行评审操作,或因主观故意而未公正客观地开展评审工作。

② 泄露评审文件、评审情况,以及在评审过程中知悉的供应商商业秘密、其他未公开的敏感信息等。

③ 与供应商存在利害关系未回避,例如与供应商存在经济利益关联等可能影响评审公正性的关系,却未主动声明并回避相关评审工作。

④ 收受采购人、采购代理机构、供应商贿赂或者获取其他不正当利益。

⑤ 提供虚假申请材料,例如伪造学历学位证书、专业技术职称证书,或编造不实工作经历、业绩等信息以骗取评审专家资格。

⑥ 拒不履行配合答复供应商询问、质疑、投诉等法定义务,在面对供应商合理的询问、质疑、投诉时,无正当理由拒绝提供必要信息或协助调查,阻碍政府采购活动中争议解决流程的正常推进。

⑦ 以评审专家身份从事有损政府采购公信力的活动,包括但不限于在公开场合发表不当言论诋毁政府采购制度,或在评审工作中表现出严重失职、渎职行为,引发公众对政府采购公平性和公正性的质疑。

(二) 评标委员会/评审小组的组建

1. 评标委员会/评审小组组建的人数要求

评标委员会、谈判小组、磋商小组和询价小组等评审组织依法由采购人或者采购代理机构组建,负责评标或者评审活动,向采购人推荐中标/成交候选人,或者根据采购人的授权直接确定中标人或者成交候选人。

在招标项目中,评标委员会负责对供应商的投标文件进行评审并推荐中标候选人,出具评标报告,评标委员会由采购人代表和评审专家组成,成员人数应当为 5 人以上单数,其中评审专家不得少于成员总数的 2/3。根据规定,当采购项目出现以下情形时,评标委员会成员人数应当为7人以上单数：采购预算金额在1 000万元以上，或者经专业论证，项目技术复杂程度较高，涉及多项前沿或交叉学科技术，或者项目属于民生保障、重大基础设施建设等领域，社会关注度高且影响范围广。

在非招标项目中，同样是评审组，但称呼有所区别，一般称为评审小组，或磋商小组、谈判小组、询价小组等。评审小组由采购人代表和评审专家共3人以上单数组成，其中评审专家人数不得少于成员总数的2/3。针对达到公开招标数额标准的货物或者服务采购项目，或者达到招标规模标准的政府采购工程，若采用竞争性谈判、询价和竞争性磋商等非招标方式，评审小组应当由5人以上单数组成。

2. 评审专家的抽取

评标委员会/评审小组除采购人代表外的其他成员，均应当由采购人或者采购代理机构从同级或上级政府采购评审专家库中随机抽取产生，其中京外的中央预算单位可以按照属地原则，从所在地省级政府采购评审专家库中随机抽取产生。

在抽取专家时，采购人或者采购代理机构应当按照采购需求所对应的评审专家专业分类选择评审专家的专业。对于不是经济、法律专业服务类的采购活动，除了技术专家外，还可以根据采购需求的特点选择经济、法律等专业的评审专家共同组成评标委员会、谈判小组、磋商小组和询价小组等评审组织。

评审专家库中相关专家数量不能保证随机抽取需要的，采购人或者采购代理机构可以推荐符合条件的人员，经审核选聘入库后再随机抽取使用。招标活动中，对技术复杂、专业性极强的采购项目，通过随机方式难以确定合适评标专家的，经主管预算单位同意，可以采取选择性方式确定评标专家。技术复杂、专业性强的竞争性谈判和竞争性磋商采购项目，通过随机方式难以确定合适的评审专家的，经主管预算单位同意，可以自行选定评审专家。技术复杂、专业性强的竞争性谈判和竞争性磋商采购项目，评审专家中应当包含1名法律专家。自行选定评审专家的，应当优先选择本单位以外的评审专家。

3. 组建评标委员会/评审小组的相关要求

除采用竞争性谈判、竞争性磋商方式采购，以及异地评审的项目外，采购人或者采购代理机构抽取评审专家的开始时间原则上不得早于评审活动开始前2个工作日。

除采购人自行选定相应专业领域的评审专家外，评审专家对本单位的采购项目只能作为采购人代表参与评标。采购代理机构工作人员不得参加由本机构代理的政府采购项目的评标。各级财政部门政府采购监督管理工作人员，不得作为评审专家参与政府采购项目的评审活动。

评审专家发现本人与参加采购活动的供应商有利害关系的，应当主动提出回避。采购人或者采购代理机构发现评审专家与参加采购活动的供应商有利害关系的，应当要求其回避。出现评审专家缺席、回避等情形导致评审现场专家数量不符合规定的，采购人或者采购代理机构应当及时补抽评审专家，或者经采购人主管预算单位同意自行选定补足评审专家。无法及时补足评审专家的，采购人或者采购代理机构应当立即停止评审工作，妥善保存采购文件，依法重新组建评标委员会、谈判小组、询价小组、磋商小组进行评审。

评标委员会/评审小组成员名单在评审结果公告前应当保密。评审活动完成后,采购人或者采购代理机构应当随中标、成交结果一并公告评审专家名单,并对自行选定的评审专家做出标注。

(三) 评标委员会/评审小组成员应当履行的职责

1. 招标采购中,评标委员会负责具体评标事务,并独立履行下列职责

(1) 审查、评价投标文件是否符合招标文件的商务、技术等实质性要求。
(2) 要求投标人对投标文件有关事项作出澄清或者说明。
(3) 对投标文件进行比较和评价。
(4) 确定中标候选人名单,以及根据采购人委托直接确定中标人。
(5) 向采购人、采购代理机构或者有关部门报告评标中发现的违法行为。

2. 竞争性谈判小组或者询价小组等评审小组在采购活动过程中应当履行下列职责

(1) 确认或者制定谈判文件、询价通知书。
(2) 从符合相应资格条件的供应商名单中确定不少于3家的供应商参加谈判或者询价。
(3) 审查供应商的响应文件并作出评价。
(4) 要求供应商解释或者澄清其响应文件。
(5) 编写评审报告。
(6) 告知采购人、采购代理机构在评审过程中发现的供应商的违法违规行为。

(四) 评标委员会/评审小组成员应当履行的义务

(1) 遵纪守法,客观、公正、廉洁地履行职责。这是对评审成员最基本的要求,确保其行为符合法律法规和职业道德规范,在评审过程中不偏袒任何一方,保持廉洁自律,不受利益诱惑。

(2) 根据采购文件的规定独立进行评审,对个人的评审意见承担法律责任。评审成员需要依据既定的采购文件标准和要求进行独立判断和评审,不能受他人干扰,并且要对自己给出的评审意见负责,以保证评审结果的公正性和可靠性。

(3) 参与评审报告的起草。评审成员有义务参与评审报告的起草工作,将评审过程和结果进行全面、准确的记录和总结,为采购活动提供完整的书面依据。

(4) 配合采购人、采购代理机构答复供应商提出的质疑。当供应商对评审结果等提出质疑时,评审成员应配合采购人或采购代理机构,提供相关信息和解释,以解决供应商的疑问,维护采购活动的公平性和透明度。

(5) 配合财政部门的投诉处理和监督检查工作。财政部门对政府采购活动进行监督管理,评审成员有责任配合其开展投诉处理和监督检查工作,如实提供相关资料和情况,确保采购活动依法依规进行。

(6) 对评标过程和结果,以及供应商的商业秘密保密。评审过程中会涉及供应商的大量商业秘密以及尚未公开的评审信息等,评审成员有义务对这些内容进行保密,防止信息泄露给供应商或其他相关方带来不利影响,维护市场秩序和公平竞争环境。

二、评审内容

一般来说,政府采购项目评审过程包括资格审查、符合性检查和详细评审三个阶段,下面分别就三个过程的评审内容进行说明。

(一) 资格审查

资格审查是指对供应商的经营资格、专业资质、财务状况、技术能力、管理能力、业绩、信誉等方面评估审查,以判断潜在投标人是否具有投标资格和履行合同能力的活动。资格审查是必要程序,它对于保障采购人和供应商的利益具有重要作用。

1. 资格审查的主体

公开招标项目资格审查主体是采购人或采购代理机构。《政府采购货物和服务招标投标管理办法》(财政部第87号令)第四十四条规定,公开招标采购项目开标结束后,采购人或者采购代理机构应当依法对投标人的资格进行审查。公开招标项目中,资格审查不在评标委员会的工作范围内,因此,严格意义上讲,公开招标项目中资格审查并不属于评标内容。

非招标项目资格审查主体一般是评审小组。政府采购其他采购方式,如竞争性谈判、竞争性磋商、询价等,通常情况下供应商资格审查由评审小组负责。对于单一来源采购,一般也需对供应商资格进行审查,重点在于确认其唯一性及是否具备履行合同的基本能力等。

不同的是,在适用《招标投标法》的项目中,资格预审由资格审查委员会进行,资格后审由评标委员会进行;在适用《政府采购法》的招标项目中,资格预审、资格后审均由采购人或者采购代理机构进行。并且,适用《招标投标法》的项目在资格审查程序上可能更注重对投标资格的合规性和技术能力等方面的审查,一般会依据招标文件中明确的资格条件进行严格审核;而适用《政府采购法》的项目除了关注供应商的基本资格条件外,会更强调政府采购政策的落实等因素,如是否符合节能环保、促进中小企业发展等政策要求。

2. 资格审查的内容

在项目实施的过程中,只有通过资格审查的投标人方可参加下一阶段的评标或者评审。资格审查中只有符合或不符合、满足或不满足,没有任何调整余地。资格审查的具体内容主要有以下几点。

(1) 审查供应商满足《政府采购法》第二十二条要求的相关材料。如供应商的营业执照、审计报告、纳税凭证、社保凭证、设备人员证明材料或声明函、特定资格要求等。

《政府采购法》第二十二条规定,供应商参加政府采购活动应当具备下列条件:(一)具有独立承担民事责任的能力;(二)具有良好的商业信誉和健全的财务会计制度;(三)具有履行合同所必需的设备和专业技术能力;(四)有依法缴纳税收和社会保障资金的良好记录;(五)参加政府采购活动前三年内,在经营活动中没有重大违法记录;(六)法律、行政法规规定的其他条件。采购人可以根据采购项目的特殊要求,规定供应商的特定条件,但不得以不合理的条件对供应商实行差别待遇或者歧视待遇。

《政府采购法实施条例》第十七条规定,参加政府采购活动的供应商应当具备政府采购法第二十二条第一款规定的条件,提供下列材料:(一)法人或者其他组织的营业执照等证明文件,自然人的身份证明;(二)财务状况报告,依法缴纳税收和社会保障资金的相关材料;(三)具备履行合同所必需的设备和专业技术能力的证明材料;(四)参加政府采购活动前3年内在经营活动中没有重大违法记录的书面声明;(五)具备法律、行政法规规定的其他条件的证明材料。采购项目有特殊要求的,供应商还应当提供其符合特殊要求的证明材料或者情况说明。

审查的具体内容可以参考表6.2。

表6.2 《政府采购法》第二十二条审查参照标准

序号	检查因素		检查内容或证明文件说明
1	投标人应符合的基本资格条件	一、具有独立承担民事责任的能力	1. 投标人法人营业执照(副本)或事业单位法人证书(副本)或个体工商户营业执照或有效的自然人身份证明、组织机构代码证复印件①。 2. 投标人法定代表人身份证明和法定代表人授权代表委托书
2		二、具有良好的商业信誉和健全的财务会计制度	1. 提供年度财务状况报告或其基本账户开户银行出具的资信证明复印件,本年度新成立或成立不满一年的组织和自然人无法提供财务状况报告的,可提供银行出具的资信证明复印件。 2. 在政府采购实践中,也常见用《具有良好的商业信誉和健全的财务会计制度的承诺书》形式代替
3		三、具有履行合同所必需的设备和专业技术能力	1. 投标人提供书面声明或相关证明材料。 2. 在政府采购实践中,也常见用《具有履行合同所必需的设备和专业技术能力的承诺书》形式代替
4		四、有依法缴纳税收和社会保障金的良好记录	1. 税务登记证(副本)复印件(注①)。 2. 缴纳社会保障金的证明材料复印件(缴纳社会保障金的证明材料指:社会保险登记证(注①)或缴纳社会保险的凭据(专用收据或社会保险缴纳清单)。依法免税或不需要缴纳社会保障资金的投标人,应提供相应文件证明其依法免税或不需要缴纳社会保障资金。 3. 在政府采购实践中,也常见用《社会保障资金的缴纳记录和依法缴纳税收的承诺书》形式代替
5		五、参加政府采购活动前三年内,在经营活动中没有重大违法记录②	1. 投标人提供无重大违法记录书面声明。 2. 采购人或采购代理机构将通过"信用中国"网站(www.creditchina.gov.cn)、"中国政府采购网"(www.ccgp.gov.cn)等渠道查询投标人信用记录,对列入失信被执行人、重大税收违法案件当事人名单、政府采购严重违法失信行为记录名单的投标人将拒绝其参与政府采购活动
6		六、法律、行政法规规定的其他条件	1. 投标人须知前附表中要求的资格条件。 2. 其他资格条件等

注:① 投标人按"五证合一"登记制度办理营业执照的,组织机构代码证、税务登记证(副本)和社会保险登记证以投标人所提供的营业执照(副本)复印件为准。
② 根据《政府采购法实施条例》第十九条"政府采购法第二十二条第一款第五项所称重大违法记录,是指供应商因违法经营受到刑事处罚或者责令停产停业、吊销许可证或者执照、较大数额罚款等行政处罚"。行政处罚中"较大数额"的认定标准,由被执行人所在的省、自治区、直辖市人民政府制定,国务院有关部门规定了较大数额标准的,从其规定。

(2)审查供应商是否存在失信行为。如是否被列入失信被执行人、重大税收违法案件当事人名单、政府采购严重违法失信行为记录名单等。

《财政部关于在政府采购活动中查询及使用信用记录有关问题的通知》(财库〔2016〕125号)规定,采购人或者采购代理机构应当对供应商信用记录进行甄别,对列入失信被执行人、重大税收违法案件当事人名单、政府采购严重违法失信行为记录名单及其他不符合《政府采购法》第二十二条规定条件的供应商,应当拒绝其参与政府采购活动。

(3)审查专门面向中小企业采购项目,供应商是否有中小企业声明函。《政府采购促进中小企业发展管理办法》(财库〔2020〕46号)第七条规定,采购限额标准以上,200万元以下的货物和服务采购项目、400万元以下的工程采购项目,适宜由中小企业提供的,采购人应当专门面向中小企业采购。第十一条规定,中小企业参加政府采购活动,应当出具本办法规定的《中小企业声明函》,否则不得享受相关中小企业扶持政策。任何单位和个人不得要求供应商提供《中小企业声明函》之外的中小企业身份证明文件。中小企业声明函格式见表6.3和表6.4。

表6.3 中小企业声明函(货物)

本公司(联合体)郑重声明,根据《政府采购促进中小企业发展管理办法》(财库〔2020〕46号)的规定,本公司(联合体)参加(*单位名称*)的(*项目名称*)采购活动,提供的货物全部由符合政策要求的中小企业制造。相关企业(含联合体中的中小企业、签订分包意向协议的中小企业)的具体情况如下:

1.(*标的名称*),属于(*采购文件中明确的所属行业*)行业;制造商为(*企业名称*),从业人员____人,营业收入为____万元,资产总额为____万元,属于(*中型企业、小型企业、微型企业*);

2.(*标的名称*),属于(*采购文件中明确的所属行业*)行业;制造商为(*企业名称*),从业人员____人,营业收入为____万元,资产总额为____万元,属于(*中型企业、小型企业、微型企业*);

……

以上企业,不属于大企业的分支机构,不存在控股股东为大企业的情形,也不存在与大企业的负责人为同一人的情形。

本企业对上述声明内容的真实性负责。如有虚假,将依法承担相应责任。

企业名称(盖章):

日　　期:

(说明:从业人员、营业收入、资产总额填报上一年度数据,无上一年度数据的新成立企业可不填报。)

项目六 政府采购项目评审

表 6.4 中小企业声明函(工程、服务)

本公司(联合体)郑重声明,根据《政府采购促进中小企业发展管理办法》(财库〔2020〕46号)的规定,本公司(联合体)参加(<u>单位名称</u>)的(<u>项目名称</u>)采购活动,工程的施工单位全部为符合政策要求的中小企业(或者:服务全部由符合政策要求的中小企业承接)。相关企业(含联合体中的中小企业、签订分包意向协议的中小企业)的具体情况如下:

1.(<u>标的名称</u>),属于(<u>采购文件中明确的所属行业</u>);承建(承接)企业为(<u>企业名称</u>),从业人员____人,营业收入为____万元,资产总额为____万元,属于(<u>中型企业、小型企业、微型企业</u>);

2.(<u>标的名称</u>),属于(<u>采购文件中明确的所属行业</u>);承建(承接)企业为(<u>企业名称</u>),从业人员____人,营业收入为____万元,资产总额为____万元,属于(<u>中型企业、小型企业、微型企业</u>);

……

以上企业,不属于大企业的分支机构,不存在控股股东为大企业的情形,也不存在与大企业的负责人为同一人的情形。

本企业对上述声明内容的真实性负责。如有虚假,将依法承担相应责任。

企业名称(盖章):
日　　期:

(说明:从业人员、营业收入、资产总额填报上一年度数据,无上一年度数据的新成立企业可不填报。)

---

(4)审查接受联合体投标项目,联合体各方是否均满足《政府采购法》第二十二条规定。《政府采购法》第二十四条规定,两个以上的自然人、法人或者其他组织可以组成一个联合体,以一个供应商的身份共同参加政府采购。以联合体形式进行政府采购的,参加联合体的供应商均应当具备本法第二十二条规定的条件,并应当向采购人提交联合协议,载明联合体各方承担的工作和义务。联合体各方应当共同与采购人签订采购合同,就采购合同约定的事项对采购人承担连带责任。

《政府采购法实施条例》第二十二条规定,联合体中有同类资质的供应商按照联合体分工承担相同工作的,应当按照资质等级较低的供应商确定资质等级。以联合体形式参加政府采购活动的,联合体各方不得再单独参加或者与其他供应商另外组成联合体参加同一合同项下的政府采购活动。

(5)审查供应商是否存在单位负责人为同一人或者存在直接控股、管理关系。《政府采购法实施条例》第十八条第一款规定,单位负责人为同一人或者存在直接控股、管理关系的不同供应商,不得参加同一合同项下的政府采购活动。

(6)审查供应商是否存在为采购项目提供整体设计、规范编制或者项目管理、监理、检测服务等情形。《政府采购法实施条例》第十八条第二款规定,除单一来源采购项目外,为采购项目提供整体设计、规范编制或者项目管理、监理、检测等服务的供应商,不得再参加该采购项目的其他采购活动。

(7) 审查代理机构及其分支机构是否在所代理的采购项目中投标或者代理投标。《政府采购货物和服务招标投标管理办法》第八条规定,采购人委托采购代理机构代理招标的,采购代理机构应当在采购人委托的范围内依法开展采购活动。采购代理机构及其分支机构不得在所代理的采购项目中投标或者代理投标,不得为所代理的采购项目的投标人参加本项目提供投标咨询。

(二) 符合性检查

符合性检查是指依据采购文件的规定,从投标(响应)文件的有效性、完整性和对采购文件的响应程度进行审查,以确定是否对采购文件的实质性要求作出响应。这里的实质性要求,通常是指采购文件中明确规定的、影响采购项目核心需求实现、对供应商有重大限制或对采购结果有重大影响的条款,例如特定的技术参数、关键的商务条件等。若投标(响应)文件未满足这些实质性要求,将直接导致投标(响应)无效。

符合性检查是一种形式审查,主要审查投标(响应)文件的完整性、投标(响应)文件签署、投标有效期、投标保证金、投标报价等是否符合采购文件的要求。符合性检查也是"一票否决"制,即任一项不满足,均为无效投标(响应)。

1. 符合性审查的主体

《政府采购货物和服务招标投标管理办法》(财政部令第87号)第五十条规定,评标委员会应当对符合资格的投标人的投标文件进行符合性审查,以确定其是否满足招标文件的实质性要求。因此,在招标项目中,符合性检查的主体是评标委员会。

根据《政府采购非招标采购方式管理办法》(财政部令第74号)第十六条和《政府采购竞争性磋商采购方式管理暂行办法》(财库〔2014〕214号)第十六条的规定,谈判小组、询价小组、磋商小组对响应文件的实质性响应情况进行审查,事实上明确了非招标采购方式中符合性审查的相关主体要求。

2. 符合性审查的主要内容

(1) 审查是否满足采购文件全部实质性要求。评标委员会应审查、评价投标文件是否符合招标文件的商务、技术等全部实质性要求。例如采购文件要求在30天内完成交货,投标文件承诺的交货时间就必须满足或优于这一要求。对于采用非招标采购方式采购项目的符合性审查内容,应当根据项目及采购方式的特点,在采购文件中明确相关内容和要求。以竞争性谈判为例,由于其注重供应商之间的谈判和方案优化,可能更侧重于审查供应商对谈判文件中提出的可调整技术方案和商务条款的响应灵活性。

(2) 审查是否存在投标人无效投标的情形。《政府采购货物和服务招标投标管理办法》第六十三条规定,投标人存在下列情况之一的,投标无效:(一)未按照招标文件的规定提交投标保证金的;(二)投标文件未按招标文件要求签署、盖章的;(三)不具备招标文件中规定的资格要求的;(四)报价超过招标文件中规定的预算金额或者最高限价的;(五)投标文件含有采购人不能接受的附加条件的;(六)法律、法规和招标文件规定的其他无效情形。

（3）审查是否存在视为投标人串通投标的情形。《政府采购货物和服务招标投标管理办法》第三十七条规定，有下列情形之一的，视为投标人串通投标，其投标无效：（一）不同投标人的投标文件由同一单位或者个人编制；（二）不同投标人委托同一单位或者个人办理投标事宜；（三）不同投标人的投标文件载明的项目管理成员或者联系人员为同一人；（四）不同投标人的投标文件异常一致或者投标报价呈规律性差异；（五）不同投标人的投标文件相互混装；（六）不同投标人的投标保证金从同一单位或者个人的账户转出。

（4）审查投标有效期是否符合招标文件要求。投标有效期是指为保证招标人有足够的时间在开标后完成评标、定标、合同签订等工作而要求投标人提交的投标文件在一定时间内保持有效的期限。按照《民法典》的有关规定，作为要约人的投标人提交的投标文件属于要约。要约在到达受要约人时生效，开标即意味着投标文件已经到达受要约人，投标人就不能再行撤回。一旦作为受要约人的招标人向中标人发出中标通知书，合同进入成立阶段，招标人和中标人应当自中标通知书发出之日起三十日内，签订书面合同。在投标有效期截止前，投标人必须对自己提交的投标文件承担相应法律责任。招标人应在招标文件中明确规定投标有效期，投标人应根据采购文件规定的投标有效期要求，结合自身实际情况编制投标文件并作出响应。

投标有效期从提交投标文件的截止之日起计算。投标文件中承诺的投标有效期应当不少于招标文件中载明的投标有效期。

（5）审查采购标的属于节能产品强制采购范围的，是否有国家确定的认证机构出具的、处于有效期之内的节能产品认证证书。《国务院办公厅关于进一步加强政府采购管理工作的意见》（国办发〔2009〕35号）规定，加大强制采购节能产品和优先购买环保产品的力度，凡采购产品涉及节能环保和自主创新产品的，必须执行财政部会同有关部门发布的节能环保和自主创新产品政府采购清单（目录）。

在采购执行过程中，当涉及节能产品强制采购时，采购人应严格按照清单（目录）进行采购，在投标（响应）文件审查环节，着重核实节能产品认证证书的相关信息。若发现投标（响应）产品属于强制采购范围却未提供有效节能产品认证证书，或证书存在过期、与采购产品不匹配等问题，应按照采购文件及相关规定，判定其不符合要求。

（6）审查不接受进口产品的项目，投标产品是否产自中国。《政府采购进口产品管理办法》（财库〔2007〕119号）指出，本办法所称进口产品是指通过中国海关报关验放进入中国境内且产自关境外的产品。政府采购应当采购本国产品，确需采购进口产品的，实行审核管理。采购人需要采购的产品在中国境内无法获取或者无法以合理的商业条件获取，以及法律法规另有规定确需采购进口产品的，应当在获得财政部门核准后，依法开展政府采购活动。

（7）审查投标人的澄清、说明或者补正是否超出投标文件的范围或者改变投标文件的实质性内容。对于投标文件中含义不明确、同类问题表述不一致或者有明显文字和计算错误的内容，评标委员会应当以书面形式要求投标人作出必要的澄清、说明或者补正。投标人的澄清、说明或者补正应当采用书面形式，并加盖公章，或者由法定代表人或其授权的代表签字。投标人的澄清、说明或者补正不得超出投标文件的范围或者改变投标文件的实质性内容。

(8) 审查投标人报价合理性。评标委员会认为投标人的报价明显低于其他通过符合性审查投标人的报价,有可能影响产品质量或者不能诚信履约的,应当要求其在评标现场合理的时间内提供书面说明,必要时提交相关证明材料;投标人不能证明其报价合理性的,评标委员会应当将其作为无效投标处理。

(三) 详细评审

通过资格审查和符合性检查的供应商进入详细评审阶段,要通过比较评价,推荐出中标候选人。在详细评审阶段需要注意以下几个方面的问题:

1. 政府采购政策的落实

(1) 促进中小企业发展政策。中小企业是指在中华人民共和国境内依法设立,依据国务院批准的中小企业划分标准确定的中型企业、小型企业和微型企业。对于非专门面向中小企业的项目,采购人或者采购代理机构应当在采购文件中作出规定,对小型和微型企业产品的价格给予一定比例的扣除,用扣除后的价格参与评审,具体扣除比例由采购人或者采购代理机构根据项目特点、当地政策导向以及国家相关规定确定。比如《江苏省省级预算单位政府采购内部控制规范》(苏财购〔2021〕10号)中规定,对于非专门面向小微企业的政府采购项目,应当在采购文件中对小微企业报价给予10%的扣除,用扣除后的价格参与评审。但需注意,各地政策可能存在一定差异,在具体执行时应详细查阅当地相关规定,确保扣除比例的确定符合所在地区政策要求及项目实际情况。

(2) 促进残疾人就业政策。残疾人福利性单位是指依法在市场监督管理部门登记注册,安置的残疾人占本单位在职职工人数的比例不低于25%(含25%),且安置的残疾人人数不少于10人(含10人)的单位。在政府采购活动中,残疾人福利性单位视同小型、微型企业,享受预留份额、评审中价格扣除等促进中小企业发展的政府采购政策。向残疾人福利性单位采购的金额,计入面向中小企业采购的统计数据。同时,残疾人福利性单位参加政府采购活动时,应当提供《残疾人福利性单位声明函》,否则不得享受相关优惠政策。

(3) 支持监狱企业发展政策。监狱企业是指由司法部认定,在司法行政机关严格监管下,为罪犯、戒毒人员提供生产项目和劳动对象,且全部产权属于司法部监狱管理局、戒毒管理局、直属煤矿管理局,各省(自治区、直辖市)监狱管理局、戒毒管理局,各地(设区的市)监狱、强制隔离戒毒所、戒毒康复所,以及新疆生产建设兵团监狱局、戒毒管理局的企业。在政府采购活动中,监狱企业视同小型、微型企业,享受预留份额、评审中价格扣除等政府采购促进中小企业发展的政府采购政策。向监狱企业采购的金额,计入面向中小企业采购的统计数据。监狱企业属于小型、微型企业的,不重复享受政策。监狱企业参加政府采购活动时,应当提供由省级以上监狱管理局、戒毒管理局(含新疆生产建设兵团)出具的属于监狱企业的证明文件,否则不得享受相关优惠政策。

(4) 节能产品、环境标志产品采购政策。政府采购节能产品、环境标志产品实施品目清单管理,依据品目清单和认证证书实施政府优先采购和强制采购。采购人拟采购的产品属于品目清单范围的,采购人及其委托的采购代理机构应当依据国家确定的认证机构出具的、处于有效期之内的节能产品、环境标志产品认证证书,对获得证书的产品实施政府优先采购或强制采购。

(5) 其他政府采购发展政策。在政府采购实践中,还有"进口产品管理政策""正版操作系统政策""正版软件政策""网络安全专用产品政策""无线局域网认证产品政策""支持乡村产业振兴政策"和"扶持不发达地区和少数民族地区政策"等等。在政府采购的发展过程中,有些政策可能会随着社会的发展而被取消,有些新的政策也可能会增加。

① 进口产品管理政策。对政府采购进口产品进行管理,如规定在满足一定条件时优先采购本国产品,以保护国内产业。

② 正版操作系统政策、正版软件政策。旨在推动政府采购中使用正版的操作系统和软件,保护知识产权,保障信息安全等。

③ 网络安全专用产品政策。确保政府采购的网络安全专用产品符合相关安全标准和要求,维护网络安全。

④ 无线局域网认证产品政策。对政府采购的无线局域网产品的认证等方面作出规定,保障无线网络的安全和稳定等。

⑤ 支持乡村产业振兴政策。通过政府采购支持乡村产业发展,如采购农产品等,助力乡村振兴。

⑥ 扶持不发达地区和少数民族地区政策。促进不发达地区和少数民族地区的经济发展,在政府采购中给予一定的倾斜和支持。

2. 价格评审

政府采购评审办法有综合评分法和最低评标价法,两种评审办法中都涉及对价格的评审。

在综合评分法里,价格评审常采用低价优先法。即满足招标文件要求且投标价格最低的投标报价为评标基准价,其价格分为满分,其他投标人的价格分按照相应公式计算。例如,某货物采购项目,有 A、B、C 三家供应商投标,A 报价 100 万元,B 报价 120 万元,C 报价 150 万元,A 的报价最低,假设价格满分 30 分,则 A 得 30 分,B 和 C 的价格分根据(评标基准价÷投标报价)×价格满分的公式来计算,以体现价格因素在综合评分中的作用。

在招标项目里,若采用最低评标价法,当提供相同品牌产品的不同投标人参与同一合同项下投标时,应当以其中通过资格审查、符合性检查且报价最低的参加评标;若报价相同,由采购人或者采购人委托评标委员会按照招标文件规定的方式确定一个参加评标的投标人,若采购文件未规定具体方式,则必须采取随机抽取方式确定,其余投标无效。而在非招标项目中,采用最低评标价法时,评审小组应严格根据符合采购需求、质量和服务相等且报价最低的原则确定成交供应商。

需要着重指出的是,无论运用哪种评审办法,都务必根据政府采购政策,先完成价格扣减之后再进行价格评审。例如,对于符合条件的小微企业,按照政策规定在其报价基础上进行相应比例的扣除后,再将扣减后的价格纳入评审环节,以此切实落实政府采购的政策导向,推动相关企业发展。

3. 技术、商务评审

评标委员会(评审小组)应当按照采购文件规定的评审方法和标准,对所有投标(响应)文件逐一进行评审和比较。对于技术、商务部分的评审内容和步骤可参考以下内容:

(1) 技术部分评审

① 阅读。评标委员会成员需仔细研读招标文件中关于技术部分的各项要求,包括但不限于采购项目的详细技术参数、具体评分标准以及明确的格式要求,确保对评审依据有全面且精准的理解。

② 查看。查看投标文件,先看目录,目录非常重要。根据目录查找招标文件中的要求是否得到满足。用评分标准进行对标。查看技术条款差异表,其格式见表6.5。

表 6.5 技术条款差异表

招标项目名称:

序号	招标要求	投标应答	差异说明
	A 技术要求	A 技术应答	无偏离/正偏离/负偏离

在查看过程中,若发现投标文件存在目录与内容不对应、关键信息缺失或表述模糊等情况,应做好记录并重点关注。

③ 对比。阅读技术文件中项目的实施方案并进行横向比较。重点检查实施方案是否存在不合理的地方。尤其要关注实施方案在技术路线的先进性、资源配置的合理性、项目进度安排的科学性等方面的表现,分析各方案在满足项目需求和应对潜在风险上的能力差异。

④ 审阅。审阅项目方案的可行性,投标人对项目实施方案的表述是否准确,对产品的售后情况、售后体系的说明是否清晰。需从技术可行性、经济合理性、操作便利性等多维度评估项目方案,同时结合行业标准和实际经验,考量产品售后体系在响应时间、服务质量、维修能力等方面是否能够切实保障项目实施后的稳定运行。

⑤ 评分。按照评分标准对投标文件进行评分。对于每一项指标逐一对照评分标准进行评分。实践中,如果投标人递交的技术文件有引导页,能够方便专家对应查找相关页码内容,专家往往会对这样的投标文件评高分。相较于指标混乱的投标文件,目录整齐、清晰,方便查找的投标文件更容易受到评标专家的青睐。评分过程中,评标委员会成员应秉持客观、公正的原则,独立进行评分,避免受主观因素和其他外部干扰,对评分过程和结果做好详细记录,以备后续追溯和核查。

(2) 商务部分评审

① 检查商务条款偏离表

a. 检查是否对采购人的要求全部进行了响应,是否为实质性响应。是否存在负偏离,负偏离是扣分还是废标根据采购文件规定执行。是否存在正偏离,正偏离是否合理。比如采购人要求的工期是30天,投标人应答的工期是10天。虽然这是正偏离,但这种应答究竟是否合理,评审专家要进行考量。

商务条款差异表格式见表6.6。

表6.6 商务条款差异表

招标项目名称:

序号	招标商务要求	投标商务应答	差异说明
	A要求	A应答	无差异/正偏离/负偏离

若商务条款偏离表中存在模糊表述、前后矛盾或难以理解的情况,评审专家应要求投标人进行澄清说明,以便准确判断其响应情况。

b. 检查商务文件评审表签字盖章是否齐全,是否有瑕疵。明确要求加盖公章的则必须加盖公章,不能以合同专用章、投标专用章、财务专用章等代替。

② 对照评审表,逐项评分

评审专家对照评审表逐一审查,审查内容是否完整、项目附件是否齐全有效。

三、评审方法

政府采购评审方法是指在政府采购过程中,用以评价和比较供应商投标(响应)文件,从而确定中标(成交)供应商的一系列原则、规则和程序。这些方法旨在确保政府采购的公开、公平、公正,同时选择出最能满足采购需求的供应商。根据《政府采购法》及相关法律法规,政府采购评审方法主要包括综合评分法和最低评标价法。

(一)综合评分法

综合评分法在评审时,不仅考虑价格因素,还包括技术、服务、售后支持等多个评价指标。各评价指标根据其在采购项目中的重要性被赋予不同的权重,最终通过计算得出各供应商的综合评分。综合评分最高的供应商将被评为中标(成交)供应商。

《政府采购法实施条例》中规定,综合评分法是指投标文件满足招标文件全部实质性要求且按照评审因素的量化指标评审得分最高的供应商为中标候选人的评标方法。采用综合评分法评标时,要将采购需求中除实质性条款外的其他因素用折算后的分值体现。评审因素一般包括价格、商务、技术和政策得分四部分内容。

在实际操作中,针对不同的评审因素有着具体的量化方式。例如,价格部分,采用低价优先法计算价格分,即满足招标文件要求且投标价格最低的投标报价为评标基准价,其价格分为满分,其他投标人的价格分按照相应公式计算。商务部分涵盖供应商的资质、业绩、售后服务等,如资质方面可依据不同资质等级设置对应分值;业绩可根据类似项目数量多少赋予不同分值;售后服务可以依据服务时间长短设置相应分值等。技术部分涉及技术方案的完整性与创新性、产品质量的可靠性、技术参数的满足程度等,技术方案可从方案的合理性、可行性、先进性等维度打分,产品质量依据相关质量认证、检测报告等评分,技术参数按照正偏离、无偏离、负偏离分别设定不同分值档次。政策得分与政府采购政策功能相关,如对节能环保产品,依据其认证情况给予相应加分。

政府采购项目为了达到采购质量、价格和效率三要素的平衡,实现物有所值,在采用综合评分法时应注意以下几点:

1. 设置评审因素时要准确反映采购人的需求重点

评审因素要准确反映采购人的需求重点。实践中存在这种现象,在招标文件中明确了采购人的需求重点并要求投标人提供相关的资料,但评分因素中没有设置这些资料的评审标准,采购人的需求重点无法在评标中体现。

此外,评审因素所占的比重或者权重要能够切实反映采购人对各评标因素的关切程度。以政府采购一批计算机设备为例,假设采购人的主要需求不仅包括设备的价格,还强调了设备的性能参数、售后服务质量和交货时间。在这种情况下,可以在价格、性能参数、售后服务、交货时间等服务内容上设置不同的权重,以此来反映采购人对各个因素的重视程度。

2. 评审因素要设定在与报价相关的技术或服务指标上

西方国家200多年的政府采购制度改革实践及我国的相关经验表明,为确保政府采购的公平性和效率性,评审因素的设定应紧密围绕采购标的的质量和报价,即评审因素要设定在与报价相关的采购标的的技术或服务指标上。

从我国情况看,实践中经常出现将与采购需求完全无关的内容列入评审因素,极端的例子是将供应商的行政级别、在本地区的投资额作为评分因素,这种评分标准有着明显的量身定做痕迹。我们应借鉴国际成功经验,明确在制定评审标准时,只能将与投标报价和采购标的质量相关的技术或服务指标设定为评审因素。

3. 评分标准的分值设置必须与评审因素的量化指标相对应

评分标准的分值设置必须与评审因素的量化指标紧密对应,这一原则确保了政府采购评审过程的客观性、公正性和透明性。首先,评审因素的选择必须是可量化的,确保每一个评审因素都能够通过客观的数据或明确的标准进行评价,避免主观判断对评审结果造成影响。其次,一旦评审因素确定并量化,评分标准的分值也必须进行相应的量化,且在设定分值区间时,需明确指出各评审因素对应的具体分值范围,确保评审的每一步骤都能够量化、标准化,从而减少评标过程中的自由裁量空间。

例如某招标文件在评审标准中规定,国际知名品牌5~8分,国内知名品牌3~4分,国内一般品牌1~2分。这样的规定就违反了上述要求,"国际知名""国内知名""国内一般"不是品牌的量化指标,没有评判的标准。将品牌知名度作为评审因素时,应避免使用模糊不清的分类,而应依据可量化的标准,如市场占有率、客户满意度等,来定义品牌的评价级别。同时,为每个级别设定明确的分值区间,以确保评审过程中每一分的分配都有据可依。

4. 在公开招标、邀请招标等项目中采用综合评分法的要求

(1)分值设置的要求。评标时,评标委员会各成员应当独立对每个投标人的投标文件进行评价,并汇总每个投标人的得分。依据《政府采购货物和服务招标投标管理办法》(财政部令第 87 号)的规定,货物项目的价格分值占总分值的比重不得低于 30%;服务项目的价格分值占总分值的比重不得低于 10%。执行国家统一定价标准和采用固定价格采购的项目,其价格不列为评审因素。

(2) 分值计算方法。价格分应当采用低价优先法计算,即满足招标文件要求且投标价格最低的投标报价为评标基准价,其价格分为满分。其他投标人的价格分统一按照下列公式计算:

$$投标报价得分 = (评标基准价/投标报价) \times 100$$

$$评标总得分 = F_1 \times A_1 + F_2 \times A_2 + \cdots + F_n \times A_n$$

$F_1, F_2, \cdots, F_n$ 分别为各项评审因素的汇总得分;

$A_1, A_2, \cdots, A_n$ 分别为各项评审因素所占的权重 ($A_1 + A_2 + \cdots + A_n = 1$)。

评标过程中,不得去掉报价中的最高报价和最低报价。因落实政府采购政策进行价格调整的,以调整后的价格计算评标基准价和投标报价。

(3) 评审结果排序。采用综合评分法的,评标结果按评审后得分由高到低顺序排列。得分相同的,按投标报价由低到高顺序排列。得分相同且投标报价相同的并列。投标文件满足招标文件全部实质性要求,且按照评审因素的量化指标评审得分最高的投标人为排名第一的中标候选人。

5. 在竞争性磋商项目中采用综合评分法的要求

(1) 分值设置的要求。依据《政府采购竞争性磋商采购方式管理暂行办法》(财库〔2014〕214 号)规定,在竞争性磋商项目中,采用综合评分法的,货物项目的价格分值占总分值的比重(即权值)为 30% 至 60%,服务项目的价格分值占总分值的比重(即权值)为 10% 至 30%。采购项目中含不同采购对象的,以占项目资金比例最高的采购对象确定其项目属性。符合《政府采购竞争性磋商采购方式管理暂行办法》第三条第三项的规定即因特殊原因不能事先计算出价格总额的项目和执行统一价格标准的项目,其价格不列为评分因素。有特殊情况需要在上述规定范围外设定价格分权重的,应当经本级人民政府财政部门审核同意。

(2) 分值计算方法。综合评分法中的价格分统一采用低价优先法计算,即满足磋商文件要求且最后报价最低的供应商的价格为磋商基准价,其价格分为满分。其他供应商的价格分统一按照下列公式计算:

$$磋商报价得分 = (磋商基准价/最后磋商报价) \times 价格权值 \times 100$$

项目评审过程中,不得去掉最后报价中的最高报价和最低报价。

(3) 评审结果排序。磋商小组应当根据综合评分情况,按照评审得分由高到低顺序推荐 3 名以上成交候选供应商,并编写评审报告。符合《政府采购竞争性磋商采购方式管理暂行办法》(财库〔2014〕214 号)第二十一条第三款情形的,即市场竞争不充分的科研项目,以及需要扶持的科技成果转化项目,可以推荐 2 家成交候选供应商。评审得分相同的,按照最后报价由低到高的顺序推荐。评审得分且最后报价相同的,按照技术指标优劣顺序推荐。

(二)最低评标价法

最低评标价法指以价格为主要因素确定中标候选供应商的评标方法,即投标文件满足招标文件全部实质性要求,依据统一的价格要素评定最低报价,以提出最低报价的投标人作为中标候选供应商或者中标供应商的评标方法。最低评标价法适用于技术、服务等标准统一的标准定制商品及通用服务项目。

《政府采购货物和服务招标投标管理办法》(财政部令第 87 号)中规定,最低评标价法,是指投标文件满足招标文件全部实质性要求,且投标报价最低的投标人为中标候选人的评标方法。最低评标价法具有以下特点:

1. 评审程序简洁透明

采用最低评标价法进行政府采购的评审,本质上是以价格作为唯一的评审标准,这种方法的核心优势在于其过程的简洁性和透明度。在资格性审查和符合性审查确保了投标人和投标文件基本要求的合规性之后,评标过程仅通过将合格投标人的报价进行比较,选出报价最低的供应商作为中标候选人,极大简化了评审步骤,降低了操作复杂性。

此外,最低评标价法减少了评标委员会在评标过程中的自由裁量权,直接依据客观的报价数据作出判断,有效减少了人为因素对评审结果的影响,从而提高了评审过程的公开性和透明度。这种评审方法有利于增强政府采购活动的公信力,减少质疑和投诉,促进了政府采购市场的健康发展。同时,最低评标价法的简便性也为电子招标提供了便利,有助于推动采购流程的电子化,进一步提升政府采购的效率和透明度。

2. 对采购人和采购代理机构的专业性要求高

采用最低评标价法虽然简化了评审过程,但实际上对采购人和采购代理机构提出了更高的要求。这种方法强调在评标初审后,主要依据价格进行供应商选择,不再深入评判供应商的技术和商务指标。因此,招标文件的准备阶段成了整个采购流程中至关重要的一环。采购人和采购代理机构必须精确、细致地研究和描述采购需求,确保招标文件中的指标明确、无歧义,且能够准确反映采购人的真实需求。

这要求采购人和代理机构不仅仅作为程序的执行者,更要深入地了解和研究市场和技术发展,将采购人关心的指标作为招标文件的实质性条款,并进行详细无误的描述。此外,对于投标文件中可能出现的偏离和缺漏,也需明确规定,确保所有投标都在同一个标准下进行评价,避免因非实质性条款的偏离而导致合格供应商被错误排除。

最低评标价法虽然在一定程度上减少了评审过程的复杂性,但实际上对采购人和采购代理机构的专业性、细致性提出了更高要求。这种方法强调了招标文件的准备工作在整个采购过程中的核心地位,要求采购人和代理机构必须作为需求研究的专家,确保采购活动的效率和公正性。

3. 最低评标价法的适用范围

《政府采购法实施条例》规定,技术、服务等标准统一的货物和服务项目招标,应当采用最低评标价法评标。这类招标项目是指有明确的国家、行业标准,或者市场上产品、服务同质化程度较高,采购人能够清晰、明确地表述采购需求的通用货物或服务招标项目。

在采购实践中,除了技术复杂、性质特殊的招标项目外,对于那些对质量、服务无特殊要求,且价格是主要考量因素的项目,原则上都可以采用最低评标价法评标;而对于对质量、服务有特殊要求,需要综合考虑多种因素来确定中标人,或者虽然技术、服务等标准看似统一,但更注重供应商的信誉、业绩、创新能力等非价格因素的项目,则不适合采用最低评标价法。

4. 采用最低评标价法需要注意的问题

(1) 算数修正问题。在采用最低评标价法的招标过程中,对投标文件中存在的算术错误进行适当的修正是确保评标公正性和精准性的必要步骤。算术错误,尽管非主观故意,却可能影响投标结果的公平性,因此,对这些错误的合理修改是必须的。招标文件中应明确规定算术修改的规则,确保在发现算术错误时,可以依据客观、明确的标准进行修正,而非随意改动,避免对投标人的不公正对待。

算术修改的过程应在评标的初期阶段进行,目的在于更准确地反映投标人的真实报价意图,而非对其供货或服务范围的任何实质性调整。这种修正方式有助于减少由于计算错误引起的误解或争议,提高招标过程的透明度和信赖度。

算术修改并不意味着对投标人供货和服务范围内价格的任意调整,它仅限于纠正明显的计算失误。因此,在使用最低评标价法时,采购人和采购代理机构必须严格遵循招标文件中的规定,确保算术修改的合理性和正确性,从而保障整个招标过程的公正性和有效性,符合相关法律法规的规定。

(2) 价格扣除问题。对初审合格的供应商进行政府采购政策功能的价格扣除。评标初审是按照招标文件对供应商资格条件和其他实质性要求的审核。初审合格的供应商是符合资格条件、满足招标文件各项实质性要求的供应商,评标委员会对初审合格的供应商进行评标,只是进行投标价格排序。要按照招标文件的规定,对合格供应商进行采购政策功能的价格扣除,包括小微企业、节能环保等,在价格扣除后进行排序。

采用最低评标价法评标时,除了算术修正和落实政府采购政策需进行的价格扣除外,不能对投标人的投标价格进行任何调整。

四、项目评审的回避要求

《政府采购法》规定,在政府采购活动中,采购人员及相关人员与供应商有利害关系的,必须回避。供应商认为采购人员及相关人员与其他供应商有利害关系的,可以申请其回避。所称相关人员,包括招标采购中评标委员会的组成人员,竞争性谈判采购中谈判小组的组成人员,询价采购中询价小组的组成人员等。《政府采购法实施条例》进一步明确了,在政府采购活动中,采购人员及相关人员与供应商有下列利害关系之一的,应当回避:

(一)参加采购活动前3年内与供应商存在劳动关系

《中华人民共和国劳动法》规定,劳动关系是基于劳动合同,由劳动者与用人单位之间建立的法律关系,涉及工作的承担、报酬的领取及劳动保护等方面。在政府采购活动中,为保证采购的公平、公正性,特别强调了利益冲突的避免,其中包括与供应商存在直接或间接利益关系的个人不得参与采购评审活动。

因此,参加采购活动前3年内与供应商存在劳动关系的采购人员及相关评审人员,应当主动回避,避免因个人利益可能对采购活动公平性和公正性造成的影响。这一规定体现了对政府采购过程中利益冲突管理的重视,旨在通过法律手段确保采购活动的透明度和公正性,防止任何可能的不当利益干预。

(二)参加采购活动前3年内担任供应商的董事、监事

《中华人民共和国公司法》规定,董事和监事由股东选出或委派,主要职责是代表股东利益,参与公司的管理和监督,而不是作为公司员工参与公司日常经营活动。因此,董事和监事与公司之间的关系通常不被视为劳动关系。然而,当涉及政府采购活动的公正性和透明度时,《政府采购法》等相关法律法规要求采购活动中的参与者应当避免任何可能的利益冲突。

如果采购人员或相关人员在参加采购活动前3年内曾担任供应商的董事或监事,即使这种关系不属于传统意义上的劳动关系,他们也应主动回避评审工作。这一要求旨在保障采购活动的公平性和公正性,避免由于前任董事或监事与供应商之间可能存在的利益关联,对采购过程产生不利影响。

(三)参加采购活动前3年内是供应商的控股股东或者实际控制人

根据《中华人民共和国公司法》规定,控股股东是指通过持有超过公司股本总额百分之五十的股份或通过其他方式对公司决策产生重大影响的股东,既包括绝对控股也包括相对控股。实际控制人是指通过投资关系、协议或其他安排能够实际支配公司行为的人,无论其是否直接持有公司股份。

在政府采购活动中,以确保公平、公正和公开的原则为核心,要求采购人员及相关人员在参与采购评审前三年内,如果是供应商的控股股东或实际控制人,应当主动回避评审过程。这一规定的目的在于避免因为利益冲突而影响采购活动的公正性。通过这样的规定,可以有效防止控股股东或实际控制人利用其影响力干预采购决策,保障政府采购活动的透明度和公正性。

(四)与供应商的法定代表人或者负责人有夫妻、直系血亲、三代以内旁系血亲或者近姻亲关系

在遵循中共中央组织部、人力资源社会保障部《公务员回避规定》第五条明确界定的家庭和亲属关系框架内,采购人员及相关人员与供应商的法定代表人或负责人存在的夫妻、直系血亲、三代以内旁系血亲或近姻亲关系,构成了典型的应当回避的利益冲突情形。这些关系包括但不限于父母、子女、兄弟姐妹、祖父母、外祖父母、孙子女、外孙子女、伯叔

姑舅姨、侄子女、甥子女及配偶的直系亲属、配偶的兄弟姐妹及其配偶、子女的配偶以及子女配偶的父母等。

依据这一规定，任何在采购过程中可能因家庭或亲属关系而产生利益冲突的个体，都应主动回避评审活动。这种做法旨在维护采购活动的公正性和透明度，确保采购决策不受私人关系的不当影响，从而促进了公共资源的合理分配和利用，符合法律规定与伦理道德的要求。

（五）与供应商有其他可能影响政府采购活动公平、公正进行的关系

主要是指虽然不属于上述四种情形的范围，但与供应商有其他影响或者可能影响政府采购公平、公正进行的关系，如同学、战友、老乡、朋友等。如果其关系实际上影响或者可能影响到政府采购活动公平、公正进行的，采购人员及相关人员也应当回避。

五、重新评审的要求

《政府采购法实施条例》第四十四条规定，除国务院财政部门规定的情形外，采购人、采购代理机构不得以任何理由组织重新评审。采购人、采购代理机构按照国务院财政部门的规定组织重新评审的，应当书面报告本级人民政府财政部门。

（一）重新评审的定义

政府采购项目由评审委员会依据法定职权，按照采购文件要求评价投标文件，并出具评审意见。重新评审是指评标委员会、谈判小组、磋商小组和询价小组等评审委员会成员签署了评审报告，在评审活动完成后，原评审委员会成员对自己评审意见的重新检查。重新评审与复核存在区别，两者发生的时间段不同，以评审报告签署完成为界，评审未结束的是复核，评审结束后的是重新评审。重新评审意味着再一次检查原评审意见，其实施主体是原评审委员会。

在政府采购活动实践中，受评审人员素质、采购文件质量、评审组织水平及时间限制等种种因素的影响，评审错误的情形很难杜绝。如果"一刀切"地禁止重新评审，则无法保证采购公平和采购效率。为此《政府采购法实施条例》规定，采购人、代理机构可以按照国务院财政部门的规定组织重新评审，但应当书面报告本级人民政府财政部门。通过对原评审意见的再次审视，能及时纠正可能出现的评审偏差。

（二）可以重新评审的情形

《关于进一步规范政府采购评审工作有关问题的通知》（财库〔2012〕69号）对重新评审的情形作了列举式规定，包括资格性检查认定错误，分值汇总计算错误，分项评分超出评分标准范围，客观分评分不一致，经评审委员会一致认定评分畸高、畸低5种情形。随后陆续出台的《政府采购非招标采购方式管理办法》（财政部令第74号）、《政府采购竞争性磋商采购方式管理暂行办法》（财库〔2014〕214号）和《政府采购货物和服务招标投标管理办法》（财政部令第87号）等对不同采购方式下的政府采购重新评审进行了细化。具体见表6.7。

表 6.7 重新评审一览表

采购方式	资格性检查认定错误	分值汇总计算错误	分项评分超出评标准范围	客观分评分不一致	经评审委员会认定评分畸高、畸低	价格计算错误	适用依据
公开招标/邀请招标	×	√	√	√	√	×	《政府采购货物和服务招标投标管理办法》第六十四条
竞争性谈判/询价/单一来源采购	√	×	×	×	×	√	《政府采购非招标采购方式管理办法》第二十一条
竞争性磋商	√	√	√	√	√	×	《政府采购竞争性磋商采购方式管理暂行办法》第三十二条

注：表中"√"表示可以重新评审的情形，"×"表示不可以重新评审的情形。

在政府采购过程中，上述错误可以是采购人或者采购代理机构自行发现，或者供应商依法提出质疑后发现，也可以是财政部门监督检查中发现。供应商质疑后，为了提高效率，采购人或者采购代理机构可以组织原评审委员会将重新评审和配合协助答复工作同步进行，一次性完成。

（三）经重新评审确定原评审报告中存在错误的处理

经重新评审确定原评审报告中存在错误的应当依法依规纠正错误。改变原中标、成交结果的，采购人或采购代理机构应当书面报告本级政府采购监管部门。其中质疑事项确实存在评审错误，因而改变原中标、成交结果的，应当将相关情况报财政部门备案。

六、项目评审的禁止行为

政府采购项目评审的过程中，为保证评审的公正性、透明度以及效率，法律对采购人、采购代理机构的行为设定了明确的限定。这些界限的设定旨在避免任何形式的非法干预评审过程，确保评审结果能够真实反映供应商的实际能力和提供的产品或服务的质量。具体禁止的行为如下：

（一）提供倾向性、误导性解释或说明

《政府采购法实施条例》严格禁止采购人、采购代理机构在评审过程中向评标委员会、竞争性谈判小组或询价小组的评审专家提供任何倾向性或误导性的解释或说明。倾向性解释通常表现为对某个供应商、某种产品或服务的明显偏好，或直接表达希望某个供应商中标。误导性说明则是通过扭曲事实、提供不完整信息等方式，影响评审专家的判断，使其基于错误的认识作出决策。

（二）超出采购文件规定范围的行为

采购人或采购代理机构不得在评审过程中提出超出采购文件规定范围的要求。这包

括但不限于,无理提升某些技术指标的要求或过度强调某些评审标准,以偏向特定的供应商或产品。

(三) 利用个人经验或偏好影响评审

在财政部门强调对评审活动录音录像后,直接表达偏好的情况虽有所减少,但间接方式的倾向性或误导性解释并未完全消失。采购人、采购代理机构在评审中不得利用自身或他人的经验、习惯等,表达对供应商或产品和服务的喜好或厌恶,影响评审的客观性。

(四) 禁止个人发言行为

评审过程中,采购人代表不能以个人看法为由,进行任何倾向性、误导性的发言。当评审专家主动询问相关问题时,采购人或采购代理机构亦不得提供可能引起误导的个人感受或说明。

为了进一步维护政府采购评审工作的规范性和权威性,采购人在评审前需事先提交书面材料,介绍项目背景和技术需求。这些材料应避免包含任何歧视性、倾向性的意见,且不得超出采购文件所述的范围。通过这些规定,旨在构建一个公平、公正、公开的评审环境,确保评审专家能够在完全独立和客观的基础上,对供应商提出的方案进行评审,从而选出最符合项目需求的供应商。

任务三 定 标

一、定标的含义

定标,即确定中标者的过程,是政府采购中的一个重要环节。在政府采购过程中,定标是指在评标过程结束后,根据评标委员会的评审结果,选出符合采购要求且报价合理的供应商,确定其为中标者的过程。

二、定标的注意事项

(1) 定标前,采购人或其代理机构不得将有关投标的实质性内容透露给投标人。

(2) 采购人应当确定排名第一的中标候选人为中标人。排名第一的中标候选人放弃中标,或者因为违法行为被取消中标,采购人可以按评审报告推荐的中标或者成交候选人名单排序,确定下一候选人为中标或者成交供应商,也可以重新开展政府采购活动。

(3) 采购人可以授权评标委员会/评审小组直接确定中标人。

(4) 中标人确定后,采购人应当向中标人发出中标通知书,并同时将中标结果通知所有未中标的投标人。

(5) 中标通知书对采购人和中标人具有法律效力。中标通知书发出后,采购人改变中标结果的,或中标人放弃中标项目的,应当依法承担相应法律责任。

三、定标的程序

(一) 确定中标供应商

评标委员会/评审小组可以向采购人推荐合格的中标候选人,或者根据采购人的授权直接确定中标供应商;采购代理机构应当在评标结束后2个工作日内将评标报告送至采购人;采购人应当在收到评标报告后5个工作日内,按照评标报告中推荐的中标候选人顺序确定中标供应商。

采购人自行组织招标的,应当在评标结束后5个工作日内确定中标人。

(二) 定标的方式

按照评标报告确定的中标候选人名单按顺序确定。中标候选人并列的,按照招标文件规定的方式确定中标人,招标文件未规定的,采取随机抽取的方式确定。

(三) 发布中标公告

采购人或者采购代理机构应当自中标、成交供应商确定之日起2个工作日内,发出中标、成交通知书,并在省级以上人民政府财政部门指定的媒体上公告中标、成交结果,招标文件、竞争性谈判文件、询价通知书随中标、成交结果同时公告。

中标、成交结果公告内容应当包括采购人和采购代理机构的名称、地址、联系方式,项目名称和项目编号,中标或者成交供应商名称、地址和中标或者成交金额,主要中标或者成交标的的名称、规格型号、数量、单价、服务要求以及评审专家名单。

如果确定的第一中标供应商被质疑成立后取消中标资格,或者因为其他原因放弃签订政府采购合同,需要顺延第二名时,需要发布中标结果的变更公告。

中标(成交)结果公告格式见表6.8。

表6.8 中标(成交)结果公告

一、项目编号(或招标编号、政府采购计划编号、采购计划备案文号等,如有):		
二、项目名称:		
三、中标(成交)信息		
供应商名称:		
供应商地址:		
中标(成交)金额:(*可填写下浮率、折扣率或费率*)		
四、主要标的信息		
货物类	服务类	工程类
名称: 品牌(如有): 规格型号: 数量: 单价:	名称: 服务范围: 服务要求: 服务时间: 服务标准:	名称: 施工范围: 施工工期: 项目经理: 执业证书信息:

(续表)

五、评审专家(单一来源采购人员)名单：

六、代理服务收费标准及金额：

七、公告期限

自本公告发布之日起1个工作日。

八、其他补充事宜

_____

九、凡对本次公告内容提出询问，请按以下方式联系。

1. 采购人信息

名　　称：_____

地　　址：_____

联系方式：_____

2. 采购代理机构信息(如有)

名　　称：_____

地　　址：_____

联系方式：_____

3. 项目联系方式

项目联系人：(组织本项目采购活动的具体工作人员姓名)

电　　话：_____

十、附件

1. 采购文件(已公告的可不重复公告)

2. 被推荐供应商名单和推荐理由(适用于邀请招标、竞争性谈判、询价、竞争性磋商采用书面推荐方式产生符合资格条件的潜在供应商的)

3. 中标、成交供应商为中小企业的，应公告其《中小企业声明函》

4. 中标、成交供应商为残疾人福利性单位的，应公告其《残疾人福利性单位声明函》

5. 中标、成交供应商为注册地在国家级贫困县域内物业公司的，应公告注册所在县扶贫部门出具的聘用建档立卡贫困人员具体数量的证明。

(说明：选自《政府采购公告和公示信息格式规范(2020年版)》)

(四) 发出中标通知书

在发布中标公告的同时，采购人应当向中标供应商发出中标通知书，并同时将中标结果通知所有未中标的投标人；中标通知书对采购人和中标供应商具有同等法律效力，双方如未在中标通知书发出后三十日内签订合同，受损害的一方有权追究责任方的法律责任。

(五) 退还保证金

中标通知书发出之日起5个工作日内，退还未中标供应商的投标保证金；自政府采购合同签订之日起5个工作日内，退还中标供应商的投标保证金。

项目小结

本项目旨在帮助学生深入理解和掌握组织政府采购项目评审的全过程,包括"开标、唱标""项目评审"及"定标"三个核心任务,确保政府采购活动的公开、公正、公平,提高政府资金使用的效率和效果。

"任务一 开标、唱标"中,详细介绍了接收投标文件、开标及唱标的具体流程和注意事项,包括投标文件的提交截止时间、送达方式和送达地点等关键信息,以及开标和唱标的含义、程序和组织方式。这一阶段是政府采购的初步阶段,要求严格遵守招标文件要求,确保投标过程的公正和透明。

"任务二 项目评审"中,详细阐述了评审专家的选聘与解聘、评标委员会/评审小组的组建及其评审方法和注意事项,明确了政府采购活动中评审专家的重要作用和评审过程中的关键环节,强调了评审工作的专业性和公正性。项目评审过程是政府采购中最为核心的环节,直接关系到采购活动的成败,需要评审专家公正、客观地进行评审,确保采购项目的质量和效益。

"任务三 定标"部分则着重说明了政府采购定标的过程和相关要求,包括定标前的准备、确定中标供应商、发布中标公告、发出中标通知书以及退还保证金等关键步骤。此阶段是采购过程的最终决策环节,关系到采购合同的最终签订和采购项目的顺利实施,强调了采购人或其代理机构在严格遵守法律法规和采购文件规定的基础上,根据评审结果做出公正的中标决策。

整个政府采购项目评审流程,从开标、唱标到项目评审,再到最终的定标,每一步都严格规范,每个环节都紧密相连。通过对这一流程的学习和总结,学生可以更好地理解政府采购的法律法规、程序规定及其背后的原则和目的,为参与实际政府采购活动奠定坚实的基础。这不仅有助于提升政府采购的效率和透明度,更是实现公共资源合理配置、促进公共利益最大化的重要保障。

能力训练

一、单选题

1. 政府采购过程中,投标文件的提交截止时间是由谁规定的?（   ）
   A. 供应商　　　　　　　　　　B. 采购代理机构
   C. 采购文件　　　　　　　　　D. 评审专家
2. 开标时,若投标人少于3家,则应如何处理?（   ）
   A. 继续开标　　B. 暂缓开标　　C. 直接定标　　D. 不得开标
3. 定标过程中,如果排名第一的中标候选人放弃中标,采购人应如何处理?（   ）

A. 按次序选择中标候选人 B. 重新开标
C. 随机抽取中标人 D. 取消采购项目

4. 在评审过程中,评审专家发现与参加采购活动的供应商有利害关系时,应当怎么办?( )

A. 继续参与评审 B. 只评审其他供应商
C. 主动提出回避 D. 通知采购代理机构

5. 最终由谁确定中标(成交)供应商?( )

A. 评审专家 B. 采购代理机构
C. 采购人 D. 监督部门

二、多选题

1. 投标文件的送达方式可以是哪些?( )

A. 邮寄 B. 直接送达 C. 电子邮件 D. 传真

2. 在确定中标(成交)供应商的过程中,采购人可以( )。

A. 按评审结果顺序确定中标供应商 B. 重新组织采购活动
C. 授权评审小组直接确定中标人 D. 随意更改评审结果

3. 在评审专家回避制度中,评审专家需要回避的情况包括( )。

A. 与供应商有直系血亲关系
B. 近三年内曾为供应商提供咨询服务
C. 与参加采购活动的供应商有利害关系
D. 个人对评审结果没有兴趣

4. 中标、成交结果公告内容应当包括哪些信息?( )

A. 采购人和采购代理机构的名称、地址、联系方式
B. 项目名称和项目编号
C. 中标或者成交供应商名称、地址和中标或者成交金额
D. 投标保证金的金额

5. 关于评标委员会、谈判小组、磋商小组、询价小组等组成,表述正确的是( )。

A. 评标委员会由采购人代表和评审专家组成,成员人数应当为5人以上单数,评审专家不得少于成员总数的2/3
B. 磋商小组由采购人代表和评审专家共3人以上单数组成,其中评审专家人数不得少于磋商小组成员的2/3
C. 采用竞争性谈判和询价方式的,谈判小组、询价小组数应为3人以上单数,达到公开招标数额标准的货物或者服务采购项目,或者达到招标规模标准的政府采购工程,竞争性谈判小组或者询价小组应当由5人以上单数组成
D. 采用公开招标或邀请招标方式的,评标委员会人数应为5人以上单数,预算金额1 000万元以上的招标采购项目,评标委员会应当为7人以上单数,其中评审专家应当为5人以上单数

三、判断题

1. 采用综合评分法的公开招标项目中,价格分应当采用低价优先法计算,即满足招标文件要求且投标价格最低的投标报价为评标基准价,其价格分为满分。（   ）
2. 评审委员会成员不得直接带走任何评审资料,但是可以记录或复印。（   ）
3. 在定标过程中,若排名第一的中标候选人放弃中标,采购人必须重新组织采购活动。（   ）
4. 开标前,采购代理机构可以随意变更投标文件的送达地点。（   ）
5. 中标通知书对采购人和中标人没有法律效力。（   ）

四、简答题

1. 评标委员会如何组成？评标委员会有哪些职责？评标委员会成员有哪些义务？政府采购评审专家评标时应遵循什么原则？
2. 什么是最低评标价法？采用最低评标价法如何推荐中标候选供应商名单？
3. 什么是综合评分法？采用综合评分法如何推荐中标候选供应商名单？
4. 开标程序是什么？应注意哪些事项？
5. 如何确定中标（成交）供应商？

项目七

政府采购合同

学习目标

1. 熟悉政府采购合同的内容。
2. 了解政府采购合同签订的要求。
3. 了解政府采购合同分包、补充、变更的要求。
4. 了解政府采购合同验收的要求。

能力目标

1. 能够完成政府采购合同的签订。
2. 掌握政府采购合同分包、补充、变更的要求。
3. 掌握政府采购合同验收的程序。

任务一　政府采购合同签订

强调采购人主体责任

华中农业大学发文规范采购合同管理工作

近日,《华中农业大学采购合同管理实施细则》(简称《细则》)正式实施。《细则》强化了采购人主体责任,明确了各方职责,以规范学校采购合同管理工作,防范合同风险,保护学校权益。

"之前学校的采购合同管理工作较为粗放,《细则》将为采购活动的各方参与者提供更为具体、详细的操作规范。"该校相关负责人如是说。

《细则》明确,采购人使用学校预算资金,采购货物、工程、服务项目金额达到 2 万元所签订的采购合同(简称"合同"),适用该《细则》。采购人应当遵循"一事一约"的原则,不得将同一采购项目拆分成多个项目单独签订合同。

《细则》明确了采购人是合同签订的第一责任主体。采购人应当在中标（成交）通知书发出之日起三十日内与中标（成交）供应商按照采购文件确定的事项签订合同。合同签订前，采购人应对合同对方的主体资格、资质、资信状况、经营范围、履约能力、经济实力、社会信誉、委托代理权限等情况进行确认。采购人对合同内容的真实性负首要责任，合同承办人、审核人、单位负责人需在合同审核表上签字并加盖单位公章。

《细则》同时明确了归口管理部门的责任。采购与招标中心对合同内容进行审核，加盖合同备案专用章，并编写合同备案号，以及按相关规定在中国政府采购网公开合同信息。审计室对基建施工合同、修缮施工合同或重大合同进行审核。学校办公室在法定代表人或授权代理人签署的合同文本上加盖学校公章。

关于合同履约，《细则》明确，合同依法签署后，即具有法律效力，不得随意变更合同条款和内容。因特殊原因需变更或解除的，采购人应提供变更或解除的事由、变更的条款、履行期限、补充协议等材料向采购与招标中心书面报告，经核验审批后，变更或解除合同。

合同生效后，采购人应严格按照合同约定履行，并按学校相关规定对供应商履约项目开展验收工作。在合同履行中，采购人需追加与合同标的相同的货物、工程或者服务的，在不改变合同其他条款的前提下，可以与供应商签订补充合同，但所有补充合同的采购金额不得超过原合同采购金额的百分之十。采购人应凭原采购合同办理补充合同，签订、审核等程序与原合同一致。

《细则》强调，采购人发现对方有不履约行为时应及时采取有效措施，最大限度维护学校权益。发生合同纠纷时，由采购人与供应商进行协商，协商不一致的，按照合同约定的方式进行处理，重大事项应及时向采招中心报告。

（资料来源：王国龙.华中农业大学发文规范采购合同管理工作［EB/OL］.（2023-03-30）［2024-04-17］.http://www.cgpnews.cn/articles/63206.）

政府采购合同是指采购人与中标（成交）供应商之间，就政府采购项目的货物、工程或服务的提供与交付达成的具有法律约束力的书面协议。根据《政府采购法》及相关法律法规，政府采购合同应明确双方的权利、义务和责任，包括但不限于合同标的、数量、质量、价格、交付时间、验收标准、违约责任等关键条款。

政府采购合同旨在通过法律手段保障合同双方的合法权益及政府公共利益。此外，政府采购合同的签订和履行过程中，必须遵循公开、公平、公正和诚实信用的原则，确保政府采购活动的透明度和公众的监督权利，从而促进公共资源的合理利用和公共服务的有效提供。

一、政府采购合同的特点

政府采购合同作为一种特殊类型的合同，其特点在于它既遵循一般《民法典》的原则，同时也受《政府采购法》等特定法律法规的约束，具有其独特性。在深入探讨政府采购合同的特点时，需重点考虑以下几个方面：

(一)法律地位的平等性

政府采购合同中,采购人与供应商的法律地位是平等的,这与《民法典》中关于合同当事人权利和义务平等的原则相吻合。供应商在与政府机构签订合同时,享有与其他普通民事合同当事人相同的权利和义务。

(二)受《政府采购法》等法律法规约束

虽然政府采购合同在性质上属于民事合同,但由于其涉及的是公共资金和公共利益,因此,这类合同还必须遵守《政府采购法》等相关法律法规的特殊要求。例如,在合同订立之后需要在指定媒体进行公告。

(三)书面形式和必备条款

根据《政府采购法》的规定,政府采购合同应当采用书面形式,并包含一些必备的条款。这些条款通常由国家相关部门制定,以确保合同内容的标准化和统一性,避免因合同条款不明确而产生法律纠纷。

(四)政策功能的体现

政府采购合同不仅仅是交易行为的载体,还具有实现政府政策目标的作用。例如,促进中小企业发展、支持环保产业等政策目标可能会在采购合同中得到体现,这是一般民事合同所不具备的特点。

(五)合同变更与终止的特殊规定

在政府采购合同中,合同的变更、终止等不仅要遵循一般的《民法典》原则,还需要遵循《政府采购法》中的特殊规定。例如,在某些情况下,如国家利益或重大政策调整,可能会导致合同的变更或提前终止。

(六)政府采购合同的监督与执行

政府采购合同的执行不仅受到市场监督,还受到法律和行政监督。财政部门、审计部门等政府机构会对采购活动进行监督,确保合同的履行符合法律规定和政策要求。

总而言之,政府采购合同的特点在于它既符合一般《民法典》的基本原则,又具有符合《政府采购法》等相关法规要求的特殊性。政府采购合同具有一定的社会性,不完全等同于一般民事合同。

二、政府采购合同签订的依据

《政府采购法》规定,政府采购合同适用《民法典》,采购人和供应商之间的权利和义务,应当按照平等、自愿的原则以合同方式约定。采购人与中标、成交供应商按照采购文件确定的事项签订政府采购合同。

采购人可以委托采购代理机构代表其与供应商签订政府采购合同。例如,在大型基础设施建设项目的采购中,由于采购流程复杂、涉及专业领域广泛,采购人可能会委托具有丰富经验和专业资质的采购代理机构进行合同签订工作。由采购代理机构以采购人名义签订合同的,应当提交采购人的授权委托书,作为合同附件。

三、政府采购合同的形式

政府采购活动具有很强的公共性,加之政府采购合同有别于一般民事合同的特点,因此《政府采购法》对政府采购合同的形式作出了特别限定,要求采用书面形式,合同签订后应当将合同副本报同级政府采购监督管理部门和有关部门备案。

书面形式合同是指合同书、信件和数据电文(包括电报、传真、电子数据交换、电子邮件)等可以有形表现所载内容的形式。

四、政府采购合同的内容

《政府采购法》第四十五条对政府采购合同的必备条款作出了特别规定,即国务院政府采购监督管理部门应当会同国务院有关部门,规定政府采购合同必须具备的条款。一般来说,合同由当事人自愿签订,合同内容一般也应当由当事人根据项目情况商讨约定。

通常,政府采购合同应当包括采购人与中标人的名称和住所、标的、数量、质量、价款或者报酬、履行期限及地点和方式、验收要求、违约责任、解决争议的方法等内容。政府采购合同的履行、违约责任和解决争议的方法等适用《民法典》。

五、政府采购合同签订期限

《政府采购法》规定,采购人与中标、成交供应商应当在中标、成交通知书发出之日起三十日内,按照采购文件确定的事项签订政府采购合同。若逾期未签订,采购人可能面临财政部门的处罚,如警告、罚款等,同时供应商也有权要求采购人承担相应的违约责任,包括赔偿经济损失等。

六、政府采购合同法律效力

采购人与中标、成交供应商必须按照采购文件确定的事项签订政府采购合同。中标、成交通知书对采购人和中标、成交供应商均具有法律效力。中标、成交通知书发出后,采购人改变中标、成交结果的,或者中标、成交供应商放弃中标、成交项目的,应当依法承担法律责任。中标、成交供应商一旦确定,采购人就必须按照中标、成交结果,与中标、成交供应商签订政府采购合同,否则要承担相应法律责任。

中标或者成交供应商拒绝与采购人签订合同的,采购人可以按照评审报告推荐的中标或者成交候选人名单排序,确定下一候选人为中标或者成交供应商,也可以重新开展政府采购活动。

七、政府采购合同备案、公告

《政府采购法》规定,政府采购项目的采购合同自签订之日起七个工作日内,采购人应当将合同副本报同级政府采购监督管理部门和有关部门备案。

项目七 政府采购合同

《政府采购法实施条例》规定,采购人应当自政府采购合同签订之日起2个工作日内,将政府采购合同在省级以上人民政府财政部门指定的媒体上公告,但政府采购合同中涉及国家秘密、商业秘密的内容除外。

合同公告的格式见表7.1。

表7.1 合同公告

一、合同编号:_____
二、合同名称:_____
三、项目编号(或招标编号、政府采购计划编号、采购计划备案文号等,如有):_____
四、项目名称:_____
五、合同主体
采购人(甲方):_____
地址:_____
联系方式:_____
供应商(乙方):_____
地址:_____
联系方式:_____
六、合同主要信息
主要标的名称:_____
规格型号(或服务要求):_____
主要标的数量:_____
主要标的单价:_____
合同金额:_____
履约期限、地点等简要信息:_____
采购方式:(如公开招标、竞争性磋商、单一来源采购等)
七、合同签订日期:_____
八、合同公告日期:_____
九、其他补充事宜:_____
附件:上传合同(采购人应当按照《政府采购法实施条例》有关要求,将政府采购合同中涉及国家秘密、商业秘密的内容删除后予以公开)
(说明:选自《政府采购公告和公示信息格式规范(2020年版)》)

任务二 政府采购合同的分包、补充、变更

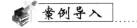

两所学校同品采购为何不同路?A小学"跟标"采购争议全解析

近期,某区A小学拟采购一批课桌椅,采购人在市场调研时了解到,同区B小学刚刚

完成同样的课桌椅的公开招标,且中标单价也比他们前期编制的预算单价低不少。于是,A 小学向当地财政部门提出:能否跟标 B 小学,按照 B 小学的中标价格与中标人 C 公司直接签订合同?理由如下:一是两所学校课桌椅规格要求一样;二是 A 小学此次采购的量未超过 B 小学公开招标总量的 10%;三是他们采购的数量较少,若另行组织招标,很难招到与 B 小学相同的低价。从效率上和经济上考虑,"跟标"采购既经济又实惠。且经与 C 公司电话沟通,C 公司也表示愿意与该采购人直接签订合同。财政部门认为 A 小学"跟标"采购不符合要求,A 小学只好委托集中采购机构组织了询价采购,成交价格比 B 小学公开招标价格略高。

【案例分析】

《政府采购法》第三十一条明确了可以采用单一来源方式采购的三种情形是:只能从唯一供应商处采购的;发生了不可预见的紧急情况不能从其他供应商处采购的;必须保证原有采购项目一致性或者服务配套的要求,需要继续从原供应商处添购,且添购资金总额不超过原合同采购金额百分之十的。本案例中的采购与该条规定的第一、二种情形明显不符,与第三种情形相比,也只是部分符合,添购资金总额虽然未超过原合同采购金额的百分之十,但并非必须保证原有采购项目一致性的情况。因此,不能采用单一来源采购方式实施采购。

《政府采购法》第四十九条规定,政府采购合同履行中,采购人需追加与合同标的相同的货物、工程或者服务的,在不改变合同其他条款的前提下,可以与供应商协商签订补充合同,但所有补充合同的采购金额不得超过原合同采购金额的百分之十。尽管案例中的 A 小学与 B 小学采购的货物一样,数量和金额也没有超过 B 小学合同采购金额的 10%,但需要注意的是,追加采购有个前提,即不改变合同其他条款。一般来说,追加采购的补充合同,数量条款、总价条款可以变,但其他条款都不能变。如果该采购人"跟标"实施追加采购,与 A 公司签订采购合同的甲方、付款方式、交货地点等都会发生变化,显然不符合《政府采购法》追加采购的规定。

(资料来源:刘亚利.政府采购案例精选100:之三[M].北京:经济日报出版社,2017.)

一、政府采购合同的分包要求

《政府采购法》第四十八条规定,经采购人同意,中标、成交供应商可以依法采取分包方式履行合同。政府采购合同分包履行的,中标、成交供应商就采购项目和分包项目向采购人负责,分包供应商就分包项目承担责任。

中标、成交供应商按照合同约定或者经采购人同意,可以将中标、成交项目的部分非主体、非关键性工作分包给他人完成。例如,在某大型软件开发项目采购中,中标供应商将部分非核心模块的开发工作分包给专业的小型软件公司。在分包过程中,中标供应商应严格筛选分包商,确保其具备相应的技术能力和资质条件。并且,接受分包的供应商不得再次分包。

项目七 政府采购合同

未经采购人的同意,中标、成交供应商不得擅自采用分包方式履行合同。政府采购合同分包履行不等于政府采购合同全部转让,而只是允许其中部分转让。

二、政府采购合同的补充和追加

政府采购合同在履行中,采购人需追加与合同标的相同的货物、工程或服务的,在不改变合同其他条款的前提下,可以与供应商协商签订补充合同。但是,前提条件是政府采购合同正在履行,如果已经履行完毕,采购人就不能再与供应商签订补充合同。

补充合同的标的必须与原合同的标的相同,除了数量和金额条款改变以外,不得改变原合同的其他条款。要把握所有补充合同的采购金额不得超过原合同采购金额的百分之十的限度,否则不可签订补充合同。

在实践中,如若出现了采购人与中标、成交供应商多次签订补充合同的情况,要把握无论签订多少次补充合同,其所有补充合同的累计采购金额不得超过原合同采购金额的百分之十的尺度。

三、政府采购合同的变更、中止或终止

《政府采购法》第五十条规定,政府采购合同的双方当事人不得擅自变更、中止或者终止合同。政府采购合同继续履行将损害国家利益和社会公共利益的,双方当事人应当变更、中止或者终止合同。有过错的一方应承担赔偿责任,双方都有过错的,各自承担相应的责任。例如,在某城市轨道交通建设项目中,由于城市规划调整,部分线路需要变更走向,导致原政府采购合同无法继续履行。采购人与供应商进行了充分协商,根据工程实际情况和双方的损失情况,确定了合同变更的方案,包括调整工程范围、价格和工期等条款。双方共同承担因变更带来的部分损失,确保了项目能够按照新的规划顺利推进。

任务三 政府采购合同验收

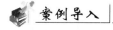

某动物防疫物资采购验收工作方案

根据财政部《关于进一步加强政府采购需求和履约验收管理的指导意见》(财库〔2016〕205号)相关规定,结合动物防疫工作情况,编制动物疫苗验收工作方案。

一、验收依据

1.《中华人民共和国政府采购法》及《政府采购法实施条例》;

2. 本项目政府采购合同;

3. 本项目采购文件;

4. 中标供应商的投标文件；

5. 政府采购合同履行过程中的往来文件等。

二、验收内容

1. 产品供货品种、数量是否按照调拨单执行；

2. 产品供货过程中相关记录是否规范、完整，相关材料是否客观真实可追溯；

3. 中标供应商提供的疫苗技术指标是否按照投标文件中响应的技术参数执行；

4. 中标供应商增值服务承诺履行情况；

5. 服务对象的反馈意见。

三、验收方式

1. 现场验收。由第三方机构组织验收小组，在疫苗调拨期间开展货物接收现场验收。

2. 企业自查。中标供应商开展合同履约自查工作。

3. 管理部门审查。管理部门根据合同要求、疫苗调拨通知单、疫苗供应过程中的相关记录、中标供应商的自查报告等，对各中标供应商的合同履约情况进行审查。

4. 使用部门评价。根据"采购人和使用人分离的采购项目应当邀请实际使用人参与验收"的规定，各使用单位对供货企业项目履约情况作出评价，对产品使用效果给予评估意见或出具检测报告。

5. 专家集中验收。在秋防结束后，适时组织有关专家对防疫物资采购项目在合同签订、合同履约、产品验收、疫苗质量和售后服务等方面进行综合评价，及时发现问题，做好与供货企业的沟通，在后续的供货和服务中加以改进和完善。

四、组织形式

根据采购人的委托，疫苗验收工作由第三方机构 X 公司来组织进行，采购人全程参与，具体安排如下。

1. 省内各地动物防疫部门依据采购文件上的技术规格要求和国家有关质量标准对疫苗及标识产品质量进行货物接收验收。

2. 各地疫苗及标识产品接收单位按要求办理交货入库手续、负责交货验收工作。

3. X 公司会同采购人组织疫苗供货情况现场验收专家小组，具体开展现场验收工作，验收小组成员原则上要有疫苗使用方所在地的市县动物疫病预防控制中心的专家参加。

4. 各地疫苗接收单位和使用单位就中标供应商提供的产品进行综合评价（如疫苗免疫效果评估）。

5. 组织部分疫苗及标识产品接收单位和使用单位召开座谈会，对企业供货、产品使用及售后服务等有关问题征询意见和建议。

6. 在秋防结束后，适时组织有关专家对防疫物资采购项目在合同签订、合同履约、产品验收、疫苗质量和售后服务等方面集中进行综合评审，并给予验收意见。

五、现场验收时间

疫苗现场验收时间定于××××年××月××日—××××年××月××日。

项目七　政府采购合同

六、现场验收人员安排

验收小组人员安排：每组采购人代表1人、使用部门1人，第三方机构1人，社会专家2人。

七、验收工作要求

1. 疫苗验收工作应当严格按照政府采购相关法律、法规进行。
2. 各验收工作小组应当严格按照疫苗验收工作方案开展验收工作。
3. 在验收过程中，各验收小组应当根据实际情况如实填写各项表格，相关签字确认手续完备，对关键时间节点、关键证据采取拍照、录像等方式进行留存，作为验收结论依据。

合同履行达到验收条件时，供应商向采购人发出项目验收申请。采购人应当在收到申请后启动项目验收，并通知供应商。

（资料来源：李海燕.政府采购实务[M].武汉：华中科技大学出版社，2020.）

一、成立验收小组

采购人在执行政府采购项目履约验收时，首先应当成立政府采购项目验收小组，负责项目验收具体工作，出具验收意见，并对验收意见负责。验收小组可由使用部门、审计部门、财务部门、资产管理部门等单位内部人员，或其他专业技术人员等组成。验收小组成员由采购人自行选择，可以从本单位指定，也可以从同领域其他单位或者第三方专业机构等邀请。

验收小组应当认真履行项目验收职责，确保项目验收意见客观真实反映合同履行情况。

二、制订验收方案

采购人应当在实施验收前根据项目验收清单和标准、招标（采购）文件对项目的技术规定和要求、供应商的投标（响应）承诺情况、合同明确约定的要求等，制订具体详细的项目验收方案。制订的验收方案的质量、完善程度，是验收工作的关键所在，也是后续开展验收工作能否顺利、高效进行的前提条件。对于技术含量高的采购项目，验收方案应重点明确技术参数的验收方法和检测手段，可参考行业标准或专业检测机构的规范。对于采购金额较大的项目，验收方案应更加严格和细致，增加验收环节和样本数量，以降低风险。对于信誉良好的供应商的项目，在保证验收质量的前提下，可以适当简化部分验收流程，但关键环节仍需严格把控。

三、开展验收工作

验收小组应当根据事先拟定的验收工作方案，对供应商提供的货物、工程或者服务按照招标（采购）文件、投标（响应）文件、封存样品、政府采购合同进行逐一核对、验收，并做好验收记录。验收工作由采购人组织，验收小组负责，供应商配合。验收工作应完整完善、公开合理，必要时应抽样并送交具备资质的第三方检测机构进行检验。若在验收过程中发现货物或服务与合同要求存在差异,验收小组应及时与供应商沟通,要求其提供解释或整改措施。对于争议较大的问题,可邀请权威专家进行评估。验收记录应详细记录验收的全过程,并且记录人还应签字确认,如有必要,可采用电子记录系统确保记录的不可篡改。

四、出具验收书

验收工作完成后,应当以书面形式作出结论性意见,由验收小组成员及供应商签字后,报告采购人。验收书是政府采购合同验收的重要文件,具有法律效力,是采购人支付合同款项、供应商证明合同履行情况的重要依据。分段、分项或分期验收的,应当根据采购合同和项目特点进行分段验收并出具分段验收意见。《政府采购法实施条例》第四十五条规定,政府向社会公众提供的公共服务项目,验收时应当邀请服务对象参与并出具意见,验收结果应当向社会公告。公共服务项目验收结果公告格式见表7.2。

表 7.2　公共服务项目验收结果公告

```
一、合同编号：_____
二、合同名称：_____
三、项目编号(或招标编号、政府采购计划编号、采购计划备案文号等,如有)：
_____
四、项目名称：_____
五、合同主体
采购人(甲方)：_____
地　址：_____
联系方式：_____
供应商(乙方)：_____
地　址：_____
联系方式：_____
六、合同主要信息
服务内容：_____
服务要求：_____
服务期限：_____
服务地点：_____
七、验收日期：_____
八、验收组成员(应当邀请服务对象参与)：_____
九、验收意见：_____
十、其他补充事宜：_____
(说明：选自《政府采购公告和公示信息格式规范(2020年版)》)
```

五、资料整理与存档

验收完成,应当整理验收申请、验收方案、采购资料及合同、验收记录、检测报告、验收书等材料,各项资料应当存档备查。根据相关规定,政府采购项目验收资料应至少存档十五年,以便日后查阅和审计。

项目小结

政府采购合同内容涵盖了政府采购合同的签订、分包、补充、变更及验收等多个方面,体现了政府采购活动的严谨性和规范性。

首先,政府采购合同的签订是一个法律行为,旨在确保采购活动的合法性、公正性和高效性。合同明确规定了采购人与供应商之间的权利、义务和责任,包括合同标的、数量、质量、价格等关键条款,以及交付时间、验收标准和违约责任等。此外,强调了在合同的签订和履行过程中必须遵循公开、公平、公正和诚实信用原则,以保障合同双方的合法权益及政府公共利益。

其次,政府采购合同具有一些特别的特点,其既遵循《民法典》的原则,又受《政府采购法》等特定法律法规的约束,体现了法律地位的平等性、书面形式和必备条款的要求、政策功能的体现,以及合同变更与终止的特殊规定。这些特点确保了政府采购合同不仅是交易行为的载体,还是实现政府政策目标的工具。

再次,在合同的分包、补充、变更方面,明确了中标、成交供应商在获得采购人同意后可以依法分包履行合同的条件,以及补充和追加合同的规定。这些内容强调了在特定条件下允许对合同进行灵活调整,以适应实际采购需求的变化,同时也确保了采购过程的合法性和合同履行的有效性。

最后,政府采购合同的验收环节是确保采购项目符合合同要求的重要环节。通过成立验收小组、制订验收方案、开展验收工作、出具验收书和资料整理与存档等步骤,确保了采购货物、工程或服务的质量和数量符合合同约定,进一步保障了政府采购活动的公正性和透明度。

能力训练

一、单选题

1. 政府采购合同是指以下哪二者之间达成的书面协议?(　　)
   A. 任何两个民事主体
   B. 采购人与中标(成交)供应商
   C. 采购人与任何供应商
   D. 供应商与供应商

2. 政府采购合同应当采用什么形式?(　　)
   A. 口头形式
   B. 书面形式
   C. 电子邮件形式
   D. 传真形式

3. 在政府采购合同履行中,采购人需追加与合同标的相同的货物、工程或服务的,在不改变合同其他条款的前提下,可以与供应商协商签订补充合同,但所有补充合同的采购金额不得超过原合同采购金额的(   )。

   A. 5%   B. 10%
   C. 15%   D. 20%

4. 政府采购的采购人与中标供应商按照采购文件确定的事项签订政府采购合同应当在中标通知书发出之日起(   )。

   A. 5 个工作日内   B. 7 个工作日
   C. 20 日内   D. 30 日内

5. 政府采购项目验收主体是(   )。

   A. 审计部门   B. 招标监管部门
   C. 政府集中采购机构   D. 采购人或采购代理机构

二、多选题

1. 政府采购合同中,需要明确的关键条款包括哪些?(   )

   A. 合同标的   B. 交付时间
   C. 供应商的营业执照   D. 验收标准

2. 政府采购合同分包履行需满足哪些条件?(   )

   A. 采购人同意   B. 分包供应商具备相应资格
   C. 分包不得再分包   D. 供应商自主决定分包

3. 政府采购合同备案和公告要求包括什么?(   )

   A. 签订后 7 个工作日内备案   B. 签订后 2 个工作日内公告
   C. 涉及国家秘密的合同不得公告 D. 所有合同均需无条件公告

4. 政府采购合同的签订需要遵守哪些要求?(   )

   A. 只能通过电子邮件形式签订

   B. 必须以书面形式签订

   C. 必须公开透明

   D. 需要向政府采购监督管理部门报备

5. 对于政府采购合同的补充和追加,以下哪些说法是正确的?(   )

   A. 可以随意改变原合同的其他条款

   B. 补充合同的采购金额不得超过原合同的 10%

   C. 补充合同的标的必须与原合同相同

   D. 可以在原合同履行完毕后签订补充合同

三、判断题

1. 政府采购合同应当以书面形式签订。   (   )

2. 以联合体形式参加政府采购活动的,联合体各方可以再单独参加或者与其他供应商另外组成联合体参加同一合同项下的政府采购活动。   (   )

3. 中标人可向他人整体转让中标项目,但不得将中标项目肢解后分别向他人转让。
   ( )
4. 采购人与中标、成交供应商应当在中标、成交通知发出之日起 30 日内,按照采购文件确定的事项签订政府采购合同。
   ( )
5. 采购人或者其委托的采购代理机构应当组织对供应商履约的验收。大型或者复杂的政府采购项目,应当邀请国家认可的质量检测机构参加验收工作。验收方成员应当在验收书上签字,并承担相应的法律责任。
   ( )

四、简答题

1. 什么是政府采购合同?
2. 政府采购合同变更或提前终止的特殊情况有哪些?
3. 政府采购合同的公告需遵循什么规定?
4. 政府采购合同分包履行的条件是什么?
5. 政府采购项目验收的过程包括哪些步骤?

项目八

询问、质疑和投诉

学习目标

1. 了解政府采购询问的含义、方式及管理。
2. 了解政府采购质疑的含义及程序。
3. 了解政府采购投诉的形式。

能力目标

1. 掌握政府采购质疑处理的流程。
2. 掌握政府采购投诉处理的方法。

任务一　询问、质疑的受理和处理

医疗设备采购质疑风波：复议与重新评审的双重判定解析

2018年4月，代理机构S公司组织实施医疗设备采购项目公开招标，经评标委员会评审，推荐A供应商为第一中标候选人。采购结果公布后，B供应商质疑了评审结果。

B供应商质疑认为，A供应商提供产品的多项技术参数在官网查询后达不到条款要求，应作为无效投标处理。采购代理机构收到质疑函后，迅速组织原评标委员会对质疑事项进行复议，评标委员会核查了A供应商的投标文件，未发现其不满足采购文件实质性要求的问题，故其为实质性响应的投标文件。

在复议中，评标委员会发现有2名评委对A供应商的某项客观评分有错误，经修正，A供应商最终得分比原评分低0.5分，但仍得分最高，评标委员会仍然推荐A供应商为第一中标候选人。

采购代理机构根据评标委员会的复议结果，在规定期限内对B供应商的质疑进行了答复。

【案例分析】

以上案例中，评标委员会完成了两个事项：一是对质疑事项进行复议，二是重新评审。

采购代理机构组织原评标委员会对质疑事项进行复议与采购代理机构组织重新评审是两回事,二者有着本质区别。复议是评审专家配合采购代理机构协助答复质疑事项的行为,其前提是有供应商在评审结束后提出了询问或质疑。而重新评审,是指在评审活动完成后,原评标委员会(评审小组)成员对自己评审意见的重新检查。除了国务院财政部门规定的情形外,采购人、采购代理机构不得以任何理由组织重新评审。采购人、采购代理机构按照国务院财政部门的规定组织重新评审的,应当书面报告本级人民政府财政部门。

本案例中,在采购结果公布之后,B供应商向采购代理机构提出了质疑,采购代理机构为了答复供应商提出的质疑事项而组织原评标委员会进行复议,复议的目的是对质疑事项进行进一步核查,由评标委员会出具相关专业意见作为答复依据。

评标委员会进行复议时,发现了对客观评审因素评分不一致的情况,符合《政府采购货物和服务招标投标管理办法》第六十四条"评标结果汇总完成后,除下列情形外,任何人不得修改评标结果:……(三)评标委员会成员对客观评审因素评分不一致的"情形,而"评标报告签署后,采购人或者采购代理机构发现存在以上情形之一的,应当组织原评标委员会进行重新评审。"因此,该案例中,原评标委员会实际上是同时完成了两项必要的工作。

(资料来源:刘亚利.政府采购案例精选100:之三[M].北京:经济日报出版社,2017.)

一、询问、质疑和投诉的含义

(一) 询问

询问是供应商对政府采购活动事项有疑问而向采购人、采购代理机构提出咨询,并要求采购人、采购代理机构及时作出答复的一种行为。询问是供应商维护自身知情权的一种方式。

(二) 质疑

质疑是供应商认为采购文件、采购过程和中标、成交结果使自己的权益受到损害,以书面、实名形式向采购人、采购代理机构提出的质询和疑问。《政府采购法》第五十二条规定,供应商的质疑可以在知道或者应知其权益受到损害之日起七个工作日内提出。质疑是供应商维护自身权益的一种法定权利。需要注意的是,质疑时,需要一次性提出对同一环节的质疑。

(三) 投诉

投诉是指质疑供应商对采购人、采购代理机构的答复不满意或者采购人、采购代理机构未在规定的时间内作出答复,而向同级政府采购监督管理部门进行的书面陈述。《政府采购法》第五十五条规定,供应商的投诉可以在质疑答复期满后十五个工作日内提出。

二、询问的方式和答复

供应商对政府采购活动事项有疑问的,可以向采购人或采购代理机构提出询问。询问的方式可以分为口头询问和书面询问。在实际操作中,询问既可以采用电话、面谈等口头方式,也可以采用信函、邮件、传真等书面形式,方式不限。例如,在紧急情况下,供应商对采购程序有简单疑问时,可以采用电话口头询问,以便及时获取信息;而对于涉及复杂问题或需要留存书面记录的情况,如对采购文件中的技术条款存在疑问,则更适合采用书面询问方式,如发送邮件或邮寄信函,这样可以确保询问内容准确、完整,并便于后续查询和追溯。

询问可以是对采购公告、采购文件、采购结果的询问,也可以是对采购程序的询问,内容不限。

《政府采购法实施条例》第五十二条规定,采购人或者采购代理机构应当在3个工作日内对供应商依法提出的询问作出答复。供应商提出的询问或质疑超出采购人对采购代理机构委托授权范围的,采购代理机构应当告知供应商向采购人提出。政府采购评审专家应当配合采购人或者采购代理机构答复供应商的询问和质疑。

三、质疑的提出、受理和处理

(一)质疑的提出

《政府采购质疑和投诉办法》(财政部令第94号)第十条规定,供应商认为采购文件、采购过程、中标或者成交结果使自己的权益受到损害的,可以在知道或者应知其权益受到损害之日起7个工作日内,以书面形式向采购人、采购代理机构提出质疑。

《政府采购质疑和投诉办法》第十二条规定,供应商提出质疑应当提交质疑函和必要的证明材料。质疑函应当包括下列内容:

(1)供应商的姓名或者名称、地址、邮编、联系人及联系电话;
(2)质疑项目的名称、编号;
(3)具体、明确的质疑事项和与质疑事项相关的请求;
(4)事实依据;
(5)必要的法律依据;
(6)提出质疑的日期。

质疑函格式可参考表8.1。

表8.1 质疑函(参考范本)

一、质疑供应商基本信息
质疑供应商:_____
地址:_____
邮编:_____
联系人:_____
联系电话:_____
授权代表:_____
联系电话:_____

(续表)

```
地址：_____
邮编：_____
二、质疑项目基本情况
质疑项目的名称：_____
质疑项目的编号：_____
包号：_____
采购人名称：_____
采购文件获取日期：_____
三、质疑事项具体内容
质疑事项1：_____
事实依据：_____
法律依据：_____
质疑事项2：_____
……
四、与质疑事项相关的质疑请求
请求：_____

签字(签章)：                          公章：

日期：
质疑函制作说明：
1. 供应商提出质疑时，应提交质疑函和必要的证明材料。
2. 质疑供应商若委托代理人进行质疑的，质疑函应按要求列明"授权代表"的有关内容，并在附件中提交由质疑供应商签署的授权委托书。授权委托书应载明代理人的姓名或者名称、代理事项、具体权限、期限和相关事项。
3. 质疑供应商若对项目的某一分包进行质疑，质疑函中应列明具体分包号。
4. 质疑函的质疑事项应具体、明确，并有必要的事实依据和法律依据。
5. 质疑函的质疑请求应与质疑事项相关。
6. 质疑供应商为自然人的，质疑函应由本人签字；质疑供应商为法人或者其他组织的，质疑函应由法定代表人、主要负责人，或者其授权代表签字或者盖章，并加盖公章。
```

（二）质疑的受理

采购人、采购代理机构应当在采购文件中载明接收质疑函的方式、联系部门、联系电话和通讯地址等信息。采购人、采购代理机构受到质疑后，首先要甄别其是否为有效质疑：

1. 看质疑的主体是否有效

提出质疑的供应商应当是参与所质疑项目采购活动的供应商。潜在供应商已依法获取其可质疑的采购文件的,可以质疑该文件。

供应商可以委托代理人进行质疑和投诉。其授权委托书应当载明代理人的姓名或者名称、代理事项、具体权限、期限和相关事项。供应商为自然人的,应当由本人签字;供应商为法人或者其他组织的,应当由法定代表人、主要负责人签字或者盖章,并加盖公章。代理人提出质疑和投诉,应当提交供应商签署的授权委托书。

2. 看质疑的时间是否在有效期内

供应商认为采购文件、采购过程、中标或者成交结果使自己的权益受到损害的,可以在知道或者应知其权益受到损害之日起7个工作日内提出质疑。

《政府采购法》第五十二条规定的供应商应知其权益受到损害之日,是指:

(1)对可以质疑的采购文件提出质疑的,为收到采购文件之日或者采购文件公告期限届满之日。例如,采购文件公告期限届满后,供应商发现其中某项技术规格要求在实际操作中存在不合理之处,影响其参与投标的公平性,此时应以采购文件公告期限届满之日作为其应知权益受到损害之日。

(2)对采购过程提出质疑的,为各采购程序环节结束之日。例如,在采购过程中,若供应商发现采购人在开标环节未按照规定程序进行操作,但开标结束后才意识到该问题可能影响自身权益,那么开标环节结束之日即为其应知权益受到损害之日。

(3)对中标或者成交结果提出质疑的,中标或者成交结果公告期限届满之日为其应知权益受到损害之日。

3. 看质疑是否为书面形式提交,且是否提交了质疑函和必要的证明材料

供应商提出质疑时应提交形式合规的质疑函和必要的证明材料,质疑函包含的内容应当符合相关规定和要求。供应商为自然人的,应当由本人签字;供应商为法人或者其他组织的,应当由法定代表人、主要负责人,或者其授权代表签字或者盖章,并加盖公章。

4. 看针对同一采购程序环节的质疑是不是一次性提出

采购人或者采购代理机构可以在采购文件中要求供应商在法定质疑期内一次性提出针对同一采购程序环节的质疑,以避免同一问题反复质疑,导致项目不能正常执行。

针对无效质疑,采购人、采购代理机构依法不予受理,并且应告知质疑人不予受理的原因。采购人、采购代理机构不得拒收质疑供应商在法定质疑期内发出的质疑函,应当在收到质疑函后及时作出答复,并以书面形式通知质疑供应商和其他有关供应商。

(三)质疑的处理

1. 做好质疑函的登记受理

对于正式受理的质疑,需做好相关登记,包括:质疑单位名称、联系地址、邮编、联系方式、法人(授权代表)姓名及身份证号、质疑项目名称及编号、质疑函收到时间等。

2. 答复质疑前的调查

政府采购评审专家应当配合采购人或者采购代理机构答复供应商的质疑。

供应商对评审过程、中标或者成交结果提出质疑的,采购人、采购代理机构可以组织原评标委员会、竞争性谈判小组、询价小组或者竞争性磋商小组协助答复质疑。

3. 质疑答复

（1）质疑答复的主体。采购人是供应商质疑答复的主体，《政府采购质疑和投诉办法》第五条规定，采购人负责供应商质疑答复。采购人委托采购代理机构采购的，采购代理机构在委托授权范围内作出答复。

（2）质疑答复的时间和形式要求。采购人、采购代理机构应当在收到质疑函后 7 个工作日内作出答复，并以书面形式通知质疑供应商和其他有关供应商。

（3）质疑答复的内容。根据《政府采购质疑和投诉办法》，质疑答复应当包括下列内容：①质疑供应商的姓名或者名称；②收到质疑函的日期、质疑项目名称及编号；③质疑事项、质疑答复的具体内容、事实依据和法律依据；④告知质疑供应商依法投诉的权利；⑤质疑答复人名称；⑥答复质疑的日期。质疑答复的内容不得涉及商业秘密。

质疑答复书的格式可参考表 8.2。

表 8.2　质疑答复书（参考范本）

质疑人（供应商）：＿＿＿＿＿＿＿＿＿＿＿＿＿＿＿＿＿＿＿＿＿＿＿＿＿＿＿＿＿＿＿＿＿ 你（单位）关于＿＿＿＿＿＿＿＿＿＿＿＿（项目名称、采购项目编号等）的质疑函，于　年　月　日收悉。经研究核实，现答复如下： 一、质疑事项：＿＿＿＿＿＿＿＿＿＿＿＿＿＿＿＿＿＿＿＿＿＿＿＿＿＿＿＿＿＿＿＿ 答复内容：＿＿＿＿＿＿＿＿＿＿＿＿＿＿＿＿＿＿＿＿＿＿＿＿＿＿＿＿＿＿＿＿＿＿ 事实依据：＿＿＿＿＿＿＿＿＿＿＿＿＿＿＿＿＿＿＿＿＿＿＿＿＿＿＿＿＿＿＿＿＿＿ 法律依据：＿＿＿＿＿＿＿＿＿＿＿＿＿＿＿＿＿＿＿＿＿＿＿＿＿＿＿＿＿＿＿＿＿＿ 证据：＿＿＿＿＿＿＿＿＿＿＿＿＿＿＿＿＿＿＿＿＿＿＿＿＿＿＿＿＿＿＿＿＿＿＿＿ 二、质疑事项：＿＿＿＿＿＿＿＿＿＿＿＿＿＿＿＿＿＿＿＿＿＿＿＿＿＿＿＿＿＿＿＿ 答复内容：＿＿＿＿＿＿＿＿＿＿＿＿＿＿＿＿＿＿＿＿＿＿＿＿＿＿＿＿＿＿＿＿＿＿ 事实依据：＿＿＿＿＿＿＿＿＿＿＿＿＿＿＿＿＿＿＿＿＿＿＿＿＿＿＿＿＿＿＿＿＿＿ 法律依据：＿＿＿＿＿＿＿＿＿＿＿＿＿＿＿＿＿＿＿＿＿＿＿＿＿＿＿＿＿＿＿＿＿＿ 证据：＿＿＿＿＿＿＿＿＿＿＿＿＿＿＿＿＿＿＿＿＿＿＿＿＿＿＿＿＿＿＿＿＿＿＿＿ …… 感谢你（单位）对政府采购活动的参与、支持和监督。如果你（单位）对本质疑答复不满意，可以在答复期满之日起 15 个工作日内向采购人同级财政部门依法提起投诉。 　　　　　　　　　　　　　　　　　　　　　　　　　　　单位名称（公章） 　　　　　　　　　　　　　　　　　　　　　　　　　　　　年　月　日

（4）质疑答复的处理要点。根据《政府采购质疑和投诉办法》，采购人、采购代理机构认为供应商质疑不成立，或者成立但未对中标、成交结果构成影响的，继续开展采购活动；认为供应商质疑成立且影响或者可能影响中标、成交结果的，按照下列情况处理：①对采购文件提出的质疑，依法通过澄清或者修改可以继续开展采购活动的，澄清或者修改采购文件后继续开展采购活动；否则应当修改采购文件后重新开展采购活动。②对采购过程、

中标或者成交结果提出的质疑，合格供应商符合法定数量时，可以从合格的中标或者成交候选人中另行确定中标、成交供应商的，应当依法另行确定中标、成交供应商；否则应当重新开展采购活动。质疑答复导致中标、成交结果改变的，采购人或者采购代理机构应当将有关情况书面报告本级财政部门。询问或者质疑事项可能影响中标、成交结果的，采购人应当暂停签订合同，已经签订合同的，应当中止履行合同。

（5）材料归档。质疑处理过程中产生的一切文件材料均应作为采购文件的一部分，予以归档。

（四）政府采购质疑处理流程

政府采购质疑处理的流程见图 8.1。

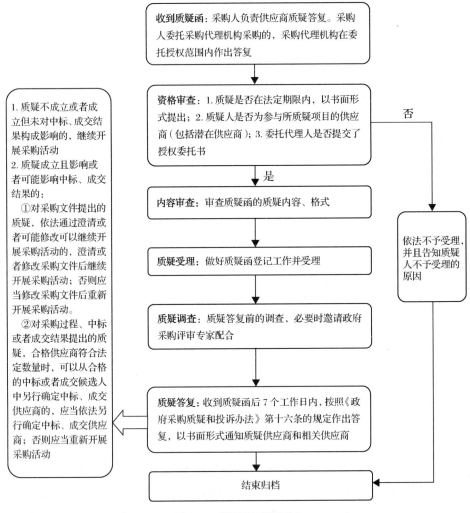

图 8.1　质疑处理流程图

项目八 询问、质疑和投诉

任务二 投诉的处理

"没有句号"的供应商投诉处理事件

某采购人欲采购5台视频展台,预算价35 000元,当地已对视频展台实施了定点采购,定点供应商有A、B两家,采购人来到采购中心要求办理相关手续,采购中心的同志依据生产厂家控制价和定点供应商投标让利率给出了采购指导价,并告知采购人"你们依据指导价在A、B两家询价,取价格低的为成交供应商,询价时应组成包括专家在内的3人以上询价小组,不能将一家供应商的价格信息透露给另一家供应商",下午采购人打来电话说:"我们确定A为成交供应商,每台价格6 800元,A供应商着手备货。"不料次日上午,采购人又打来电话说:"昨天的成交结果能否做改动,因为我们把6 800元的价格告诉B供应商后,B说他们可以再降20元一台,所以我们考虑选择B。"采购中心同志答复:"成交结果已经确定,不可随意协商改动。"最终采购人还是选择了B。此时,A供应商已将货备齐并准时整装待发,A不服且气愤异常,遂向采购人和采购中心提出质疑,继而向政府采购监管部门提起投诉,监管部门在受理投诉后也组织专人进行调查,但就是没有"回音",眼看过了30个工作日,投诉人硬是没接到监管部门的只言片语,更别说书面形式的处理决定,又过了一段时间,投诉人按捺不住主动登门要处理决定,可就是没有处理决定,投诉人只得隔三岔五地来"转悠",这起投诉事件的处理始终没画上"句号"。

(资料来源:宋丽颖.政府采购[M].2版.西安:西安交通大学出版社,2018.)

一、投诉的提起

质疑供应商对采购人、采购代理机构的答复不满意,或者采购人、采购代理机构未在规定时间内作出答复的,可以在答复期满后15个工作日内向《政府采购质疑和投诉办法》第六条规定的财政部门提起投诉。质疑是投诉的先决条件,供应商不得直接就政府采购事项提出投诉。要求供应商先进行质疑,是为了给予采购人或采购代理机构一个自我纠正的机会,同时也有助于筛选出真正存在问题且需要通过更高层级监督解决的事项,提高投诉处理的效率和针对性。

供应商投诉的事项不得超出已质疑事项的范围,但基于质疑答复内容提出的投诉事项除外。例如,供应商质疑采购文件中的某项技术参数设置不合理,采购人答复后,供应商发现答复中提及的评审标准与采购文件实际规定存在矛盾,此时基于该矛盾点提出的投诉就属于合理范围。

二、投诉的处理

投诉处理的主体是财政部门。无论被投诉人是采购人或采购代理机构,或是其他供应商,采购人和采购代理机构都有义务配合投诉的处理。

财政部门在处理投诉事项期间,可以视具体情况书面通知采购人和采购代理机构暂停采购活动,暂停采购活动时间最长不得超过 30 日。采购人和采购代理机构收到暂停采购活动通知后应当立即中止采购活动,在法定的暂停期限结束前或者财政部门发出恢复采购活动通知前,不得进行该项采购活动。

(一)对采购文件投诉的处理

投诉人对采购文件提起的投诉事项,财政部门经查证属实的,应当认定投诉事项成立。经认定成立的投诉事项不影响采购结果的,继续开展采购活动;影响或者可能影响采购结果的,财政部门按照下列情况处理:

(1)未确定中标或者成交供应商的,责令重新开展采购活动。

(2)已确定中标或者成交供应商但尚未签订政府采购合同的,认定中标或者成交结果无效,责令重新开展采购活动。

(3)政府采购合同已经签订但尚未履行的,撤销合同,责令重新开展采购活动。

(4)政府采购合同已经履行,给他人造成损失的,相关当事人可依法提起诉讼,由责任人承担赔偿责任。

(二)对采购过程或者采购结果投诉的处理

投诉人对采购过程或者采购结果提起的投诉事项,财政部门经查证属实的,应当认定投诉事项成立。经认定成立的投诉事项不影响采购结果的,继续开展采购活动;影响或者可能影响采购结果的,财政部门按照下列情况处理:

(1)未确定中标或者成交供应商的,责令重新开展采购活动。

(2)已确定中标或者成交供应商但尚未签订政府采购合同的,认定中标或者成交结果无效。合格供应商符合法定数量时,可以从合格的中标或者成交候选人中另行确定中标或者成交供应商的,应当要求采购人依法另行确定中标、成交供应商;否则责令重新开展采购活动。

(3)政府采购合同已经签订但尚未履行的,撤销合同。合格供应商符合法定数量时,可以从合格的中标或者成交候选人中另行确定中标或者成交供应商的,应当要求采购人依法另行确定中标、成交供应商;否则责令重新开展采购活动。

(4)政府采购合同已经履行,给他人造成损失的,相关当事人可依法提起诉讼,由责任人承担赔偿责任。

(三)对废标行为投诉的处理

投诉人对废标行为提起的投诉事项成立的,财政部门应当认定废标行为无效。同时,根据项目进展情况,依照《政府采购质疑和投诉办法》(财政部令第 94 号)规定进行处理。

三、相关法律责任

采购人、采购代理机构有下列情形之一的,由财政部门责令限期改正;情节严重的,给

予警告,对直接负责的主管人员和其他直接责任人员,由其行政主管部门或者有关机关给予处分,并予通报:

(1) 拒收质疑供应商在法定质疑期内发出的质疑函;
(2) 对质疑不予答复或者答复与事实明显不符,并不能作出合理说明;
(3) 拒绝配合财政部门处理投诉事宜。

项目小结

在本项目中首先界定了询问、质疑和投诉三个关键术语的含义,确立了供应商维护自身权益的途径和方法。询问是供应商对采购活动疑问的直接表达,质疑则是针对可能损害供应商权益的具体事项提出书面疑问,而投诉是对质疑答复不满或未得到按时答复时的进一步行动。

项目详细说明了询问的方式和答复机制,鼓励采购人或采购代理机构积极响应供应商的询问,保障采购活动的透明度和公正性。同时,对于质疑的提出、受理和处理流程给出了具体规定,强调了供应商质疑的时效性、书面形式要求和必要的证明材料,以确保质疑过程的正规性和有效性。此外,项目还详述了投诉的提起和处理程序,为供应商在质疑未得到满意答复时提供了进一步维权的途径。

整个项目通过制订详细的操作指南和流程,不仅有助于供应商在政府采购过程中保护自身的合法权益,还促进了采购活动的公开、公平、透明,同时增强了政府采购的规范化和制度化,是对政府采购法律法规的有效补充和实践。通过这种方式,项目为解决供应商在采购过程中可能遇到的问题提供了清晰的指导,有助于构建更加健康和谐的政府采购环境。

能力训练

一、单选题

1. 供应商对政府采购活动事项有疑问,以下哪种方式不属于提出询问的方式?(　　)
   A. 口头咨询　　　　　　　　B. 书面咨询
   C. 通过媒体公开信咨询　　　　D. 邮件咨询

2. 供应商的质疑可以在知道或应知其权益受到损害之日起几个工作日内提出?(　　)
   A. 3个工作日　　B. 5个工作日　　C. 7个工作日　　D. 10个工作日

3. 投诉可以在质疑答复期满后多少个工作日内提出?(　　)
   A. 5个工作日　　B. 10个工作日　　C. 15个工作日　　D. 20个工作日

4. 采购人或采购代理机构应在收到质疑函后多少个工作日内作出答复?(　　)
   A. 3个工作日　　B. 5个工作日　　C. 7个工作日　　D. 10个工作日

5. 如果供应商对质疑答复不满意,应向哪个部门提起投诉?(　　)

A. 同级政府采购监督管理部门　　B. 同级人民法院
C. 市场监督管理部门　　D. 采购人所在单位

二、多选题

1. 质疑函应当包括哪些内容？（　　）
   A. 供应商的姓名或者名称　　B. 具体的质疑事项和请求
   C. 产品样本　　D. 必要的法律依据
2. 对于质疑的受理，采购人或采购代理机构需要检查哪些内容？（　　）
   A. 质疑的主体是否有效
   B. 质疑的时间是否在有效期内
   C. 是否提交了质疑函和必要的证明材料
   D. 质疑内容是否涉及商业秘密
3. 投诉可以在哪些情况下提出？（　　）
   A. 对采购人、采购代理机构的答复不满意
   B. 采购人、采购代理机构未在规定的时间内作出答复
   C. 质疑期内未提出质疑
   D. 任何时间均可直接提出投诉
4. 在处理供应商的质疑时，采购人或采购代理机构的责任包括（　　）。
   A. 及时作出书面答复　　B. 保护供应商的商业秘密
   C. 公开质疑的全部内容和答复　　D. 通知所有参与采购的供应商质疑及答复情况
5. 投诉的合法性需满足的条件有（　　）。
   A. 供应商对答复内容不满意　　B. 采购代理机构未在规定时间内作出答复
   C. 直接就政府采购事项提出投诉　　D. 投诉事项不超出已质疑事项的范围

三、判断题

1. 供应商对政府采购活动有疑问时，只能通过书面形式提出询问。　　（　　）
2. 供应商的质疑必须在知道或应知其权益受到损害之日起 7 个工作日内提出。（　　）
3. 如果质疑供应商对采购人、采购代理机构的答复不满意，可以在答复期满后 15 个工作日内提起投诉。　　（　　）
4. 供应商提出质疑时，可以不提供任何证明材料。　　（　　）
5. 投诉处理的主体是财政部门，无论被投诉人是采购人、采购代理机构，还是其他供应商。
   　　（　　）

四、简答题

1. 什么是质疑？
2. 质疑函应包含哪些基本信息？
3. 简述政府采购投诉的条件。
4. 简述如何做好政府采购质疑答复工作。
5. 简述如何做好政府采购投诉答复工作。

第四篇

供应商实务

项目九

投标准备

学习目标

1. 了解获取采购信息的方法。
2. 理解投标的含义和方式。
3. 熟悉编写投标(响应)文件的方法。

能力目标

1. 能够准确获取采购信息并参与投标。
2. 能够编制资格证明文件。
3. 能够编制报价文件。
4. 能够编制商务文件。
5. 能够编制技术文件。

任务一　获取采购信息

××高中 2024 年度校园安保服务采购公告

招标公告

项目概况

××高中 2024 年度校园安保服务 JSZC-320585-SZMZ-G2024－××××招标项目的潜在投标人，应在苏州公共资源交易中心获取招标文件，并于 2024-04-23 13:30(北京时间)前递交投标文件。

一、项目基本情况

项目编号：JSZC-320585-SZMZ-G2024－××××

项目名称：××高中 2024 年度校园安保服务

预算金额：112.5 万元

最高限价(如有)：人民币壹佰壹拾贰万伍仟元整(￥112.5 万元)(投标报价超过 112.5 万元的为无效标)

采购方式：公开招标

采购需求：××高中 2024 年度校园安保服务

合同履行期限：一年

本项目(是/否)接受联合体投标：不接受联合体

二、申请人的资格要求

(一)满足《中华人民共和国政府采购法》第二十二条规定：

1. 法人或者其他组织的营业执照等证明文件,自然人的身份证明。

2. 上一年度的财务状况报告(成立不满一年不需提供)。

3. 依法缴纳税收和社会保障资金的相关材料。

4. 具备履行合同所必需的设备和专业技术能力的书面声明。

5. 参加政府采购活动前 3 年内在经营活动中没有重大违法记录的书面声明。

6. 中小企业声明函,本项目专门面向中小企业采购,须符合中小企业划型标准,并提供符合要求的《中小企业声明函》。

(二)落实政府采购政策需满足的资格要求：

本项目专门面向中小企业采购,根据《政府采购促进中小企业发展管理办法》(财库〔2020〕46 号)有关规定,投标人应提供中小企业声明函或残疾人福利性单位声明函或省级以上监狱管理局、戒毒管理局(含新疆生产建设兵团)出具的属于监狱企业的证明文件,否则视为投标无效。

(三)本项目的特定资格要求：

1. 未被"信用中国"网站(www.creditchina.gov.cn)列入失信被执行人、重大税收违法案件当事人名单、政府采购严重失信行为记录名单。

2. 拒绝下述供应商参加本次采购活动：

(1)供应商单位负责人为同一人或者存在直接控股、管理关系的不同供应商,不得参加同一合同项下的政府采购活动。

(2)凡为采购项目提供整体设计、规范编制或者项目管理、监理、检测等服务的供应商,不得再参加本项目的采购活动。

(3)法人的分支机构不得参加投标(除银行、保险、石油石化、电力、电信等行业特殊情况外)。

(4)根据政府采购法及相关法规,以及《国务院关于建立完善守信联合激励和失信联合惩戒制度加快推进社会诚信建设的指导意见》(国发〔2016〕33 号)、《财政部关于在政府采购活动中查询及使用信用记录有关问题的通知》(财库〔2016〕125 号)文件规定,采购人将对供应商进行信用查询。对列入失信被执行人名单、重大税收违法案件当事人名单、政府采购严重违法失信行为记录名单的供应商,拒绝其参与政府采购活动。

三、获取招标文件

时间:2024-04-02 09:00—2024-04-10 17:00,每天上午00:00—12:00,下午12:00—23:59(北京时间,法定节假日除外)

地点:苏州公共资源交易中心

方式:网上获取

售价:0.00元

四、提交投标文件截止时间、开标时间和地点

2024-04-23 13:30(北京时间)

地点:苏州公共资源交易中心

五、公告期限

自本公告发布之日起5个工作日。

六、其他补充事宜

1. 本项目需要使用CA数字证书制作、上传电子投标文件完成电子投标,请供应商在参加投标活动前办理好CA数字证书申领及电子签章等操作。

2. 本项目采用不见面开标,投标人开标时无需到开标现场进行解密,采取网上开标大厅解密电子投标文件,投标人远程解密要求如下:

……

七、对本次招标提出询问,请按以下方式联系

1. 采购人信息

单位名称:××高级中学

单位地址:太仓市东仓南路

联系人:××

联系电话:××××

2. 采购代理机构信息(如有)

单位名称:苏州××项目管理有限公司

单位地址:太仓市城用镇上海东路

联系人:××

联系电话:××××

3. 项目联系方式

项目联系人:××

联系电话:××××

附件:××高中2024年度校园安保服务采购文件.doc

(资料来源:江苏政府采购网)

一、查询采购公告

(一) 查询采购公告的意义

供应商查询采购公告的意义在于,它是供应商了解政府采购需求、参与政府采购竞争的首要步骤。采购公告通常包含了采购项目的基本信息,如采购物品或服务的具体需求、预算金额、采购条件、投标(响应)截止日期、开标时间和地点、购买采购文件方式等关键信息。供应商通过查看采购公告,可以评估自己是否具备参与该采购项目的能力和条件,决定是否投标(响应)。

此外,采购公告也是政府采购透明度和公正性的体现。根据《政府采购法》等相关法律法规,政府采购应公开、透明,保证所有潜在供应商平等获取信息的机会,公告是实现这一目标的重要手段。因此,供应商查看采购公告不仅可以把握商业机会,还保证了其行使参与公平竞争的权利,确保自身合法利益不受侵害。

(二) 查询采购公告的平台

根据《政府采购法》及《招标投标法》等法律的规定,政府采购项目及依法进行的招投标项目应当在规定的公共信息平台对外公布,常见的信息发布平台有以下几种:

1. 中国政府采购网及省级分网

《政府采购信息发布管理办法》(财政部令第101号)规定,中央预算单位政府采购信息应当在中国政府采购网发布,地方预算单位政府采购信息应当在所在行政区域的中国政府采购网省级分网发布。供应商可以在中国政府采购网及各地的省级分网上查询各级政府采购项目的采购公告及相关信息。

2. 公共资源交易中心平台

公共资源交易中心是负责公共资源交易和提供咨询、服务的机构,是公共资源统一进场交易的服务平台,其内容包括政府采购、工程建设招投标、土地和矿业权交易、企业国有产权交易、公立医院药品和医疗用品采购、司法机关罚没物品拍卖、国有的文艺品拍卖等所有公共资源交易项目。公共资源交易中心平台下设各省、市、县等各级公共资源交易平台,供应商可以根据项目采购主体的不同,选择相应的公共资源交易中心平台查询相关采购信息。

3. 中国招标投标公共服务平台

中国招标投标公共服务平台是国家发展改革委和中国招标投标协会依据《电子招标投标办法》(八部委令第20号)推动建设,并对接互联全国电子招标投标系统交易平台、公共服务平台和监督平台,实现招标投标市场开放交互、动态聚合、公开共享、一体融合、立体监督、公益服务等目标的一体化信息共享枢纽,也是国家整合建立公共资源平台的主要组成部分。

《招标公告和公示信息发布管理办法》(国家发展改革委令第10号)规定,依法必须招标项目的招标公告和公示信息应当在"中国招标投标公共服务平台"或者项目所在地省级电子招标投标公共服务平台发布。省级电子招标投标公共服务平台应当与"中国招标投标公共服务平台"对接,按规定同步交互招标公告和公示信息。供应商可以在中国招标投标公共服务平台及省级电子招标投标公共服务平台查询采购项目的相关信息。

4. 军队采购网

军队采购网 2015 年 8 月开通上线,是军委后勤保障部针对部队集中物资采购量大、采购需求分散难题专门建立的网上平台。军队采购网既是采购信息发布的权威媒体,又是组织采购活动的"阳光平台"。供应商可以在该平台上查询相关的军队采购项目信息。

5. 企业招标平台

许多大型企业都上线了内部电子招标采购交易平台,如华润集团守正电子招标采购平台、中国一汽电子招标采购交易平台、中国铁路电子招标采购交易系统、东风招投标电子交易平台、国家电网有限公司电子商务平台等,这些交易平台已基本实现了在线报名、投标,部分实现了线上开标、评标等功能。供应商可以在相应的企业招标平台查询企业采购项目的相关信息并参与项目。

二、购买采购文件

(一)购买采购文件的意义

购买采购文件在政府采购实践中,就是我们通常理解的报名环节。购买采购文件有时也被称为购买标书,它是供应商参与采购项目、制订投标(响应)策略的基础。标书是整个采购过程的"指南",其中详细列出了项目要求、投标须知、评审程序、中标规则以及合同条款等重要信息。只有通过购买并仔细研究这些文件,供应商才能准确理解和满足采购方的需求,制订出合规、有竞争力的投标(响应)方案。

按照《政府采购法》等相关法律规定,参与政府采购的过程应当保证公开、公平、公正,而购买标书正是实现这一原则的关键环节。通过购买标书,所有潜在供应商获得了同等的机会来了解项目详细信息,确保了信息的透明度和竞标过程的公平性。

(二)购买采购文件要准备的材料

采购人或者采购代理机构在发布采购公告时,会在采购文件中明确标书提供的方式和形式,针对不同的提供方式和形式,供应商应做好相应的购买准备。

1. 购买纸质标书要准备的材料

购买纸质标书时,通常需要提供供应商营业执照复印件、法定代表人授权书原件、法定代表人身份证复印件、被授权人身份证复印件等资料,以上材料复印件应加盖公章。

购买纸质标书时需要缴纳一定的标书费用。一般采购人或者采购代理机构发售纸质标书的费用应当限于补偿印刷、邮寄的成本支出,不得以营利为目的。

2. 购买电子标书要准备的材料

购买电子标书时,一般在采购文件中会明确如何购买电子标书,通常需要供应商在电子交易平台完成信息登记和办理 CA 证书,通过 CA 密钥,登录电子交易系统,按照网上的提示下载投标(响应)项目的采购文件及相关资料。

财政部《关于促进政府采购公平竞争优化营商环境的通知》(财库〔2019〕38 号)规定,

实现电子化采购的,采购人、采购代理机构应当向供应商免费提供电子采购文件;暂未实现电子化采购的,鼓励采购人、采购代理机构向供应商免费提供纸质采购文件。

任务二　确定投标(响应)方案

联合体投标必须提交合格的联合体协议和投标授权书

2015年8月31日,某区公安局指挥中心系统集成项目招标信息发布。某研究所与某计算机公司组成联合体参加该项目投标,双方签订的《联合体协议书》约定:"某研究所为联合体牵头人,联合体牵头人与业主签订合同书,并就中标项目向业主承担合同规定的义务、责任和风险。"所附授权委托书载明:"兹委派我公司××先生,代表我公司全权处理××区公安局指挥中心系统集成项目政府采购投标的一切事项,若中标则全权代表本公司签订相关合同,并负责处理合同履行等事宜。""投标人名称(公章)"处加盖某研究所公章,"法定代表人(签字或盖章)"处为某研究所法定代表人签字。

同年10月14日,市公共资源交易中心发布某研究所和某计算机公司联合体预中标的公告,某通信设备公司对此提出质疑。市公共资源交易中心组织原评标委员会进行复核后认定"某研究所和某计算机公司提供的联合体协议书不符合联合体协议的其他法律要件,原评审审查失误,应予纠正,该联合体投标无效,推荐下一顺序单位某通信设备公司为预中标公示单位",并据此意见对前述质疑进行了书面回复。

2015年11月3日,经某区公安局确认,市公共资源交易中心发布了采购结果更正公告。某研究所及某计算机公司对该质疑回复不服,向市财政局投诉提出:投诉人投标文件中出具的授权委托书符合法律法规要求。

市财政局于12月17日作出《政府采购供应商投诉处理决定书》,认为:"某通信设备公司提出质疑,内容涉及投诉人的投标主体、联合体资格认定相关问题,市公共资源交易中心组织复核,符合规定。该联合体协议书不符合《政府采购法》第二十四条的规定,实质上不具有法律意义上的联合体协议要件,评审委员会据此判定其联合体投标无效,符合法律规定。"决定驳回投诉人的投诉。

某研究所及某计算机公司不服投诉处理决定,向省财政厅申请行政复议,要求撤销市财政局作出的投诉处理决定和市公共资源交易中心作出的质疑回复。

2016年4月5日,省财政厅经组织听证、审理,作出行政复议决定,决定维持市财政局作出的投诉处理决定,驳回某研究所及某计算机公司的行政复议申请。

【案例分析】

联合体投标必须提交联合体协议,联合体协议必须明确联合体各方各自承担的工作范围和义务,明确联合体牵头人代表联合体全权办理投标及合同签订、履行阶段的主办、协调工作等必要内容。联合体协议中不能限制各方成员承担的责任范围,各方成员对招标人承担连带责任。

联合体授权投标代表办理投标事宜的,授予投标代表的授权委托书必须由各方成员法定代表人共同签字认可,载明其代表联合体成员各方全权办理投标事宜,而不能仅仅由牵头人或部分成员方法定代表人授权,这并不能代表联合体所有成员方共同投标。

(资料来源:张志军.政府采购全流程百案精析[M].北京:中国法制出版社,2019.)

一、投标的含义

政府采购投标是指在政府采购过程中,投标人应采购人的邀请,根据采购文件的相关要求,在约定的时间、地点,以约定的方式向采购人递交投标(响应)文件,参与采购活动,中标后与采购人签订合同并履行的一种活动。投标人是指响应采购需求,参与投标竞争的法人、其他组织或者自然人,也就是参与政府采购活动的供应商。所以,投标也是供应商根据采购人发布的采购需求,提出自己的产品或服务方案以及价格,参与竞争以争取成为采购合同的承包方的过程。

通常,在采用招标方式的采购项目中,我们把这个过程称为"投标",提交的文件称为"投标文件";在采用竞争性谈判、询价、竞争性磋商等非招标方式的采购项目中,我们把这个过程称为"响应",提交的文件称为"响应文件"。

二、确定投标(响应)形式

一般情况下,政府采购项目不接受供应商以联合体形式参与投标(响应),要求供应商以自身的名义单独参加政府采购活动。但是,对于一些技术涉及多个不同专业、特别复杂的大型项目,或者规模巨大、履约要求时间紧的项目,单个供应商难以独立完成,允许具有对应资质的供应商组成联合体参加政府采购活动,能够增强供应商在采购活动中的竞争力和中标或成交后的履约能力。例如,在大型桥梁建设项目中,涉及桥梁设计、工程施工、材料供应等多个专业领域,单个供应商很难具备全面的能力;通过联合体投标,一家具有丰富桥梁设计经验的设计院与一家拥有强大施工能力的建筑公司联合,再加上专业的材料供应商提供优质材料,能够整合各方资源,提高项目的整体竞争力,确保项目顺利实施。

供应商以联合体形式参与投标(响应)时应注意下列问题:

(1)慎重选择联合体合作伙伴。以联合体形式参与政府采购活动的,参加联合体的供应商均应当满足《政府采购法》第二十二条规定的条件,参加联合体的任何一方如存在不满足相关条件的,都将导致联合体投标被拒绝。

(2)以联合体形式参加政府采购活动的,联合体各方不得再单独参加或者与其他供应商另外组成联合体参加同一合同项下的政府采购活动。

(3)联合体中有同类资质的供应商,按照联合体分工承担相同工作的,应当按照资质等级较低的供应商确定联合体资质等级。故从节约项目成本与提高投标效率的角度出发,联合体成员数量宜少不宜多。

（4）参与联合体的各供应商之间应当签订联合体协议,确定联合体牵头人以及各方权利和责任。

（5）联合体各方应当共同与采购人签订采购合同,就采购合同约定的事项对采购人承担连带责任。联合体对外"以一个供应商的身份共同投标"。也就是说,联合体虽然不是一个法人组织,但是对外投标应以所有组成联合体各方的共同的名义进行,不能以其中一个主体或者两个主体（多个主体的情况下）的名义进行,即"联合体各方""共同与招标人签订合同"。这里需要说明的是,联合体内部各方之间权利、义务、责任的承担等问题需要以联合体各方订立的合同为依据。

三、组建项目团队

供应商获取采购文件后,应当对采购文件进行深入的解读,对投标（响应）事宜进行分类,有针对性地组建项目团队。项目团队可分为几个小组,包括但不限于市场调查小组、商务响应小组、技术方案小组、文件审查小组、协调小组等,各司其职,共同做好投标（响应）事宜。市场调查小组负责收集市场信息,了解竞争对手情况,分析项目的市场需求和价格趋势,为投标报价和商务策略提供依据。商务响应小组主要负责解读采购文件中的商务条款,制订商务响应方案,包括投标报价的计算和合理性分析、合同条款的研究和风险评估、企业资质和业绩材料的准备等。技术方案小组专注于根据项目需求设计技术方案,确保技术方案的可行性、先进性和创新性,满足采购文件中的技术要求,并负责技术方案的优化和演示准备（如有需要）。文件审查小组负责对投标（响应）文件进行全面审查,包括格式规范、内容完整性、逻辑一致性、法律合规性等方面的检查,确保文件质量,避免因文件失误导致投标失败。协调小组则负责统筹协调各小组之间的工作,保证信息畅通,及时解决团队内部出现的问题,确保投标（响应）工作的顺利进行。各小组在工作过程中应保持密切沟通,如市场调查小组的信息及时反馈给商务响应小组和技术方案小组,技术方案小组的需求和问题及时与商务响应小组协商解决,文件审查小组的审查意见及时传达给各相关小组进行修改完善,协调小组在其中发挥桥梁和调度作用。

四、提交保证金

（一）投标保证金的作用

投标保证金在政府采购中的作用是确保投标（响应）流程的严肃性和合同的履行,具体体现在以下四个方面：

（1）投标保证金作为一种经济担保,能够避免投标者在投标（响应）截止时间后无故撤销或修改投标（响应）文件的行为,确保投标过程的正当性和有效性。若投标者在此阶段撤销或修改投标（响应）文件,将会丧失保证金,这增强了投标者遵守投标规则的动力。

（2）投标保证金能够确保中标者在被确定为中标人之后,依照采购文件和中标文件的

项目九　投标准备

规定与采购方签订合同。若中标者放弃中标或在合同签订时更改实施内容,同样将面临不退还保证金的后果。这一措施有效地维护了采购过程的严肃性,保障了合同的顺利签订和履行。

(3) 投标保证金能够约束投标人的严重违法行为。如果投标人在其投标(响应)文件中提供虚假材料,恶意串通,以及行贿或者提供其他不正当利益等谋取中标,将会面临没收保证金的后果。

(4) 投标保证金是保证投标有效的手段。《政府采购法实施条例》规定,投标人未按照招标文件要求提交投标保证金的,投标无效。

(二) 投标保证金的数额

《政府采购法实施条例》规定,招标文件要求投标人提交投标保证金的,投标保证金不得超过采购项目预算金额的 2%。投标保证金应当以支票、汇票、本票或者金融机构、担保机构出具的保函等非现金形式提交。

有的采购项目在招标阶段没有预算金额或金额尚不能确定,属于无金额合同或者合同金额不固定项目招标,如协议采购、银行服务的采购等。这类项目能够估算预算金额且对投标人公平合理的,可用估算的预算金额确定投标保证金的金额;无法估算的,就不能用投标保证金的方式规范投标人的行为,可以采取投标人承诺书等方式,并利用供应商诚信体系规范投标人的行为。

为进一步优化政府采购营商环境,降低供应商投标成本,各地区陆续出台了文件,取消了政府采购投标保证金。比如,江苏省财政厅《关于做好政府采购支持企业发展有关事项的通知》(苏财购〔2020〕52号)文件规定,自2020年7月27日起,取消政府采购投标保证金。在政府采购实践中,具体是否需要缴纳投标保证金,以当地监管部门的规定和采购文件的要求为准。

任务三　编制投标(响应)文件

投标文件封面盖电子章可以吗

伴随着电子化、信息化与政府采购的融合发展,和电子开评标相关的实务问题也开始浮出水面。比如,近日一名政府采购从业者提问道:"在电子评标过程中,招标文件要求投标报价文件封面扫描件盖投标人法人单位章,并由法定代表人签字或盖章,编制人签字,盖专用章。然而,某投标人的投标报价文件封面除造价员外其他人盖的都是电子章,不是先签字盖章再扫描上传的,在这种情况下,可以否决其投标吗?"

正如上述从业者所述,现在很多地方的电子开评标条件还不够完善,在有些情况下,可能需要先签字,再扫描,最后上传系统。不过,也有很多地方具备了直接加盖电子章的条件。比如,在浙江省杭州市富阳区,项目结果公告发出后,即可通过政采云电子交易系统生成中标通知书,利用电子签章完成中标通知书的在线发送,中标人可以第一时间获取并下载。

对于上述问题,北京某代理机构的工作人员认为,招标文件要求封面加盖单位章、法定代表人章,如果电子化平台不可实现,属于不合理的限制条件,应当修改招标文件中不合理的限制,不应当否决投标人投标。

(资料来源:杨文君.投标文件封面盖电子章可以吗[EB/OL].(2023-10-26)[2024-04-17].http://www.cgpnews.cn/articles/65395.)

一、编写投标(响应)文件的要求

《政府采购货物和服务招标投标管理办法》(财政部令第87号)、《政府采购非招标采购方式管理办法》(财政部令第74号)、《政府采购竞争性磋商采购方式管理暂行办法》(财库〔2014〕214号)中均对投标人编写投标(响应)文件作出了规定,要求投标人应当按照采购文件的要求编制投标(响应)文件,投标(响应)文件应对采购文件提出的要求和条件作出明确响应,并对提交的投标(响应)文件的真实性、合法性承担法律责任。

对于适用《招标投标法》的采购项目,《招标投标法》第二十七条作出明确规定:投标人应当按照招标文件的要求编制投标文件。投标文件应当对招标文件提出的实质性要求和条件作出响应。招标项目属于建设施工的,投标文件的内容应当包括拟派出的项目负责人与主要技术人员的简历、业绩和拟用于完成招标项目的机械设备等。

二、编制资格证明文件

(一)资料收集与整理

供应商需重视企业档案资料的收集、整理和归档工作,建立档案管理的长效机制。在日常的工作中着重收集与公司竞争力相关的资格证明文件、荣誉和信用证明文件、人员资历文件、项目合同和验收证明文件等,并由专人负责保管,出入有记录,避免遗失。做好档案收集整理工作,可避免供应商在制作投标(响应)文件时因收集相关证明文件而浪费了大量的宝贵时间。

需要注意的是,所有证书、证明文件包括按要求提供的官网截图必须是真实可查证的,必要时须注明资料来源。证明材料仅限于投标单位本身,参股或控股单位及独立法人子公司的材料不能作为证明材料,但投标单位兼并的企业的材料可作为证明材料。参股或控股单位及独立法人子公司在法律上是独立的主体,其资格和信誉不能直接等同于投标单位,因此不能作为投标单位的资格证明材料;而投标单位兼并的企业,在兼并后其资产、人员、业务等与投标单位整合为一体,相关材料可以反映投标单位的综合实力,所以可以作为证明材料,但需要提供兼并的相关证明文件(如工商变更登记文件等),以证明其关联性。

资格证明文件一般要求为原件的扫描件或复印件,投标(响应)文件中提交的所有证明材料须清晰可辨认,如因证明材料模糊无法辨认、缺页、漏页导致无法进行评审认定的责任由供应商自负。

(二)编写资格证明文件

编写资格证明文件是一个重要环节,它需要严格按照相关法律法规和采购项目要求进行。资格证明文件应包括投标人的基本信息、营业执照、企业资质、企业信用、财务状况等,以证明其满足采购文件所规定的资格要求。具体而言,投标人应根据采购文件中设定的资格条件以及投标文件格式等要求,逐项编写资格证明文件。

投标人需要确保所提供的信息真实、准确、完整,避免出现任何虚假记录,因为虚假记录可能导致投标无效或其他法律后果。

三、编制报价文件

在政府采购活动中,供应商报价是投标文件的重要组成部分。无论是采用最低评标价法还是综合评分法,对于供应商来讲,合理确定投标报价都是一项重要工作。

(一)理解报价要求

政府采购项目涉及各行各业,包含工程、服务、货物等诸多类型,项目的报价要求不一而足。

1. 单价合同和总价合同

单价合同指在采购过程中,根据采购人的工程量清单或者货物清单,考虑到项目执行过程中的人工费、材料费、机械费、管理费、税金等,平摊到各清单分项中进行综合单价报价,最终结算时,根据实际完成的工程量据实结算。此种报价形式一般适用于有明确工程量清单的工程项目和有明确货物清单的货物项目等。供应商在面对这种报价形式时应注意不要缺项漏项,同时应将项目实施过程中将会发生但清单项中没有的价格平摊进综合单价进行报价。另外,供应商还须注意在项目执行过程中的工程量变更和价格调整。例如,某道路建设项目采用单价合同,在施工过程中,由于设计变更,部分路段的工程量增加了,供应商应根据合同约定的工程量变更处理方式,及时提交变更申请,附上详细的变更工程量计算清单、变更原因说明以及相关的证明材料(如设计变更通知、现场签证等);而在价格调整方面,如果遇到原材料价格大幅波动等情况,供应商应查看合同中关于价格调整的条款,若符合调整条件,则按照规定的调整公式或方法进行计算,并提供价格波动的市场数据(如政府发布的物价指数、原材料供应商的价格调整通知等)作为依据,确保价格调整的合理性和合法性。

总价合同是指在采购过程中,根据采购人对项目标的和项目所要达到的目的,考虑到项目执行过程中所有的费用和成本,一次性报总价,也就是通俗所说的"交钥匙"项目,最终结算时,按照合格的验收报告支付合同价款。供应商在面对这种报价形式时应注意采购人一般不会再增加其他费用,所以必须全面考虑项目执行过程中所产生的所有费用。

总价合同要求供应商对项目成本进行精确估算，供应商在报价时，应充分考虑项目实施过程中的各种风险，如原材料价格上涨、人工成本增加、不可预见的工程变更等，可以通过预留一定的风险准备金或在报价中合理分摊风险成本的方式来应对。同时，在项目执行过程中，要加强成本控制和管理，严格按照合同约定的范围和标准进行施工或提供服务，避免因自身原因导致超支。

2. 货币报价和费率报价

多数政府采购项目采用货币报价，即无论是报单价还是总价，均以货币为单位进行报价。但同时也有一些特殊的项目，因有相关的收费标准，报价时会以收费标准为基础报综合折扣率，例如工程造价咨询项目或财务审计项目多采用费率报价。供应商在报价时应当注意采购文件要求的是人民币报价还是费率报价，当采用费率报价时，要注意费率报价的要求，正确理解综合折扣率的概念，避免因报价错误导致符合性检查不通过。综合折扣率是指供应商在报价时，根据采购文件规定的计费基础，对各项费用进行折扣后的综合比例。例如，某服务项目的收费标准为按照服务人员工时费、差旅费、设备使用费等各项费用之和计算，供应商报价的综合折扣率为80%，则表示供应商在各项费用的基础上给予采购人20%的折扣优惠。还要注意的是采购文件中对费率报价的其他要求，如是否包含某些特定费用、折扣率的计算范围等，确保报价符合要求。

3. 报价限制

采购人根据价格测算情况，可以在采购预算额度内合理设定最高限价，但不得设定最低限价。设定最高限价的，还应当公开最高限价。未设最高限价的，一般约定项目预算金额为报价上限。采购人设定最高限价的目的主要是控制项目成本，防止供应商过度报价，确保采购资金的合理使用。其依据通常是通过对项目需求的分析、市场价格调研、预算安排等因素综合确定。供应商在制订报价策略时，应首先对项目进行详细的成本核算，包括直接成本（如原材料采购成本、人工成本、设备租赁成本等）和间接成本（如管理费用、税费、利润等），确保报价不超过最高限价。同时，要结合市场竞争情况，分析竞争对手的报价水平，在保证自身合理利润的前提下，尽可能提高报价的竞争力。

值得注意的是，分包或标段的项目，预算及最高限价均以包为单位。

4. 不可竞争费用

不可竞争费用一般是指在工程项目中的暂估价和暂列金额。暂估价是指在具体施工中一定会发生的工作，但其工程量和价格无法预计，以暂估价的形式先确定下来。暂列金额是指在具体施工中可能会发生也可能不会发生的工作，为之预留一部分资金以备不时之需。操作中，暂估价主要用于支付必然发生但暂时不能确定价格的材料、设备以及专业工程的费用。在工程项目实施过程中，对于暂估价部分的采购或分包，一般需要按照规定的程序进行招标或询价确定最终价格。供应商在投标报价时，应严格按照清单中的暂估价金额报价，不得擅自调整；在项目实施过程中，应积极配合采购人或建设单位进行暂估价部分的采购或分包工作，确保项目顺利进行。暂列金额主要用于在施工合同签订时尚未确定或者不可预见的所需材料、设备、服务的采购，施工中可能发生的工程变更、合同约定调整因素出现时的工程价款调整以及发生的索赔、现场签证确认等的费用支出。供应商在投标报价时，同样应按照清单中的暂列金额报价，不得更改。在项目实施过程中，如需动用暂列金额，应根据合同约定的程序进行申请和审批，提供相关的证明材料，确保费用支出的合理性和合法性。

对于供应商来说，暂估价和暂列金额都是不可竞争费用，投标报价时该费用应按清单中确定的金额进行报价，不可调整。不可竞争费用还包括其他内容，比如工程项目中的税金、规费、安全文明施工费等，按相关法律法规规定执行即可。

（二）掌握市场信息

1. 关注市场价格信息

（1）关注官方发布的价格信息。对于某些行业的产品或材料，官方会定时发布一些市场指导价格。例如，在工程建设行业中，各类砂石料等建材以及绿化植物等的价格会在各省市工程造价信息网上进行公布；又如，在医疗器械采购项目中，国家药品监督管理局等相关部门会发布医疗器械的市场指导价和参考价，供应商可以通过其官方网站查询。供应商应经常关注官方发布的市场价格信息，及时了解产品或材料的市场行情，避免盲目报价。

（2）积极了解产品上中下游各端的价格。对于某些货物和产品，供应商应该有专门的人力走向市场的各端，全面地掌握其流动过程中各种价格，如出厂价、批发价、零售价等。这样，供应商不仅能全面了解货物和产品市场行情，而且能在了解过程中寻求更好的供货渠道。

（3）及时掌握竞争对手的相关信息。及时了解和掌握竞争对手的相关信息，知己知彼。供应商可以通过参加行业展会、研讨会等活动，观察竞争对手的展示产品、宣传资料、与客户的沟通方式等，获取其产品特点、技术优势、市场定位等信息。同时，关注竞争对手的官方网站、社交媒体账号等渠道，了解其企业动态、新产品发布、市场推广活动等情况。此外，还可以通过与行业内其他企业或相关人员进行交流，从侧面了解竞争对手的经营状况、口碑、报价策略等信息。

2. 比对同类项目过往报价

供应商应注重收集和整理项目资料以及项目资料归档工作。多数供应商在参加政府采购项目投标时，都具备了同类项目的经验，在投标报价时可以参考以往项目的价格信息进行报价。

（三）避免恶意低价

恶意低价投标，一是扰乱了市场正常的价格秩序，不利于社会资源的优化配置；二是从长期看，损害了采购人的合法权益；三是阻碍了供应商的自身发展和技术进步。

《政府采购货物和服务招标投标管理办法》第六十条规定，评标委员会认为投标人的报价明显低于其他通过符合性审查投标人的报价，有可能影响产品质量或者不能诚信履约的，应当要求其在评标现场合理的时间内提供书面说明，必要时提交相关证明材料；投标人不能证明其报价合理性的，评标委员会应当将其作为无效投标处理。一般来说，如果某一投标人报价低于其他投标人报价平均值50%，且无法提供合理的成本构成说明或其他证明其报价合理性的材料,评标委员会可能就会认为其报价明显低于其他投标人报价,存在恶意低价投标的嫌疑。

(四) 合理确定报价

供应商在确定最终投标报价时应综合分析市场价格信息、以往项目价格信息等数据,根据项目实际情况和自身经营状况进行报价。报价时,既要考虑符合市场价格,又要做到"有利可图",保障自身利益,合理确定投标报价。

(五) 谨慎填写报价

投标报价是投标(响应)文件的核心,报价文件必须完全按照采购文件的规定格式编制,不允许有任何改动及遗漏。如果投标报价文件格式与采购文件规定不符,可能会被评标委员会视为不响应采购文件要求,导致投标无效。即使报价本身合理,但因格式问题而失去投标机会,将给供应商造成不必要的损失。因此,供应商在编制报价文件时,必须严格按照采购文件规定的格式进行填写,包括报价表格的样式、内容的填写顺序、数字的精度要求、货币单位的使用等方面。在填写完成后,应仔细核对,确保报价文件的准确性和完整性。

四、编制商务文件

(一) 立足评审标准

编制商务文件首先应依据采购文件的商务评审标准相关要求,逐条对应提供相应的证明文件。一般来说,政府采购活动中的商务评审标准均为客观分,其特点是某一项评审标准要求的内容,供应商满足要求即得分,不满足即无分。供应商在提供某一项评审标准要求的证明材料时,应注意以下几点:

(1) 证明材料应清晰可辨。供应商所提供的证明材料应为原件的扫描件或复印件,保证证明材料的清晰可辨,且证明材料本身应该有逻辑性,不漏页,不串页,否则可能会因辨认不清或逻辑混乱导致认定不合格。

(2) 关键信息着重标注。比如要求的合同签订时间、合同关键信息、证书的有效期、资质等级等内容,都可以用比较明显的记号进行标注,一是通过标注对关键信息进行复查,二是方便评委评审。

(3) 特殊情况提供说明及证明材料。比如采购文件中要求"人员具备高级职称,并提供证明材料",一般应提供职称证书,但如职称正在公示阶段,无法提供职称证书,此时可进行情况说明,并附官方网站的公示截图佐证。

(4) 应该考虑评审专家的审阅习惯。除采购文件特殊要求外,供应商可按照商务评审标准的顺序编制商务文件,以方便评审专家评审。

(5) 适当使用图表。图表较文字更加直观和简洁,评委可以从中直接提取重要信息以作评定。

(二) 高于评审标准

编制商务文件时可"高于要求"。比如商务评审标准中规定5项业绩得满分,如采购文件无限制性条款,供应商在编制商务文件时可适当增加业绩数量,以应对因失误或某项业绩审查不合格而导致的不足。

五、编制技术文件

技术文件内容一般是针对项目实际情况,通过供应商自身的经验和能力,预判项目执行过程中的相关问题,并为此提出解决方案。所以,充分了解项目情况,全面掌握项目的相关信息是编制好技术文件的前提。

(一)立足评审标准

采购文件中的技术评审标准是编制技术文件的依据,供应商在编制技术文件时,一定要认真研读每一条技术评审项目的内容,结合项目的实际情况深入理解评审的标准、依据和目的。

以货物类采购项目为例,货物类的技术评审通常会对技术标准的响应情况、质量保障措施、交货期保障措施及售后服务方面进行评审。供应商在进行技术响应时,首先应全面了解采购文件相关技术指标的要求,确定好所要投标的产品,然后根据自身产品的实际情况,逐条对应技术指标进行优劣的分析,将检测报告、产品说明书、出厂合格证、官网截图作为技术指标数据的佐证。对于质量的保障措施可说明产品的正规供货渠道、提供相应检测合格的报告,同时也可以对产品质量进行承诺,如发生质量问题接受经济处罚,让采购人放心。对于交货期保障措施可通过对产品的运输、交货期进行承诺作为保障。针对售后服务方面,可通过采取退换货、及时响应措施等进行说明。

在服务类采购项目中,技术评审通常关注服务方案的合理性、服务团队的专业能力、服务质量保障措施等方面。供应商在编制技术文件时,应详细阐述服务流程、服务标准、人员配备情况,提供服务团队成员的资质证书、培训经历等证明材料,同时说明服务质量监控和改进机制。

对于工程类采购项目,技术评审重点在于工程设计方案、施工组织设计、工程质量保证体系、安全文明施工措施等。供应商应提供详细的工程设计图纸、施工进度计划、施工工艺和方法说明,以及质量保证和安全管理的相关制度和措施,并附上项目经理和主要技术人员的工程业绩证明材料。

凡此种种,供应商应站在项目正常实施的立场上,通过自身成功经验,逐一对技术评审内容进行响应。

(二)把握风险控制

供应商在编制技术响应文件时还应注重风险的识别和控制,对项目执行过程中的风险点进行全面充分的考虑,并逐一提出防控措施。风险点考虑得是否充分,防控措施是否有针对性和可操作性均体现了供应商的经验和能力。供应商可以在技术文件中绘制风险评估矩阵,将识别出的风险按照发生概率和影响程度进行分类评估,用不同颜色或符号标注风险等级。同时,制作详细的风险应对计划图表,明确每个风险的应对措施、责任部门或人员、时间节点等内容,展示企业具备完善的风险管理制度和风险应对能力,增加投标文件的可信度和竞争力。

六、编制投标(响应)文件的实务操作

细节决定成败,投标(响应)文件编制要在细节上做足功夫,精心打磨。

(一)排版整齐

投标(响应)文件排版首先应符合采购文件要求,其次要考虑评委的阅读和评审习惯。文件内容应有序,页面布局、图片规格、表格行距、正文字体、字号、段落等应尽量统一。

(二)封面信息齐全

除采购文件有特殊规定外,投标(响应)文件封面信息一般应包括项目名称、标段信息、项目编号、供应商名称、投标文件正(副)本标识等,封面信息尽量齐全。

(三)目录、页码及索引表信息对应

为方便评委查阅投标(响应)文件,目录、页码及索引表应一一对应。目录级别以三级或四级为宜,且排版整齐美观。目录前可设置资格审查索引表和评分标准索引表,逐一简述投标(响应)文件响应的情况,并标注响应信息在投标(响应)文件中的位置。这样将所有得分点做一个索引表,可以方便评审专家快速查找到得分点,更受评审专家青睐。

(四)装订和密封合规

投标(响应)文件应按要求装订和密封。提倡双面打印,不可拆卸装订。

投标(响应)文件要密封严实,避免在搬运过程中出现破损,一般要求在密封处粘贴密封条,并加盖公章。项目分多个标段的,切勿混装不同标段的投标(响应)文件。

(五)标书制作分工及排期表

在编制投标(响应)文件过程中,可以在组建的项目团队中进行合理的任务分工,具体的标书制作分工及排期可参考表9.1。

表9.1 标书制作分工及排期表(参考)

序号	工作分工	负责人(负责部门)	预计完成时间	实际完成时间	复审		投标后问题总结
					复审人	结论及意见	
1	标书整体框架及商务部分编写、汇总(财务部门:纳税凭证、社保凭证、审计报告、投标保证金缴纳及凭证等;行政部门:业绩合同、资质证书等)						
2	标书技术部分编写(技术方案、售后服务的编写需要技术部门提供)						

(续表)

序号	工作分工	负责人（负责部门）	预计完成时间	实际完成时间	复审 复审人	复审 结论及意见	投标后问题总结
3	标书报价部分编写（核心部门）						
4	整理汇总、形成最终版标书，打印、签字、盖章（注意无效投标、废标条款，得分点是否明确且有目录索引）						
5	密封、标记（注意拒收投标文件情形，文件份数、标记是否符合要求）						
6	投标所需资料（原件）整理、核查						

（六）投标文件检查

投标（响应）文件编制完成后，应对文件进行检查，尽一切可能减少废标率，具体检查内容可以参考表 9.2。

表 9.2 投标文件检查表（参考）

投标文件检查表			
项目名称：		检查日期：	
序号	检查内容	细则	确认	签字

序号	检查内容	细则	确认	签字
一	投标文件			
1	项目名称与编号	投标文件整篇项目名称与编号是否正确	☐	
2	投标人名称	投标人名称与营业执照、资质证书、银行资信证明等证明证书是否一致	☐	
3	投标文件排版	检查文本格式、字体、行数、图片是否模糊歪斜，是否按招标文件要求编辑	☐	
4	投标文件目录	投标文件目录是否完整，页码是否更新	☐	
5	投标文件的完整性	对照目录进行逐项检查	☐	
6	投标内容	符合招标文件规定	☐	
7	页码、页眉、页脚	是否符合招标文件要求，有无重页和缺页	☐	
8	投标报价	只能有一个有效报价（按招标文件要求提交备选投标方案的除外），投标报价没有大于最高投标限价，纸质版、电子版、上传应都一致	☐	
9	分项报价	分项报价内容、形式要符合要求，要和投标总价一致	☐	

(续表)

序号	检查内容	细则	确认	签字
10	营业执照、资质等投标相关证书	相关证书的有效性、合规性符合法律法规和招标文件要求	☐	
11	交付期(工期)	交付期(工期)响应符合招标文件要求	☐	
12	投标有效期	投标有效期符合招标文件要求	☐	
13	商务/技术偏差表	没有招标方不能接受的偏差内容	☐	
14	项目负责人要求	满足法律法规及招标文件的要求	☐	
15	合同业绩	内容、形式满足招标文件要求	☐	
16	质量标准	符合招标文件及合同的规定	☐	
17	技术标准和要求	符合招标文件"技术标准和要求"规定	☐	
18	其他否决投标因素	没有法律法规和招标文件规定的其他否决其投标的因素	☐	
二	分项检查			
1	开标文件	按照投标函格式要求逐页检查是否响应	☐	
		投标函中投标金额大小写检查	☐	
		单价与总价金额是否正确	☐	
		其他	☐	
2	投标保证金	投标保证金形式、备注、金额是否符合要求	☐	
3	商务部分	商务部分格式是否符合要求,逐页检查是否响应、漏页	☐	
		商务标书完整性检查	☐	
		商务标书资质证书是否在有效期	☐	
		检查企业资质齐全、有无过期	☐	
		检查投标人员信息、证件对应	☐	
		商务条款偏离表,注意符合招标文件要求,正/负/无偏离	☐	
4	技术部分	产品或服务的技术规格、参数、方案是否符合招标文件要求	☐	
		项目需求分析是否有针对性	☐	
		项目实施计划是否合理、可行、符合要求	☐	
		风险控制措施是否落到实点,质量管理、保障体系是否清晰、符合招标文件要求	☐	
		售后服务方案和培训方案是否具有针对性,是否符合招标文件要求	☐	
		技术条款偏离表,注意符合招标文件要求,正/负/无偏离	☐	

(续表)

序号	检查内容	细则	确认	签字
5	电子光盘	按照招标文件要求格式导入文件,电脑是否可以读取;光盘正面填写信息是否正确	☐	
三	投标文件签字、盖章			
1	投标文件签字、盖章	投标函是否有加盖单位公章或法定代表人(或委托代理人)签字	☐	
2		投标文件其他需加盖单位公章或法定代表人(或委托代理人)签字的情况	☐	
3		如由委托代理人签字的,是否附法定代表人授权委托书	☐	
4		法定代表人授权委托书是否有加盖单位公章和法定代表人签字	☐	
5		投标文件使用投标专用章替代单位公章,是否有投标专用章具备同等效力证明文件	☐	
6		投标文件是否有未按规定的格式填写,内容不全或关键字迹模糊、无法辨认的情况	☐	
7		是否加盖骑缝章,骑缝章是否覆盖每页		
四	投标文件封装			
1	封装及密封纸张检查	检查封装方式、封装纸张是否符合招标文件要求	☐	
2	封装包检查	是否按要求分装(正副本是否分开) 封装包数量__包	☐ ☐	
3	投标文件份数	根据招标文件要求,检查投标文件是否写上正本和副本,标书要求是__正__副(电子版__份)	☐	
4	密封袋封面	是否按照内封、外封要求填写信息	☐	
5	签字、盖章检查	检查封装包需签字、盖章处是否签字、盖章	☐	
五	开标现场准备文件			
1	委托人身份证、授权委托书原件	是否携带	☐	
2	投标保证金递交函原件	是否携带	☐	
3	资格审查证书原件	是否携带	☐	
4	得分项资料原件	是否携带	☐	
5	开标时间地点	再次确认	☐	

标书检查结果:
1. 可以送出 ☐
2. 重新修改 ☐   修改原因:

项目小结

本项目从获取采购信息到编写投标（响应）文件，详细介绍了参与政府采购竞争所需的步骤与策略。

首先，项目强调了查询采购公告的重要性，这是供应商参与政府采购活动的第一步。通过访问中国政府采购网、公共资源交易中心平台等，供应商能够获取关键的采购信息，评估自身是否具备参与条件。

其次，购买采购文件环节是供应商正式进入投标准备阶段的关键步骤。该环节不仅涉及对采购文件的获取，还包括对标书费用的支付及相应材料的准备，是确定投标方案前的必要准备。

再次，在确定投标（响应）方案方面，项目详细介绍了投标的含义、选择投标形式及组建项目团队的策略，以及提交保证金和确定投标有效期的重要性，确保供应商在竞标过程中的合规性和有效性。

最后，编写投标（响应）文件是整个投标准备过程中最为复杂且重要的环节。项目从编写要求、资格证明文件、报价文件、商务文件和技术文件等多个方面提供了具体的指导，旨在帮助供应商准备出具有竞争力的投标文件。

能力训练

一、单选题

1. 查看采购公告的主要目的是什么？（   ）
   A. 了解政府采购需求
   B. 提交投标文件
   C. 缴纳投标保证金
   D. 签订合同

2. 供应商获取采购信息的常见平台是什么？（   ）
   A. 中国政府采购网
   B. 百度搜索引擎
   C. 企业内部网
   D. 社交媒体平台

3. 购买采购文件的意义相当于哪个环节？（   ）
   A. 报名
   B. 开标
   C. 评标
   D. 签约

4. 投标保证金的作用不包括以下哪项？（   ）
   A. 确保投标人不会撤回投标
   B. 保证中标者签订合同
   C. 增加投标成本
   D. 约束投标人的严重违法行为

5. 投标有效期是为了保证什么？（   ）
   A. 投标人有足够的时间准备投标文件
   B. 招标人有足够的时间完成评标、定标、合同签订等工作

C. 投标人可以随时撤回投标

D. 招标人可以随时更改投标要求

二、多选题

1. 哪些平台常用于查询采购公告？（　　）
   A. 中国政府采购网　　　　　　　　B. 公共资源交易中心平台
   C. 中国招标投标公共服务平台　　　　D. 社交媒体平台

2. 购买采购文件主要为了哪些目的？（　　）
   A. 了解采购需求　　　　　　　　　B. 正式报名参与投标
   C. 评估自身是否具备参与资格　　　　D. 缴纳投标保证金

3. 投标（响应）方案确定时，供应商需要考虑的因素包括什么？（　　）
   A. 技术能力　　　　　　　　　　　B. 资质条件
   C. 报价策略　　　　　　　　　　　D. 联合体合作伙伴的选择

4. 投标保证金的主要作用包括哪些？（　　）
   A. 避免投标者撤回投标文件　　　　　B. 保证中标者签订合同
   C. 增加投标成本　　　　　　　　　D. 约束投标人的违法行为

5. 投标有效期的目的是什么？（　　）
   A. 给投标人准备投标文件的时间
   B. 给招标人足够的时间完成评标和定标
   C. 保障投标文件在一定时间内的有效性
   D. 允许投标人随时撤回投标

三、判断题

1. 查看采购公告是参与政府采购竞争的最后一步。（　　）
2. 根据《政府采购法》的规定，所有政府采购项目的信息都应该在一个统一的平台发布。（　　）
3. 投标人在投标后投标截止时间前，不可以对所递交的投标文件进行补充、修改或者撤回。（　　）
4. 购买采购文件相当于参与投标的报名过程。（　　）
5. 政府采购活动允许以匿名形式参与投标。（　　）

四、简答题

1. 供应商为什么需要查看采购公告？
2. 在政府采购活动中，供应商的报价文件主要需要满足哪些要求？
3. 编写投标（响应）文件时需要注意哪些内容？
4. 哪里可以查询到政府采购项目的采购公告？
5. 投标保证金在政府采购中起什么作用？

项目十

评审活动的参与

学习目标

1. 了解递交投标文件的要求。
2. 了解开标现场的纪律要求。
3. 了解评审项目配合的要求。

能力目标

能够完成投标活动并参与项目评审。

任务一 递交投标(响应)文件

一、递交时间和地点

投标文件递交的方式、时间和地点会在采购公告信息和采购文件中详细载明,供应商在解读采购公告和采购文件时应重点关注,避免逾期送达投标(响应)文件而导致被拒收。采用邮寄方式的,一定要确保投标文件在截止时间前被采购人或者采购代理机构签收。采用电子招标方式的,一定要及时上传投标文件,并在规定时间内解密。

二、文件的修改、补充

供应商在投标截止时间前,可以对所递交的投标(响应)文件进行补充、修改或者撤回,并书面通知采购人或者采购代理机构。补充、修改的内容应当按照采购文件要求签署、盖章、密封后作为投标文件的组成部分。

补充、修改的内容与投标文件不一致的,以补充、修改的内容为准。供应商在对投标文件进行修改或补充时,应在修改处使用下划线、加粗字体或不同颜色的字体等方式进行明显标注,同时在文件中注明修改的原因和依据。对于补充的内容,应按照原投标文件的格式和顺序进行编排,确保整个投标文件的逻辑连贯性。在密封时,应将修改、补充后的文件与原投标文件一并装入密封袋，并在密封袋上注明"修改后投标文件"字样以及修改日期等关键信息，避免与原文件混淆或遗漏。

任务二　参与开标

公开招标和邀请招标采购方式均有开标程序。开标活动由采购人或采购代理机构主持，供应商应积极参与，并遵守开标纪律，配合采购人和采购代理机构共同维护开标秩序。

一、参与开标的时间、地点

开标活动的方式、时间和地点在采购文件中会详细载明。《政府采购货物和服务招标投标管理办法》（财政部令第87号）第三十九条规定，开标应当在招标文件确定的提交投标文件截止时间的同一时间进行，这样可以确保所有投标人在相同的时间条件下参与开标，防止在截止时间后出现信息不对称的情况，如某些投标人利用时间差获取其他投标人的投标信息进行不正当竞争。同时，这也有利于采购人或采购代理机构及时处理投标文件，提高采购效率，保证采购活动顺利进行。

开标的方式一般为现场开标或网络开标。现场开标的，供应商可委派代表出席开标会议；网络开标的，供应商应确保网络连接正常。供应商不参加开标活动的，视同认可开标结果。

二、参与开标的程序

参与开标的基本程序主要包括以下几点：

（1）投标文件密封性检查。开标时，由投标人或者其推选的代表检查投标文件的密封情况。

（2）投标文件拆封。投标文件密封性检查经确认无误后，由采购人或者采购代理机构工作人员当众拆封。

（3）唱标。采购人、采购代理机构宣布供应商名称、投标价格和招标文件规定的需要宣布的其他事项。投标人在听唱标时应认真核对唱标内容与自己的投标文件是否一致，如有异议应在唱标结束后立即举手示意，提出疑义。

（4）确认开标结果。开标过程由采购人或者采购代理机构负责记录，由参加开标的各供应商代表和相关工作人员签字确认后随采购文件一并存档。

（5）提出疑义及回避申请。供应商代表对开标过程和开标记录有疑义，以及认为采购人、采购代理机构相关工作人员有需要回避的情形的，应当场提出询问或者回避申请，疑义或回避申请应以书面形式提交为宜。采购人、采购代理机构对投标人代表提出的询问或者回避申请应当及时处理。

三、开标现场纪律

开标现场应遵守以下几点纪律：

（1）遵守会场纪律，不得迟到、早退或中途离开，爱护公物及公共卫生。

（2）会议过程中不得随便发表议论，或干扰会议正常进行。如有疑义，可举手示意，在征得主持人同意后方可发言。

（3）供应商授权代表如出席会议，应向采购代理机构提交供应商授权代表身份证明，出示本人身份证，以证明其出席。投标人授权代表如不出席会议，则视为对开标程序和内容无异议。

（4）开标会议结束后，供应商代表应立即离开现场，禁止以任何借口进入评标区和接触评标委员会成员。

任务三　评审活动的配合

一、招标项目评审活动的配合

公开（邀请）招标的评审活动中，评标委员会认为供应商的价格明显低于其他供应商的价格时，需要供应商在合理的时间内进行报价合理性分析。供应商应慎重对待，应对此提供书面的说明，必要时提供相关的证明材料，说明其报价合理，否则将被视为无效投标。

对于投标文件中含义不明确、同类问题表述不一致或者有明显文字和计算错误的内容，评标委员会应当以书面形式要求供应商作出必要的澄清、说明或者补正，供应商应予以配合。

二、非招标项目评审活动的配合

（一）响应文件的澄清、说明或者更正

评审小组在评审过程中，如果认为供应商的响应文件存在含义不明确、同类问题表述不一致或者有文字和计算明显错误的情形，可以要求供应商进行必要的澄清、说明或更正，但是不能超出响应文件的范围或者改变响应文件的实质性内容。澄清、说明或更正必须以书面形式作出，同时由供应商法定代表人或者其授权代表签字或加盖公章。

（二）参与磋商或谈判

竞争性磋商和竞争性谈判项目中，供应商需单独与评审小组进行磋商或谈判。

供应商委派参与磋商或谈判的人员应详细了解项目情况、供应商的商务技术优势及响应文件的内容。

磋商或谈判过程中，评审小组在获得采购人代表确认后，可对采购需求中的技术、服

务要求及合同草案条款进行实质性变动,并以书面形式通知所有供应商。供应商应对实质性变动的内容进行响应,并重新提交响应文件。重新提交的响应文件应经法定代表人或其授权代表签字或者加盖公章。

(三) 提交最后报价

供应商在磋商或谈判结束后,应在规定时间内提交最后报价。最后报价是供应商响应文件的有效组成部分,同时也是价格评审的依据,所以供应商需充分理解采购文件要求,并根据磋商或谈判的内容提交最后报价。

任务四 签订政府采购合同并履约

一、签订政府采购合同并提交履约保证金

经过评审,投标人被确定为中标供应商后,在接到中标(成交)通知书时,应及时与采购人签订政府采购合同。如果采购文件规定要提交履约保证金的,应按规定及时缴纳履约保证金。

需要注意的是,随着优化政府采购营商环境的推进,部分地区政府采购项目取消了履约保证金,比如江苏省发布的《关于在全省政府采购领域推行电子履约保函(保险)的通知》(苏财购〔2023〕150号)中规定,2023年12月起,省财政厅上线政府采购电子履约保函(保险)平台,在全省推行政府采购电子履约保函(保险)。

政府采购履约保函(保险)是指在政府采购活动中第三方机构向采购人提供的保证政府采购中标、成交供应商履行合同义务的担保或保险。如中标、成交供应商未能按照政府采购合同要求规范履行合同义务,由第三方机构按照采购文件约定的履约保证金数额对采购人承担赔偿责任。采购人及采购代理机构应在采购文件中列示可以以履约保函(保险)形式代替提供履约保证金相关内容。

二、履行政府采购合同

供应商与采购人签订了政府采购合同就应当严格遵守,认真履行合同规定的相关义务。项目结束后,采购人将根据供应商履约的情况进行验收。验收不合格的,供应商应予以纠正并承担因此导致的损失。验收合格的,采购人应当按照政府采购合同约定支付合同价款。

项目小结

本项目内容概述了参与政府采购过程的关键步骤和要求,涵盖了从递交投标文件到

签订和履行政府采购合同的全过程。项目细分为四个主要任务：递交投标(响应)文件、参与开标、评审活动的配合以及签订政府采购合同并履约。

首先，强调了供应商递交投标文件的正确时间、地点和方式，包括邮寄和电子递交的具体要求，以及对文件可能的修改、补充或撤回进行了说明。

其次，详述了开标过程的程序和纪律，包括开标的方式、时间、地点及参与开标的基本程序，确保供应商了解如何积极参与并遵守相关规定。

再次，在评审活动配合方面，列出了评审过程中供应商需要提供的报价合理性分析、文件澄清、说明或更正，以及在竞争性磋商和谈判中的角色。特别提到了供应商在提供最后报价时需要考虑的因素，以确保响应内容符合采购文件要求。

最后，对于签订政府采购合同及履约阶段，详细说明了中标供应商需要遵循的步骤，包括及时签订合同、按要求缴纳履约保证金，以及合同履行过程中的要求。特别强调了近期政策变化，如部分地区取消履约保证金的要求，改为采用电子履约保函(保险)的方式。

能力训练

一、单选题

1. 开标时，投标文件中开标一览表(报价表)内容与投标文件中明细表内容不一致的(　　)。
   A. 作无效投标处理　　　　　　B. 以投标文件中的明细表内容为准
   C. 以开标一览表(报价表)为准　　D. 由评标委员会讨论决定如何处理

2. 投标文件应在何种情况下递交给采购人或采购代理机构？(　　)
   A. 任意时间　　　　　　　　　B. 投标截止时间前
   C. 开标当天　　　　　　　　　D. 投标截止时间后

3. 若采用邮寄方式递交投标文件，供应商必须确保文件(　　)。
   A. 在开标会议前到达　　　　　B. 在投标截止时间前被签收
   C. 在投标截止时间当天寄出　　D. 通过快递公司寄出

4. 供应商可以对已递交的投标文件进行什么操作？(　　)
   A. 只能补充　　B. 只能修改　　C. 只能撤回　　D. 补充、修改或撤回

5. 履约保证金的替代措施可能包括(　　)。
   A. 现金支付　　　　　　　　　B. 银行担保
   C. 电子履约保函(保险)　　　　D. 个人担保

二、多选题

1. 投标文件递交的方式可能包括哪些？(　　)
   A. 邮寄　　　　　　　　　　　B. 电子招标平台上传
   C. 亲自递交　　　　　　　　　D. 电话提交

2. 供应商在投标截止时间前可以对投标文件进行的操作包括(　　)。
   A. 补充　　　　B. 修改　　　　C. 撤回　　　　D. 复制

3. 评审活动中,供应商需要配合提供的内容可能包括( )。
   A. 报价合理性分析　　　　　　　　B. 文件的澄清、说明或更正
   C. 最后报价　　　　　　　　　　　D. 新的商业计划
4. 政府采购合同签订后,供应商需要( )。
   A. 严格遵守合同义务　　　　　　　B. 及时缴纳履约保证金(如果有要求)
   C. 协助采购人进行验收　　　　　　D. 按合同约定支付合同价款
5. 评审活动中,如果评标委员会认为有必要,供应商需要提供什么以证明其报价的合理性?( )
   A. 市场分析报告　　　　　　　　　B. 成本分析报告
   C. 相关行业价格对比　　　　　　　D. 必要的证明材料

三、判断题

1. 投标文件必须在投标截止时间之前递交给采购人或采购代理机构。（　）
2. 开标活动仅限于现场开标方式。（　）
3. 采购人在招标采购过程中可以与投标人进行协商谈判。（　）
4. 评审活动中,供应商不需要提供任何报价合理性的证明材料。（　）
5. 在非招标项目评审活动中,评审小组无权要求供应商进行文件的澄清、说明或更正。
（　）

四、简答题

1. 开标的基本程序是什么?
2. 开标现场的纪律要求有哪些?
3. 怎样对非招标项目评审活动进行配合?
4. 怎样对招标项目评审活动进行配合?
5. 投标文件递交的方式有哪些?

第五篇

政府采购规范管理

项目十一

政府采购档案管理

学习目标

1. 了解政府采购档案管理的概念和意义。
2. 了解政府采购档案的内容和范围。
3. 了解政府采购档案保管的要求和方式。

能力目标

1. 能够进行政府采购档案保管实务操作。
2. 掌握纸质档案数字化流程及实务操作。

任务一　政府采购档案管理实务操作

江苏省苏州市：全程规范化管理政府采购档案

日前,江苏省苏州市财政局顺利完成了对2017年度市级政府采购档案资料的汇总和整理工作,确保了档案管理的高效与安全。

今年上半年,苏州市财政局印发了《关于做好2017年度苏州市级政府采购档案材料归档工作的通知》,进一步明确档案整理规范及要求,并根据采购方式,分别给出了《公开招标项目档案清单目录》《竞争性谈判、竞争性磋商、询价项目档案清单目录》和《单一来源项目档案清单目录》,以便于从业人员妥善归纳。

据了解,自2002年起,苏州市财政局每年一次性集中收集归档上一年度政府采购档案资料,按档案管理要求进行保留,较为完整地保存了每一年度的政府采购档案。统计显示,今年该局共整理合同2 844份,比去年同期增加37%;装盒2 436盒,比去年同期增加13%。今后,苏州市财政局将继续完善政府采购档案整理工作,进一步提高档案的完整性和使用效率,保证政府采购档案全程规范化管理。

(资料来源:郭千仪.江苏省苏州市:全程规范化管理政府采购档案[EB/OL].(2018-07-26)[2024-04-10].http://www.cgpnews.cn/articles/45254.)

为做好政府采购档案管理工作,有效保护和利用档案资源,必须加强对政府采购档案的管理。为此,地方各级政府财政部门作为政府采购工作的监管部门,依据《政府采购法》等法律法规,制定了《政府采购档案管理办法》,比如江苏省就在2009年制定了《江苏省政府采购档案管理暂行办法》(苏财规〔2009〕10号),2024年5月又发布了《江苏省政府采购档案管理办法(征求意见稿)》(简称《政府采购档案管理修订意见稿》)向社会公开征求修订意见,并于2024年10月印发了《江苏省政府采购档案管理办法》(苏财规〔2024〕2号)。

一、政府采购档案概述

(一)政府采购档案的概念

政府采购档案指的是在政府采购活动过程中产生、收集和保存的各类文件和资料。这些档案涵盖了政府采购的各个环节,包括采购公告、投标(响应)文件、评审报告、采购合同、履约和验收文件等。《江苏省政府采购档案管理办法》对政府采购档案的定义也作出了描述,认为政府采购档案是指在政府采购活动中形成的具有查考、利用和保存价值的文字、图表、声像等各种形式的档案资料。

《政府采购档案管理修订意见稿》将通过江苏政府采购交易系统"苏采云"(简称"苏采云"系统)形成的电子文件或上传至"苏采云"系统的电子文件,以及在符合《电子文件归档与电子档案管理规范》(GB/T 18894—2016)前提下,将"苏采云"系统内电子文件转换成其他归档格式的电子文件也一并纳入到政府采购档案管理范畴。

(二)政府采购档案管理的意义

根据《政府采购法》和相关行政法规的规定,政府采购活动需严格遵守法定程序和规定,所有相关文件、记录和决策过程都应当如实记录并妥善保管,这是政府采购档案管理的基本要求。

(1)政府采购档案管理有助于确保采购流程的合规性和规范性。通过系统地保存采购文件、投标(响应)文件、评标报告、合同等重要文件,能够证明采购过程遵循了法定的程序和标准,防止了违法行为的发生。这是监督机关、审计部门以及司法部门进行监督、审计和调查的重要证据。

(2)档案管理增强了政府采购的透明度。透明的采购流程有利于防止腐败和利益冲突,保证采购的公正和公开。完整的档案记录使得任何利益相关者都能够追踪和审查采购过程中的每一个决策,确保政府采购的责任和透明。

(3)有效的档案管理还可以提升政府采购的效率。通过对过往采购案例的分析和评估,可以发现潜在的问题和不足,进而改进未来的采购策略和流程。这不仅提高了政府采购的效率,还为政策制定者和执行者提供了重要的决策支持。

（4）政府采购档案管理通过系统性地收集和保管采购活动的相关文件和数据，对于进行统计分析十分有利。采购档案不仅确保了数据的完整性和准确性，还提供了可靠的信息源，便于进行各类采购活动的量化分析。同时，统计分析也有助于揭示采购模式、支出趋势和效率问题，为改进政府采购策略和提升资源配置效率提供了基础。

（三）政府采购档案管理的原则

政府采购档案实行"谁组织、谁负责"的原则。《江苏省政府采购档案管理办法》中明确，集中采购机构代理项目的政府采购档案由集中采购机构负责归集，并将采购文件、中标（成交）供应商的投标（响应）文件、评审报告等相关资料副本同时报送采购人归集。非集中采购机构代理的项目，代理机构应将政府采购档案（原本）移交给采购人，由采购人负责归集，副本由代理机构归集。合同文本、履约验收等政府采购档案，由采购人负责归集。采购人自行组织采购项目和涉密项目政府采购档案，由采购人负责归集。

二、政府采购档案整理

（一）政府采购档案包含的内容

《政府采购法》第四十二条规定，采购人、采购代理机构对政府采购项目每项采购活动的采购文件应当妥善保存，不得伪造、变造、隐匿或者销毁。采购文件的保存期限为从采购结束之日起至少保存十五年。采购文件包括采购活动记录、采购预算、招标文件、投标文件、评标标准、评估报告、定标文件、合同文本、验收证明、质疑答复、投诉处理决定及其他有关文件、资料。

采购活动记录至少应当包括下列内容：（1）采购项目类别、名称；（2）采购项目预算、资金构成和合同价格；（3）采购方式，采用公开招标以外的采购方式的，应当载明原因；（4）邀请和选择供应商的条件及原因；（5）评标标准及确定中标人的原因；（6）废标的原因；（7）采用招标以外采购方式的相应记载。

具体在政府采购实践中，政府采购档案包含以下内容：

1. 政府采购预算执行文件

（1）政府采购预算表。

（2）政府采购计划申报表和审核表。

（3）有关政府采购预算和计划的其他资料。

2. 政府采购前期准备文件

（1）委托代理采购协议书。

（2）核准采购进口产品的相关审批资料。

（3）自行组织采购的申请及批复资料。

（4）采购方式变更申请及批复。

（5）采购文件及采购人确认记录，包括评标办法、评标细则、评标纪律等有关文件、资料。

（6）采购公告、资格预审公告及其变更事项的记录（包括报刊及电子网站等媒体原件或下载记录等)。

  (7) 获取采购文件或资格预审文件的供应商名单登记表。

  (8) 专家咨询论证会记录。

  (9) 已发出采购文件或资格预审文件的澄清、修改说明和答疑记录。

  (10) 供应商资格审查情况报告。

  (11) 评审专家名单及抽取记录。

  (12) 库外专家使用备案审核表。

3. 政府采购开标(含谈判、询价)文件

  (1) 采购响应文件及有关资料等。

  (2) 在递交采购响应文件截止时间前供应商对递交的采购响应文件进行补充、修改或撤回的记录。

  (3) 采购项目样品送达记录。

  (4) 接受供应商投标或谈判的记录。

  (5) 开标一览表。

  (6) 开标(谈判、询价)过程有关记录。

  (7) 开标(谈判、询价)过程中其他需要记载的事项的记录。

4. 政府采购评审文件

  (1) 评审专家签到表及现场监督人员签到表。

  (2) 评审专家评审工作底稿等评审过程记录。

  (3) 供应商的书面澄清记录。

  (4) 评标或谈判报告,包括无效供应商名单及说明、中标(成交)候选供应商名单等。

  (5) 经监督人员签字的现场监督审查记录。

  (6) 评审过程中其他需要记载的事项的记录。

5. 政府采购中标(成交)文件

  (1) 采购人对采购结果的确认意见。

  (2) 中标或成交通知书。

  (3) 采购结果公告(公示)记录(含报刊及电子网站等媒体原件或下载记录等)。

  (4) 公证书。

  (5) 与中标(成交)相关的其他文件资料。

6. 政府采购合同文件

  (1) 政府采购合同。

  (2) 政府采购合同依法补充、修改、中止或终止等相关记录。

7. 政府采购验收及结算文件

  (1) 项目验收记录。

  (2) 政府采购项目质量验收单或抽查报告等有关资料。

  (3) 发票复印件及附件。

(4) 其他验收文件资料。

8. 其他文件

(1) 供应商质疑材料、处理过程记录及答复。

(2) 供应商投诉书、投诉处理有关记录及投诉处理决定等。

(3) 采购过程的音像资料。

(4) 其他需要存档的资料。

(二) 政府采购项目档案归档清单

在政府采购档案管理实务操作中,可以根据《政府采购项目档案清单》列出的归档内容,逐条进行对照收录,这样既全面完整,又高效方便。清单的具体内容见表11.1,其中标注"必备档案(☆)"的文件是政府采购档案管理中最为关键和核心的部分,这些文件直接关系到采购活动的合法性、公正性和结果的有效性,它们在采购流程的各个环节中起着决定性作用,在档案整理和归档过程中,必须确保这些必备档案的完整性和准确性,否则可能影响整个政府采购项目的可追溯性和合法性审查。

表 11.1 政府采购项目档案清单

序号	内容	必备档案（☆）
（一）	政府采购预算执行文件	
1	政府采购预算表	
2	政府采购计划申报表和审核表	
3	有关政府采购预算和计划的其他资料	
（二）	政府采购项目前期准备文件	
4	项目采购委托协议(自行采购的申请及批复材料)	
5	核准采购进口产品的相关审批材料	
6	采购方式变更申请批复	
7	采购文件相关资料:采购文件、采购文件的修改文件(通知到各个已购买标书的潜在投标人的回执)、澄清答疑材料(如果有的话)	☆
8	采购公告或资格预审公告、更正公告(如果有的话)(包括报刊及电子网站等媒体原件或下载记录等)	☆
9	资格预审相关记录	
10	评审专家抽取记录表	☆
11	库外专家申请备案表及审核意见(如果有的话)	
12	获取采购文件供应商登记表、投标保证金登记表	
13	评分办法(须与采购文件要求一致)	☆

(续表)

序号	内容	必备档案（☆）
（三）	政府采购开标（含谈判、询价）文件	
14	采购领导小组成员、监督委员会成员、公证员（如果有的话）及投标人代表等签到记录	☆
15	采购响应文件正本及截止前补充修改或撤回记录	☆
16	开标记录表及投标人开标一览表（记录唱标内容、记录员签字，招标方式必备）	☆
17	开标过程有关记录，包括采购项目样品送达记录	
18	开标（谈判、询价）过程中其他需要记载的事项的记录	
（四）	政府采购评审文件	
19	评审专家签到表及现场监督人员签到表	☆
20	评审工作底稿等评审记录	☆
21	供应商书面澄清材料	
22	评标或谈判报告，包括无效供应商名单及说明、中标或成交候选供应商名单	☆
23	现场监督记录	
24	评审专家评审情况反馈表	
（五）	政府采购中标（成交）文件	
25	采购人对采购结果的确认意见	
26	中标、成交通知书	☆
27	中标公告、采购结果公告记录（含发布媒体下载记录等，如果有的话）	☆
28	公证书	
29	与中标（成交）相关的其他文件资料	
（六）	政府采购合同文件	
30	政府采购合同及其依法变更相关记录	☆
（七）	政府采购验收及结算文件	
31	项目验收报告或其他验收文件	
32	政府采购项目质量验收单或抽查报告等有关资料	
33	办理付款材料（资金申请支付书及用户签章的履约验收报告、发票复印件）	
（八）	其他文件	
34	供应商质疑材料、处理过程记录及答复	
35	供应商投诉书及相关资料、投诉处理决定	

项目十一　政府采购档案管理

(续表)

序号	内容	必备档案（☆）
36	采购过程的音像资料	
37	其他需要存档的材料(如领导关于本项目的批示等)	
	说明：(1)本档案以公开招标为例，其他采购方式的项目档案可参照本目录收集、整理归档。(2)采购过程中形成的除上述目录以外的与采购活动和结果有关的档案，也应保存	

三、政府采购档案保管

(一)保管的要求

档案管理人员应按照档案管理的要求，负责收集、整理、立卷、装订、编制目录，保证政府采购档案标识清晰、保管安全、存放有序、查阅方便。光盘、磁盘等无法装订成册的应在档案目录中统一编号，单独保存。

对于归档的材料应该做到：内容齐全完整；规格标准统一；要求是原件的，不可用复印件替代；签名、印鉴手续齐全，首页应有"政府采购档案目录"字样；符合国家有关档案质量标准，便于保管和利用。

(二)保管的时间

政府采购合同签订后三个月内或项目竣工验收后一个月内，项目经办人员或责任人应将该采购项目的全套文件材料进行收集整理后移交档案管理人员归档。

根据《政府采购法》的规定，政府采购档案应当从采购活动结束之日起至少保存15年。

(三)保管的方式

政府采购档案资料数量庞大，保存期限长，纸质档案保管存在诸多不便，且成本较高。如何依法妥善保管政府采购档案，是采购人和采购代理机构面临的难题。随着采购活动电子化程度不断提高，采用电子档案方式保存采购文件成为必然趋势。为此，《政府采购法实施条例》第四十六条规定，政府采购法第四十二条规定的采购文件，可以用电子档案方式保存。

1. 电子档案的法律效力

在政府采购领域，电子档案与传统纸质档案具有同等法律效力。《中华人民共和国电子签名法》第十四条明确规定，可靠的电子签名与手写签名或者盖章具有同等的法律效力。这为电子档案在政府采购中的应用提供了重要支撑，当采购文件、合同等采用可靠电子签名时，其电子版本具备与纸质版本相同的有效性。《中华人民共和国档案法》第三十七条进一步强调，电子档案与传统载体档案具有同等效力，可以以电子形式作为凭证使用。这意味着在政府采购活动的各个环节，从采购预算、招标公告，到评审报告、采购合同等形成的电子档案，都能作为合法有效的证据。实践中，各地监管部门对电子档案的法律效力也作了不同规定,比如在《江苏省政府采购档案管理办法》(苏财规〔2024〕2号)中就规定,政府采购档案可以以纸质方式进行归集,也可以以电子档案方式归集,电子档案与传统载体档案具有同等效力。

2. 政府采购档案保存的实务操作

(1)纸质档案保存

政府采购档案按照年度顺序编号组卷,卷内材料按照政府采购工作流程排列,依次为项目预算及预算执行文件、项目采购准备文件、项目开标(谈判、询价)文件、项目评审文件、采购结果文件、项目采购合同文件、项目验收文件及其他文件资料。

(2)电子档案保存

① 电子采购中的档案保存。采用电子化采购的政府采购项目,以电子档案方式保存的文件资料可以不再以纸质方式保存。采购人、采购代理机构应当采用磁介质、光介质、缩微胶片等符合安全管理要求的存储介质保存电子档案,并定期检测载体的完好程度和数据可读性。以电子档案方式保存的文件资料需进行异地备份保管,异地备份选址应当满足安全保密等要求。

② 纸质档案数字化后保存。在政府采购的过程中,档案管理的一个难点就是采购活动中产生的相关纸质档案保存问题。《中华人民共和国电子签名法》《中华人民共和国档案法》赋予了纸质档案数字化成果法律效力。《电子签名法》规定可靠的电子签名与手写签名或者盖章具有同等的法律效力,纸质档案数字化后形成的电子档案,若采用符合规定的可靠电子签名,其法律效力得以保障。《档案法》第三十七条强调电子档案与传统载体档案具有同等效力,可以以电子形式作为凭证使用,涵盖了纸质档案数字化后的电子档案。

如何将纸质档案进行数字化处理,《中华人民共和国档案法实施条例》第四十二条规定,档案馆和机关、团体、企业事业单位以及其他组织开展传统载体档案数字化工作,应当符合国家档案主管部门有关规定,保证档案数字化成果的质量和安全。国家档案主管部门,即国家档案局公布的《纸质档案数字化规范》(DA/T 31—2017)描述,纸质档案数字化就是,采用扫描仪等设备对纸质档案进行数字化加工,使其转化为存储在磁带、磁盘、光盘等载体上的数字图像,并按照纸质档案的内在联系,建立起目录数据与数字图像关联关系的处理过程。

四、政府采购档案的使用、移交与销毁

政府采购监管部门、采购人和采购代理机构应当建立健全政府采购档案查阅、使用制度。档案使用者应对档案的保密、安全和完整负责,不得传播、污损、涂改、转借、拆封、抽换。档案管理人员工作变动,应按规定办理档案移交手续,并经单位负责人签字确认。

保管期满的政府采购档案,应按照档案主管部门及档案法规规定程序和手续进行销毁。

五、政府采购档案监督检查

采购人和采购代理机构的档案管理工作应当接受政府采购监管部门的监督检查。采

购人、采购代理机构违反规定隐匿、销毁应当保存的采购文件或者伪造、变造采购文件的,由政府采购监督管理部门依法予以处理处罚。政府采购监管部门、采购人和采购代理机构将政府采购活动中形成的应当归档的文件、资料据为己有、拒绝归档的或涂改、损毁档案的,档案管理人员、对档案工作负有领导责任的人员玩忽职守,造成档案损失的,当地档案行政管理部门应依法予以处理。

项目小结

本项目内容主要是让学生了解政府采购档案的基本含义。政府采购档案可概括为在政府采购活动中形成的具有查考、利用和保存价值的文字、图表、声像等各种载体的档案资料。政府采购档案是反映采购活动过程及各项决策的记录,是保证公开、公正、公平采购的重要手段和载体。采购档案管理是强化内部管理、规范采购行为的一项非常重要的基础工作。政府采购档案具有凭证价值和参考价值,还具有记忆功能、信息功能和文化功能。政府采购档案内容范围包括采购活动记录、采购预算、招标文件、投标文件、评标标准、评估报告、定标文件、合同文本、验收证明、质疑答复、投诉处理决定及其他有关文件、资料等采购文件。

能力训练

一、单选题

1. 按照《政府采购法》的规定,政府采购档案应当保存多久?(   )
   A. 5 年   B. 10 年   C. 15 年   D. 20 年
2. 政府采购档案包括的内容中,哪项是必需的?(   )
   A. 供应商的广告资料   B. 评标或谈判报告
   C. 非正式会议记录   D. 社交媒体交流记录
3. 政府采购档案的电子档案保存应当符合下列哪部法律的规定?(   )
   A.《民法典》   B.《中华人民共和国电子签名法》
   C.《中华人民共和国商标法》   D.《中华人民共和国劳动法》
4. 政府采购档案管理的目的不包括下列哪项?(   )
   A. 确保采购流程的合规性和规范性   B. 提高政府采购的透明度
   C. 提升个人利益   D. 提高政府采购的效率
5. 关于电子档案保存,下列哪项陈述是正确的?(   )
   A. 电子档案不能作为法律证据
   B. 电子档案保存不需要遵守《电子签名法》的规定
   C. 电子档案需要能够准确反映采购活动的真实情况
   D. 所有电子档案必须转换为纸质形式保存

二、多选题

1. 政府采购档案管理的意义包括哪些方面?（   ）
   A. 确保采购流程的合规性和规范性   B. 增加政府支出
   C. 提高政府采购的透明度   D. 提高政府采购的效率

2. 政府采购档案整理应当包含哪些内容?（   ）
   A. 政府采购预算执行文件   B. 政府采购前期准备文件
   C. 政府采购开标文件   D. 礼品及纪念品记录

3. 政府采购档案的电子档案保存需满足的条件有哪些?（   ）
   A. 内容保持完整、未经更改   B. 格式与原文件相同或能准确表现原内容
   C. 能够识别发件人和收件人   D. 所有文件必须以纸质形式备份

4. 在政府采购档案管理中,哪些行为是被禁止的?（   ）
   A. 归档所有采购活动资料   B. 销毁应当保存的采购文件
   C. 伪造或变造采购文件   D. 隐匿重要采购决策记录

5. 政府采购档案管理实务操作中,关于电子档案保存,以下哪些描述是正确的?（   ）
   A. 数据电文满足原件形式要求   B. 数据电文满足文件保存要求
   C. 所有电子档案需要纸质备份   D. 采用可靠的电子签名条件

三、判断题

1. 政府采购档案包含内容仅限于文本文件,不包括声音或图像数据。（   ）
2. 所有政府采购档案必须以纸质形式保存,电子档案形式不被接受。（   ）
3. 政府采购档案管理有助于提高政府采购的透明度和防止腐败。（   ）
4. 政府采购档案的归档内容中不包括采购前期准备文件和开标(谈判、询价)文件。
   （   ）
5. 政府采购档案的电子保存方式不需要符合《中华人民共和国电子签名法》的规定。
   （   ）

四、简答题

1. 什么是政府采购档案?
2. 政府采购档案的内容有哪些?
3. 政府采购项目档案归档清单中,必备档案有哪些?
4. 电子档案保存的关键要求是什么?
5. 什么是纸质档案数字化?

项目十二

政府采购监督检查

学习目标

1. 了解政府采购监督机制的主要内容。
2. 了解政府采购各当事人的法律责任。
3. 了解《政府采购法》与《招标投标法》的法律监督比较。

能力目标

1. 掌握采购人、采购代理机构法律责任。
2. 掌握供应商法律责任。
3. 掌握《政府采购法》与《招标投标法》的适用范围。

任务一　政府采购监督机制

天津启动代理机构监督检查

天津市财政局近日印发《关于开展政府采购代理机构监督检查工作的通知》，决定于2023年6月至9月，组织开展全市政府采购代理机构监督检查工作。

天津市财政局明确，此次监督检查工作主要针对代理机构2021年至2022年执业情况。天津市财政部门从2021至2022年度在天津市代理市级政府采购业务的100家代理机构范围内，随机抽取25家代理机构作为市级被检查单位。各区财政部门应随机抽取不低于代理本区政府采购业务的代理机构总数的25%作为被检查单位。从每家代理机构抽取项目时，原则上数量应不少于5个。各财政部门依据政府采购相关法律法规对被检查单位规范执行政府采购政策、优化政府采购营商环境等方面的执业情况开展检查工作，本次检查内容涵盖政府采购活动的全过程，包括委托代理、文件编制、进口核准、方式变更、信息公告、评审过程、中标成交、保证金、合同管理、质疑答复等，重点整治违规和不合理收费,以及可能出现的排斥或变相排斥中小企业、民营企业、新成立企业、外资企业、外地企业依法参加政府采购活动等方面的问题。

据了解,此次监督检查分材料报送、书面审查及现场监督检查、处理处罚、汇总报告四个阶段,自6月20日开始,于9月底前完成总体检查工作。财政部门将对在监督检查中查实的政府采购代理机构违法违规行为依法作出处理处罚,对采购人、评审专家的违法线索进行延伸检查并依法处理,对国家公职人员涉嫌违纪的行为移交纪检监察机关处理。

(资料来源:津财.天津启动代理机构监督检查[EB/OL].(2023-06-12)[2024-04-10].http://www.cgpnews.cn/articles/63999.)

一、政府采购监督的含义

政府采购监督是指依据相关法律法规,对政府采购的全过程和各环节进行全面的检查和评估,确保政府采购行为的合法性、规范性和透明性。这包括对采购项目的立项、招标过程、合同的签订与履行、资金的使用以及采购成果的实际应用和效果进行监督和评价。

有效的政府采购监督不仅需要财政、审计和监察等政府相关部门的参与,还需要供应商和社会公众的共同参与,构建起一个多方位的监督体系。这种监督机制的建立,是确保政府采购活动"公开、公正、公平"的基础,也是提高采购透明度和效率、防止腐败、保护公共资金安全的重要措施。通过这样的监督,可以有效约束采购人员的行为,保障采购活动依法依规进行。

二、政府采购监督机制

政府采购监督机制是为了确保采购活动的合法性、透明性和公正性而建立的一套综合性制度。它通过对政府采购各环节和参与主体的全面监督,提高违规行为的风险成本,确保采购规则得到遵守和执行。

科学的政府采购监督机制包括行政监督、内部监督、社会监督以及法律监督四个层面。这四重监督机制的有效设定和合理运行,是确保政府采购制度健康运行的核心和关键,有助于促进政府采购活动的公开、公平和公正,从而保护国家和公众利益。

(一)行政监督

行政监督是依照法律、行政法规的规定对政府采购负有行政监督职责的政府有关部门,按照其职责分工,对政府采购活动的监督。

1. 监管部门的监督

《政府采购法》第十三条规定,各级人民政府财政部门是负责政府采购监督管理的部门,依法履行对政府采购活动的监督管理职责。财政部门对采购人的监督是确保政府采购公平、公正以及有效执行的关键环节。财政部门有效监督采购人的关键在于实施一系列综合性措施,确保政府采购流程的合法性、透明性及效率。

（1）对采购人的监督

① 财政部门应通过建立和完善政府采购预算管理制度，确保采购资金的合理规划和使用，防止预算超支和资金浪费，同时对采购人进行预算执行的监控，确保资金使用符合预算安排和政府采购法规。

② 财政部门需加强政府采购合同管理，通过审核合同文本和条款，确保合同的合法性和合理性，预防采购人权力的滥用。此外，规定采购人在变更、中止或终止合同时应满足的条件，保护供应商的合法权益，确保采购活动的公正性。

③ 财政部门应利用现代信息技术，建立政府采购信息公开平台，提高政府采购的透明度，允许公众和供应商监督采购过程，促进采购活动的公开公正。同时，对违规操作的采购人实施行政处罚，形成对采购人的有效约束机制。

④ 财政部门应定期对采购人的采购行为进行审计和评估，根据采购执行情况调整或优化相关政策和流程，持续改进政府采购制度的执行效率。

通过这些措施，财政部门能够有效监督采购人的行为，确保政府采购活动的规范性、透明性和效率，实现公共资源的合理配置。

（2）对采购代理机构的监督

政府采购监管部门对采购代理机构的监督主要分为对集中采购机构的监督和对社会代理机构的监督。

① 对集中采购机构的监督

《政府采购法》第六十六条规定，政府采购监督管理部门应当对集中采购机构的采购价格、节约资金效果、服务质量、信誉状况、有无违法行为等事项进行考核，并定期如实公布考核结果。对集中采购机构的考核是政府采购监督管理部门对政府采购活动实施监督的重要手段。

在政府采购实践中，财政部门对集中采购机构的考核事项具体有政府采购政策的执行情况；采购文件编制水平；采购方式和采购程序的执行情况；询问、质疑答复情况；内部监督管理制度建设及执行情况；省级以上人民政府财政部门规定的其他事项。

财政部门应当制定考核计划，定期对集中采购机构进行考核，考核结果有重要情况的，应当向本级人民政府报告。

集中采购机构的考核结果公告格式见表12.1。

表 12.1　集中采购机构考核结果公告

一、考核单位名称：_____
二、被考核单位名称：_____
三、考核内容
四、考核方法

(续表)
五、工作成效及存在问题
六、考核结果
七、其他补充事宜
年　月　日
（说明：选自《政府采购公告和公示信息格式规范（2020年版）》）

② 对社会代理机构的监督

对社会代理机构的监督主要体现在三个方面：

第一，代理机构执业情况检查。

《政府采购代理机构管理暂行办法》（财库〔2018〕2号）规定，财政部门应当依法加强对代理机构的监督检查，监督检查包括以下内容：（一）代理机构名录信息的真实性；（二）委托代理协议的签订和执行情况；（三）采购文件编制与发售、评审组织、信息公告发布、评审专家抽取及评价情况；（四）保证金收取及退还情况，中标或者成交供应商的通知情况；（五）受托签订政府采购合同、协助采购人组织验收情况；（六）答复供应商质疑、配合财政部门处理投诉情况；（七）档案管理情况；（八）其他政府采购从业情况。对代理机构的监督检查结果应当在省级以上财政部门指定的政府采购信息发布媒体向社会公开。受到财政部门禁止代理政府采购业务处罚的代理机构，应当及时停止代理业务。

第二，代理机构综合信用评价。

财政部门负责组织开展代理机构综合信用评价工作。采购人、供应商和评审专家根据代理机构的从业情况对代理机构的代理活动进行综合信用评价。综合信用评价结果应当全国共享。代理机构可以在政府采购信用评价系统中查询本机构的职责履行情况，并就有关情况作出说明。

财政部门应当建立健全定向抽查和不定向抽查相结合的随机抽查机制。对存在违法违规线索的政府采购项目开展定向检查；对日常监管事项，通过随机抽取检查对象、随机选派执法检查人员等方式开展不定向检查。财政部门可以根据综合信用评价结果合理优化对代理机构的监督检查频次。

第三，代理机构从业人员教育管理。

政府采购业务政策性、专业性强，采购代理机构执业人员的业务水平和道德素质直接影响政府采购工作的开展。政府采购监管部门一般要求政府采购从业人员完成一定时间的学习培训任务，培训合格方可从事政府采购业务代理。

2. 审计机关的监督

根据《中华人民共和国审计法》，审计机关负责对政府各部门及下级政府的预算执行、决算和其他财政资金的管理使用情况进行审计监督,政府采购作为政府财政支出的重要组成部分,自然纳入审计监督的范畴。审计机关对政府采购的监督既包括预算执行情况的审计,也涉及对特定采购项目的专项审计,确保采购活动按照既定的法律框架和程序进行。

审计机关在执行监督职责时,采用全方位的监督策略,不仅审计采购人和集中采购机构的行为,还包括对采购代理机构、供应商的审计。审计内容覆盖政府采购预算与计划的编制执行、采购方式与程序的合法性、合同的履行验收以及资金的支付情况。

在审计过程中,审计机关有权获取、检查和复制与政府采购相关的文件和资料,被审计单位和个人必须依法配合,提供必要的支持和协助。如审计中发现违法行为,审计机关将及时通报财政部门,并要求其依法采取措施。

此外,审计机关通过向财政部门的及时通报,促使财政部门对采购当事人的违法行为进行纠正或依法追究责任,从而发挥审计监督与财政监管之间的互补作用,共同推动政府采购制度的规范运行。

3. 监察机关的监督

监察机关在政府采购活动中的监督作用,是防范和惩治腐败行为、促进政府采购活动廉洁透明的重要保障。依据《政府采购法》第六十九条的规定,监察机关应当加强对参与政府采购活动的国家机关、国家公务员和国家行政机关任命的其他人员实施监察。这对维护政府采购活动的公正性、公平性发挥了关键作用。监察机关的监察职责聚焦于政府采购领域内的公职人员,旨在通过监督其行为,预防和惩治政府采购过程中的不法行为。

实际操作中,监察机关通过参与监督政府采购的重大项目和关键环节,有效遏制了腐败行为的发生,提升了政府采购的透明度和公信力。监察机关的监督不仅限于事后审查,更强调事前的预防和过程中的监督,形成了全面、动态的监督体系。

当监察机关在监督过程中发现违法行为时,可依据其职权直接进行行政处分,对于需要行政处罚的行为,则应及时通报财政部门依法处理。这体现了监察机关与财政部门之间协同合作,共同推进政府采购领域的廉政建设和法制化管理。

4. 其他有关部门的监督

在政府采购工程的监督体系中,除了审计机关和监察机关,其他有关部门指的是根据法律、行政法规规定负有特定监督职责的政府部门。根据《政府采购法》和《招标投标法》的规定,这些部门包括但不限于国家发展改革委、工业和信息化部、住房和城乡建设部、交通运输部、水利部、商务部等,它们在各自的职责范围内对相关的招标投标活动实施监督检查。

这些部门的监督工作具有专业性,它们针对性地监督不同领域内的政府采购工程项目的招标投标活动,确保这些活动符合法律、法规的规定,保障公平竞争的市场环境。例如,国家发展改革委负责指导和协调全国招标投标工作,并依法对国家重大建设项目的工程招标投标活动进行监督检查;而住房和城乡建设部则负责监督建筑行业内的招标投标活动。

这些有关部门的监督与财政部门的综合性监督相互补充,共同构成了政府采购工程招标投标活动的全面监督体系。在监督过程中,一旦发现预算执行或政府采购政策执行方面的违法行为,这些部门也有责任及时向财政部门通报,由财政部门依法采取相应的处理措施。

(二) 内部监督

内部监督主要是指贯穿于政府采购活动始终的相关参与主体间的相互监督。构建良好的内部监督机制,需要考虑下面两个方面的内容:

1. 采购人与采购代理机构之间的相互监督

采购人发现采购代理机构有违法行为的,应当要求其改正。采购代理机构拒不改正的,采购人应当向本级人民政府财政部门报告,财政部门应当依法处理。

采购代理机构发现采购人的采购需求存在以不合理条件对供应商实行差别待遇、歧视待遇或者其他不符合法律、法规和政府采购政策规定内容,或者发现采购人有其他违法行为的,应当建议其改正。采购人拒不改正的,采购代理机构应当向采购人的本级人民政府财政部门报告,财政部门应当依法处理。

2. 供应商对财政部门、采购代理机构和采购人的监督

供应商对财政部门、采购代理机构和采购人的监督是政府采购制度正常运作的重要组成部分。供应商根据相关政府采购法律法规和政策,对财政部门的政策制定和执行、采购代理机构的操作行为以及采购人的采购活动进行监督,确保整个采购过程的公开、公正和公平。

供应商对财政部门的监督,主要集中在监督其政策制定和执行是否公开透明、是否符合政府采购法律法规的要求。这种监督有助于推动财政部门优化政策、规范管理,提升政府采购的整体效率和透明度。供应商可以通过政府采购官方网站、行业协会组织的座谈会、线上调查问卷等多种方式参与财政部门组织的政策制定征求意见活动。在参与过程中,应结合自身丰富的市场经验和行业洞察,就政策的可行性、合理性、公平性等方面提出具有建设性的意见和建议,帮助财政部门制定出更加科学合理、符合市场实际的政策。

供应商对采购代理机构的监督,则着重监督其是否按照法定程序和规则公平、公正地执行采购活动,是否存在利益冲突或不当行为。例如,供应商发现采购文件中某条款可能存在偏向性,可先向代理机构提出质疑,要求其说明该条款设置的依据和合理性;若代理机构无法给出满意答复,供应商再进一步采取投诉措施,以维护自身合法权益和政府采购的公平竞争环境。

供应商对采购人的监督,主要关注其采购行为是否存在变相指定品牌等违规行为,确保采购活动基于真实需求,无不正当竞争行为。此外,财政部门内部的监督机制,如财政监督机构及相关业务处室,也应充分发挥作用,形成内外部监督相结合的全面监督体系。

通过供应商及财政部门内部的有效监督,可以确保政府采购过程的合规性、公平性和透明性,促进政府采购活动的规范化和健康发展,维护供应商和公共利益。

(三) 社会监督

社会监督是利用公众参与和社会舆论的力量来监督政府采购行为。社会监督是政府采购制度监督机制的重要组成部分,其主要体现在披露、检举和控告三个方面。首先,通过新闻媒体等平台披露政府采购中的违法行为,这种方式利用社会公众的力量揭示问题,促使政府采购活动的透明度和公正性得到提升。其次,检举和控告作为个人或单位在发现政府采购活动中的违法行为时向有关机关报告的手段,不仅体现了公民参与国家事务管理的权利,还是对政府采购活动进行法律监督的重要途径。《政府采购法》赋予了任何单位和个人对政府采购违法行为进行控告和检举的权利,并要求相关部门依职责及时处理,这不仅体现了政府对民众意见的重视,还加强了政府采购过程的法治化和规范化。

(四) 法律监督

政府采购法律监督体系是确保政府采购活动合法、公正、透明的根本保障。该体系主要包括国家层面的统一立法、地方性法规的配套制定,以及财政部门专门法规的实施三个层次。首先,国家通过制定政府采购法律,为政府采购活动提供全面的法律规范,保障政府采购的规则与国际接轨,维护市场经济秩序。其次,地方政府根据国家法律制定地方性政策法规,使政府采购更具地方特色,同时符合国家法律的大框架。最后,财政部门的监督检查工作配套法规,具体细化政府采购过程中的监督与检查机制,保障政府采购的效率与效果。通过这一系列法律监督机制的设定与实施,政府采购不仅在操作上有明确的法律依据,还在行为上得到规范,有效地避免违规操作和腐败现象,提高政府采购制度的权威性和信誉度。参考西方发达国家完备的政府采购法律体系,我国亟须继续完善和丰富政府采购的法律监督体系,以确保政府采购活动的法治化、规范化和透明化。

任务二 政府采购法律法规

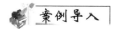

重庆某区校园"床垮垮"事件三名责任人被判刑

重庆某区法院近日对校园"床垮垮"事件的三名责任人分别以销售伪劣产品罪、生产伪劣产品罪判处七年至一年八个月不等有期徒刑。

据了解,2009年6月,某区政府采购中心为辖区十五所中小学统一招标采购的一批新木床,一抠就掉木屑,人一睡上去就垮,在冬天到来之际,造成大量学生无奈打地铺,"像猪儿一样"睡在冰冷的地上,某校园"床垮垮"事件备受关注。

经法院审理查明,2009年5月,被告人吴某在得知某区政府采购中心需为该区教委采购学生木床的信息后,找到四川省S教学试验设备厂法定代表人,要求借用四川省S教学试验设备厂的资质证明到某区采购中心参加招投标。在获得S教学试验设备厂法定代表人授权委托和相关资质证明文件后,遂向某区政府采购中心递交了投标人法定代表人授权委托书、相关资质证明材料等,吴某顺利中标,并与该区城市建设投资(集团)有限公司签订了《政府货物采购购销合同》。合同约定,吴某向该区教委供应木床2 996组,单价323.80元,共计金额97万余元。

合同签订后,被告人吴某遂与被告人姚某、唐某签订协议,约定唐某、姚某各生产学生木床1 200组,每组木床价格230元,并约定质量规格与样品一致。为达到赚钱盈利的目的,被告人唐某、姚某共谋缩短床的尺寸规格和选用劣质木材进行加工生产。在交付给吴某时,被告人吴某明知生产的木床材质不是协议约定的,存在严重质量问题,仍将2 114组学生木床分别运送到该区15所学校,影响了学生的正常生活学习,甚至危及学生的人身安全,造成了严重社会影响。

据此,法院遂作出上述判决。

(资料来源:和讯新闻,重庆合川校园"床垮垮"事件三名责任人被判刑,2010年12月11日)

按照法律效力的不同,政府采购法律规范分为三个层次:第一层次是由全国人大常委会通过的政府采购法律;第二层次是由国务院颁发的政府采购行政法规以及有立法权的地方人大颁布的地方性政府采购法规;第三层次是由国务院有关部门颁发的有关政府采购部门规章以及地方人民政府颁布的地方性政府采购规章。

一、政府采购法律责任的含义

政府采购法律责任是指在政府采购活动中,由于参与主体(包括采购人、供应商和采购代理机构等)的违法行为,依照政府采购相关法律、法规或规章规定,必须承担的法律后果。它主要体现在对违反《政府采购法》规定的行为进行惩处和纠正,确保政府采购活动的正当性、合法性和公平性。

政府采购法律责任的追究是基于违法行为的发生。即,不发生违法行为,则不会有法律责任的追究。这一点凸显了政府采购法律责任追究的针对性和条件性,确保了责任追究的合理性和公正性。

政府采购法律责任的内容是由政府采购法律规范明确规定的。这意味着政府采购中的法律责任不是随意确定的,而是有明确法律依据的。这一特征确保了政府采购法律责任追究的法治化和规范化,避免了主观任意性。

政府采购法律责任具有国家强制性,这是其最显著的特征。由国家授权的司法机关或行政机关对违法行为采取强制措施,确保了政府采购法律责任的实施力度和效果,维护了政府采购法律规范的严肃性和权威性。

综上所述,政府采购法律责任的追究不仅是对违法行为的惩处,还是对政府采购制度完整性和有效性的保障。通过明确违法行为的法律后果,规定法律责任的具体内容,以及确保法律责任的强制执行,构建了一个严密的政府采购法律责任体系,对于促进政府采购活动的公开、公平、公正和高效运行具有重要作用。

二、政府采购法律责任的表现形式

《政府采购法》规定的法律责任,主要表现为民事责任、行政责任和刑事责任三个方面。

(一)民事责任

政府采购中的民事责任是指在政府采购合同履行过程中,因采购人或供应商违反《民法典》的合同约定所应承担的法律后果。根据我国《政府采购法》的规定,政府采购合同应当遵循平等、自愿的原则,采购双方的权利和义务通过合同形式明确。在合同履行中,若一方未能履行合同约定的义务,导致对方遭受损失,需依法承担相应的民事责任,包括但不限于赔偿损失。

此外,《政府采购法》还允许在不改变合同其他条款的前提下,通过协商签订补充合同,明确了对合同变更、中止或终止的规定及相应的责任承担。这些规定体现了政府采购活动中法律关系的特殊性,同时强调了合同法律规范在政府采购中的适用,确保了政府采购合同的法律效力及其执行的法律责任。

(二)行政责任

行政责任是指行政法律关系主体违反行政管理法规而依法承担的行政法律后果,一般分为行政处罚和行政处分两大类。

行政处罚的种类包括警告、罚款、没收非法所得、责令停产停业、吊销许可证等。《政府采购法》中规定的行政处罚,主要有对违反《政府采购法》规定的采购人或采购代理机构"给予警告,要求并处罚款",对违法采购的采购人"停止按预算向其支付资金"等。

行政处分是指行政机关内部上级对下级、监察机关或人事部门对违反政纪的公务人员依法给予的惩戒。《政府采购法》没有具体规定对违法人员给予何种行政处分,只是原则明确了由有关行政主管部门对违法人员"给予处分,并予以通报"。

(三)刑事责任

由于政府采购业务量大、涉及人员多、影响范围广,因此,《政府采购法》也列有追究刑事责任的条款。

《政府采购法》规定,在政府采购活动中的违法行为构成犯罪的,要依法追究其刑事责任。采购人、采购代理机构的工作人员、供应商和政府采购监督管理部门的工作人员违反法律规定构成犯罪的违法行为,都将要受到法律的制裁。

不过,刑事责任由《中华人民共和国刑法》规定,《政府采购法》对与《刑法》的衔接问题作了原则规定,即有关单位和个人违反《政府采购法》规定"构成犯罪的,依法追究刑事责任"。

三、政府采购各当事人的法律责任

《政府采购法》等相关法律法规规定了政府采购活动中各责任主体违法行为及所承担的相应法律责任,现将主要法律责任分述如下。

(一) 采购人、采购代理机构的法律责任

《政府采购法》规定的采购人、采购代理机构主要法律责任见表12.2。

表12.2 采购人、采购代理机构主要法律责任一览表

序号	行为人	违法行为	法律责任	违法行为影响结果的处理	主要法律依据
1	采购人、采购代理机构	(一)应当采用公开招标方式而擅自采用其他方式采购的	责令限期改正,给予警告,可以并处10万元以下罚款,对直接负责的主管人员和其他直接责任人员,由其行政主管部门或者有关机关给予处分,并予通报	违法行为影响或者可能影响中标、成交结果的,依照下列规定处理:(一)未确定中标或者成交供应商的,终止本次政府采购活动,重新开展政府采购活动;(二)已确定中标或者成交供应商但尚未签订政府采购合同的,中标或者成交结果无效,从合格的中标或者成交候选人中另行确定中标或者成交供应商;没有合格的中标或者成交候选人的,重新开展政府采购活动;(三)政府采购合同已签订但尚未履行的,撤销合同,从合格的中标或者成交候选人中另行确定中标或者成交供应商;没有合格的中标或者成交候选人的,重新开展政府采购活动;(四)政府采购合同已经履行,给采购人、供应商造成损失的,由责任人承担赔偿责任	《政府采购法》第七十一条
2	采购人、采购代理机构	(二)擅自提高采购标准的	同上	同上	同上
3	采购人、采购代理机构	(三)以不合理的条件对供应商实行差别待遇或者歧视待遇的	同上	同上	同上
4	采购人、采购代理机构	(四)在招标采购过程中与投标人进行协商谈判的	同上	同上	同上

（续表）

序号	行为人	违法行为	法律责任	违法行为影响结果的处理	主要法律依据
5	采购人、采购代理机构	（五）中标、成交通知书发出后不与中标、成交供应商签订采购合同的	同上	同上	同上
6	采购人、采购代理机构	（六）拒绝有关部门依法实施监督检查的	同上	同上	同上
7	采购人、采购代理机构	（七）与供应商或者采购代理机构恶意串通的	构成犯罪的，依法追究刑事责任；尚不构成犯罪的，处5万元以上25万元以下罚款，有违法所得的，并处没收违法所得，属于国家机关工作人员的，依法给予行政处分	同上	《政府采购法》第七十二条
8	采购人、采购代理机构	（八）在采购过程中接受贿赂或者获取其他不正当利益的	同上	同上	同上
9	采购人、采购代理机构	（九）在有关部门依法实施的监督检查中提供虚假情况的	同上	同上	同上
10	采购人、采购代理机构	（十）开标前泄露标底的	同上	同上	同上
11	采购人、采购代理机构	（十一）违反《政府采购法》规定隐匿、销毁应当保存的采购文件或者伪造、变造采购文件的	处以2万元以上10万元以下的罚款，对其直接负责的主管人员和其他直接责任人员依法给予处分；构成犯罪的，依法追究刑事责任	同上	《政府采购法》第七十六条
12	采购人	（十二）对应当实行集中采购的政府采购项目，不委托集中采购机构实行集中采购的	责令限期改正，由其上级行政主管部门或者有关机关依法给予其直接负责的主管人员和其他直接责任人员处分	拒不改正的，停止按预算向其支付资金	《政府采购法》第七十四条

（续表）

序号	行为人	违法行为	法律责任	违法行为影响结果的处理	主要法律依据
13	采购人	（十三）未依法公布政府采购项目的采购标准和采购结果的	责令限期改正，对直接负责的主管人员依法给予处分	违法行为影响或者可能影响中标、成交结果的，依照下列规定处理：(一)未确定中标或者成交供应商的，终止本次政府采购活动，重新开展政府采购活动；(二)已确定中标或者成交供应商但尚未签订政府采购合同的，中标或者成交结果无效，从合格的中标或者成交候选人中另行确定中标或者成交供应商；没有合格的中标或者成交候选人的，重新开展政府采购活动；(三)政府采购合同已签订但尚未履行的，撤销合同，从合格的中标或者成交候选人中另行确定中标或者成交供应商；没有合格的中标或者成交候选人的，重新开展政府采购活动；(四)政府采购合同已经履行，给采购人、供应商造成损失的，由责任人承担赔偿责任	《政府采购法》第七十五条
14	采购代理机构	（十四）代理政府采购业务中有违法行为的	按照有关法律规定处以罚款；情节严重的，可以在一至三年内禁止其代理政府采购业务；构成犯罪的，依法追究刑事责任	同上	《政府采购法》第七十八条
15	集中采购机构	（十五）在政府采购监督管理部门考核中，虚报业绩，隐瞒真实情况的	处以2万元以上20万元以下的罚款，并予以通报；情节严重的，取消其代理采购的资格	目前没有针对此违法行为影响结果处理的明确统一规定，一般而言主要有以下措施： 1. 考核结果纠正：重新审查并纠正考核结果，确保数据真实准确。 2. 加强监管：政府采购监督管理部门应加强对该集中采购机构后续业务的监管，要求其定期汇报工作进展，确保类似行为不再发生	《政府采购法》第八十二条

（二）供应商法律责任

供应商在政府采购活动中为了争取商业利益如果违法，甚至犯罪，都要承担相应的法律责任。《政府采购法》规定的供应商应承担的主要法律责任见表12.3。

项目十二 政府采购监督检查

表 12.3 供应商主要法律责任一览表

序号	行为人	违法行为	法律责任	违法行为影响结果的处理	主要法律依据
1	供应商	（一）提供虚假材料谋取中标、成交的	对供应商处以采购金额千分之五以上千分之十以下的罚款，列入不良行为记录名单，在一至三年内禁止参加政府采购活动，有违法所得的，并处没收违法所得，情节严重的，吊销营业执照；构成犯罪的，依法追究刑事责任	依法认定中标或成交结果无效，具体依照下列规定处理：（一）未确定中标或者成交供应商的，终止本次政府采购活动，重新开展政府采购活动；（二）已确定中标或者成交供应商但尚未签订政府采购合同的，中标或者成交结果无效，从合格的中标或者成交候选人中另行确定中标或者成交供应商；没有合格的中标或者成交候选人的，重新开展政府采购活动；（三）政府采购合同已签订但尚未履行的，撤销合同，从合格的中标或者成交候选人中另行确定中标或者成交供应商；没有合格的中标或者成交候选人的，重新开展政府采购活动；（四）政府采购合同已经履行，给采购人、供应商造成损失的，由责任人承担赔偿责任	《政府采购法》第七十七条
2	供应商	（二）采取不正当手段诋毁、排挤其他供应商的	同上	同上	同上
3	供应商	（三）与采购人、其他供应商或者采购代理机构恶意串通的	同上	同上	同上
4	供应商	（四）向采购人、采购代理机构行贿或者提供其他不正当利益的	同上	同上	同上
5	供应商	（五）在招标采购过程中与采购人进行协商谈判的	同上	同上	同上
6	供应商	（六）拒绝有关部门监督检查或者提供虚假情况的	同上	给他人造成损失的，依照有关民事法律规定承担民事责任	同上

(续表)

序号	行为人	违法行为	法律责任	违法行为影响结果的处理	主要法律依据
7	供应商	(七)向评标委员会、竞争性谈判小组或者询价小组成员行贿或者提供其他不正当利益	同上	依法认定中标或成交结果无效,具体依照下列规定处理:(一)未确定中标或者成交供应商的,终止本次政府采购活动,重新开展政府采购活动;(二)已确定中标或者成交供应商但尚未签订政府采购合同的,中标或者成交结果无效,从合格的中标或者成交候选人中另行确定中标或者成交供应商;没有合格的中标或者成交候选人的,重新开展政府采购活动;(三)政府采购合同已签订但尚未履行的,撤销合同,从合格的中标或者成交候选人中另行确定中标或者成交供应商;没有合格的中标或者成交候选人的,重新开展政府采购活动;(四)政府采购合同已经履行,给采购人、供应商造成损失的,由责任人承担赔偿责任	《政府采购法实施条例》第七十二条
8	供应商	(八)中标或者成交后无正当理由拒不与采购人签订政府采购合同	同上	违法行为影响或者可能影响中标、成交结果的,依照下列规定处理:(一)未确定中标或者成交供应商的,终止本次政府采购活动,重新开展政府采购活动;(二)已确定中标或者成交供应商但尚未签订政府采购合同的,中标或者成交结果无效,从合格的中标或者成交候选人中另行确定中标或者成交供应商;没有合格的中标或者成交候选人的,重新开展政府采购活动;(三)政府采购合同已签订但尚未履行的,撤销合同,从合格的中标或者成交候选人中另行确定中标或者成交供应商;没有合格的中标或者成交候选人的,重新开展政府采购活动;(四)政府采购合同已经履行,给采购人、供应商造成损失的,由责任人承担赔偿责任	同上

项目十二 政府采购监督检查

(续表)

序号	行为人	违法行为	法律责任	违法行为影响结果的处理	主要法律依据
9	供应商	(九)未按照采购文件确定的事项签订政府采购合同	同上	同上	同上
10	供应商	(十)将政府采购合同转包	同上	同上	同上
11	供应商	(十一)提供假冒伪劣产品	同上	同上	同上
12	供应商	(十二)擅自变更、中止或者终止政府采购合同	同上	同上	同上
13	供应商	(十三)捏造事实、提供虚假材料或者以非法手段取得证明材料进行投诉	列入不良行为记录名单;在一至三年内禁止参加政府采购活动	同上	《政府采购法实施条例》第七十三条
14	供应商	(十四)有恶意串通行为的	供应商处以采购金额千分之五以上千分之十以下的罚款,列入不良行为记录名单,在一至三年内禁止参加政府采购活动,有违法所得的,并处没收违法所得,情节严重的,吊销营业执照;构成犯罪的,依法追究刑事责任。采购人、采购代理机构及其工作人员构成犯罪的,依法追究刑事责任;尚不构成犯罪的,处以5万元以上25万元以下罚款,有违法所得的,并处没收违法所得,属于国家机关工作人员的,依法给予行政处分	同上	《政府采购法实施条例》第七十四条

333

(三)评审专家法律责任

政府采购评审专家在政府采购活动中起重要作用,但评审专家在参与政府采购活动中发生违法行为甚至犯罪的情况也屡见不鲜,严重损害了政府采购当事人的利益,践踏了公平、公正、公开的政府采购制度。为此,《政府采购法实施条例》、《政府采购评审专家管理办法》(财库〔2016〕198号)、《政府采购非招标采购方式管理办法》(财政部令第74号)等法规均对评审专家的法律责任作了规定。评审专家应承担的法律责任见表12.4。

表12.4 评审专家主要法律责任一览表

序号	行为人	违法行为及处罚	主要法律依据
1	评审专家	1. 政府采购评审专家未按照采购文件规定的评审程序、评审方法和评审标准进行独立评审或者泄露评审文件、评审情况的,由财政部门给予警告,并处2 000元以上2万元以下的罚款;影响中标、成交结果的,处2万元以上5万元以下的罚款,禁止其参加政府采购评审活动 2. 政府采购评审专家与供应商存在利害关系未回避的,处2万元以上5万元以下的罚款,禁止其参加政府采购评审活动 3. 政府采购评审专家收受采购人、采购代理机构、供应商贿赂或者获取其他不正当利益,构成犯罪的,依法追究刑事责任;尚不构成犯罪的,处2万元以上5万元以下的罚款,禁止其参加政府采购评审活动 4. 政府采购评审专家有上述违法行为的,其评审意见无效,不得获取评审费;有违法所得的,没收违法所得;给他人造成损失的,依法承担民事责任	《政府采购法实施条例》第七十五条
2	评审专家	谈判小组、询价小组成员有下列行为之一的,责令改正,给予警告;有关法律、行政法规规定处以罚款的,并处罚款;涉嫌犯罪的,依法移送司法机关处理: (1) 收受采购人、采购代理机构、供应商、其他利害关系人的财物或者其他不正当利益的; (2) 泄露评审情况以及评审过程中获悉的国家秘密、商业秘密的; (3) 明知与供应商有利害关系而不依法回避的; (4) 在评审过程中擅离职守,影响评审程序正常进行的; (5) 在评审过程中有明显不合理或者不正当倾向性的; (6) 未按采购文件规定的评定成交的标准进行评审的。 评审专家有上述条款情形之一,情节严重的,取消其政府采购评审专家资格,不得再参加任何政府采购项目的评审,并在财政部门指定的政府采购信息发布媒体上予以公告	《政府采购非招标采购方式管理办法》第五十五条

(四)政府采购监管部门法律责任

政府采购监管部门应当认真履行监管义务,在实施监督管理过程中,不得滥用职权、玩忽职守、徇私舞弊,否则将承担相应法律责任。《政府采购法》对政府采购监管部门法律责任的具体规定见表 12.5。

表 12.5 政府采购监管部门法律责任一览表

序号	行为人	违法行为	法律责任	处罚主体	主要法律依据
1	政府采购监管部门工作人员	监督管理中滥用职权、玩忽职守、徇私舞弊	依法给予行政处分；构成犯罪的，依法追究刑事责任	行政机关、监察机关	《政府采购法》第八十条
2	政府采购监管部门工作人员	对供应商的投诉逾期未作处理	给予直接负责的主管人员和其他直接责任人员行政处分	行政机关、监察机关	《政府采购法》第八十一条
3	政府采购监管部门负责人及工作人员	对集中采购机构业绩的考核，有虚假陈述，隐瞒真实情况的，或者不作定期考核和公布考核结果的	应当及时纠正，由其上级机关或者监察机关对其负责人进行通报，并对直接负责的人员依法给予行政处分	行政机关、监察机关	《政府采购法》第八十二条

任务三 《政府采购法》与《招标投标法》的法律监督比较

"何时"用"何法"

20××年 7 月，Y 招标公司接受采购人委托，就该单位"某系统建设项目"组织公开招标工作。7 月 10 日，Y 招标公司在中国政府采购网上发布了招标公告。7 月 15 日，A 公司认为招标文件中存在歧视性条款，向 Y 招标公司提出质疑。7 月 16 日，Y 招标公司答复质疑。A 公司对质疑答复不满，向财政部门提出投诉。8 月 7 日，Y 招标公司在中国政府采购网发布了中标公告。

财政部门调取了本项目的招标文件、投标文件和评标报告等资料。在调查过程中发现，本项目是行政机关使用财政性资金采购货物，预算金额为 1 200 万元，属于政府采购，应当适用《中华人民共和国政府采购法》及相关规定，但 Y 招标公司未按照《中华人民共和国政府采购法》规定的程序开展采购活动，适用法律错误。对此，财政部门依法启动监督检查程序。

Y 招标公司称，在其与采购人沟通过程中，因公司代表理解错误，导致其按照《招标投标法》的规定和程序进行本项目招标工作，公司并非故意规避《政府采购法》及《政府采购法实施条例》的规定。

财政部门在进一步调查中查明,20××年10月,本项目可行性研究报告的批复文件中记载:"资金来源:全部由中央投资安排解决。"随后,采购人与Y招标公司沟通项目具体情况,并将本项目批文提供给Y招标公司。

【案例分析】

本案反映了代理机构在开展属于国家机关使用财政性资金采购货物的政府采购活动中,未按照《中华人民共和国政府采购法》《中华人民共和国政府采购法实施条例》及相关政府采购政策的规定进行的问题。

《中华人民共和国政府采购法》第二条规定:"在中华人民共和国境内进行的政府采购适用本法。本法所称政府采购,是指各级国家机关、事业单位和团体组织,使用财政性资金采购依法制定的集中采购目录以内的或者采购限额标准以上的货物、工程和服务的行为。"

本案中,虽然Y招标公司称,因公司代表理解错误,导致其未按照《政府采购法》规定组织招标工作。但根据项目批文中的规定,可明显判断出本项目所用资金为财政性资金,已经达到政府采购的限额标准,且Y招标公司作为专业从事政府采购的代理机构,应当知道本项目须按照《政府采购法》及《政府采购法实施条例》规定开展采购活动。

综上,财政部门做出处理决定如下:本项目适用法律错误,采购程序违法。根据《中华人民共和国政府采购法》第三十六条、《政府采购供应商投诉处理办法》(财政部令第20号)第十九条的规定,责令采购人重新开展采购活动。根据《中华人民共和国政府采购法实施条例》第六十八条的规定,责令采购人对未按《政府采购法》及《政府采购法实施条例》的规定组织采购活动的行为进行整改。

根据《中华人民共和国政府采购法》第七十一条、第七十八条及《中华人民共和国政府采购法实施条例》第六十八条的规定,对Y招标公司未按《政府采购法》及《政府采购法实施条例》的规定组织采购活动的行为作出罚款,一年内禁止其代理政府采购业务的行政处罚。

(资料来源:德海.案例解读·案例二十八:"何时"用"何法"[EB/OL].(2017-08-28)[2024-04-03].http://www.cgpnews.cn/articles/41063.)

近年来,为了规范政府采购和招标投标行为,国务院及其有关部门陆续颁布了一系列政府采购与招标投标方面的制度文件,地方人大及其常委会、人民政府及其有关部门也结合本地区的特点和需要,相继制定了地方性法规、规章和规范性文件,各项法律制度逐步完善。目前,政府采购和招标投标领域都各自形成了一套较为完整的制度体系,但二者在适用范围、采购方式、评审方法等方面存在差异,下面结合法律规定和实践经验对其进行比较分析。

一、两法的不同点

(一)规范的主体不同

《政府采购法》规范的主体是各级国家机关、事业单位和团体组织。

《招标投标法》第二条规定,在中华人民共和国境内进行招标投标活动,适用本法。但

《招标投标法》对依法必须进行招标的项目进行了约定,包括:

(1) 大型基础设施、公用事业等关系社会公共利益、公众安全的项目。

(2) 全部或者部分使用国有资金投资或者国家融资的项目。

(3) 使用国际组织或者外国政府贷款、援助资金的项目。

(4) 法律或者国务院对必须进行招标的其他项目的范围有规定的,依照其规定。

以上项目的具体范围和规模标准,由国务院发展计划部门会同国务院有关部门制订,并报国务院批准。

(二)采购方式不同

《政府采购法》中规范的采购方式,不仅包括公开招标和邀请招标两种招标采购方式,还包括询价、竞争性谈判、单一来源采购等非招标方式。除此之外,2014 年出台的《政府采购竞争性磋商采购方式管理暂行办法》,2022 年 3 月出台的《政府采购框架协议采购方式管理暂行办法》,2024 年 4 月出台的《政府采购合作创新采购方式管理暂行办法》,在原有的五种政府采购方式之外新增了三种采购方式。

而《招标投标法》仅规定了公开招标和邀请招标两种招标形式。

即使同是公开招标方式,在《政府采购法》和《招标投标法》中的程序和要求也有很大不同,对比见表 12.6。

表 12.6 《政府采购法》和《招标投标法》的适用对比

适用法律对比项	《政府采购法》体系	《招标投标法》体系
发布公告媒体	省级以上财政部门指定媒体	国务院发展改革部门依法指定的媒介
招标公告期限	5 个工作日	未做要求
提供采购文件期限	不少于 5 个工作日	不少于 5 日
投标保证金	不得超过采购项目预算金额的 2%	不得超过招标项目估算价的 2%
专家库	财政部门组建专家库	省级人民政府和国务院有关部门应当组建综合评审专家库
	资格预审、资格后审均由采购人或者采购代理机构进行	资格预审由资格审查委员会进行,资格后审由评标委员会进行
评审因素要求	评审因素应当细化和量化,且与相应的商务条件和采购需求对应。商务条件和采购需求指标有区间规定的,评审因素应当量化到相应区间,并设置各区间对应的不同分值	未做要求
	综合评分法中价格评审采用低价优先法,货物项目的价格分值占总分值的比重不得低于 30%;服务项目的价格分值占总分值的比重不得低于 10%。执行国家统一定价标准和采用固定价格采购的项目,其价格不列为评审因素	未做要求

(续表)

适用法律对比项	《政府采购法》体系	《招标投标法》体系
定标及结果公布	采购代理机构应当在评标结束后2个工作日内将评标报告送采购人。采购人应当自收到评标报告之日起5个工作日内,在评标报告确定的中标候选人名单中按顺序确定中标人。采购人自行组织招标的,应当在评标结束后5个工作日内确定中标人。采购人在收到评标报告5个工作日内未按评标报告推荐的中标候选人顺序确定中标人,又不能说明合法理由的,视同按评标报告推荐的顺序确定排名第一的中标候选人为中标人。采购人或者采购代理机构应当自中标人确定之日起2个工作日内,在省级以上财政部门指定的媒体上公告中标结果,采购文件应当随中标结果同时公告。中标公告期限为1个工作日。在公告中标结果的同时,采购人或者采购代理机构应当向中标人发出中标通知书;对未通过资格审查的供应商,应当告知其未通过的原因;采用综合评分法评审的,还应当告知未中标人本人的评审得分与排序	评标完成后,评标委员会应当向招标人提交书面评标报告和中标候选人名单。依法必须进行招标的项目,招标人应当自收到评标报告之日起3日内公示中标候选人,公示期不得少于3日
救济方式	供应商认为采购文件、采购过程、中标或者成交结果使自己的权益受到损害的,可以在知道或者应知其权益受到损害之日起7个工作日内,以书面形式向采购人、采购代理机构提出质疑。质疑供应商对采购人、采购代理机构的答复不满意,或者采购人、采购代理机构未在规定时间内作出答复的,可以在答复期满后15个工作日内向《政府采购法》第六条规定的财政部门提起投诉	潜在投标人或者其他利害关系人对资格预审文件有异议的,应当在提交资格预审申请文件截止时间2日前提出;对招标文件有异议的,应当在投标截止时间10日前提出。招标人应当自收到异议之日起3日内作出答复;作出答复前,应当暂停招标投标活动。投标人或者其他利害关系人对依法必须进行招标的项目的评标结果有异议的,应当在中标候选人公示期间提出。招标人应当自收到异议之日起3日内作出答复;作出答复前,应当暂停招标投标活动。投标人或者其他利害关系人认为招标投标活动不符合法律、行政法规规定的,可以自知道或者应当知道之日起10日内向有关行政监督部门投诉。投诉应当有明确的请求和必要的证明材料。就《招标投标法实施条例》第二十二条、第四十四条、第五十四条规定事项投诉的,应当先向招标人提出异议,异议答复期间不计算在提起投诉的有效期限内

《政府采购法》有关采购文件编制、评标方法和评审标准制定、招标信息发布、评审专家抽取、中标信息发布等方面的规定均不同于《招标投标法》。《政府采购法》适用于所有级别国家机关、事业单位和团体组织使用财政性资金的采购活动,涵盖货物、工程和服务。《招标投标法》则更专注于通过招标方式进行的工程采购及与工程相关的货物和服务的采购。

(三) 管理体制不同

《政府采购法》的监管以财政部门为主,审计、监察等多部门协同,涉及多层次监督包括审计和监察等;而《招标投标法》则由国家发展改革委协调,各行业主管部门归口监督,具体执行中包含了对招标投标活动的全面监管。

在《政府采购法》颁布实施以前,《关于国务院有关部门实施招标投标活动行政监督的职责分工的意见》(国办发〔2000〕34 号)中规定,按现行的职责分工,分别由有关行政主管部门负责并受理投标人和其他利害关系人的投诉。按照这一原则,工业(含内贸)、水利、交通、铁道、民航、信息产业等行业和产业项目的招投标活动的监督执法,分别由经贸、水利、交通、铁道、民航、信息产业等行政主管部门负责。在当时的环境下,交通、水利等部门各自按照《招标投标法》有关要求,出台了一系列招投标管理办法,如《水运工程机电设备招标投标管理办法》(交通部令 2004 年第 9 号)等,一定时期内对行业内的招投标活动起着指导作用。随着《政府采购法》及其实施条例的颁布实施,政府采购制度日趋完善,两套法律体系之间的交叉和互相影响情况日益显现。

二、两法的衔接

《政府采购法》第四条规定,政府采购工程进行招标投标的,适用招标投标法。第二条规定,本法所称工程,是指建设工程,包括建筑物和构筑物的新建、改建、扩建、装修、拆除、修缮等。也就是说,即使采购主体是各级国家机关、事业单位和团体组织,使用财政性资金,当对政府采购工程项目进行公开招标或邀请招标时,在招标投标程序方面主要适用《招标投标法》,但《政府采购法》的基本原则,如公开、公平、公正和诚实信用原则以及相关采购政策功能等规定,仍在一定程度上贯穿于整个采购活动中。

根据财政部《关于印发〈政府采购品目分类目录〉的通知》来看,政府采购工程类包含了 B01 建筑物施工、B02 构筑物施工、B03 工程准备、B04 预制构件组装和装配、B05 专业施工、B06 建筑安装工程、B07 装修工程、B08 修缮工程、B09 工程设备租赁(带操作员)和 B99 其他建筑工程。从分类情况来看,并非所有的政府采购工程都属于建筑物和构筑物的新建、改建、扩建、装修、拆除、修缮工程。按照中央预算单位政府集中采购目录及标准,分散采购限额以上的,适用于《招标投标法》的建设工程项目以外的以及与建筑物、构筑物新建、改建、扩建无关的装修、拆除和修缮工程仍然执行政府采购程序。

不适用《招标投标法》的政府采购工程,还可选择采用非招标的方式进行采购,如竞争性谈判、竞争性磋商、单一来源采购等。值得注意的是,询价采购方式不适用工程类项目。

项目小结

本项目深入研究了政府采购的监督机制、相关法律法规以及《政府采购法》与《招标投标法》之间的法律监督比较,这对于理解和完善我国政府采购体系至关重要。通过对这三个关键领域的探讨,我们不仅加深了对政府采购流程和监督机制的认识,而且对如何通过法律手段有效监督和规范政府采购活动有了更深的理解。

首先,对于政府采购监督机制的分析让我们认识到,一个多层次、多角度的监督体系对于保障政府采购活动的透明、公正和效率至关重要。这一体系涵盖了行政监督、内部监督、社会监督及法律监督等多个层面,通过财政、审计、监察等政府相关部门的共同努力,以及供应商和公众的参与,共同构筑起政府采购监督的坚实防线。

其次,在政府采购法律法规方面,我们对政府采购的法律框架有了更加全面的理解。从政府采购法律责任的含义、表现形式,到各当事人的法律责任,对这些内容的梳理不仅帮助我们认识到法律在规范政府采购行为中的基础性作用,还强调了违法行为将受到相应法律惩处的重要性。

最后,通过比较《政府采购法》与《招标投标法》的法律监督,我们发现尽管两者在适用范围、采购方式及管理体制等方面存在差异,但它们都旨在通过法律手段确保政府采购和招标投标活动的规范化和透明化。对于这种差异性和衔接性的认识,有助于我们在实践中更准确地界定和应用相关法律规定。

能力训练

一、单选题

1. 政府采购监督机制包括哪些层面?(   )
   A. 只包括行政监督
   B. 只包括内部监督和社会监督
   C. 行政监督、内部监督、社会监督以及法律监督
   D. 只包括法律监督

2. 根据《政府采购法》,各级人民政府财政部门负责哪项职责?(   )
   A. 政府采购的策划   B. 政府采购的执行
   C. 政府采购的监督管理   D. 政府采购的财务审计

3. 政府采购法律责任追究的基础是什么?(   )
   A. 采购人的请求   B. 供应商的合作
   C. 违法行为的发生   D. 政府的指示

4. 政府采购活动中,哪种机构有责任进行审计监督?(   )
   A. 财政部门   B. 监察部门   C. 审计机关   D. 供应商

5. 当政府采购活动中的工程项目需要进行招标时,应依据哪部法律进行?( )
   A.《政府采购法》   B.《招标投标法》
   C. 两者皆可   D. 依据具体情况决定

二、多选题

1. 在政府采购中,哪些部门或机构可能参与监督?( )
   A. 财政部门   B. 监察机关   C. 审计机关   D. 供应商
2. 根据《政府采购法》,哪些采购方式是允许的?( )
   A. 公开招标   B. 竞争性谈判
   C. 单一来源采购   D. 直接购买
3. 《招标投标法》主要适用于哪些类型的项目?( )
   A. 关系社会公共利益、公众安全的项目
   B. 使用国有资金投资的项目
   C. 使用国际组织或外国政府贷款、援助资金的项目
   D. 小额采购项目
4. 政府采购法律责任的类型包括哪些?( )
   A. 民事责任   B. 行政责任   C. 刑事责任   D. 道德责任
5. 关于《政府采购法》与《招标投标法》的区别,正确的描述包括( )。
   A. 适用范围不同   B. 采购方式不同
   C. 管理体制不同   D. 法律责任相同

三、判断题

1. 根据《政府采购法》,所有采购活动必须通过公开招标进行。( )
2. 《政府采购法》规定的财政部门是负责政府采购监督管理的主要部门。( )
3. 在政府采购活动中,供应商对财政部门、采购代理机构和采购人没有监督权。( )
4. 《政府采购法》和《招标投标法》在采购方式和采购程序上完全一致。( )
5. 根据《政府采购法》,政府采购活动的监督机制只允许国家机关参与,民间机构和个人无权参与监督。( )

四、问答题

1. 什么是政府采购监督?
2. 财政部门在政府采购监督中承担哪些职责?
3. 《政府采购法》与《招标投标法》在适用范围方面的主要区别是什么?
4. 简述政府采购中社会监督的作用。
5. 政府采购法律责任包括哪些类型?

附 录

附录 1

中华人民共和国政府采购法

中华人民共和国主席令
第六十八号

《中华人民共和国政府采购法》已由中华人民共和国第九届全国人民代表大会常务委员会第二十八次会议于 2002 年 6 月 29 日通过,现予公布,自 2003 年 1 月 1 日起施行。

中华人民共和国主席　江泽民
2002 年 6 月 29 日

中华人民共和国政府采购法
(2002 年 6 月 29 日第九届全国人民代表大会常务委员会第二十八次会议通过)

目　录

第一章　总则
第二章　政府采购当事人
第三章　政府采购方式
第四章　政府采购程序
第五章　政府采购合同
第六章　质疑与投诉
第七章　监督检查
第八章　法律责任
第九章　附则

第一章　总　则

第一条　为了规范政府采购行为,提高政府采购资金的使用效益,维护国家利益和社会公共利益,保护政府采购当事人的合法权益,促进廉政建设,制定本法。

第二条　在中华人民共和国境内进行的政府采购适用本法。

本法所称政府采购,是指各级国家机关、事业单位和团体组织,使用财政性资金采购依法制定的集中采购目录以内的或者采购限额标准以上的货物、工程和服务的行为。

政府集中采购目录和采购限额标准依照本法规定的权限制定。

本法所称采购，是指以合同方式有偿取得货物、工程和服务的行为，包括购买、租赁、委托、雇用等。

本法所称货物，是指各种形态和种类的物品，包括原材料、燃料、设备、产品等。

本法所称工程，是指建设工程，包括建筑物和构筑物的新建、改建、扩建、装修、拆除、修缮等。

本法所称服务，是指除货物和工程以外的其他政府采购对象。

第三条 政府采购应当遵循公开透明原则、公平竞争原则、公正原则和诚实信用原则。

第四条 政府采购工程进行招标投标的，适用招标投标法。

第五条 任何单位和个人不得采用任何方式，阻挠和限制供应商自由进入本地区和本行业的政府采购市场。

第六条 政府采购应当严格按照批准的预算执行。

第七条 政府采购实行集中采购和分散采购相结合。集中采购的范围由省级以上人民政府公布的集中采购目录确定。

属于中央预算的政府采购项目，其集中采购目录由国务院确定并公布；属于地方预算的政府采购项目，其集中采购目录由省、自治区、直辖市人民政府或者其授权的机构确定并公布。

纳入集中采购目录的政府采购项目，应当实行集中采购。

第八条 政府采购限额标准，属于中央预算的政府采购项目，由国务院确定并公布；属于地方预算的政府采购项目，由省、自治区、直辖市人民政府或者其授权的机构确定并公布。

第九条 政府采购应当有助于实现国家的经济和社会发展政策目标，包括保护环境，扶持不发达地区和少数民族地区，促进中小企业发展等。

第十条 政府采购应当采购本国货物、工程和服务。但有下列情形之一的除外：

（一）需要采购的货物、工程或者服务在中国境内无法获取或者无法以合理的商业条件获取的；

（二）为在中国境外使用而进行采购的；

（三）其他法律、行政法规另有规定的。

前款所称本国货物、工程和服务的界定，依照国务院有关规定执行。

第十一条 政府采购的信息应当在政府采购监督管理部门指定的媒体上及时向社会公开发布，但涉及商业秘密的除外。

第十二条 在政府采购活动中，采购人员及相关人员与供应商有利害关系的，必须回避。供应商认为采购人员及相关人员与其他供应商有利害关系的，可以申请其回避。

前款所称相关人员，包括招标采购中评标委员会的组成人员，竞争性谈判采购中谈判小组的组成人员,询价采购中询价小组的组成人员等。

第十三条 各级人民政府财政部门是负责政府采购监督管理的部门,依法履行对政府采购活动的监督管理职责。

各级人民政府其他有关部门依法履行与政府采购活动有关的监督管理职责。

第二章 政府采购当事人

第十四条 政府采购当事人是指在政府采购活动中享有权利和承担义务的各类主体,包括采购人、供应商和采购代理机构等。

第十五条 采购人是指依法进行政府采购的国家机关、事业单位、团体组织。

第十六条 集中采购机构为采购代理机构。设区的市、自治州以上人民政府根据本级政府采购项目组织集中采购的需要设立集中采购机构。

集中采购机构是非营利事业法人,根据采购人的委托办理采购事宜。

第十七条 集中采购机构进行政府采购活动,应当符合采购价格低于市场平均价格、采购效率更高、采购质量优良和服务良好的要求。

第十八条 采购人采购纳入集中采购目录的政府采购项目,必须委托集中采购机构代理采购;采购未纳入集中采购目录的政府采购项目,可以自行采购,也可以委托集中采购机构在委托的范围内代理采购。

纳入集中采购目录属于通用的政府采购项目的,应当委托集中采购机构代理采购;属于本部门、本系统有特殊要求的项目,应当实行部门集中采购;属于本单位有特殊要求的项目,经省级以上人民政府批准,可以自行采购。

第十九条 采购人可以委托集中采购机构以外的采购代理机构,在委托的范围内办理政府采购事宜。

采购人有权自行选择采购代理机构,任何单位和个人不得以任何方式为采购人指定采购代理机构。

第二十条 采购人依法委托采购代理机构办理采购事宜的,应当由采购人与采购代理机构签订委托代理协议,依法确定委托代理的事项,约定双方的权利义务。

第二十一条 供应商是指向采购人提供货物、工程或者服务的法人、其他组织或者自然人。

第二十二条 供应商参加政府采购活动应当具备下列条件:

(一)具有独立承担民事责任的能力;

(二)具有良好的商业信誉和健全的财务会计制度;

(三)具有履行合同所必需的设备和专业技术能力;

(四)有依法缴纳税收和社会保障资金的良好记录;

(五)参加政府采购活动前三年内,在经营活动中没有重大违法记录;

(六)法律、行政法规规定的其他条件。

采购人可以根据采购项目的特殊要求,规定供应商的特定条件,但不得以不合理的条件对供应商实行差别待遇或者歧视待遇。

第二十三条 采购人可以要求参加政府采购的供应商提供有关资质证明文件和业绩情况,并根据本法规定的供应商条件和采购项目对供应商的特定要求,对供应商的资格进行审查。

第二十四条 两个以上的自然人、法人或者其他组织可以组成一个联合体,以一个供应商的身份共同参加政府采购。

以联合体形式进行政府采购的,参加联合体的供应商均应当具备本法第二十二条规定的条件,并应当向采购人提交联合协议,载明联合体各方承担的工作和义务。联合体各方应当共同与采购人签订采购合同,就采购合同约定的事项对采购人承担连带责任。

第二十五条 政府采购当事人不得相互串通损害国家利益、社会公共利益和其他当事人的合法权益;不得以任何手段排斥其他供应商参与竞争。

供应商不得以向采购人、采购代理机构、评标委员会的组成人员、竞争性谈判小组的组成人员、询价小组的组成人员行贿或者采取其他不正当手段谋取中标或者成交。

采购代理机构不得以向采购人行贿或者采取其他不正当手段谋取非法利益。

第三章　政府采购方式

第二十六条 政府采购采用以下方式:

(一)公开招标;

(二)邀请招标;

(三)竞争性谈判;

(四)单一来源采购;

(五)询价;

(六)国务院政府采购监督管理部门认定的其他采购方式。

公开招标应作为政府采购的主要采购方式。

第二十七条 采购人采购货物或者服务应当采用公开招标方式的,其具体数额标准,属于中央预算的政府采购项目,由国务院规定;属于地方预算的政府采购项目,由省、自治区、直辖市人民政府规定;因特殊情况需要采用公开招标以外的采购方式的,应当在采购活动开始前获得设区的市、自治州以上人民政府采购监督管理部门的批准。

第二十八条 采购人不得将应当以公开招标方式采购的货物或者服务化整为零或者以其他任何方式规避公开招标采购。

第二十九条 符合下列情形之一的货物或者服务,可以依照本法采用邀请招标方式采购:

(一)具有特殊性,只能从有限范围的供应商处采购的;

(二)采用公开招标方式的费用占政府采购项目总价值的比例过大的。

第三十条 符合下列情形之一的货物或者服务,可以依照本法采用竞争性谈判方式采购:

（一）招标后没有供应商投标或者没有合格标的或者重新招标未能成立的；

（二）技术复杂或者性质特殊，不能确定详细规格或者具体要求的；

（三）采用招标所需时间不能满足用户紧急需要的；

（四）不能事先计算出价格总额的。

第三十一条 符合下列情形之一的货物或者服务，可以依照本法采用单一来源方式采购：

（一）只能从唯一供应商处采购的；

（二）发生了不可预见的紧急情况不能从其他供应商处采购的；

（三）必须保证原有采购项目一致性或者服务配套的要求，需要继续从原供应商处添购，且添购资金总额不超过原合同采购金额百分之十的。

第三十二条 采购的货物规格、标准统一、现货货源充足且价格变化幅度小的政府采购项目，可以依照本法采用询价方式采购。

第四章 政府采购程序

第三十三条 负有编制部门预算职责的部门在编制下一财政年度部门预算时，应当将该财政年度政府采购的项目及资金预算列出，报本级财政部门汇总。部门预算的审批，按预算管理权限和程序进行。

第三十四条 货物或者服务项目采取邀请招标方式采购的，采购人应当从符合相应资格条件的供应商中，通过随机方式选择三家以上的供应商，并向其发出投标邀请书。

第三十五条 货物和服务项目实行招标方式采购的，自招标文件开始发出之日起至投标人提交投标文件截止之日止，不得少于二十日。

第三十六条 在招标采购中，出现下列情形之一的，应予废标：

（一）符合专业条件的供应商或者对招标文件作实质响应的供应商不足三家的；

（二）出现影响采购公正的违法、违规行为的；

（三）投标人的报价均超过了采购预算，采购人不能支付的；

（四）因重大变故，采购任务取消的。

废标后，采购人应当将废标理由通知所有投标人。

第三十七条 废标后，除采购任务取消情形外，应当重新组织招标；需要采取其他方式采购的，应当在采购活动开始前获得设区的市、自治州以上人民政府采购监督管理部门或者政府有关部门批准。

第三十八条 采用竞争性谈判方式采购的，应当遵循下列程序：

（一）成立谈判小组。谈判小组由采购人的代表和有关专家共三人以上的单数组成，其中专家的人数不得少于成员总数的三分之二。

（二）制定谈判文件。谈判文件应当明确谈判程序、谈判内容、合同草案的条款以及评定成交的标准等事项。

（三）确定邀请参加谈判的供应商名单。谈判小组从符合相应资格条件的供应商名单中确定不少于三家的供应商参加谈判,并向其提供谈判文件。

(四)谈判。谈判小组所有成员集中与单一供应商分别进行谈判。在谈判中,谈判的任何一方不得透露与谈判有关的其他供应商的技术资料、价格和其他信息。谈判文件有实质性变动的,谈判小组应当以书面形式通知所有参加谈判的供应商。

(五)确定成交供应商。谈判结束后,谈判小组应当要求所有参加谈判的供应商在规定时间内进行最后报价,采购人从谈判小组提出的成交候选人中根据符合采购需求、质量和服务相等且报价最低的原则确定成交供应商,并将结果通知所有参加谈判的未成交的供应商。

第三十九条 采取单一来源方式采购的,采购人与供应商应当遵循本法规定的原则,在保证采购项目质量和双方商定合理价格的基础上进行采购。

第四十条 采取询价方式采购的,应当遵循下列程序:

(一)成立询价小组。询价小组由采购人的代表和有关专家共三人以上的单数组成,其中专家的人数不得少于成员总数的三分之二。询价小组应当对采购项目的价格构成和评定成交的标准等事项作出规定。

(二)确定被询价的供应商名单。询价小组根据采购需求,从符合相应资格条件的供应商名单中确定不少于三家的供应商,并向其发出询价通知书让其报价。

(三)询价。询价小组要求被询价的供应商一次报出不得更改的价格。

(四)确定成交供应商。采购人根据符合采购需求、质量和服务相等且报价最低的原则确定成交供应商,并将结果通知所有被询价的未成交的供应商。

第四十一条 采购人或者其委托的采购代理机构应当组织对供应商履约的验收。大型或者复杂的政府采购项目,应当邀请国家认可的质量检测机构参加验收工作。验收方成员应当在验收书上签字,并承担相应的法律责任。

第四十二条 采购人、采购代理机构对政府采购项目每项采购活动的采购文件应当妥善保存,不得伪造、变造、隐匿或者销毁。采购文件的保存期限为从采购结束之日起至少保存十五年。

采购文件包括采购活动记录、采购预算、招标文件、投标文件、评审标准、评估报告、定标文件、合同文本、验收证明、质疑答复、投诉处理决定及其他有关文件、资料。

采购活动记录至少应当包括下列内容:

(一)采购项目类别、名称;

(二)采购项目预算、资金构成和合同价格;

(三)采购方式,采用公开招标以外的采购方式的,应当载明原因;

(四)邀请和选择供应商的条件及原因;

(五)评审标准及确定中标人的原因;

(六)废标的原因;

(七)采用招标以外采购方式的相应记载。

第五章　政府采购合同

第四十三条　政府采购合同适用合同法。采购人和供应商之间的权利和义务,应当按照平等、自愿的原则以合同方式约定。

采购人可以委托采购代理机构代表其与供应商签订政府采购合同。由采购代理机构以采购人名义签订合同的,应当提交采购人的授权委托书,作为合同附件。

第四十四条　政府采购合同应当采用书面形式。

第四十五条　国务院政府采购监督管理部门应当会同国务院有关部门,规定政府采购合同必须具备的条款。

第四十六条　采购人与中标、成交供应商应当在中标、成交通知书发出之日起三十日内,按照采购文件确定的事项签订政府采购合同。

中标、成交通知书对采购人和中标、成交供应商均具有法律效力。中标、成交通知书发出后,采购人改变中标、成交结果的,或者中标、成交供应商放弃中标、成交项目的,应当依法承担法律责任。

第四十七条　政府采购项目的采购合同自签订之日起七个工作日内,采购人应当将合同副本报同级政府采购监督管理部门和有关部门备案。

第四十八条　经采购人同意,中标、成交供应商可以依法采取分包方式履行合同。

政府采购合同分包履行的,中标、成交供应商就采购项目和分包项目向采购人负责,分包供应商就分包项目承担责任。

第四十九条　政府采购合同履行中,采购人需追加与合同标的相同的货物、工程或者服务的,在不改变合同其他条款的前提下,可以与供应商协商签订补充合同,但所有补充合同的采购金额不得超过原合同采购金额的百分之十。

第五十条　政府采购合同的双方当事人不得擅自变更、中止或者终止合同。

政府采购合同继续履行将损害国家利益和社会公共利益的,双方当事人应当变更、中止或者终止合同。有过错的一方应当承担赔偿责任,双方都有过错的,各自承担相应的责任。

第六章　质疑与投诉

第五十一条　供应商对政府采购活动事项有疑问的,可以向采购人提出询问,采购人应当及时作出答复,但答复的内容不得涉及商业秘密。

第五十二条　供应商认为采购文件、采购过程和中标、成交结果使自己的权益受到损害的,可以在知道或者应知其权益受到损害之日起七个工作日内,以书面形式向采购人提出质疑。

第五十三条　采购人应当在收到供应商的书面质疑后七个工作日内作出答复,并以书面形式通知质疑供应商和其他有关供应商,但答复的内容不得涉及商业秘密。

第五十四条　采购人委托采购代理机构采购的,供应商可以向采购代理机构提出询问或者质疑,采购代理机构应当依照本法第五十一条、第五十三条的规定就采购人委托授权范围内的事项作出答复。

第五十五条　质疑供应商对采购人、采购代理机构的答复不满意或者采购人、采购代理机构未在规定的时间内作出答复的,可以在答复期满后十五个工作日内向同级政府采购监督管理部门投诉。

第五十六条　政府采购监督管理部门应当在收到投诉后三十个工作日内,对投诉事项作出处理决定,并以书面形式通知投诉人和与投诉事项有关的当事人。

第五十七条　政府采购监督管理部门在处理投诉事项期间,可以视具体情况书面通知采购人暂停采购活动,但暂停时间最长不得超过三十日。

第五十八条　投诉人对政府采购监督管理部门的投诉处理决定不服或者政府采购监督管理部门逾期未作处理的,可以依法申请行政复议或者向人民法院提起行政诉讼。

第七章　监督检查

第五十九条　政府采购监督管理部门应当加强对政府采购活动及集中采购机构的监督检查。

监督检查的主要内容是:

(一)有关政府采购的法律、行政法规和规章的执行情况;

(二)采购范围、采购方式和采购程序的执行情况;

(三)政府采购人员的职业素质和专业技能。

第六十条　政府采购监督管理部门不得设置集中采购机构,不得参与政府采购项目的采购活动。

采购代理机构与行政机关不得存在隶属关系或者其他利益关系。

第六十一条　集中采购机构应当建立健全内部监督管理制度。采购活动的决策和执行程序应当明确,并相互监督、相互制约。经办采购的人员与负责采购合同审核、验收人员的职责权限应当明确,并相互分离。

第六十二条　集中采购机构的采购人员应当具有相关职业素质和专业技能,符合政府采购监督管理部门规定的专业岗位任职要求。

集中采购机构对其工作人员应当加强教育和培训;对采购人员的专业水平、工作实绩和职业道德状况定期进行考核。采购人员经考核不合格的,不得继续任职。

第六十三条　政府采购项目的采购标准应当公开。

采用本法规定的采购方式的,采购人在采购活动完成后,应当将采购结果予以公布。

第六十四条　采购人必须按照本法规定的采购方式和采购程序进行采购。

任何单位和个人不得违反本法规定,要求采购人或者采购工作人员向其指定的供应商进行采购。

第六十五条　政府采购监督管理部门应当对政府采购项目的采购活动进行检查,政府采购当事人应当如实反映情况,提供有关材料。

第六十六条 政府采购监督管理部门应当对集中采购机构的采购价格、节约资金效果、服务质量、信誉状况、有无违法行为等事项进行考核,并定期如实公布考核结果。

第六十七条 依照法律、行政法规的规定对政府采购负有行政监督职责的政府有关部门,应当按照其职责分工,加强对政府采购活动的监督。

第六十八条 审计机关应当对政府采购进行审计监督。政府采购监督管理部门、政府采购各当事人有关政府采购活动,应当接受审计机关的审计监督。

第六十九条 监察机关应当加强对参与政府采购活动的国家机关、国家公务员和国家行政机关任命的其他人员实施监察。

第七十条 任何单位和个人对政府采购活动中的违法行为,有权控告和检举,有关部门、机关应当依照各自职责及时处理。

第八章 法 律 责 任

第七十一条 采购人、采购代理机构有下列情形之一的,责令限期改正,给予警告,可以并处罚款,对直接负责的主管人员和其他直接责任人员,由其行政主管部门或者有关机关给予处分,并予通报:

(一) 应当采用公开招标方式而擅自采用其他方式采购的;

(二) 擅自提高采购标准的;

(三) 以不合理的条件对供应商实行差别待遇或者歧视待遇的;

(四) 在招标采购过程中与投标人进行协商谈判的;

(五) 中标、成交通知书发出后不与中标、成交供应商签订采购合同的;

(六) 拒绝有关部门依法实施监督检查的。

第七十二条 采购人、采购代理机构及其工作人员有下列情形之一,构成犯罪的,依法追究刑事责任;尚不构成犯罪的,处以罚款,有违法所得的,并处没收违法所得,属于国家机关工作人员的,依法给予行政处分:

(一) 与供应商或者采购代理机构恶意串通的;

(二) 在采购过程中接受贿赂或者获取其他不正当利益的;

(三) 在有关部门依法实施的监督检查中提供虚假情况的;

(四) 开标前泄露标底的。

第七十三条 有前两条违法行为之一影响中标、成交结果或者可能影响中标、成交结果的,按下列情况分别处理:

(一) 未确定中标、成交供应商的,终止采购活动;

(二) 中标、成交供应商已经确定但采购合同尚未履行的,撤销合同,从合格的中标、成交候选人中另行确定中标、成交供应商;

(三) 采购合同已经履行的,给采购人、供应商造成损失的,由责任人承担赔偿责任。

第七十四条 采购人对应当实行集中采购的政府采购项目,不委托集中采购机构实行集中采购的,由政府采购监督管理部门责令改正;拒不改正的,停止按预算向其支付资金,由其上级行政主管部门或者有关机关依法给予其直接负责的主管人员和其他直接责任人员处分。

第七十五条 采购人未依法公布政府采购项目的采购标准和采购结果的,责令改正,对直接负责的主管人员依法给予处分。

第七十六条 采购人、采购代理机构违反本法规定隐匿、销毁应当保存的采购文件或者伪造、变造采购文件的,由政府采购监督管理部门处以二万元以上十万元以下的罚款,对其直接负责的主管人员和其他直接责任人员依法给予处分;构成犯罪的,依法追究刑事责任。

第七十七条 供应商有下列情形之一的,处以采购金额千分之五以上千分之十以下的罚款,列入不良行为记录名单,在一至三年内禁止参加政府采购活动,有违法所得的,并处没收违法所得,情节严重的,由工商行政管理机关吊销营业执照;构成犯罪的,依法追究刑事责任:

(一)提供虚假材料谋取中标、成交的;

(二)采取不正当手段诋毁、排挤其他供应商的;

(三)与采购人、其他供应商或者采购代理机构恶意串通的;

(四)向采购人、采购代理机构行贿或者提供其他不正当利益的;

(五)在招标采购过程中与采购人进行协商谈判的;

(六)拒绝有关部门监督检查或者提供虚假情况的。

供应商有前款第(一)至(五)项情形之一的,中标、成交无效。

第七十八条 采购代理机构在代理政府采购业务中有违法行为的,按照有关法律规定处以罚款,可以在一至三年内禁止其代理政府采购业务,构成犯罪的,依法追究刑事责任。

第七十九条 政府采购当事人有本法第七十一条、第七十二条、第七十七条违法行为之一,给他人造成损失的,并应依照有关民事法律规定承担民事责任。

第八十条 政府采购监督管理部门的工作人员在实施监督检查中违反本法规定滥用职权,玩忽职守,徇私舞弊的,依法给予行政处分;构成犯罪的,依法追究刑事责任。

第八十一条 政府采购监督管理部门对供应商的投诉逾期未作处理的,给予直接负责的主管人员和其他直接责任人员行政处分。

第八十二条 政府采购监督管理部门对集中采购机构业绩的考核,有虚假陈述,隐瞒真实情况的,或者不作定期考核和公布考核结果的,应当及时纠正,由其上级机关或者监察机关对其负责人进行通报,并对直接负责的人员依法给予行政处分。

集中采购机构在政府采购监督管理部门考核中,虚报业绩,隐瞒真实情况的,处以二万元以上二十万元以下的罚款,并予以通报;情节严重的,取消其代理采购的资格。

第八十三条 任何单位或者个人阻挠和限制供应商进入本地区或者本行业政府采购市场的,责令限期改正;拒不改正的,由该单位、个人的上级行政主管部门或者有关机关给予单位责任人或者个人处分。

第九章 附 则

第八十四条 使用国际组织和外国政府贷款进行的政府采购,贷款方、资金提供方与中方达成的协议对采购的具体条件另有规定的,可以适用其规定,但不得损害国家利益和社会公共利益。

第八十五条 对因严重自然灾害和其他不可抗力事件所实施的紧急采购和涉及国家安全和秘密的采购,不适用本法。

第八十六条 军事采购法规由中央军事委员会另行制定。

第八十七条 本法实施的具体步骤和办法由国务院规定。

第八十八条 本法自 2003 年 1 月 1 日起施行。

附录 2

中华人民共和国政府采购法实施条例

中华人民共和国国务院令

第 658 号

《中华人民共和国政府采购法实施条例》已经 2014 年 12 月 31 日国务院第 75 次常务会议通过,现予公布,自 2015 年 3 月 1 日起施行。

总　理　李克强

2015 年 1 月 30 日

中华人民共和国政府采购法实施条例

第一章　总　则

第一条　根据《中华人民共和国政府采购法》(以下简称政府采购法),制定本条例。

第二条　政府采购法第二条所称财政性资金是指纳入预算管理的资金。

以财政性资金作为还款来源的借贷资金,视同财政性资金。

国家机关、事业单位和团体组织的采购项目既使用财政性资金又使用非财政性资金的,使用财政性资金采购的部分,适用政府采购法及本条例;财政性资金与非财政性资金无法分割采购的,统一适用政府采购法及本条例。

政府采购法第二条所称服务,包括政府自身需要的服务和政府向社会公众提供的公共服务。

第三条　集中采购目录包括集中采购机构采购项目和部门集中采购项目。

技术、服务等标准统一,采购人普遍使用的项目,列为集中采购机构采购项目;采购人本部门、本系统基于业务需要有特殊要求,可以统一采购的项目,列为部门集中采购项目。

第四条　政府采购法所称集中采购,是指采购人将列入集中采购目录的项目委托集中采购机构代理采购或者进行部门集中采购的行为;所称分散采购,是指采购人将采购限额标准以上的未列入集中采购目录的项目自行采购或者委托采购代理机构代理采购的行为。

第五条　省、自治区、直辖市人民政府或者其授权的机构根据实际情况,可以确定分别适用于本行政区域省级、设区的市级、县级的集中采购目录和采购限额标准。

第六条 国务院财政部门应当根据国家的经济和社会发展政策,会同国务院有关部门制定政府采购政策,通过制定采购需求标准、预留采购份额、价格评审优惠、优先采购等措施,实现节约能源、保护环境、扶持不发达地区和少数民族地区、促进中小企业发展等目标。

第七条 政府采购工程以及与工程建设有关的货物、服务,采用招标方式采购的,适用《中华人民共和国招标投标法》及其实施条例;采用其他方式采购的,适用政府采购法及本条例。

前款所称工程,是指建设工程,包括建筑物和构筑物的新建、改建、扩建及其相关的装修、拆除、修缮等;所称与工程建设有关的货物,是指构成工程不可分割的组成部分,且为实现工程基本功能所必需的设备、材料等;所称与工程建设有关的服务,是指为完成工程所需的勘察、设计、监理等服务。

政府采购工程以及与工程建设有关的货物、服务,应当执行政府采购政策。

第八条 政府采购项目信息应当在省级以上人民政府财政部门指定的媒体上发布。采购项目预算金额达到国务院财政部门规定标准的,政府采购项目信息应当在国务院财政部门指定的媒体上发布。

第九条 在政府采购活动中,采购人员及相关人员与供应商有下列利害关系之一的,应当回避:

(一)参加采购活动前3年内与供应商存在劳动关系;

(二)参加采购活动前3年内担任供应商的董事、监事;

(三)参加采购活动前3年内是供应商的控股股东或者实际控制人;

(四)与供应商的法定代表人或者负责人有夫妻、直系血亲、三代以内旁系血亲或者近姻亲关系;

(五)与供应商有其他可能影响政府采购活动公平、公正进行的关系。

供应商认为采购人员及相关人员与其他供应商有利害关系的,可以向采购人或者采购代理机构书面提出回避申请,并说明理由。采购人或者采购代理机构应当及时询问被申请回避人员,有利害关系的被申请回避人员应当回避。

第十条 国家实行统一的政府采购电子交易平台建设标准,推动利用信息网络进行电子化政府采购活动。

第二章 政府采购当事人

第十一条 采购人在政府采购活动中应当维护国家利益和社会公共利益,公正廉洁,诚实守信,执行政府采购政策,建立政府采购内部管理制度,厉行节约,科学合理确定采购需求。

采购人不得向供应商索要或者接受其给予的赠品、回扣或者与采购无关的其他商品、服务。

第十二条 政府采购法所称采购代理机构,是指集中采购机构和集中采购机构以外的采购代理机构。

集中采购机构是设区的市级以上人民政府依法设立的非营利事业法人,是代理集中采购项目的执行机构。集中采购机构应当根据采购人委托制定集中采购项目的实施方案,明确采购规程,组织政府采购活动,不得将集中采购项目转委托。集中采购机构以外的采购代理机构,是从事采购代理业务的社会中介机构。

第十三条 采购代理机构应当建立完善的政府采购内部监督管理制度,具备开展政府采购业务所需的评审条件和设施。

采购代理机构应当提高确定采购需求,编制招标文件、谈判文件、询价通知书,拟订合同文本和优化采购程序的专业化服务水平,根据采购人委托在规定的时间内及时组织采购人与中标或者成交供应商签订政府采购合同,及时协助采购人对采购项目进行验收。

第十四条 采购代理机构不得以不正当手段获取政府采购代理业务,不得与采购人、供应商恶意串通操纵政府采购活动。

采购代理机构工作人员不得接受采购人或者供应商组织的宴请、旅游、娱乐,不得收受礼品、现金、有价证券等,不得向采购人或者供应商报销应当由个人承担的费用。

第十五条 采购人、采购代理机构应当根据政府采购政策、采购预算、采购需求编制采购文件。

采购需求应当符合法律法规以及政府采购政策规定的技术、服务、安全等要求。政府向社会公众提供的公共服务项目,应当就确定采购需求征求社会公众的意见。除因技术复杂或者性质特殊,不能确定详细规格或者具体要求外,采购需求应当完整、明确。必要时,应当就确定采购需求征求相关供应商、专家的意见。

第十六条 政府采购法第二十条规定的委托代理协议,应当明确代理采购的范围、权限和期限等具体事项。

采购人和采购代理机构应当按照委托代理协议履行各自义务,采购代理机构不得超越代理权限。

第十七条 参加政府采购活动的供应商应当具备政府采购法第二十二条第一款规定的条件,提供下列材料:

(一)法人或者其他组织的营业执照等证明文件,自然人的身份证明;

(二)财务状况报告,依法缴纳税收和社会保障资金的相关材料;

(三)具备履行合同所必需的设备和专业技术能力的证明材料;

(四)参加政府采购活动前3年内在经营活动中没有重大违法记录的书面声明;

(五)具备法律、行政法规规定的其他条件的证明材料。

采购项目有特殊要求的,供应商还应当提供其符合特殊要求的证明材料或者情况说明。

第十八条 单位负责人为同一人或者存在直接控股、管理关系的不同供应商,不得参加同一合同项下的政府采购活动。

除单一来源采购项目外,为采购项目提供整体设计、规范编制或者项目管理、监理、检测等服务的供应商,不得再参加该采购项目的其他采购活动。

第十九条 政府采购法第二十二条第一款第五项所称重大违法记录,是指供应商因违法经营受到刑事处罚或者责令停产停业、吊销许可证或者执照、较大数额罚款等行政处罚。

供应商在参加政府采购活动前3年内因违法经营被禁止在一定期限内参加政府采购活动,期限届满的,可以参加政府采购活动。

第二十条 采购人或者采购代理机构有下列情形之一的,属于以不合理的条件对供应商实行差别待遇或者歧视待遇:

(一)就同一采购项目向供应商提供有差别的项目信息;

(二)设定的资格、技术、商务条件与采购项目的具体特点和实际需要不相适应或者与合同履行无关;

(三)采购需求中的技术、服务等要求指向特定供应商、特定产品;

(四)以特定行政区域或者特定行业的业绩、奖项作为加分条件或者中标、成交条件;

(五)对供应商采取不同的资格审查或者评审标准;

(六)限定或者指定特定的专利、商标、品牌或者供应商;

(七)非法限定供应商的所有制形式、组织形式或者所在地;

(八)以其他不合理条件限制或者排斥潜在供应商。

第二十一条 采购人或者采购代理机构对供应商进行资格预审的,资格预审公告应当在省级以上人民政府财政部门指定的媒体上发布。已进行资格预审的,评审阶段可以不再对供应商资格进行审查。资格预审合格的供应商在评审阶段资格发生变化的,应当通知采购人和采购代理机构。

资格预审公告应当包括采购人和采购项目名称、采购需求、对供应商的资格要求以及供应商提交资格预审申请文件的时间和地点。提交资格预审申请文件的时间自公告发布之日起不得少于5个工作日。

第二十二条 联合体中有同类资质的供应商按照联合体分工承担相同工作的,应当按照资质等级较低的供应商确定资质等级。

以联合体形式参加政府采购活动的,联合体各方不得再单独参加或者与其他供应商另外组成联合体参加同一合同项下的政府采购活动。

第三章 政府采购方式

第二十三条 采购人采购公开招标数额标准以上的货物或者服务,符合政府采购法第二十九条、第三十条、第三十一条、第三十二条规定情形或者有需要执行政府采购政策等特殊情况的,经设区的市级以上人民政府财政部门批准,可以依法采用公开招标以外的采购方式。

第二十四条 列入集中采购目录的项目,适合实行批量集中采购的,应当实行批量集中采购,但紧急的小额零星货物项目和有特殊要求的服务、工程项目除外。

第二十五条 政府采购工程依法不进行招标的,应当依照政府采购法和本条例规定的竞争性谈判或者单一来源采购方式采购。

第二十六条 政府采购法第三十条第三项规定的情形,应当是采购人不可预见的或者非因采购人拖延导致的;第四项规定的情形,是指因采购艺术品或者因专利、专有技术或者因服务的时间、数量事先不能确定等导致不能事先计算出价格总额。

第二十七条 政府采购法第三十一条第一项规定的情形,是指因货物或者服务使用不可替代的专利、专有技术,或者公共服务项目具有特殊要求,导致只能从某一特定供应商处采购。

第二十八条 在一个财政年度内,采购人将一个预算项目下的同一品目或者类别的货物、服务采用公开招标以外的方式多次采购,累计资金数额超过公开招标数额标准的,属于以化整为零方式规避公开招标,但项目预算调整或者经批准采用公开招标以外方式采购除外。

第四章 政府采购程序

第二十九条 采购人应当根据集中采购目录、采购限额标准和已批复的部门预算编制政府采购实施计划,报本级人民政府财政部门备案。

第三十条 采购人或者采购代理机构应当在招标文件、谈判文件、询价通知书中公开采购项目预算金额。

第三十一条 招标文件的提供期限自招标文件开始发出之日起不得少于5个工作日。

采购人或者采购代理机构可以对已发出的招标文件进行必要的澄清或者修改。澄清或者修改的内容可能影响投标文件编制的,采购人或者采购代理机构应当在投标截止时间至少15日前,以书面形式通知所有获取招标文件的潜在投标人;不足15日的,采购人或者采购代理机构应当顺延提交投标文件的截止时间。

第三十二条 采购人或者采购代理机构应当按照国务院财政部门制定的招标文件标准文本编制招标文件。

招标文件应当包括采购项目的商务条件、采购需求、投标人的资格条件、投标报价要求、评标方法、评审标准以及拟签订的合同文本等。

第三十三条 招标文件要求投标人提交投标保证金的,投标保证金不得超过采购项目预算金额的2%。投标保证金应当以支票、汇票、本票或者金融机构、担保机构出具的保函等非现金形式提交。投标人未按照招标文件要求提交投标保证金的,投标无效。

采购人或者采购代理机构应当自中标通知书发出之日起5个工作日内退还未中标供应商的投标保证金,自政府采购合同签订之日起5个工作日内退还中标供应商的投标保证金。

竞争性谈判或者询价采购中要求参加谈判或者询价的供应商提交保证金的,参照前两款的规定执行。

第三十四条 政府采购招标评标方法分为最低评标价法和综合评分法。

最低评标价法,是指投标文件满足招标文件全部实质性要求且投标报价最低的供应商为中标候选人的评标方法。综合评分法,是指投标文件满足招标文件全部实质性要求且按照评审因素的量化指标评审得分最高的供应商为中标候选人的评标方法。

技术、服务等标准统一的货物和服务项目,应当采用最低评标价法。

采用综合评分法的,评审标准中的分值设置应当与评审因素的量化指标相对应。

招标文件中没有规定的评审标准不得作为评审的依据。

第三十五条 谈判文件不能完整、明确列明采购需求,需要由供应商提供最终设计方案或者解决方案的,在谈判结束后,谈判小组应当按照少数服从多数的原则投票推荐3家以上供应商的设计方案或者解决方案,并要求其在规定时间内提交最后报价。

第三十六条 询价通知书应当根据采购需求确定政府采购合同条款。在询价过程中,询价小组不得改变询价通知书所确定的政府采购合同条款。

第三十七条 政府采购法第三十八条第五项、第四十条第四项所称质量和服务相等,是指供应商提供的产品质量和服务均能满足采购文件规定的实质性要求。

第三十八条 达到公开招标数额标准,符合政府采购法第三十一条第一项规定情形,只能从唯一供应商处采购的,采购人应当将采购项目信息和唯一供应商名称在省级以上人民政府财政部门指定的媒体上公示,公示期不得少于5个工作日。

第三十九条 除国务院财政部门规定的情形外,采购人或者采购代理机构应当从政府采购评审专家库中随机抽取评审专家。

第四十条 政府采购评审专家应当遵守评审工作纪律,不得泄露评审文件、评审情况和评审中获悉的商业秘密。

评标委员会、竞争性谈判小组或者询价小组在评审过程中发现供应商有行贿、提供虚假材料或者串通等违法行为的,应当及时向财政部门报告。

政府采购评审专家在评审过程中受到非法干预的,应当及时向财政、监察等部门举报。

第四十一条 评标委员会、竞争性谈判小组或者询价小组成员应当按照客观、公正、审慎的原则,根据采购文件规定的评审程序、评审方法和评审标准进行独立评审。采购文件内容违反国家有关强制性规定的,评标委员会、竞争性谈判小组或者询价小组应当停止评审并向采购人或者采购代理机构说明情况。

评标委员会、竞争性谈判小组或者询价小组成员应当在评审报告上签字,对自己的评审意见承担法律责任。对评审报告有异议的,应当在评审报告上签署不同意见,并说明理由,否则视为同意评审报告。

第四十二条 采购人、采购代理机构不得向评标委员会、竞争性谈判小组或者询价小组的评审专家作倾向性、误导性的解释或者说明。

第四十三条 采购代理机构应当自评审结束之日起2个工作日内将评审报告送交采

购人。采购人应当自收到评审报告之日起 5 个工作日内在评审报告推荐的中标或者成交候选人中按顺序确定中标或者成交供应商。

采购人或者采购代理机构应当自中标、成交供应商确定之日起 2 个工作日内，发出中标、成交通知书，并在省级以上人民政府财政部门指定的媒体上公告中标、成交结果，招标文件、竞争性谈判文件、询价通知书随中标、成交结果同时公告。

中标、成交结果公告内容应当包括采购人和采购代理机构的名称、地址、联系方式，项目名称和项目编号，中标或者成交供应商名称、地址和中标或者成交金额，主要中标或者成交标的的名称、规格型号、数量、单价、服务要求以及评审专家名单。

第四十四条　除国务院财政部门规定的情形外，采购人、采购代理机构不得以任何理由组织重新评审。采购人、采购代理机构按照国务院财政部门的规定组织重新评审的，应当书面报告本级人民政府财政部门。

采购人或者采购代理机构不得通过对样品进行检测、对供应商进行考察等方式改变评审结果。

第四十五条　采购人或者采购代理机构应当按照政府采购合同规定的技术、服务、安全标准组织对供应商履约情况进行验收，并出具验收书。验收书应当包括每一项技术、服务、安全标准的履约情况。

政府向社会公众提供的公共服务项目，验收时应当邀请服务对象参与并出具意见，验收结果应当向社会公告。

第四十六条　政府采购法第四十二条规定的采购文件，可以用电子档案方式保存。

第五章　政府采购合同

第四十七条　国务院财政部门应当会同国务院有关部门制定政府采购合同标准文本。

第四十八条　采购文件要求中标或者成交供应商提交履约保证金的，供应商应当以支票、汇票、本票或者金融机构、担保机构出具的保函等非现金形式提交。履约保证金的数额不得超过政府采购合同金额的 10%。

第四十九条　中标或者成交供应商拒绝与采购人签订合同的，采购人可以按照评审报告推荐的中标或者成交候选人名单排序，确定下一候选人为中标或者成交供应商，也可以重新开展政府采购活动。

第五十条　采购人应当自政府采购合同签订之日起 2 个工作日内，将政府采购合同在省级以上人民政府财政部门指定的媒体上公告，但政府采购合同中涉及国家秘密、商业秘密的内容除外。

第五十一条　采购人应当按照政府采购合同规定，及时向中标或者成交供应商支付采购资金。

政府采购项目资金支付程序，按照国家有关财政资金支付管理的规定执行。

第六章 质疑与投诉

第五十二条 采购人或者采购代理机构应当在3个工作日内对供应商依法提出的询问作出答复。

供应商提出的询问或者质疑超出采购人对采购代理机构委托授权范围的,采购代理机构应当告知供应商向采购人提出。

政府采购评审专家应当配合采购人或者采购代理机构答复供应商的询问和质疑。

第五十三条 政府采购法第五十二条规定的供应商应知其权益受到损害之日,是指:

(一)对可以质疑的采购文件提出质疑的,为收到采购文件之日或者采购文件公告期限届满之日;

(二)对采购过程提出质疑的,为各采购程序环节结束之日;

(三)对中标或者成交结果提出质疑的,为中标或者成交结果公告期限届满之日。

第五十四条 询问或者质疑事项可能影响中标、成交结果的,采购人应当暂停签订合同,已经签订合同的,应当中止履行合同。

第五十五条 供应商质疑、投诉应当有明确的请求和必要的证明材料。供应商投诉的事项不得超出已质疑事项的范围。

第五十六条 财政部门处理投诉事项采用书面审查的方式,必要时可以进行调查取证或者组织质证。

对财政部门依法进行的调查取证,投诉人和与投诉事项有关的当事人应当如实反映情况,并提供相关材料。

第五十七条 投诉人捏造事实、提供虚假材料或者以非法手段取得证明材料进行投诉的,财政部门应当予以驳回。

财政部门受理投诉后,投诉人书面申请撤回投诉的,财政部门应当终止投诉处理程序。

第五十八条 财政部门处理投诉事项,需要检验、检测、鉴定、专家评审以及需要投诉人补正材料的,所需时间不计算在投诉处理期限内。

财政部门对投诉事项作出的处理决定,应当在省级以上人民政府财政部门指定的媒体上公告。

第七章 监督检查

第五十九条 政府采购法第六十三条所称政府采购项目的采购标准,是指项目采购所依据的经费预算标准、资产配置标准和技术、服务标准等。

第六十条 除政府采购法第六十六条规定的考核事项外,财政部门对集中采购机构的考核事项还包括:

(一)政府采购政策的执行情况;

(二)采购文件编制水平;

（三）采购方式和采购程序的执行情况；

（四）询问、质疑答复情况；

（五）内部监督管理制度建设及执行情况；

（六）省级以上人民政府财政部门规定的其他事项。

财政部门应当制定考核计划，定期对集中采购机构进行考核，考核结果有重要情况的，应当向本级人民政府报告。

第六十一条 采购人发现采购代理机构有违法行为的，应当要求其改正。采购代理机构拒不改正的，采购人应当向本级人民政府财政部门报告，财政部门应当依法处理。

采购代理机构发现采购人的采购需求存在以不合理条件对供应商实行差别待遇、歧视待遇或者其他不符合法律、法规和政府采购政策规定内容，或者发现采购人有其他违法行为的，应当建议其改正。采购人拒不改正的，采购代理机构应当向采购人的本级人民政府财政部门报告，财政部门应当依法处理。

第六十二条 省级以上人民政府财政部门应当对政府采购评审专家库实行动态管理，具体管理办法由国务院财政部门制定。

采购人或者采购代理机构应当对评审专家在政府采购活动中的职责履行情况予以记录，并及时向财政部门报告。

第六十三条 各级人民政府财政部门和其他有关部门应当加强对参加政府采购活动的供应商、采购代理机构、评审专家的监督管理，对其不良行为予以记录，并纳入统一的信用信息平台。

第六十四条 各级人民政府财政部门对政府采购活动进行监督检查，有权查阅、复制有关文件、资料，相关单位和人员应当予以配合。

第六十五条 审计机关、监察机关以及其他有关部门依法对政府采购活动实施监督，发现采购当事人有违法行为的，应当及时通报财政部门。

第八章 法 律 责 任

第六十六条 政府采购法第七十一条规定的罚款，数额为10万元以下。

政府采购法第七十二条规定的罚款，数额为5万元以上25万元以下。

第六十七条 采购人有下列情形之一的，由财政部门责令限期改正，给予警告，对直接负责的主管人员和其他直接责任人员依法给予处分，并予以通报：

（一）未按照规定编制政府采购实施计划或者未按照规定将政府采购实施计划报本级人民政府财政部门备案；

（二）将应当进行公开招标的项目化整为零或者以其他任何方式规避公开招标；

（三）未按照规定在评标委员会、竞争性谈判小组或者询价小组推荐的中标或者成交候选人中确定中标或者成交供应商；

（四）未按照采购文件确定的事项签订政府采购合同；

（五）政府采购合同履行中追加与合同标的相同的货物、工程或者服务的采购金额超过原合同采购金额 10%；

（六）擅自变更、中止或者终止政府采购合同；

（七）未按照规定公告政府采购合同；

（八）未按照规定时间将政府采购合同副本报本级人民政府财政部门和有关部门备案。

第六十八条　采购人、采购代理机构有下列情形之一的，依照政府采购法第七十一条、第七十八条的规定追究法律责任：

（一）未依照政府采购法和本条例规定的方式实施采购；

（二）未依法在指定的媒体上发布政府采购项目信息；

（三）未按照规定执行政府采购政策；

（四）违反本条例第十五条的规定导致无法组织对供应商履约情况进行验收或者国家财产遭受损失；

（五）未依法从政府采购评审专家库中抽取评审专家；

（六）非法干预采购评审活动；

（七）采用综合评分法时评审标准中的分值设置未与评审因素的量化指标相对应；

（八）对供应商的询问、质疑逾期未作处理；

（九）通过对样品进行检测、对供应商进行考察等方式改变评审结果；

（十）未按照规定组织对供应商履约情况进行验收。

第六十九条　集中采购机构有下列情形之一的，由财政部门责令限期改正，给予警告，有违法所得的，并处没收违法所得，对直接负责的主管人员和其他直接责任人员依法给予处分，并予以通报：

（一）内部监督管理制度不健全，对依法应当分设、分离的岗位、人员未分设、分离；

（二）将集中采购项目委托其他采购代理机构采购；

（三）从事营利活动。

第七十条　采购人员与供应商有利害关系而不依法回避的，由财政部门给予警告，并处 2 000 元以上 2 万元以下的罚款。

第七十一条　有政府采购法第七十一条、第七十二条规定的违法行为之一，影响或者可能影响中标、成交结果的，依照下列规定处理：

（一）未确定中标或者成交供应商的，终止本次政府采购活动，重新开展政府采购活动。

（二）已确定中标或者成交供应商但尚未签订政府采购合同的，中标或者成交结果无效，从合格的中标或者成交候选人中另行确定中标或者成交供应商；没有合格的中标或者成交候选人的，重新开展政府采购活动。

（三）政府采购合同已签订但尚未履行的，撤销合同，从合格的中标或者成交候选人中另行确定中标或者成交供应商；没有合格的中标或者成交候选人的，重新开展政府采购活动。

（四）政府采购合同已经履行，给采购人、供应商造成损失的，由责任人承担赔偿责任。

政府采购当事人有其他违反政府采购法或者本条例规定的行为，经改正后仍然影响或者可能影响中标、成交结果或者依法被认定为中标、成交无效的，依照前款规定处理。

第七十二条 供应商有下列情形之一的，依照政府采购法第七十七条第一款的规定追究法律责任：

（一）向评标委员会、竞争性谈判小组或者询价小组成员行贿或者提供其他不正当利益；

（二）中标或者成交后无正当理由拒不与采购人签订政府采购合同；

（三）未按照采购文件确定的事项签订政府采购合同；

（四）将政府采购合同转包；

（五）提供假冒伪劣产品；

（六）擅自变更、中止或者终止政府采购合同。

供应商有前款第一项规定情形的，中标、成交无效。评审阶段资格发生变化，供应商未依照本条例第二十一条的规定通知采购人和采购代理机构的，处以采购金额5‰的罚款，列入不良行为记录名单，中标、成交无效。

第七十三条 供应商捏造事实、提供虚假材料或者以非法手段取得证明材料进行投诉的，由财政部门列入不良行为记录名单，禁止其1至3年内参加政府采购活动。

第七十四条 有下列情形之一的，属于恶意串通，对供应商依照政府采购法第七十七条第一款的规定追究法律责任，对采购人、采购代理机构及其工作人员依照政府采购法第七十二条的规定追究法律责任：

（一）供应商直接或者间接从采购人或者采购代理机构处获得其他供应商的相关情况并修改其投标文件或者响应文件；

（二）供应商按照采购人或者采购代理机构的授意撤换、修改投标文件或者响应文件；

（三）供应商之间协商报价、技术方案等投标文件或者响应文件的实质性内容；

（四）属于同一集团、协会、商会等组织成员的供应商按照该组织要求协同参加政府采购活动；

（五）供应商之间事先约定由某一特定供应商中标、成交；

（六）供应商之间商定部分供应商放弃参加政府采购活动或者放弃中标、成交；

（七）供应商与采购人或者采购代理机构之间、供应商相互之间，为谋求特定供应商中标、成交或者排斥其他供应商的其他串通行为。

第七十五条 政府采购评审专家未按照采购文件规定的评审程序、评审方法和评审标准进行独立评审或者泄露评审文件、评审情况的，由财政部门给予警告，并处2 000元以上2万元以下的罚款；影响中标、成交结果的，处2万元以上5万元以下的罚款，禁止其参加政府采购评审活动。

政府采购评审专家与供应商存在利害关系未回避的，处2万元以上5万元以下的罚款，禁止其参加政府采购评审活动。

政府采购评审专家收受采购人、采购代理机构、供应商贿赂或者获取其他不正当利益,构成犯罪的,依法追究刑事责任;尚不构成犯罪的,处2万元以上5万元以下的罚款,禁止其参加政府采购评审活动。

政府采购评审专家有上述违法行为的,其评审意见无效,不得获取评审费;有违法所得的,没收违法所得;给他人造成损失的,依法承担民事责任。

第七十六条 政府采购当事人违反政府采购法和本条例规定,给他人造成损失的,依法承担民事责任。

第七十七条 财政部门在履行政府采购监督管理职责中违反政府采购法和本条例规定,滥用职权、玩忽职守、徇私舞弊的,对直接负责的主管人员和其他直接责任人员依法给予处分;直接负责的主管人员和其他直接责任人员构成犯罪的,依法追究刑事责任。

第九章 附 则

第七十八条 财政管理实行省直接管理的县级人民政府可以根据需要并报经省级人民政府批准,行使政府采购法和本条例规定的设区的市级人民政府批准变更采购方式的职权。

第七十九条 本条例自2015年3月1日起施行。

附录 3

政府采购货物和服务招标投标管理办法

中华人民共和国财政部令

第 87 号

财政部对《政府采购货物和服务招标投标管理办法》(财政部令第 18 号)进行了修订,修订后的《政府采购货物和服务招标投标管理办法》已经部务会议审议通过。现予公布,自 2017 年 10 月 1 日起施行。

部长 肖捷

2017 年 7 月 11 日

政府采购货物和服务招标投标管理办法

第一章 总 则

第一条 为了规范政府采购当事人的采购行为,加强对政府采购货物和服务招标投标活动的监督管理,维护国家利益、社会公共利益和政府采购招标投标活动当事人的合法权益,依据《中华人民共和国政府采购法》(以下简称政府采购法)、《中华人民共和国政府采购法实施条例》(以下简称政府采购法实施条例)和其他有关法律法规规定,制定本办法。

第二条 本办法适用于在中华人民共和国境内开展政府采购货物和服务(以下简称货物服务)招标投标活动。

第三条 货物服务招标分为公开招标和邀请招标。

公开招标,是指采购人依法以招标公告的方式邀请非特定的供应商参加投标的采购方式。

邀请招标,是指采购人依法从符合相应资格条件的供应商中随机抽取 3 家以上供应商,并以投标邀请书的方式邀请其参加投标的采购方式。

第四条 属于地方预算的政府采购项目,省、自治区、直辖市人民政府根据实际情况,可以确定分别适用于本行政区域省级、设区的市级、县级公开招标数额标准。

第五条 采购人应当在货物服务招标投标活动中落实节约能源、保护环境、扶持不发达地区和少数民族地区、促进中小企业发展等政府采购政策。

第六条 采购人应当按照行政事业单位内部控制规范要求,建立健全本单位政府采购内部控制制度,在编制政府采购预算和实施计划、确定采购需求、组织采购活动、履约验收、答复询问质疑、配合投诉处理及监督检查等重点环节加强内部控制管理。

采购人不得向供应商索要或者接受其给予的赠品、回扣或者与采购无关的其他商品、服务。

第七条 采购人应当按照财政部制定的《政府采购品目分类目录》确定采购项目属性。按照《政府采购品目分类目录》无法确定的,按照有利于采购项目实施的原则确定。

第八条 采购人委托采购代理机构代理招标的,采购代理机构应当在采购人委托的范围内依法开展采购活动。

采购代理机构及其分支机构不得在所代理的采购项目中投标或者代理投标,不得为所代理的采购项目的投标人参加本项目提供投标咨询。

第二章 招 标

第九条 未纳入集中采购目录的政府采购项目,采购人可以自行招标,也可以委托采购代理机构在委托的范围内代理招标。

采购人自行组织开展招标活动的,应当符合下列条件:

(一)有编制招标文件、组织招标的能力和条件;

(二)有与采购项目专业性相适应的专业人员。

第十条 采购人应当对采购标的的市场技术或者服务水平、供应、价格等情况进行市场调查,根据调查情况、资产配置标准等科学、合理地确定采购需求,进行价格测算。

第十一条 采购需求应当完整、明确,包括以下内容:

(一)采购标的需实现的功能或者目标,以及为落实政府采购政策需满足的要求;

(二)采购标的需执行的国家相关标准、行业标准、地方标准或者其他标准、规范;

(三)采购标的需满足的质量、安全、技术规格、物理特性等要求;

(四)采购标的的数量、采购项目交付或者实施的时间和地点;

(五)采购标的需满足的服务标准、期限、效率等要求;

(六)采购标的的验收标准;

(七)采购标的的其他技术、服务等要求。

第十二条 采购人根据价格测算情况,可以在采购预算额度内合理设定最高限价,但不得设定最低限价。

第十三条 公开招标公告应当包括以下主要内容:

(一)采购人及其委托的采购代理机构的名称、地址和联系方法;

(二)采购项目的名称、预算金额,设定最高限价的,还应当公开最高限价;

(三)采购人的采购需求;

(四)投标人的资格要求;

（五）获取招标文件的时间期限、地点、方式及招标文件售价；

（六）公告期限；

（七）投标截止时间、开标时间及地点；

（八）采购项目联系人姓名和电话。

第十四条 采用邀请招标方式的，采购人或者采购代理机构应当通过以下方式产生符合资格条件的供应商名单，并从中随机抽取3家以上供应商向其发出投标邀请书：

（一）发布资格预审公告征集；

（二）从省级以上人民政府财政部门（以下简称财政部门）建立的供应商库中选取；

（三）采购人书面推荐。

采用前款第一项方式产生符合资格条件供应商名单的，采购人或者采购代理机构应当按照资格预审文件载明的标准和方法，对潜在投标人进行资格预审。

采用第一款第二项或者第三项方式产生符合资格条件供应商名单的，备选的符合资格条件供应商总数不得少于拟随机抽取供应商总数的2倍。

随机抽取是指通过抽签等能够保证所有符合资格条件供应商机会均等的方式选定供应商。随机抽取供应商时，应当有不少于2名采购人工作人员在场监督，并形成书面记录，随采购文件一并存档。

投标邀请书应当同时向所有受邀请的供应商发出。

第十五条 资格预审公告应当包括以下主要内容：

（一）本办法第十三条第一至四项、第六项和第八项内容；

（二）获取资格预审文件的时间期限、地点、方式；

（三）提交资格预审申请文件的截止时间、地点及资格预审日期。

第十六条 招标公告、资格预审公告的公告期限为5个工作日。公告内容应当以省级以上财政部门指定媒体发布的公告为准。公告期限自省级以上财政部门指定媒体最先发布公告之日起算。

第十七条 采购人、采购代理机构不得将投标人的注册资本、资产总额、营业收入、从业人员、利润、纳税额等规模条件作为资格要求或者评审因素，也不得通过将除进口货物以外的生产厂家授权、承诺、证明、背书等作为资格要求，对投标人实行差别待遇或者歧视待遇。

第十八条 采购人或者采购代理机构应当按照招标公告、资格预审公告或者投标邀请书规定的时间、地点提供招标文件或者资格预审文件，提供期限自招标公告、资格预审公告发布之日起计算不得少于5个工作日。提供期限届满后，获取招标文件或者资格预审文件的潜在投标人不足3家的，可以顺延提供期限，并予公告。

公开招标进行资格预审的，招标公告和资格预审公告可以合并发布，招标文件应当向所有通过资格预审的供应商提供。

第十九条 采购人或者采购代理机构应当根据采购项目的实施要求，在招标公告、资格预审公告或者投标邀请书中载明是否接受联合体投标。如未载明，不得拒绝联合体投标。

第二十条 采购人或者采购代理机构应当根据采购项目的特点和采购需求编制招标文件。招标文件应当包括以下主要内容：

（一）投标邀请；

（二）投标人须知（包括投标文件的密封、签署、盖章要求等）；

（三）投标人应当提交的资格、资信证明文件；

（四）为落实政府采购政策，采购标的需满足的要求，以及投标人须提供的证明材料；

（五）投标文件编制要求、投标报价要求和投标保证金交纳、退还方式以及不予退还投标保证金的情形；

（六）采购项目预算金额，设定最高限价的，还应当公开最高限价；

（七）采购项目的技术规格、数量、服务标准、验收等要求，包括附件、图纸等；

（八）拟签订的合同文本；

（九）货物、服务提供的时间、地点、方式；

（十）采购资金的支付方式、时间、条件；

（十一）评标方法、评审标准和投标无效情形；

（十二）投标有效期；

（十三）投标截止时间、开标时间及地点；

（十四）采购代理机构代理费用的收取标准和方式；

（十五）投标人信用信息查询渠道及截止时点、信用信息查询记录和证据留存的具体方式、信用信息的使用规则等；

（十六）省级以上财政部门规定的其他事项。

对于不允许偏离的实质性要求和条件，采购人或者采购代理机构应当在招标文件中规定，并以醒目的方式标明。

第二十一条 采购人或者采购代理机构应当根据采购项目的特点和采购需求编制资格预审文件。资格预审文件应当包括以下主要内容：

（一）资格预审邀请；

（二）申请人须知；

（三）申请人的资格要求；

（四）资格审核标准和方法；

（五）申请人应当提供的资格预审申请文件的内容和格式；

（六）提交资格预审申请文件的方式、截止时间、地点及资格审核日期；

（七）申请人信用信息查询渠道及截止时点、信用信息查询记录和证据留存的具体方式、信用信息的使用规则等内容；

（八）省级以上财政部门规定的其他事项。

资格预审文件应当免费提供。

第二十二条 采购人、采购代理机构一般不得要求投标人提供样品，仅凭书面方式不能准确描述采购需求或者需要对样品进行主观判断以确认是否满足采购需求等特殊情况除外。

要求投标人提供样品的,应当在招标文件中明确规定样品制作的标准和要求、是否需要随样品提交相关检测报告、样品的评审方法以及评审标准。需要随样品提交检测报告的,还应当规定检测机构的要求、检测内容等。

采购活动结束后,对于未中标人提供的样品,应当及时退还或者经未中标人同意后自行处理;对于中标人提供的样品,应当按照招标文件的规定进行保管、封存,并作为履约验收的参考。

第二十三条 投标有效期从提交投标文件的截止之日起算。投标文件中承诺的投标有效期应当不少于招标文件中载明的投标有效期。投标有效期内投标人撤销投标文件的,采购人或者采购代理机构可以不退还投标保证金。

第二十四条 招标文件售价应当按照弥补制作、邮寄成本的原则确定,不得以营利为目的,不得以招标采购金额作为确定招标文件售价的依据。

第二十五条 招标文件、资格预审文件的内容不得违反法律、行政法规、强制性标准、政府采购政策,或者违反公开透明、公平竞争、公正和诚实信用原则。

有前款规定情形,影响潜在投标人投标或者资格预审结果的,采购人或者采购代理机构应当修改招标文件或者资格预审文件后重新招标。

第二十六条 采购人或者采购代理机构可以在招标文件提供期限截止后,组织已获取招标文件的潜在投标人现场考察或者召开开标前答疑会。

组织现场考察或者召开答疑会的,应当在招标文件中载明,或者在招标文件提供期限截止后以书面形式通知所有获取招标文件的潜在投标人。

第二十七条 采购人或者采购代理机构可以对已发出的招标文件、资格预审文件、投标邀请书进行必要的澄清或者修改,但不得改变采购标的和资格条件。澄清或者修改应当在原公告发布媒体上发布澄清公告。澄清或者修改的内容为招标文件、资格预审文件、投标邀请书的组成部分。

澄清或者修改的内容可能影响投标文件编制的,采购人或者采购代理机构应当在投标截止时间至少15日前,以书面形式通知所有获取招标文件的潜在投标人;不足15日的,采购人或者采购代理机构应当顺延提交投标文件的截止时间。

澄清或者修改的内容可能影响资格预审申请文件编制的,采购人或者采购代理机构应当在提交资格预审申请文件截止时间至少3日前,以书面形式通知所有获取资格预审文件的潜在投标人;不足3日的,采购人或者采购代理机构应当顺延提交资格预审申请文件的截止时间。

第二十八条 投标截止时间前,采购人、采购代理机构和有关人员不得向他人透露已获取招标文件的潜在投标人的名称、数量以及可能影响公平竞争的有关招标投标的其他情况。

第二十九条 采购人、采购代理机构在发布招标公告、资格预审公告或者发出投标邀请书后,除因重大变故采购任务取消情况外,不得擅自终止招标活动。

终止招标的,采购人或者采购代理机构应当及时在原公告发布媒体上发布终止公告,以书面形式通知已经获取招标文件、资格预审文件或者被邀请的潜在投标人,并将项目实施情况和采购任务取消原因报告本级财政部门。已经收取招标文件费用或者投标保证金的,采购人或者采购代理机构应当在终止采购活动后5个工作日内,退还所收取的招标文件费用和所收取的投标保证金及其在银行产生的孳息。

第三章 投 标

第三十条 投标人,是指响应招标、参加投标竞争的法人、其他组织或者自然人。

第三十一条 采用最低评标价法的采购项目,提供相同品牌产品的不同投标人参加同一合同项下投标的,以其中通过资格审查、符合性审查且报价最低的参加评标;报价相同的,由采购人或者采购人委托评标委员会按照招标文件规定的方式确定1个参加评标的投标人,招标文件未规定的采取随机抽取方式确定,其他投标无效。

使用综合评分法的采购项目,提供相同品牌产品且通过资格审查、符合性审查的不同投标人参加同一合同项下投标的,按1家投标人计算,评审后得分最高的同品牌投标人获得中标人推荐资格;评审得分相同的,由采购人或者采购人委托评标委员会按照招标文件规定的方式确定1个投标人获得中标人推荐资格,招标文件未规定的采取随机抽取方式确定,其他同品牌投标人不作为中标候选人。

非单一产品采购项目,采购人应当根据采购项目技术构成、产品价格比重等合理确定核心产品,并在招标文件中载明。多家投标人提供的核心产品品牌相同的,按前两款规定处理。

第三十二条 投标人应当按照招标文件的要求编制投标文件。投标文件应当对招标文件提出的要求和条件作出明确响应。

第三十三条 投标人应当在招标文件要求提交投标文件的截止时间前,将投标文件密封送达投标地点。采购人或者采购代理机构收到投标文件后,应当如实记载投标文件的送达时间和密封情况,签收保存,并向投标人出具签收回执。任何单位和个人不得在开标前开启投标文件。

逾期送达或者未按照招标文件要求密封的投标文件,采购人、采购代理机构应当拒收。

第三十四条 投标人在投标截止时间前,可以对所递交的投标文件进行补充、修改或者撤回,并书面通知采购人或者采购代理机构。补充、修改的内容应当按照招标文件要求签署、盖章、密封后,作为投标文件的组成部分。

第三十五条 投标人根据招标文件的规定和采购项目的实际情况,拟在中标后将中标项目的非主体、非关键性工作分包的,应当在投标文件中载明分包承担主体,分包承担主体应当具备相应资质条件且不得再次分包。

第三十六条 投标人应当遵循公平竞争的原则,不得恶意串通,不得妨碍其他投标人的竞争行为,不得损害采购人或者其他投标人的合法权益。

在评标过程中发现投标人有上述情形的,评标委员会应当认定其投标无效,并书面报告本级财政部门。

第三十七条 有下列情形之一的,视为投标人串通投标,其投标无效:

（一）不同投标人的投标文件由同一单位或者个人编制;

（二）不同投标人委托同一单位或者个人办理投标事宜;

（三）不同投标人的投标文件载明的项目管理成员或者联系人员为同一人;

（四）不同投标人的投标文件异常一致或者投标报价呈规律性差异;

（五）不同投标人的投标文件相互混装;

（六）不同投标人的投标保证金从同一单位或者个人的账户转出。

第三十八条 投标人在投标截止时间前撤回已提交的投标文件的,采购人或者采购代理机构应当自收到投标人书面撤回通知之日起 5 个工作日内,退还已收取的投标保证金,但因投标人自身原因导致无法及时退还的除外。

采购人或者采购代理机构应当自中标通知书发出之日起 5 个工作日内退还未中标人的投标保证金,自采购合同签订之日起 5 个工作日内退还中标人的投标保证金或者转为中标人的履约保证金。

采购人或者采购代理机构逾期退还投标保证金的,除应当退还投标保证金本金外,还应当按中国人民银行同期贷款基准利率上浮 20% 后的利率支付超期资金占用费,但因投标人自身原因导致无法及时退还的除外。

第四章 开标、评标

第三十九条 开标应当在招标文件确定的提交投标文件截止时间的同一时间进行。开标地点应当为招标文件中预先确定的地点。

采购人或者采购代理机构应当对开标、评标现场活动进行全程录音录像。录音录像应当清晰可辨,音像资料作为采购文件一并存档。

第四十条 开标由采购人或者采购代理机构主持,邀请投标人参加。评标委员会成员不得参加开标活动。

第四十一条 开标时,应当由投标人或者其推选的代表检查投标文件的密封情况;经确认无误后,由采购人或者采购代理机构工作人员当众拆封,宣布投标人名称、投标价格和招标文件规定的需要宣布的其他内容。

投标人不足 3 家的,不得开标。

第四十二条 开标过程应当由采购人或者采购代理机构负责记录,由参加开标的各投标人代表和相关工作人员签字确认后随采购文件一并存档。

投标人代表对开标过程和开标记录有疑义,以及认为采购人、采购代理机构相关工作人员有需要回避的情形的,应当场提出询问或者回避申请。采购人、采购代理机构对投标人代表提出的询问或者回避申请应当及时处理。

投标人未参加开标的,视同认可开标结果。

第四十三条 公开招标数额标准以上的采购项目,投标截止后投标人不足3家或者通过资格审查或符合性审查的投标人不足3家的,除采购任务取消情形外,按照以下方式处理:

(一)招标文件存在不合理条款或者招标程序不符合规定的,采购人、采购代理机构改正后依法重新招标;

(二)招标文件没有不合理条款、招标程序符合规定,需要采用其他采购方式采购的,采购人应当依法报财政部门批准。

第四十四条 公开招标采购项目开标结束后,采购人或者采购代理机构应当依法对投标人的资格进行审查。

合格投标人不足3家的,不得评标。

第四十五条 采购人或者采购代理机构负责组织评标工作,并履行下列职责:

(一)核对评审专家身份和采购人代表授权函,对评审专家在政府采购活动中的职责履行情况予以记录,并及时将有关违法违规行为向财政部门报告;

(二)宣布评标纪律;

(三)公布投标人名单,告知评审专家应当回避的情形;

(四)组织评标委员会推选评标组长,采购人代表不得担任组长;

(五)在评标期间采取必要的通讯管理措施,保证评标活动不受外界干扰;

(六)根据评标委员会的要求介绍政府采购相关政策法规、招标文件;

(七)维护评标秩序,监督评标委员会依照招标文件规定的评标程序、方法和标准进行独立评审,及时制止和纠正采购人代表、评审专家的倾向性言论或者违法违规行为;

(八)核对评标结果,有本办法第六十四条规定情形的,要求评标委员会复核或者书面说明理由,评标委员会拒绝的,应予记录并向本级财政部门报告;

(九)评审工作完成后,按照规定向评审专家支付劳务报酬和异地评审差旅费,不得向评审专家以外的其他人员支付评审劳务报酬;

(十)处理与评标有关的其他事项。

采购人可以在评标前说明项目背景和采购需求,说明内容不得含有歧视性、倾向性意见,不得超出招标文件所述范围。说明应当提交书面材料,并随采购文件一并存档。

第四十六条 评标委员会负责具体评标事务,并独立履行下列职责:

(一)审查、评价投标文件是否符合招标文件的商务、技术等实质性要求;

(二)要求投标人对投标文件有关事项作出澄清或者说明;

(三)对投标文件进行比较和评价;

(四)确定中标候选人名单,以及根据采购人委托直接确定中标人;

(五)向采购人、采购代理机构或者有关部门报告评标中发现的违法行为。

第四十七条 评标委员会由采购人代表和评审专家组成,成员人数应当为5人以上单数,其中评审专家不得少于成员总数的2/3。

采购项目符合下列情形之一的,评标委员会成员人数应当为7人以上单数：

（一）采购预算金额在1 000万元以上；

（二）技术复杂；

（三）社会影响较大。

评审专家对本单位的采购项目只能作为采购人代表参与评标,本办法第四十八条第二款规定情形除外。采购代理机构工作人员不得参加由本机构代理的政府采购项目的评标。

评标委员会成员名单在评标结果公告前应当保密。

第四十八条 采购人或者采购代理机构应当从省级以上财政部门设立的政府采购评审专家库中,通过随机方式抽取评审专家。

对技术复杂、专业性强的采购项目,通过随机方式难以确定合适评审专家的,经主管预算单位同意,采购人可以自行选定相应专业领域的评审专家。

第四十九条 评标中因评标委员会成员缺席、回避或者健康等特殊原因导致评标委员会组成不符合本办法规定的,采购人或者采购代理机构应当依法补足后继续评标。被更换的评标委员会成员所作出的评标意见无效。

无法及时补足评标委员会成员的,采购人或者采购代理机构应当停止评标活动,封存所有投标文件和开标、评标资料,依法重新组建评标委员会进行评标。原评标委员会所作出的评标意见无效。

采购人或者采购代理机构应当将变更、重新组建评标委员会的情况予以记录,并随采购文件一并存档。

第五十条 评标委员会应当对符合资格的投标人的投标文件进行符合性审查,以确定其是否满足招标文件的实质性要求。

第五十一条 对于投标文件中含义不明确、同类问题表述不一致或者有明显文字和计算错误的内容,评标委员会应当以书面形式要求投标人作出必要的澄清、说明或者补正。

投标人的澄清、说明或者补正应当采用书面形式,并加盖公章,或者由法定代表人或其授权的代表签字。投标人的澄清、说明或者补正不得超出投标文件的范围或者改变投标文件的实质性内容。

第五十二条 评标委员会应当按照招标文件中规定的评标方法和标准,对符合性审查合格的投标文件进行商务和技术评估,综合比较与评价。

第五十三条 评标方法分为最低评标价法和综合评分法。

第五十四条 最低评标价法,是指投标文件满足招标文件全部实质性要求,且投标报价最低的投标人为中标候选人的评标方法。

技术、服务等标准统一的货物服务项目,应当采用最低评标价法。

采用最低评标价法评标时,除了算术修正和落实政府采购政策需进行的价格扣除外,不能对投标人的投标价格进行任何调整。

第五十五条 综合评分法,是指投标文件满足招标文件全部实质性要求,且按照评审因素的量化指标评审得分最高的投标人为中标候选人的评标方法。

评审因素的设定应当与投标人所提供货物服务的质量相关,包括投标报价、技术或者服务水平、履约能力、售后服务等。资格条件不得作为评审因素。评审因素应当在招标文件中规定。

评审因素应当细化和量化,且与相应的商务条件和采购需求对应。商务条件和采购需求指标有区间规定的,评审因素应当量化到相应区间,并设置各区间对应的不同分值。

评标时,评标委员会各成员应当独立对每个投标人的投标文件进行评价,并汇总每个投标人的得分。

货物项目的价格分值占总分值的比重不得低于30%;服务项目的价格分值占总分值的比重不得低于10%。执行国家统一定价标准和采用固定价格采购的项目,其价格不列为评审因素。

价格分应当采用低价优先法计算,即满足招标文件要求且投标价格最低的投标报价为评标基准价,其价格分为满分。其他投标人的价格分统一按照下列公式计算:

$$投标报价得分 = (评标基准价/投标报价) \times 100$$

$$评标总得分 = F_1 \times A_1 + F_2 \times A_2 + \cdots + F_n \times A_n$$

$F_1, F_2, \cdots, F_n$ 分别为各项评审因素的得分;

$A_1, A_2, \cdots, A_n$ 分别为各项评审因素所占的权重 ($A_1 + A_2 + \cdots + A_n = 1$)。

评标过程中,不得去掉报价中的最高报价和最低报价。

因落实政府采购政策进行价格调整的,以调整后的价格计算评标基准价和投标报价。

第五十六条 采用最低评标价法的,评标结果按投标报价由低到高顺序排列。投标报价相同的并列。投标文件满足招标文件全部实质性要求且投标报价最低的投标人为排名第一的中标候选人。

第五十七条 采用综合评分法的,评标结果按评审后得分由高到低顺序排列。得分相同的,按投标报价由低到高顺序排列。得分且投标报价相同的并列。投标文件满足招标文件全部实质性要求,且按照评审因素的量化指标评审得分最高的投标人为排名第一的中标候选人。

第五十八条 评标委员会根据全体评标成员签字的原始评标记录和评标结果编写评标报告。评标报告应当包括以下内容:

(一)招标公告刊登的媒体名称、开标日期和地点;

(二)投标人名单和评标委员会成员名单;

(三)评标方法和标准;

(四)开标记录和评标情况及说明,包括无效投标人名单及原因;

(五)评标结果,确定的中标候选人名单或者经采购人委托直接确定的中标人;

(六)其他需要说明的情况,包括评标过程中投标人根据评标委员会要求进行的澄清、说明或者补正,评标委员会成员的更换等。

第五十九条　投标文件报价出现前后不一致的,除招标文件另有规定外,按照下列规定修正:

(一)投标文件中开标一览表(报价表)内容与投标文件中相应内容不一致的,以开标一览表(报价表)为准;

(二)大写金额和小写金额不一致的,以大写金额为准;

(三)单价金额小数点或者百分比有明显错位的,以开标一览表的总价为准,并修改单价;

(四)总价金额与按单价汇总金额不一致的,以单价金额计算结果为准。

同时出现2种以上不一致的,按照前款规定的顺序修正。修正后的报价按照本办法第五十一条第二款的规定经投标人确认后产生约束力,投标人不确认的,其投标无效。

第六十条　评标委员会认为投标人的报价明显低于其他通过符合性审查投标人的报价,有可能影响产品质量或者不能诚信履约的,应当要求其在评标现场合理的时间内提供书面说明,必要时提交相关证明材料;投标人不能证明其报价合理性的,评标委员会应当将其作为无效投标处理。

第六十一条　评标委员会成员对需要共同认定的事项存在争议的,应当按照少数服从多数的原则作出结论。持不同意见的评标委员会成员应当在评标报告上签署不同意见及理由,否则视为同意评标报告。

第六十二条　评标委员会及其成员不得有下列行为:

(一)确定参与评标至评标结束前私自接触投标人;

(二)接受投标人提出的与投标文件不一致的澄清或者说明,本办法第五十一条规定的情形除外;

(三)违反评标纪律发表倾向性意见或者征询采购人的倾向性意见;

(四)对需要专业判断的主观评审因素协商评分;

(五)在评标过程中擅离职守,影响评标程序正常进行的;

(六)记录、复制或者带走任何评标资料;

(七)其他不遵守评标纪律的行为。

评标委员会成员有前款第一至五项行为之一的,其评审意见无效,并不得获取评审劳务报酬和报销异地评审差旅费。

第六十三条　投标人存在下列情况之一的,投标无效:

(一)未按照招标文件的规定提交投标保证金的;

(二)投标文件未按招标文件要求签署、盖章的;

(三)不具备招标文件中规定的资格要求的;

(四)报价超过招标文件中规定的预算金额或者最高限价的;

(五)投标文件含有采购人不能接受的附加条件的;

(六)法律、法规和招标文件规定的其他无效情形。

第六十四条 评标结果汇总完成后,除下列情形外,任何人不得修改评标结果:

(一)分值汇总计算错误的;

(二)分项评分超出评分标准范围的;

(三)评标委员会成员对客观评审因素评分不一致的;

(四)经评标委员会认定评分畸高、畸低的。

评标报告签署前,经复核发现存在以上情形之一的,评标委员会应当当场修改评标结果,并在评标报告中记载;评标报告签署后,采购人或者采购代理机构发现存在以上情形之一的,应当组织原评标委员会进行重新评审,重新评审改变评标结果的,书面报告本级财政部门。

投标人对本条第一款情形提出质疑的,采购人或者采购代理机构可以组织原评标委员会进行重新评审,重新评审改变评标结果的,应当书面报告本级财政部门。

第六十五条 评标委员会发现招标文件存在歧义、重大缺陷导致评标工作无法进行,或者招标文件内容违反国家有关强制性规定的,应当停止评标工作,与采购人或者采购代理机构沟通并作书面记录。采购人或者采购代理机构确认后,应当修改招标文件,重新组织采购活动。

第六十六条 采购人、采购代理机构应当采取必要措施,保证评标在严格保密的情况下进行。除采购人代表、评标现场组织人员外,采购人的其他工作人员以及与评标工作无关的人员不得进入评标现场。

有关人员对评标情况以及在评标过程中获悉的国家秘密、商业秘密负有保密责任。

第六十七条 评标委员会或者其成员存在下列情形导致评标结果无效的,采购人、采购代理机构可以重新组建评标委员会进行评标,并书面报告本级财政部门,但采购合同已经履行的除外:

(一)评标委员会组成不符合本办法规定的;

(二)有本办法第六十二条第一至五项情形的;

(三)评标委员会及其成员独立评标受到非法干预的;

(四)有政府采购法实施条例第七十五条规定的违法行为的。

有违法违规行为的原评标委员会成员不得参加重新组建的评标委员会。

第五章　中标和合同

第六十八条 采购代理机构应当在评标结束后2个工作日内将评标报告送采购人。

采购人应当自收到评标报告之日起5个工作日内,在评标报告确定的中标候选人名单中按顺序确定中标人。中标候选人并列的,由采购人或者采购人委托评标委员会按照招标文件规定的方式确定中标人;招标文件未规定的,采取随机抽取的方式确定。

采购人自行组织招标的,应当在评标结束后5个工作日内确定中标人。

采购人在收到评标报告5个工作日内未按评标报告推荐的中标候选人顺序确定中标人,又不能说明合法理由的,视同按评标报告推荐的顺序确定排名第一的中标候选人为中标人。

第六十九条 采购人或者采购代理机构应当自中标人确定之日起2个工作日内,在省级以上财政部门指定的媒体上公告中标结果,招标文件应当随中标结果同时公告。

中标结果公告内容应当包括采购人及其委托的采购代理机构的名称、地址、联系方式,项目名称和项目编号,中标人名称、地址和中标金额,主要中标标的的名称、规格型号、数量、单价、服务要求,中标公告期限以及评审专家名单。

中标公告期限为1个工作日。

邀请招标采购人采用书面推荐方式产生符合资格条件的潜在投标人的,还应当将所有被推荐供应商名单和推荐理由随中标结果同时公告。

在公告中标结果的同时,采购人或者采购代理机构应当向中标人发出中标通知书;对未通过资格审查的投标人,应当告知其未通过的原因;采用综合评分法评审的,还应当告知未中标人本人的评审得分与排序。

第七十条 中标通知书发出后,采购人不得违法改变中标结果,中标人无正当理由不得放弃中标。

第七十一条 采购人应当自中标通知书发出之日起30日内,按照招标文件和中标人投标文件的规定,与中标人签订书面合同。所签订的合同不得对招标文件确定的事项和中标人投标文件作实质性修改。

采购人不得向中标人提出任何不合理的要求作为签订合同的条件。

第七十二条 政府采购合同应当包括采购人与中标人的名称和住所、标的、数量、质量、价款或者报酬、履行期限及地点和方式、验收要求、违约责任、解决争议的方法等内容。

第七十三条 采购人与中标人应当根据合同的约定依法履行合同义务。

政府采购合同的履行、违约责任和解决争议的方法等适用《中华人民共和国合同法》。

第七十四条 采购人应当及时对采购项目进行验收。采购人可以邀请参加本项目的其他投标人或者第三方机构参与验收。参与验收的投标人或者第三方机构的意见作为验收书的参考资料一并存档。

第七十五条 采购人应当加强对中标人的履约管理,并按照采购合同约定,及时向中标人支付采购资金。对于中标人违反采购合同约定的行为,采购人应当及时处理,依法追究其违约责任。

第七十六条 采购人、采购代理机构应当建立真实完整的招标采购档案,妥善保存每项采购活动的采购文件。

第六章 法律责任

第七十七条 采购人有下列情形之一的,由财政部门责令限期改正;情节严重的,给予警告,对直接负责的主管人员和其他直接责任人员由其行政主管部门或者有关机关依法给予处分,并予以通报;涉嫌犯罪的,移送司法机关处理:

(一) 未按照本办法的规定编制采购需求的;

（二）违反本办法第六条第二款规定的；

（三）未在规定时间内确定中标人的；

（四）向中标人提出不合理要求作为签订合同条件的。

第七十八条 采购人、采购代理机构有下列情形之一的，由财政部门责令限期改正，情节严重的，给予警告，对直接负责的主管人员和其他直接责任人员，由其行政主管部门或者有关机关给予处分，并予通报；采购代理机构有违法所得的，没收违法所得，并可以处以不超过违法所得3倍、最高不超过3万元的罚款，没有违法所得的，可以处以1万元以下的罚款：

（一）违反本办法第八条第二款规定的；

（二）设定最低限价的；

（三）未按照规定进行资格预审或者资格审查的；

（四）违反本办法规定确定招标文件售价的；

（五）未按规定对开标、评标活动进行全程录音录像的；

（六）擅自终止招标活动的；

（七）未按照规定进行开标和组织评标的；

（八）未按照规定退还投标保证金的；

（九）违反本办法规定进行重新评审或者重新组建评标委员会进行评标的；

（十）开标前泄露已获取招标文件的潜在投标人的名称、数量或者其他可能影响公平竞争的有关招标投标情况的；

（十一）未妥善保存采购文件的；

（十二）其他违反本办法规定的情形。

第七十九条 有本办法第七十七条、第七十八条规定的违法行为之一，经改正后仍然影响或者可能影响中标结果的，依照政府采购法实施条例第七十一条规定处理。

第八十条 政府采购当事人违反本办法规定，给他人造成损失的，依法承担民事责任。

第八十一条 评标委员会成员有本办法第六十二条所列行为之一的，由财政部门责令限期改正；情节严重的，给予警告，并对其不良行为予以记录。

第八十二条 财政部门应当依法履行政府采购监督管理职责。财政部门及其工作人员在履行监督管理职责中存在懒政怠政、滥用职权、玩忽职守、徇私舞弊等违法违纪行为的，依照政府采购法、《中华人民共和国公务员法》《中华人民共和国行政监察法》、政府采购法实施条例等国家有关规定追究相应责任；涉嫌犯罪的，移送司法机关处理。

第七章 附 则

第八十三条 政府采购货物服务电子招标投标、政府采购货物中的进口机电产品招标投标有关特殊事宜，由财政部另行规定。

第八十四条 本办法所称主管预算单位是指负有编制部门预算职责，向本级财政部门申报预算的国家机关、事业单位和团体组织。

第八十五条 本办法规定按日计算期间的,开始当天不计入,从次日开始计算。期限的最后一日是国家法定节假日的,顺延到节假日后的次日为期限的最后一日。

第八十六条 本办法所称的"以上"、"以下"、"内"、"以内",包括本数;所称的"不足",不包括本数。

第八十七条 各省、自治区、直辖市财政部门可以根据本办法制定具体实施办法。

第八十八条 本办法自 2017 年 10 月 1 日起施行。财政部 2004 年 8 月 11 日发布的《政府采购货物和服务招标投标管理办法》(财政部令第 18 号)同时废止。

附录 4

政府采购非招标采购方式管理办法

中华人民共和国财政部令

第 74 号

《政府采购非招标采购方式管理办法》已经 2013 年 10 月 28 日财政部部务会议审议通过，现予公布，自 2014 年 2 月 1 日起施行。

部　长　楼继伟

2013 年 12 月 19 日

政府采购非招标采购方式管理办法

第一章　总　则

第一条　为了规范政府采购行为，加强对采用非招标采购方式采购活动的监督管理，维护国家利益、社会公共利益和政府采购当事人的合法权益，依据《中华人民共和国政府采购法》(以下简称政府采购法)和其他法律、行政法规的有关规定，制定本办法。

第二条　采购人、采购代理机构采用非招标采购方式采购货物、工程和服务的，适用本办法。

本办法所称非招标采购方式，是指竞争性谈判、单一来源采购和询价采购方式。

竞争性谈判是指谈判小组与符合资格条件的供应商就采购货物、工程和服务事宜进行谈判，供应商按照谈判文件的要求提交响应文件和最后报价，采购人从谈判小组提出的成交候选人中确定成交供应商的采购方式。

单一来源采购是指采购人从某一特定供应商处采购货物、工程和服务的采购方式。

询价是指询价小组向符合资格条件的供应商发出采购货物询价通知书，要求供应商一次报出不得更改的价格，采购人从询价小组提出的成交候选人中确定成交供应商的采购方式。

第三条　采购人、采购代理机构采购以下货物、工程和服务之一的，可以采用竞争性谈判、单一来源采购方式采购；采购货物的，还可以采用询价采购方式：

(一) 依法制定的集中采购目录以内，且未达到公开招标数额标准的货物、服务；

（二）依法制定的集中采购目录以外、采购限额标准以上，且未达到公开招标数额标准的货物、服务；

（三）达到公开招标数额标准、经批准采用非公开招标方式的货物、服务；

（四）按照招标投标法及其实施条例必须进行招标的工程建设项目以外的政府采购工程。

第二章 一般规定

第四条 达到公开招标数额标准的货物、服务采购项目，拟采用非招标采购方式的，采购人应当在采购活动开始前，报经主管预算单位同意后，向设区的市、自治州以上人民政府财政部门申请批准。

第五条 根据本办法第四条申请采用非招标采购方式采购的，采购人应当向财政部门提交以下材料并对材料的真实性负责：

（一）采购人名称、采购项目名称、项目概况等项目基本情况说明；

（二）项目预算金额、预算批复文件或者资金来源证明；

（三）拟申请采用的采购方式和理由。

第六条 采购人、采购代理机构应当按照政府采购法和本办法的规定组织开展非招标采购活动，并采取必要措施，保证评审在严格保密的情况下进行。

任何单位和个人不得非法干预、影响评审过程和结果。

第七条 竞争性谈判小组或者询价小组由采购人代表和评审专家共3人以上单数组成，其中评审专家人数不得少于竞争性谈判小组或者询价小组成员总数的2/3。采购人不得以评审专家身份参加本部门或本单位采购项目的评审。采购代理机构人员不得参加本机构代理的采购项目的评审。

达到公开招标数额标准的货物或者服务采购项目，或者达到招标规模标准的政府采购工程，竞争性谈判小组或者询价小组应当由5人以上单数组成。

采用竞争性谈判、询价方式采购的政府采购项目，评审专家应当从政府采购评审专家库内相关专业的专家名单中随机抽取。技术复杂、专业性强的竞争性谈判采购项目，通过随机方式难以确定合适的评审专家的，经主管预算单位同意，可以自行选定评审专家。技术复杂、专业性强的竞争性谈判采购项目，评审专家中应当包含1名法律专家。

第八条 竞争性谈判小组或者询价小组在采购活动过程中应当履行下列职责：

（一）确认或者制定谈判文件、询价通知书；

（二）从符合相应资格条件的供应商名单中确定不少于3家的供应商参加谈判或者询价；

（三）审查供应商的响应文件并作出评价；

（四）要求供应商解释或者澄清其响应文件；

（五）编写评审报告；

（六）告知采购人、采购代理机构在评审过程中发现的供应商的违法违规行为。

第九条 竞争性谈判小组或者询价小组成员应当履行下列义务：

（一）遵纪守法，客观、公正、廉洁地履行职责；

（二）根据采购文件的规定独立进行评审，对个人的评审意见承担法律责任；

（三）参与评审报告的起草；

（四）配合采购人、采购代理机构答复供应商提出的质疑；

（五）配合财政部门的投诉处理和监督检查工作。

第十条 谈判文件、询价通知书应当根据采购项目的特点和采购人的实际需求制定，并经采购人书面同意。采购人应当以满足实际需求为原则，不得擅自提高经费预算和资产配置等采购标准。

谈判文件、询价通知书不得要求或者标明供应商名称或者特定货物的品牌，不得含有指向特定供应商的技术、服务等条件。

第十一条 谈判文件、询价通知书应当包括供应商资格条件、采购邀请、采购方式、采购预算、采购需求、采购程序、价格构成或者报价要求、响应文件编制要求、提交响应文件截止时间及地点、保证金交纳数额和形式、评定成交的标准等。

谈判文件除本条第一款规定的内容外，还应当明确谈判小组根据与供应商谈判情况可能实质性变动的内容，包括采购需求中的技术、服务要求以及合同草案条款。

第十二条 采购人、采购代理机构应当通过发布公告、从省级以上财政部门建立的供应商库中随机抽取或者采购人和评审专家分别书面推荐的方式邀请不少于3家符合相应资格条件的供应商参与竞争性谈判或者询价采购活动。

符合政府采购法第二十二条第一款规定条件的供应商可以在采购活动开始前加入供应商库。财政部门不得对供应商申请入库收取任何费用，不得利用供应商库进行地区和行业封锁。

采取采购人和评审专家书面推荐方式选择供应商的，采购人和评审专家应当各自出具书面推荐意见。采购人推荐供应商的比例不得高于推荐供应商总数的50%。

第十三条 供应商应当按照谈判文件、询价通知书的要求编制响应文件，并对其提交的响应文件的真实性、合法性承担法律责任。

第十四条 采购人、采购代理机构可以要求供应商在提交响应文件截止时间之前交纳保证金。保证金应当采用支票、汇票、本票、网上银行支付或者金融机构、担保机构出具的保函等非现金形式交纳。保证金数额应当不超过采购项目预算的2%。

供应商为联合体的，可以由联合体中的一方或者多方共同交纳保证金，其交纳的保证金对联合体各方均具有约束力。

第十五条 供应商应当在谈判文件、询价通知书要求的截止时间前，将响应文件密封送达指定地点。在截止时间后送达的响应文件为无效文件，采购人、采购代理机构或者谈判小组、询价小组应当拒收。

供应商在提交询价响应文件截止时间前，可以对所提交的响应文件进行补充、修改或者撤回，并书面通知采购人、采购代理机构。补充、修改的内容作为响应文件的组成部分。

补充、修改的内容与响应文件不一致的,以补充、修改的内容为准。

第十六条 谈判小组、询价小组在对响应文件的有效性、完整性和响应程度进行审查时,可以要求供应商对响应文件中含义不明确、同类问题表述不一致或者有明显文字和计算错误的内容等作出必要的澄清、说明或者更正。供应商的澄清、说明或者更正不得超出响应文件的范围或者改变响应文件的实质性内容。

谈判小组、询价小组要求供应商澄清、说明或者更正响应文件应当以书面形式作出。供应商的澄清、说明或者更正应当由法定代表人或其授权代表签字或者加盖公章。由授权代表签字的,应当附法定代表人授权书。供应商为自然人的,应当由本人签字并附身份证明。

第十七条 谈判小组、询价小组应当根据评审记录和评审结果编写评审报告,其主要内容包括:

(一)邀请供应商参加采购活动的具体方式和相关情况,以及参加采购活动的供应商名单;

(二)评审日期和地点,谈判小组、询价小组成员名单;

(三)评审情况记录和说明,包括对供应商的资格审查情况、供应商响应文件评审情况、谈判情况、报价情况等;

(四)提出的成交候选人的名单及理由。

评审报告应当由谈判小组、询价小组全体人员签字认可。谈判小组、询价小组成员对评审报告有异议的,谈判小组、询价小组按照少数服从多数的原则推荐成交候选人,采购程序继续进行。对评审报告有异议的谈判小组、询价小组成员,应当在报告上签署不同意见并说明理由,由谈判小组、询价小组书面记录相关情况。谈判小组、询价小组成员拒绝在报告上签字又不书面说明其不同意见和理由的,视为同意评审报告。

第十八条 采购人或者采购代理机构应当在成交供应商确定后2个工作日内,在省级以上财政部门指定的媒体上公告成交结果,同时向成交供应商发出成交通知书,并将竞争性谈判文件、询价通知书随成交结果同时公告。成交结果公告应当包括以下内容:

(一)采购人和采购代理机构的名称、地址和联系方式;

(二)项目名称和项目编号;

(三)成交供应商名称、地址和成交金额;

(四)主要成交标的的名称、规格型号、数量、单价、服务要求;

(五)谈判小组、询价小组成员名单及单一来源采购人员名单。

采用书面推荐供应商参加采购活动的,还应当公告采购人和评审专家的推荐意见。

第十九条 采购人与成交供应商应当在成交通知书发出之日起30日内,按照采购文件确定的合同文本以及采购标的、规格型号、采购金额、采购数量、技术和服务要求等事项签订政府采购合同。

采购人不得向成交供应商提出超出采购文件以外的任何要求作为签订合同的条件,不得与成交供应商订立背离采购文件确定的合同文本以及采购标的、规格型号、采购金额、采购数量、技术和服务要求等实质性内容的协议。

第二十条 采购人或者采购代理机构应当在采购活动结束后及时退还供应商的保证金，但因供应商自身原因导致无法及时退还的除外。未成交供应商的保证金应当在成交通知书发出后5个工作日内退还，成交供应商的保证金应当在采购合同签订后5个工作日内退还。

有下列情形之一的，保证金不予退还：

（一）供应商在提交响应文件截止时间后撤回响应文件的；

（二）供应商在响应文件中提供虚假材料的；

（三）除因不可抗力或谈判文件、询价通知书认可的情形以外，成交供应商不与采购人签订合同的；

（四）供应商与采购人、其他供应商或者采购代理机构恶意串通的；

（五）采购文件规定的其他情形。

第二十一条 除资格性审查认定错误和价格计算错误外，采购人或者采购代理机构不得以任何理由组织重新评审。采购人、采购代理机构发现谈判小组、询价小组未按照采购文件规定的评定成交的标准进行评审的，应当重新开展采购活动，并同时书面报告本级财政部门。

第二十二条 除不可抗力等因素外，成交通知书发出后，采购人改变成交结果，或者成交供应商拒绝签订政府采购合同的，应当承担相应的法律责任。

成交供应商拒绝签订政府采购合同的，采购人可以按照本办法第三十六条第二款、第四十九条第二款规定的原则确定其他供应商作为成交供应商并签订政府采购合同，也可以重新开展采购活动。拒绝签订政府采购合同的成交供应商不得参加对该项目重新开展的采购活动。

第二十三条 在采购活动中因重大变故，采购任务取消的，采购人或者采购代理机构应当终止采购活动，通知所有参加采购活动的供应商，并将项目实施情况和采购任务取消原因报送本级财政部门。

第二十四条 采购人或者采购代理机构应当按照采购合同规定的技术、服务等要求组织对供应商履约的验收，并出具验收书。验收书应当包括每一项技术、服务等要求的履约情况。大型或者复杂的项目，应当邀请国家认可的质量检测机构参加验收。验收方成员应当在验收书上签字，并承担相应的法律责任。

第二十五条 谈判小组、询价小组成员以及与评审工作有关的人员不得泄露评审情况以及评审过程中获悉的国家秘密、商业秘密。

第二十六条 采购人、采购代理机构应当妥善保管每项采购活动的采购文件。采购文件包括采购活动记录、采购预算、谈判文件、询价通知书、响应文件、推荐供应商的意见、评审报告、成交供应商确定文件、单一来源采购协商情况记录、合同文本、验收证明、质疑答复、投诉处理决定以及其他有关文件、资料。采购文件可以电子档案方式保存。

采购活动记录至少应当包括下列内容：

（一）采购项目类别、名称；
（二）采购项目预算、资金构成和合同价格；
（三）采购方式，采用该方式的原因及相关说明材料；
（四）选择参加采购活动的供应商的方式及原因；
（五）评定成交的标准及确定成交供应商的原因；
（六）终止采购活动的，终止的原因。

第三章　竞争性谈判

第二十七条　符合下列情形之一的采购项目，可以采用竞争性谈判方式采购：
（一）招标后没有供应商投标或者没有合格标的，或者重新招标未能成立的；
（二）技术复杂或者性质特殊，不能确定详细规格或者具体要求的；
（三）非采购人所能预见的原因或者非采购人拖延造成采用招标所需时间不能满足用户紧急需要的；
（四）因艺术品采购、专利、专有技术或者服务的时间、数量事先不能确定等原因不能事先计算出价格总额的。

公开招标的货物、服务采购项目，招标过程中提交投标文件或者经评审实质性响应招标文件要求的供应商只有两家时，采购人、采购代理机构按照本办法第四条经本级财政部门批准后可以与该两家供应商进行竞争性谈判采购，采购人、采购代理机构应当根据招标文件中的采购需求编制谈判文件，成立谈判小组，由谈判小组对谈判文件进行确认。符合本款情形的，本办法第三十三条、第三十五条中规定的供应商最低数量可以为两家。

第二十八条　符合本办法第二十七条第一款第一项情形和第二款情形，申请采用竞争性谈判采购方式时，除提交本办法第五条第一至三项规定的材料外，还应当提交下列申请材料：
（一）在省级以上财政部门指定的媒体上发布招标公告的证明材料；
（二）采购人、采购代理机构出具的对招标文件和招标过程是否有供应商质疑及质疑处理情况的说明；
（三）评标委员会或者3名以上评审专家出具的招标文件没有不合理条款的论证意见。

第二十九条　从谈判文件发出之日起至供应商提交首次响应文件截止之日止不得少于3个工作日。

提交首次响应文件截止之日前，采购人、采购代理机构或者谈判小组可以对已发出的谈判文件进行必要的澄清或者修改，澄清或者修改的内容作为谈判文件的组成部分。澄清或者修改的内容可能影响响应文件编制的，采购人、采购代理机构或者谈判小组应当在提交首次响应文件截止之日3个工作日前，以书面形式通知所有接收谈判文件的供应商，不足3个工作日的，应当顺延提交首次响应文件截止之日。

第三十条　谈判小组应当对响应文件进行评审，并根据谈判文件规定的程序、评定成

附录4 政府采购非招标采购方式管理办法

交的标准等事项与实质性响应谈判文件要求的供应商进行谈判。未实质性响应谈判文件的响应文件按无效处理,谈判小组应当告知有关供应商。

第三十一条 谈判小组所有成员应当集中与单一供应商分别进行谈判,并给予所有参加谈判的供应商平等的谈判机会。

第三十二条 在谈判过程中,谈判小组可以根据谈判文件和谈判情况实质性变动采购需求中的技术、服务要求以及合同草案条款,但不得变动谈判文件中的其他内容。实质性变动的内容,须经采购人代表确认。

对谈判文件作出的实质性变动是谈判文件的有效组成部分,谈判小组应当及时以书面形式同时通知所有参加谈判的供应商。

供应商应当按照谈判文件的变动情况和谈判小组的要求重新提交响应文件,并由其法定代表人或授权代表签字或者加盖公章。由授权代表签字的,应当附法定代表人授权书。供应商为自然人的,应当由本人签字并附身份证明。

第三十三条 谈判文件能够详细列明采购标的的技术、服务要求的,谈判结束后,谈判小组应当要求所有继续参加谈判的供应商在规定时间内提交最后报价,提交最后报价的供应商不得少于3家。

谈判文件不能详细列明采购标的的技术、服务要求,需经谈判由供应商提供最终设计方案或解决方案的,谈判结束后,谈判小组应当按照少数服从多数的原则投票推荐3家以上供应商的设计方案或者解决方案,并要求其在规定时间内提交最后报价。

最后报价是供应商响应文件的有效组成部分。

第三十四条 已提交响应文件的供应商,在提交最后报价之前,可以根据谈判情况退出谈判。采购人、采购代理机构应当退还退出谈判的供应商的保证金。

第三十五条 谈判小组应当从质量和服务均能满足采购文件实质性响应要求的供应商中,按照最后报价由低到高的顺序提出3名以上成交候选人,并编写评审报告。

第三十六条 采购代理机构应当在评审结束后2个工作日内将评审报告送采购人确认。

采购人应当在收到评审报告后5个工作日内,从评审报告提出的成交候选人中,根据质量和服务均能满足采购文件实质性响应要求且最后报价最低的原则确定成交供应商,也可以书面授权谈判小组直接确定成交供应商。采购人逾期未确定成交供应商且不提出异议的,视为确定评审报告提出的最后报价最低的供应商为成交供应商。

第三十七条 出现下列情形之一的,采购人或者采购代理机构应当终止竞争性谈判采购活动,发布项目终止公告并说明原因,重新开展采购活动:

(一)因情况变化,不再符合规定的竞争性谈判采购方式适用情形的;

(二)出现影响采购公正的违法、违规行为的;

(三)在采购过程中符合竞争要求的供应商或者报价未超过采购预算的供应商不足3家的,但本办法第二十七条第二款规定的情形除外。

第四章 单一来源采购

第三十八条 属于政府采购法第三十一条第一项情形,且达到公开招标数额的货物、服务项目,拟采用单一来源采购方式的,采购人、采购代理机构在按照本办法第四条报财政部门批准之前,应当在省级以上财政部门指定媒体上公示,并将公示情况一并报财政部门。公示期不得少于5个工作日,公示内容应当包括:

(一)采购人、采购项目名称和内容;

(二)拟采购的货物或者服务的说明;

(三)采用单一来源采购方式的原因及相关说明;

(四)拟定的唯一供应商名称、地址;

(五)专业人员对相关供应商因专利、专有技术等原因具有唯一性的具体论证意见,以及专业人员的姓名、工作单位和职称;

(六)公示的期限;

(七)采购人、采购代理机构、财政部门的联系地址、联系人和联系电话。

第三十九条 任何供应商、单位或者个人对采用单一来源采购方式公示有异议的,可以在公示期内将书面意见反馈给采购人、采购代理机构,并同时抄送相关财政部门。

第四十条 采购人、采购代理机构收到对采用单一来源采购方式公示的异议后,应当在公示期满后5个工作日内,组织补充论证,论证后认为异议成立的,应当依法采取其他采购方式;论证后认为异议不成立的,应当将异议意见、论证意见与公示情况一并报相关财政部门。

采购人、采购代理机构应当将补充论证的结论告知提出异议的供应商、单位或者个人。

第四十一条 采用单一来源采购方式采购的,采购人、采购代理机构应当组织具有相关经验的专业人员与供应商商定合理的成交价格并保证采购项目质量。

第四十二条 单一来源采购人员应当编写协商情况记录,主要内容包括:

(一)依据本办法第三十八条进行公示的,公示情况说明;

(二)协商日期和地点,采购人员名单;

(三)供应商提供的采购标的成本、同类项目合同价格以及相关专利、专有技术等情况说明;

(四)合同主要条款及价格商定情况。

协商情况记录应当由采购全体人员签字认可。对记录有异议的采购人员,应当签署不同意见并说明理由。采购人员拒绝在记录上签字又不书面说明其不同意见和理由的,视为同意。

第四十三条 出现下列情形之一的,采购人或者采购代理机构应当终止采购活动,发布项目终止公告并说明原因,重新开展采购活动:

(一)因情况变化,不再符合规定的单一来源采购方式适用情形的;

(二)出现影响采购公正的违法、违规行为的;

(三)报价超过采购预算的。

第五章 询 价

第四十四条 询价采购需求中的技术、服务等要求应当完整、明确,符合相关法律、行政法规和政府采购政策的规定。

第四十五条 从询价通知书发出之日起至供应商提交响应文件截止之日止不得少于3个工作日。

提交响应文件截止之日前,采购人、采购代理机构或者询价小组可以对已发出的询价通知书进行必要的澄清或者修改,澄清或者修改的内容作为询价通知书的组成部分。澄清或者修改的内容可能影响响应文件编制的,采购人、采购代理机构或者询价小组应当在提交响应文件截止之日3个工作日前,以书面形式通知所有接收询价通知书的供应商,不足3个工作日的,应当顺延提交响应文件截止之日。

第四十六条 询价小组在询价过程中,不得改变询价通知书所确定的技术和服务等要求、评审程序、评定成交的标准和合同文本等事项。

第四十七条 参加询价采购活动的供应商,应当按照询价通知书的规定一次报出不得更改的价格。

第四十八条 询价小组应当从质量和服务均能满足采购文件实质性响应要求的供应商中,按照报价由低到高的顺序提出3名以上成交候选人,并编写评审报告。

第四十九条 采购代理机构应当在评审结束后2个工作日内将评审报告送采购人确认。

采购人应当在收到评审报告后5个工作日内,从评审报告提出的成交候选人中,根据质量和服务均能满足采购文件实质性响应要求且报价最低的原则确定成交供应商,也可以书面授权询价小组直接确定成交供应商。采购人逾期未确定成交供应商且不提出异议的,视为确定评审报告提出的最后报价最低的供应商为成交供应商。

第五十条 出现下列情形之一的,采购人或者采购代理机构应当终止询价采购活动,发布项目终止公告并说明原因,重新开展采购活动。

(一)因情况变化,不再符合规定的询价采购方式适用情形的;

(二)出现影响采购公正的违法、违规行为的;

(三)在采购过程中符合竞争要求的供应商或者报价未超过采购预算的供应商不足3家的。

第六章 法 律 责 任

第五十一条 采购人、采购代理机构有下列情形之一的,责令限期改正,给予警告;有关法律、行政法规规定处以罚款的,并处罚款;涉嫌犯罪的,依法移送司法机关处理:

(一)未按照本办法规定在指定媒体上发布政府采购信息的;

(二) 未按照本办法规定组成谈判小组、询价小组的;

(三) 在询价采购过程中与供应商进行协商谈判的;

(四) 未按照政府采购法和本办法规定的程序和要求确定成交候选人的;

(五) 泄露评审情况以及评审过程中获悉的国家秘密、商业秘密的。

采购代理机构有前款情形之一,情节严重的,暂停其政府采购代理机构资格3至6个月;情节特别严重或者逾期不改正的,取消其政府采购代理机构资格。

第五十二条 采购人有下列情形之一的,责令限期改正,给予警告;有关法律、行政法规规定处以罚款的,并处罚款:

(一) 未按照政府采购法和本办法的规定采用非招标采购方式的;

(二) 未按照政府采购法和本办法的规定确定成交供应商的;

(三) 未按照采购文件确定的事项签订政府采购合同,或者与成交供应商另行订立背离合同实质性内容的协议的;

(四) 未按规定将政府采购合同副本报本级财政部门备案的。

第五十三条 采购人、采购代理机构有本办法第五十一条、第五十二条规定情形之一,且情节严重或者拒不改正的,其直接负责的主管人员和其他直接责任人员属于国家机关工作人员的,由任免机关或者监察机关依法给予处分,并予通报。

第五十四条 成交供应商有下列情形之一的,责令限期改正,情节严重的,列入不良行为记录名单,在1至3年内禁止参加政府采购活动,并予以通报:

(一) 未按照采购文件确定的事项签订政府采购合同,或者与采购人另行订立背离合同实质性内容的协议的;

(二) 成交后无正当理由不与采购人签订合同的;

(三) 拒绝履行合同义务的。

第五十五条 谈判小组、询价小组成员有下列行为之一的,责令改正,给予警告;有关法律、行政法规规定处以罚款的,并处罚款;涉嫌犯罪的,依法移送司法机关处理:

(一) 收受采购人、采购代理机构、供应商、其他利害关系人的财物或者其他不正当利益的;

(二) 泄露评审情况以及评审过程中获悉的国家秘密、商业秘密的;

(三) 明知与供应商有利害关系而不依法回避的;

(四) 在评审过程中擅离职守,影响评审程序正常进行的;

(五) 在评审过程中有明显不合理或者不正当倾向性的;

(六) 未按照采购文件规定的评定成交的标准进行评审的。

评审专家有前款情形之一,情节严重的,取消其政府采购评审专家资格,不得再参加任何政府采购项目的评审,并在财政部门指定的政府采购信息发布媒体上予以公告。

第五十六条 有本办法第五十一条、第五十二条、第五十五条违法行为之一,并且影响或者可能影响成交结果的,应当按照下列情形分别处理:

(一) 未确定成交供应商的,终止本次采购活动,依法重新开展采购活动;

（二）已确定成交供应商但采购合同尚未履行的,撤销合同,从合格的成交候选人中另行确定成交供应商,没有合格的成交候选人的,重新开展采购活动;

（三）采购合同已经履行的,给采购人、供应商造成损失的,由责任人依法承担赔偿责任。

第五十七条 政府采购当事人违反政府采购法和本办法规定,给他人造成损失的,应当依照有关民事法律规定承担民事责任。

第五十八条 任何单位或者个人非法干预、影响评审过程或者结果的,责令改正;该单位责任人或者个人属于国家机关工作人员的,由任免机关或者监察机关依法给予处分。

第五十九条 财政部门工作人员在实施监督管理过程中违法干预采购活动或者滥用职权、玩忽职守、徇私舞弊的,依法给予处分;涉嫌犯罪的,依法移送司法机关处理。

第七章 附 则

第六十条 本办法所称主管预算单位是指负有编制部门预算职责,向同级财政部门申报预算的国家机关、事业单位和团体组织。

第六十一条 各省、自治区、直辖市人民政府财政部门可以根据本办法制定具体实施办法。

第六十二条 本办法自2014年2月1日起施行。

附录 5

政府采购竞争性磋商采购方式管理暂行办法

财政部关于印发《政府采购竞争性磋商采购方式管理暂行办法》的通知

财库〔2014〕214 号

党中央有关部门,国务院各部委、各直属机构,全国人大常委会办公厅,全国政协办公厅,高法院,高检院,有关人民团体,各省、自治区、直辖市、计划单列市财政厅(局),新疆生产建设兵团财务局,各集中采购机构:

为了深化政府采购制度改革,适应推进政府购买服务、推广政府和社会资本合作(PPP)模式等工作需要,根据《中华人民共和国政府采购法》和有关法律法规,财政部制定了《政府采购竞争性磋商采购方式管理暂行办法》。现印发给你们,请遵照执行。

财政部
2014 年 12 月 31 日

附件:

政府采购竞争性磋商采购方式管理暂行办法

第一章 总 则

第一条 为了规范政府采购行为,维护国家利益、社会公共利益和政府采购当事人的合法权益,依据《中华人民共和国政府采购法》(以下简称政府采购法)第二十六条第一款第六项规定,制定本办法。

第二条 本办法所称竞争性磋商采购方式,是指采购人、政府采购代理机构通过组建竞争性磋商小组(以下简称磋商小组)与符合条件的供应商就采购货物、工程和服务事宜进行磋商,供应商按照磋商文件的要求提交响应文件和报价,采购人从磋商小组评审后提出的候选供应商名单中确定成交供应商的采购方式。

第三条 符合下列情形的项目,可以采用竞争性磋商方式开展采购:

(一)政府购买服务项目;

(二)技术复杂或者性质特殊,不能确定详细规格或者具体要求的;

(三)因艺术品采购、专利、专有技术或者服务的时间、数量事先不能确定等原因不能事先计算出价格总额的;

(四)市场竞争不充分的科研项目,以及需要扶持的科技成果转化项目;

(五)按照招标投标法及其实施条例必须进行招标的工程建设项目以外的工程建设项目。

第二章 磋商程序

第四条 达到公开招标数额标准的货物、服务采购项目,拟采用竞争性磋商采购方式的,采购人应当在采购活动开始前,报经主管预算单位同意后,依法向设区的市、自治州以上人民政府财政部门申请批准。

第五条 采购人、采购代理机构应当按照政府采购法和本办法的规定组织开展竞争性磋商,并采取必要措施,保证磋商在严格保密的情况下进行。

任何单位和个人不得非法干预、影响磋商过程和结果。

第六条 采购人、采购代理机构应当通过发布公告、从省级以上财政部门建立的供应商库中随机抽取或者采购人和评审专家分别书面推荐的方式邀请不少于3家符合相应资格条件的供应商参与竞争性磋商采购活动。

符合政府采购法第二十二条第一款规定条件的供应商可以在采购活动开始前加入供应商库。财政部门不得对供应商申请入库收取任何费用,不得利用供应商库进行地区和行业封锁。

采取采购人和评审专家书面推荐方式选择供应商的,采购人和评审专家应当各自出具书面推荐意见。采购人推荐供应商的比例不得高于推荐供应商总数的50%。

第七条 采用公告方式邀请供应商的,采购人、采购代理机构应当在省级以上人民政府财政部门指定的政府采购信息发布媒体发布竞争性磋商公告。竞争性磋商公告应当包括以下主要内容:

(一)采购人、采购代理机构的名称、地点和联系方法;

(二)采购项目的名称、数量、简要规格描述或项目基本概况介绍;

(三)采购项目的预算;

(四)供应商资格条件;

(五)获取磋商文件的时间、地点、方式及磋商文件售价;

(六)响应文件提交的截止时间、开启时间及地点;

(七)采购项目联系人姓名和电话。

第八条 竞争性磋商文件(以下简称磋商文件)应当根据采购项目的特点和采购人的实际需求制定,并经采购人书面同意。采购人应当以满足实际需求为原则,不得擅自提高经费预算和资产配置等采购标准。

磋商文件不得要求或者标明供应商名称或者特定货物的品牌,不得含有指向特定供应商的技术、服务等条件。

第九条 磋商文件应当包括供应商资格条件、采购邀请、采购方式、采购预算、采购需求、政府采购政策要求、评审程序、评审方法、评审标准、价格构成或者报价要求、响应文件编制要求、保证金交纳数额和形式以及不予退还保证金的情形、磋商过程中可能实质性变动的内容、响应文件提交的截止时间、开启时间及地点以及合同草案条款等。

第十条 从磋商文件发出之日起至供应商提交首次响应文件截止之日止不得少于10日。

磋商文件售价应当按照弥补磋商文件制作成本费用的原则确定，不得以营利为目的，不得以项目预算金额作为确定磋商文件售价依据。磋商文件的发售期限自开始之日起不得少于5个工作日。

提交首次响应文件截止之日前，采购人、采购代理机构或者磋商小组可以对已发出的磋商文件进行必要的澄清或者修改，澄清或者修改的内容作为磋商文件的组成部分。澄清或者修改的内容可能影响响应文件编制的，采购人、采购代理机构应当在提交首次响应文件截止时间至少5日前，以书面形式通知所有获取磋商文件的供应商；不足5日的，采购人、采购代理机构应当顺延提交首次响应文件截止时间。

第十一条 供应商应当按照磋商文件的要求编制响应文件，并对其提交的响应文件的真实性、合法性承担法律责任。

第十二条 采购人、采购代理机构可以要求供应商在提交响应文件截止时间之前交纳磋商保证金。磋商保证金应当采用支票、汇票、本票或者金融机构、担保机构出具的保函等非现金形式交纳。磋商保证金数额应当不超过采购项目预算的2%。供应商未按照磋商文件要求提交磋商保证金的，响应无效。

供应商为联合体的，可以由联合体中的一方或者多方共同交纳磋商保证金，其交纳的保证金对联合体各方均具有约束力。

第十三条 供应商应当在磋商文件要求的截止时间前，将响应文件密封送达指定地点。在截止时间后送达的响应文件为无效文件，采购人、采购代理机构或者磋商小组应当拒收。

供应商在提交响应文件截止时间前，可以对所提交的响应文件进行补充、修改或者撤回，并书面通知采购人、采购代理机构。补充、修改的内容作为响应文件的组成部分。补充、修改的内容与响应文件不一致的，以补充、修改的内容为准。

第十四条 磋商小组由采购人代表和评审专家共3人以上单数组成，其中评审专家人数不得少于磋商小组成员总数的2/3。采购人代表不得以评审专家身份参加本部门或本单位采购项目的评审。采购代理机构人员不得参加本机构代理的采购项目的评审。

采用竞争性磋商方式的政府采购项目，评审专家应当从政府采购评审专家库内相关专业的专家名单中随机抽取。符合本办法第三条第四项规定情形的项目，以及情况特殊、通过随机方式难以确定合适的评审专家的项目，经主管预算单位同意，可以自行选定评审专家。技术复杂、专业性强的采购项目，评审专家中应当包含1名法律专家。

第十五条 评审专家应当遵守评审工作纪律，不得泄露评审情况和评审中获悉的商业秘密。

磋商小组在评审过程中发现供应商有行贿、提供虚假材料或者串通等违法行为的，应当及时向财政部门报告。

评审专家在评审过程中受到非法干涉的,应当及时向财政、监察等部门举报。

第十六条 磋商小组成员应当按照客观、公正、审慎的原则,根据磋商文件规定的评审程序、评审方法和评审标准进行独立评审。未实质性响应磋商文件的响应文件按无效响应处理,磋商小组应当告知提交响应文件的供应商。

磋商文件内容违反国家有关强制性规定的,磋商小组应当停止评审并向采购人或者采购代理机构说明情况。

第十七条 采购人、采购代理机构不得向磋商小组中的评审专家作倾向性、误导性的解释或者说明。

采购人、采购代理机构可以视采购项目的具体情况,组织供应商进行现场考察或召开磋商前答疑会,但不得单独或分别组织只有一个供应商参加的现场考察和答疑会。

第十八条 磋商小组在对响应文件的有效性、完整性和响应程度进行审查时,可以要求供应商对响应文件中含义不明确、同类问题表述不一致或者有明显文字和计算错误的内容等作出必要的澄清、说明或者更正。供应商的澄清、说明或者更正不得超出响应文件的范围或者改变响应文件的实质性内容。

磋商小组要求供应商澄清、说明或者更正响应文件应当以书面形式作出。供应商的澄清、说明或者更正应当由法定代表人或其授权代表签字或者加盖公章。由授权代表签字的,应当附法定代表人授权书。供应商为自然人的,应当由本人签字并附身份证明。

第十九条 磋商小组所有成员应当集中与单一供应商分别进行磋商,并给予所有参加磋商的供应商平等的磋商机会。

第二十条 在磋商过程中,磋商小组可以根据磋商文件和磋商情况实质性变动采购需求中的技术、服务要求以及合同草案条款,但不得变动磋商文件中的其他内容。实质性变动的内容,须经采购人代表确认。

对磋商文件作出的实质性变动是磋商文件的有效组成部分,磋商小组应当及时以书面形式同时通知所有参加磋商的供应商。

供应商应当按照磋商文件的变动情况和磋商小组的要求重新提交响应文件,并由其法定代表人或授权代表签字或者加盖公章。由授权代表签字的,应当附法定代表人授权书。供应商为自然人的,应当由本人签字并附身份证明。

第二十一条 磋商文件能够详细列明采购标的的技术、服务要求的,磋商结束后,磋商小组应当要求所有实质性响应的供应商在规定时间内提交最后报价,提交最后报价的供应商不得少于3家。

磋商文件不能详细列明采购标的的技术、服务要求,需经磋商由供应商提供最终设计方案或解决方案的,磋商结束后,磋商小组应当按照少数服从多数的原则投票推荐3家以上供应商的设计方案或者解决方案,并要求其在规定时间内提交最后报价。

最后报价是供应商响应文件的有效组成部分。符合本办法第三条第四项情形的,提交最后报价的供应商可以为2家。

第二十二条 已提交响应文件的供应商，在提交最后报价之前，可以根据磋商情况退出磋商。采购人、采购代理机构应当退还退出磋商的供应商的磋商保证金。

第二十三条 经磋商确定最终采购需求和提交最后报价的供应商后，由磋商小组采用综合评分法对提交最后报价的供应商的响应文件和最后报价进行综合评分。

综合评分法，是指响应文件满足磋商文件全部实质性要求且按评审因素的量化指标评审得分最高的供应商为成交候选供应商的评审方法。

第二十四条 综合评分法评审标准中的分值设置应当与评审因素的量化指标相对应。磋商文件中没有规定的评审标准不得作为评审依据。

评审时，磋商小组各成员应当独立对每个有效响应的文件进行评价、打分，然后汇总每个供应商每项评分因素的得分。

综合评分法货物项目的价格分值占总分值的比重（即权值）为30%至60%，服务项目的价格分值占总分值的比重（即权值）为10%至30%。采购项目中含不同采购对象的，以占项目资金比例最高的采购对象确定其项目属性。符合本办法第三条第三项的规定和执行统一价格标准的项目，其价格不列为评分因素。有特殊情况需要在上述规定范围外设定价格分权重的，应当经本级人民政府财政部门审核同意。

综合评分法中的价格分统一采用低价优先法计算，即满足磋商文件要求且最后报价最低的供应商的价格为磋商基准价，其价格分为满分。其他供应商的价格分统一按照下列公式计算：

$$磋商报价得分 = (磋商基准价 / 最后磋商报价) \times 价格权值 \times 100$$

项目评审过程中，不得去掉最后报价中的最高报价和最低报价。

第二十五条 磋商小组应当根据综合评分情况，按照评审得分由高到低顺序推荐3名以上成交候选供应商，并编写评审报告。符合本办法第二十一条第三款情形的，可以推荐2家成交候选供应商。评审得分相同的，按照最后报价由低到高的顺序推荐。评审得分且最后报价相同的，按照技术指标优劣顺序推荐。

第二十六条 评审报告应当包括以下主要内容：

（一）邀请供应商参加采购活动的具体方式和相关情况；

（二）响应文件开启日期和地点；

（三）获取磋商文件的供应商名单和磋商小组成员名单；

（四）评审情况记录和说明，包括对供应商的资格审查情况、供应商响应文件评审情况、磋商情况、报价情况等；

（五）提出的成交候选供应商的排序名单及理由。

第二十七条 评审报告应当由磋商小组全体人员签字认可。磋商小组成员对评审报告有异议的，磋商小组按照少数服从多数的原则推荐成交候选供应商，采购程序继续进行。对评审报告有异议的磋商小组成员，应当在报告上签署不同意见并说明理由，由磋商小组书面记录相关情况。磋商小组成员拒绝在报告上签字又不书面说明其不同意见和理由的,视为同意评审报告。

第二十八条 采购代理机构应当在评审结束后2个工作日内将评审报告送采购人确认。

采购人应当在收到评审报告后5个工作日内,从评审报告提出的成交候选供应商中,按照排序由高到低的原则确定成交供应商,也可以书面授权磋商小组直接确定成交供应商。采购人逾期未确定成交供应商且不提出异议的,视为确定评审报告提出的排序第一的供应商为成交供应商。

第二十九条 采购人或者采购代理机构应当在成交供应商确定后2个工作日内,在省级以上财政部门指定的政府采购信息发布媒体上公告成交结果,同时向成交供应商发出成交通知书,并将磋商文件随成交结果同时公告。成交结果公告应当包括以下内容:

（一）采购人和采购代理机构的名称、地址和联系方式;
（二）项目名称和项目编号;
（三）成交供应商名称、地址和成交金额;
（四）主要成交标的的名称、规格型号、数量、单价、服务要求;
（五）磋商小组成员名单。

采用书面推荐供应商参加采购活动的,还应当公告采购人和评审专家的推荐意见。

第三十条 采购人与成交供应商应当在成交通知书发出之日起30日内,按照磋商文件确定的合同文本以及采购标的、规格型号、采购金额、采购数量、技术和服务要求等事项签订政府采购合同。

采购人不得向成交供应商提出超出磋商文件以外的任何要求作为签订合同的条件,不得与成交供应商订立背离磋商文件确定的合同文本以及采购标的、规格型号、采购金额、采购数量、技术和服务要求等实质性内容的协议。

第三十一条 采购人或者采购代理机构应当在采购活动结束后及时退还供应商的磋商保证金,但因供应商自身原因导致无法及时退还的除外。未成交供应商的磋商保证金应当在成交通知书发出后5个工作日内退还,成交供应商的磋商保证金应当在采购合同签订后5个工作日内退还。

有下列情形之一的,磋商保证金不予退还:

（一）供应商在提交响应文件截止时间后撤回响应文件的;
（二）供应商在响应文件中提供虚假材料的;
（三）除因不可抗力或磋商文件认可的情形以外,成交供应商不与采购人签订合同的;
（四）供应商与采购人、其他供应商或者采购代理机构恶意串通的;
（五）磋商文件规定的其他情形。

第三十二条 除资格性检查认定错误、分值汇总计算错误、分项评分超出评分标准范围、客观分评分不一致、经磋商小组一致认定评分畸高、畸低的情形外,采购人或者采购代理机构不得以任何理由组织重新评审。采购人、采购代理机构发现磋商小组未按照磋商文件规定的评审标准进行评审的,应当重新开展采购活动,并同时书面报告本级财政部门。

采购人或者采购代理机构不得通过对样品进行检测、对供应商进行考察等方式改变评审结果。

第三十三条 成交供应商拒绝签订政府采购合同的,采购人可以按照本办法第二十八条第二款规定的原则确定其他供应商作为成交供应商并签订政府采购合同,也可以重新开展采购活动。拒绝签订政府采购合同的成交供应商不得参加对该项目重新开展的采购活动。

第三十四条 出现下列情形之一的,采购人或者采购代理机构应当终止竞争性磋商采购活动,发布项目终止公告并说明原因,重新开展采购活动:

(一)因情况变化,不再符合规定的竞争性磋商采购方式适用情形的;

(二)出现影响采购公正的违法、违规行为的;

(三)除本办法第二十一条第三款规定的情形外,在采购过程中符合要求的供应商或者报价未超过采购预算的供应商不足 3 家的。

第三十五条 在采购活动中因重大变故,采购任务取消的,采购人或者采购代理机构应当终止采购活动,通知所有参加采购活动的供应商,并将项目实施情况和采购任务取消原因报送本级财政部门。

第三章 附 则

第三十六条 相关法律制度对政府和社会资本合作项目采用竞争性磋商采购方式另有规定的,从其规定。

第三十七条 本办法所称主管预算单位是指负有编制部门预算职责,向同级财政部门申报预算的国家机关、事业单位和团体组织。

第三十八条 本办法自印发之日起施行。

附录6

政府采购框架协议采购方式管理暂行办法

中华人民共和国财政部令

第 110 号

《政府采购框架协议采购方式管理暂行办法》已经2021年12月31日部务会议审议通过,现予公布,自2022年3月1日起施行。

部长 刘昆
2022年1月14日

政府采购框架协议采购方式管理暂行办法

第一章 总 则

第一条 为了规范多频次、小额度采购活动,提高政府采购项目绩效,根据《中华人民共和国政府采购法》、《中华人民共和国政府采购法实施条例》等法律法规规定,制定本办法。

第二条 本办法所称框架协议采购,是指集中采购机构或者主管预算单位对技术、服务等标准明确、统一,需要多次重复采购的货物和服务,通过公开征集程序,确定第一阶段入围供应商并订立框架协议,采购人或者服务对象按照框架协议约定规则,在入围供应商范围内确定第二阶段成交供应商并订立采购合同的采购方式。

前款所称主管预算单位是指负有编制部门预算职责,向本级财政部门申报预算的国家机关、事业单位和团体组织。

第三条 符合下列情形之一的,可以采用框架协议采购方式采购:

(一)集中采购目录以内品目,以及与之配套的必要耗材、配件等,属于小额零星采购的;

(二)集中采购目录以外,采购限额标准以上,本部门、本系统行政管理所需的法律、评估、会计、审计等鉴证咨询服务,属于小额零星采购的;

(三)集中采购目录以外,采购限额标准以上,为本部门、本系统以外的服务对象提供服务的政府购买服务项目,需要确定2家以上供应商由服务对象自主选择的;

（四）国务院财政部门规定的其他情形。

前款所称采购限额标准以上，是指同一品目或者同一类别的货物、服务年度采购预算达到采购限额标准以上。

属于本条第一款第二项情形，主管预算单位能够归集需求形成单一项目进行采购，通过签订时间、地点、数量不确定的采购合同满足需求的，不得采用框架协议采购方式。

第四条 框架协议采购包括封闭式框架协议采购和开放式框架协议采购。

封闭式框架协议采购是框架协议采购的主要形式。除法律、行政法规或者本办法另有规定外，框架协议采购应当采用封闭式框架协议采购。

第五条 集中采购目录以内品目以及与之配套的必要耗材、配件等，采用框架协议采购的，由集中采购机构负责征集程序和订立框架协议。

集中采购目录以外品目采用框架协议采购的，由主管预算单位负责征集程序和订立框架协议。其他预算单位确有需要的，经其主管预算单位批准，可以采用框架协议采购方式采购。其他预算单位采用框架协议采购方式采购的，应当遵守本办法关于主管预算单位的规定。

主管预算单位可以委托采购代理机构代理框架协议采购，采购代理机构应当在委托的范围内依法开展采购活动。

集中采购机构、主管预算单位及其委托的采购代理机构，本办法统称征集人。

第六条 框架协议采购遵循竞争择优、讲求绩效的原则，应当有明确的采购标的和定价机制，不得采用供应商符合资格条件即入围的方法。

第七条 框架协议采购应当实行电子化采购。

第八条 集中采购机构采用框架协议采购的，应当拟定采购方案，报本级财政部门审核后实施。主管预算单位采用框架协议采购的，应当在采购活动开始前将采购方案报本级财政部门备案。

第二章 一般规定

第九条 封闭式框架协议采购是指符合本办法第三条规定情形，通过公开竞争订立框架协议后，除经过框架协议约定的补充征集程序外，不得增加协议供应商的框架协议采购。

封闭式框架协议的公开征集程序，按照政府采购公开招标的规定执行，本办法另有规定的，从其规定。

第十条 开放式框架协议采购是指符合本条第二款规定情形，明确采购需求和付费标准等框架协议条件，愿意接受协议条件的供应商可以随时申请加入的框架协议采购。开放式框架协议的公开征集程序，按照本办法规定执行。

符合下列情形之一的，可以采用开放式框架协议采购：

（一）本办法第三条第一款第一项规定的情形，因执行政府采购政策不宜淘汰供应商的，或者受基础设施、行政许可、知识产权等限制，供应商数量在3家以下且不宜淘汰供应

商的;

(二)本办法第三条第一款第三项规定的情形,能够确定统一付费标准,因地域等服务便利性要求,需要接纳所有愿意接受协议条件的供应商加入框架协议,以供服务对象自主选择的。

第十一条 集中采购机构或者主管预算单位应当确定框架协议采购需求。框架协议采购需求在框架协议有效期内不得变动。

确定框架协议采购需求应当开展需求调查,听取采购人、供应商和专家等意见。面向采购人和供应商开展需求调查时,应当选择具有代表性的调查对象,调查对象一般各不少于3个。

第十二条 框架协议采购需求应当符合以下规定:

(一)满足采购人和服务对象实际需要,符合市场供应状况和市场公允标准,在确保功能、性能和必要采购要求的情况下促进竞争;

(二)符合预算标准、资产配置标准等有关规定,厉行节约,不得超标准采购;

(三)按照《政府采购品目分类目录》,将采购标的细化到底级品目,并细分不同等次、规格或者标准的采购需求,合理设置采购包;

(四)货物项目应当明确货物的技术和商务要求,包括功能、性能、材料、结构、外观、安全、包装、交货期限、交货的地域范围、售后服务等;

(五)服务项目应当明确服务内容、服务标准、技术保障、服务人员组成、服务交付或者实施的地域范围,以及所涉及的货物的质量标准、服务工作量的计量方式等。

第十三条 集中采购机构或者主管预算单位应当在征集公告和征集文件中确定框架协议采购的最高限制单价。征集文件中可以明确量价关系折扣,即达到一定采购数量,价格应当按照征集文件中明确的折扣降低。在开放式框架协议中,付费标准即为最高限制单价。

最高限制单价是供应商第一阶段响应报价的最高限价。入围供应商第一阶段响应报价(有量价关系折扣的,包括量价关系折扣,以下统称协议价格)是采购人或者服务对象确定第二阶段成交供应商的最高限价。

确定最高限制单价时,有政府定价的,执行政府定价;没有政府定价的,应当通过需求调查,并根据需求标准科学确定,属于本办法第十条第二款第一项规定情形的采购项目,需要订立开放式框架协议的,与供应商协商确定。

货物项目单价按照台(套)等计量单位确定,其中包含售后服务等相关服务费用。服务项目单价按照单位采购标的价格或者人工单价等确定。服务项目所涉及的货物的费用,能够折算入服务项目单价的应当折入,需要按实结算的应当明确结算规则。

第十四条 框架协议应当包括以下内容:

(一)集中采购机构或者主管预算单位以及入围供应商的名称、地址和联系方式;

(二)采购项目名称、编号;

(三)采购需求以及最高限制单价;

（四）封闭式框架协议第一阶段的入围产品详细技术规格或者服务内容、服务标准，协议价格；

（五）入围产品升级换代规则；

（六）确定第二阶段成交供应商的方式；

（七）适用框架协议的采购人或者服务对象范围，以及履行合同的地域范围；

（八）资金支付方式、时间和条件；

（九）采购合同文本，包括根据需要约定适用的简式合同或者具有合同性质的凭单、订单；

（十）框架协议期限；

（十一）入围供应商清退和补充规则；

（十二）协议方的权利和义务；

（十三）需要约定的其他事项。

第十五条 集中采购机构或者主管预算单位应当根据工作需要和采购标的市场供应及价格变化情况，科学合理确定框架协议期限。货物项目框架协议有效期一般不超过1年，服务项目框架协议有效期一般不超过2年。

第十六条 集中采购机构或者主管预算单位应当根据框架协议约定，组织落实框架协议的履行，并履行下列职责：

（一）为第二阶段合同授予提供工作便利；

（二）对第二阶段最高限价和需求标准执行情况进行管理；

（三）对第二阶段确定成交供应商情况进行管理；

（四）根据框架协议约定，在质量不降低、价格不提高的前提下，对入围供应商因产品升级换代、用新产品替代原入围产品的情形进行审核；

（五）建立用户反馈和评价机制，接受采购人和服务对象对入围供应商履行框架协议和采购合同情况的反馈与评价，并将用户反馈和评价情况向采购人和服务对象公开，作为第二阶段直接选定成交供应商的参考；

（六）公开封闭式框架协议的第二阶段成交结果；

（七）办理入围供应商清退和补充相关事宜。

第十七条 采购人或者服务对象采购框架协议约定的货物、服务，应当将第二阶段的采购合同授予入围供应商，但是本办法第三十七条另有规定的除外。

同一框架协议采购应当使用统一的采购合同文本，采购人、服务对象和供应商不得擅自改变框架协议约定的合同实质性条款。

第十八条 货物项目框架协议的入围供应商应当为入围产品生产厂家或者生产厂家唯一授权供应商。入围供应商可以委托一家或者多家代理商，按照框架协议约定接受采购人合同授予，并履行采购合同。入围供应商应当在框架协议中提供委托协议和委托的代理商名单。

第十九条 入围供应商有下列情形之一，尚未签订框架协议的，取消其入围资格；已

经签订框架协议的,解除与其签订的框架协议:

（一）恶意串通谋取入围或者合同成交的;

（二）提供虚假材料谋取入围或者合同成交的;

（三）无正当理由拒不接受合同授予的;

（四）不履行合同义务或者履行合同义务不符合约定,经采购人请求履行后仍不履行或者仍未按约定履行的;

（五）框架协议有效期内,因违法行为被禁止或限制参加政府采购活动的;

（六）框架协议约定的其他情形。

被取消入围资格或者被解除框架协议的供应商不得参加同一封闭式框架协议补充征集,或者重新申请加入同一开放式框架协议。

第二十条　封闭式框架协议入围供应商无正当理由,不得主动放弃入围资格或者退出框架协议。

开放式框架协议入围供应商可以随时申请退出框架协议。集中采购机构或者主管预算单位应当在收到退出申请2个工作日内,发布入围供应商退出公告。

第二十一条　征集人应当建立真实完整的框架协议采购档案,妥善保存每项采购活动的采购文件资料。除征集人和采购人另有约定外,合同授予的采购文件资料由采购人负责保存。

采购档案可以采用电子形式保存,电子档案和纸质档案具有同等效力。

第三章　封闭式框架协议采购

第一节　封闭式框架协议的订立

第二十二条　征集人应当发布征集公告。征集公告应当包括以下主要内容:

（一）征集人的名称、地址、联系人和联系方式;

（二）采购项目名称、编号,采购需求以及最高限制单价,适用框架协议的采购人或者服务对象范围,能预估采购数量的,还应当明确预估采购数量;

（三）供应商的资格条件;

（四）框架协议的期限;

（五）获取征集文件的时间、地点和方式;

（六）响应文件的提交方式、提交截止时间和地点,开启方式、时间和地点;

（七）公告期限;

（八）省级以上财政部门规定的其他事项。

第二十三条　征集人应当编制征集文件。征集文件应当包括以下主要内容:

（一）参加征集活动的邀请;

（二）供应商应当提交的资格材料;

（三）资格审查方法和标准;

（四）采购需求以及最高限制单价;

（五）政府采购政策要求以及政策执行措施；

（六）框架协议的期限；

（七）报价要求；

（八）确定第一阶段入围供应商的评审方法、评审标准、确定入围供应商的淘汰率或者入围供应商数量上限和响应文件无效情形；

（九）响应文件的编制要求，提交方式、提交截止时间和地点，开启方式、时间和地点，以及响应文件有效期；

（十）拟签订的框架协议文本和采购合同文本；

（十一）确定第二阶段成交供应商的方式；

（十二）采购资金的支付方式、时间和条件；

（十三）入围产品升级换代规则；

（十四）用户反馈和评价机制；

（十五）入围供应商的清退和补充规则；

（十六）供应商信用信息查询渠道及截止时点、信用信息查询记录和证据留存的具体方式、信用信息的使用规则等；

（十七）采购代理机构代理费用的收取标准和方式；

（十八）省级以上财政部门规定的其他事项。

第二十四条 供应商应当按照征集文件要求编制响应文件，对响应文件的真实性和合法性承担法律责任。

供应商响应的货物和服务的技术、商务等条件不得低于采购需求，货物原则上应当是市场上已有销售的规格型号，不得是专供政府采购的产品。对货物项目每个采购包只能用一个产品进行响应，征集文件有要求的，应当同时对产品的选配件、耗材进行报价。服务项目包含货物的，响应文件中应当列明货物清单及质量标准。

第二十五条 确定第一阶段入围供应商的评审方法包括价格优先法和质量优先法。

价格优先法是指对满足采购需求且响应报价不超过最高限制单价的货物、服务，按照响应报价从低到高排序，根据征集文件规定的淘汰率或者入围供应商数量上限，确定入围供应商的评审方法。

质量优先法是指对满足采购需求且响应报价不超过最高限制单价的货物、服务进行质量综合评分，按照质量评分从高到低排序，根据征集文件规定的淘汰率或者入围供应商数量上限，确定入围供应商的评审方法。货物项目质量因素包括采购标的的技术水平、产品配置、售后服务等，服务项目质量因素包括服务内容、服务水平、供应商的履约能力、服务经验等。质量因素中的可量化指标应当划分等次，作为评分项；质量因素中的其他指标可以作为实质性要求，不得作为评分项。

有政府定价、政府指导价的项目，以及对质量有特别要求的检测、实验等仪器设备，可以采用质量优先法，其他项目应当采用价格优先法。

第二十六条 对耗材使用量大的复印、打印、实验、医疗等仪器设备进行框架协议采购的,应当要求供应商同时对3年以上约定期限内的专用耗材进行报价。评审时应当考虑约定期限的专用耗材使用成本,修正仪器设备的响应报价或者质量评分。

征集人应当在征集文件、框架协议和采购合同中规定,入围供应商在约定期限内,应当以不高于其报价的价格向适用框架协议的采购人供应专用耗材。

第二十七条 确定第一阶段入围供应商时,提交响应文件和符合资格条件、实质性要求的供应商应当均不少于2家,淘汰比例一般不得低于20%,且至少淘汰一家供应商。

采用质量优先法的检测、实验等仪器设备采购,淘汰比例不得低于40%,且至少淘汰一家供应商。

第二十八条 入围结果公告应当包括以下主要内容:

(一)采购项目名称、编号;

(二)征集人的名称、地址、联系人和联系方式;

(三)入围供应商名称、地址及排序;

(四)最高入围价格或者最低入围分值;

(五)入围产品名称、规格型号或者主要服务内容及服务标准,入围单价;

(六)评审小组成员名单;

(七)采购代理服务收费标准及金额;

(八)公告期限;

(九)省级以上财政部门规定的其他事项。

第二十九条 集中采购机构或者主管预算单位应当在入围通知书发出之日起30日内和入围供应商签订框架协议,并在框架协议签订后7个工作日内,将框架协议副本报本级财政部门备案。

框架协议不得对征集文件确定的事项以及入围供应商的响应文件作实质性修改。

第三十条 征集人应当在框架协议签订后3个工作日内通过电子化采购系统将入围信息告知适用框架协议的所有采购人或者服务对象。

入围信息应当包括所有入围供应商的名称、地址、联系方式、入围产品信息和协议价格等内容。入围产品信息应当详细列明技术规格或者服务内容、服务标准等能反映产品质量特点的内容。

征集人应当确保征集文件和入围信息在整个框架协议有效期内随时可供公众查阅。

第三十一条 除剩余入围供应商不足入围供应商总数70%且影响框架协议执行的情形外,框架协议有效期内,征集人不得补充征集供应商。

征集人补充征集供应商的,补充征集规则应当在框架协议中约定,补充征集的条件、程序、评审方法和淘汰比例应当与初次征集相同。补充征集应当遵守原框架协议的有效期。补充征集期间,原框架协议继续履行。

第二节 采购合同的授予

第三十二条 确定第二阶段成交供应商的方式包括直接选定、二次竞价和顺序轮候。

直接选定方式是确定第二阶段成交供应商的主要方式。除征集人根据采购项目特点和提高绩效等要求，在征集文件中载明采用二次竞价或者顺序轮候方式外，确定第二阶段成交供应商应当由采购人或者服务对象依据入围产品价格、质量以及服务便利性、用户评价等因素，从第一阶段入围供应商中直接选定。

第三十三条 二次竞价方式是指以框架协议约定的入围产品、采购合同文本等为依据，以协议价格为最高限价，采购人明确第二阶段竞价需求，从入围供应商中选择所有符合竞价需求的供应商参与二次竞价，确定报价最低的为成交供应商的方式。

进行二次竞价应当给予供应商必要的响应时间。

二次竞价一般适用于采用价格优先法的采购项目。

第三十四条 顺序轮候方式是指根据征集文件中确定的轮候顺序规则，对所有入围供应商依次授予采购合同的方式。

每个入围供应商在一个顺序轮候期内，只有一次获得合同授予的机会。合同授予顺序确定后，应当书面告知所有入围供应商。除清退入围供应商和补充征集外，框架协议有效期内不得调整合同授予顺序。

顺序轮候一般适用于服务项目。

第三十五条 以二次竞价或者顺序轮候方式确定成交供应商的，征集人应当在确定成交供应商后2个工作日内逐笔发布成交结果公告。

成交结果单笔公告可以在省级以上财政部门指定的媒体上发布，也可以在开展框架协议采购的电子化采购系统发布，发布成交结果公告的渠道应当在征集文件或者框架协议中告知供应商。单笔公告应当包括以下主要内容：

（一）采购人的名称、地址和联系方式；

（二）框架协议采购项目名称、编号；

（三）成交供应商名称、地址和成交金额；

（四）成交标的名称、规格型号或者主要服务内容及服务标准、数量、单价；

（五）公告期限。

征集人应当在框架协议有效期满后10个工作日内发布成交结果汇总公告。汇总公告应当包括前款第一项、第二项内容和所有成交供应商的名称、地址及其成交合同总数和总金额。

第三十六条 框架协议采购应当订立固定价格合同。

根据实际采购数量和协议价格确定合同总价的，合同中应当列明实际采购数量或者计量方式，包括服务项目用于计算合同价的工日数、服务工作量等详细工作量清单。采购人应当要求供应商提供能证明其按照合同约定数量或者工作量清单履约的相关记录或者凭证，作为验收资料一并存档。

第三十七条 采购人证明能够以更低价格向非入围供应商采购相同货物，且入围供应商不同意将价格降至非入围供应商以下的，可以将合同授予非入围供应商。

采购项目适用前款规定的，征集人应当在征集文件中载明并在框架协议中约定。

采购人将合同授予非入围供应商的，应当在确定成交供应商后1个工作日内，将成交结果抄送征集人,由征集人按照单笔公告要求发布成交结果公告。采购人应当将相关证明材料和采购合同一并存档备查。

第四章 开放式框架协议采购

第三十八条 订立开放式框架协议的,征集人应当发布征集公告,邀请供应商加入框架协议。征集公告应当包括以下主要内容:

(一)本办法第二十二条第一项至四项和第二十三条第二项至三项、第十三项至十六项内容;

(二)订立开放式框架协议的邀请;

(三)供应商提交加入框架协议申请的方式、地点,以及对申请文件的要求;

(四)履行合同的地域范围、协议方的权利和义务、入围供应商的清退机制等框架协议内容;

(五)采购合同文本;

(六)付费标准,费用结算及支付方式;

(七)省级以上财政部门规定的其他事项。

第三十九条 征集公告发布后至框架协议期满前,供应商可以按照征集公告要求,随时提交加入框架协议的申请。征集人应当在收到供应商申请后7个工作日内完成审核,并将审核结果书面通知申请供应商。

第四十条 征集人应当在审核通过后2个工作日内,发布入围结果公告,公告入围供应商名称、地址、联系方式及付费标准,并动态更新入围供应商信息。

征集人应当确保征集公告和入围结果公告在整个框架协议有效期内随时可供公众查阅。

第四十一条 征集人可以根据采购项目特点,在征集公告中申明是否与供应商另行签订书面框架协议。申明不再签订书面框架协议的,发布入围结果公告,视为签订框架协议。

第四十二条 第二阶段成交供应商由采购人或者服务对象从第一阶段入围供应商中直接选定。

供应商履行合同后,依据框架协议约定的凭单、订单以及结算方式,与采购人进行费用结算。

第五章 法律责任

第四十三条 主管预算单位、采购人、采购代理机构违反本办法规定的,由财政部门责令限期改正;情节严重的,给予警告,对直接负责的主管人员和其他责任人员,由其行政主管部门或者有关机关依法给予处分,并予以通报。

第四十四条 违反本办法规定,经责令改正后仍然影响或者可能影响入围结果或者成交结果的,依照政府采购法等有关法律、行政法规处理。

第四十五条　供应商有本办法第十九条第一款第一项至三项情形之一,以及无正当理由放弃封闭式框架协议入围资格或者退出封闭式框架协议的,依照政府采购法等有关法律、行政法规追究法律责任。

第四十六条　政府采购当事人违反本办法规定,给他人造成损失的,依法承担民事责任。

第四十七条　财政部门及其工作人员在履行监督管理职责中存在滥用职权、玩忽职守、徇私舞弊等违法违纪行为的,依法追究相应责任。

第六章　附　则

第四十八条　除本办法第三十五条规定外,本办法规定的公告信息,应当在省级以上财政部门指定的媒体上发布。

第四十九条　本办法规定按日计算期间的,开始当天不计入,从次日开始计算。期限的最后一日是国家法定节假日的,顺延到节假日后的次日为期限的最后一日。

第五十条　本办法所称的"以上"、"以下"、"内"、"以内"、"不少于"、"不超过",包括本数;所称的"不足"、"低于",不包括本数。

第五十一条　各省、自治区、直辖市财政部门可以根据本办法制定具体实施办法。

第五十二条　本办法自2022年3月1日起施行。

附录 7

政府采购合作创新采购方式管理暂行办法

财政部关于印发《政府采购合作创新采购方式管理暂行办法》的通知

财库〔2024〕13 号

各中央预算单位，各省、自治区、直辖市、计划单列市财政厅（局），新疆生产建设兵团财政局：

为贯彻落实《深化政府采购制度改革方案》，完善政府采购支持科技创新制度，财政部制定了《政府采购合作创新采购方式管理暂行办法》，现印发给你们，请遵照执行。

财政部

2024 年 4 月 24 日

附件：

政府采购合作创新采购方式管理暂行办法

第一章　总　则

第一条　为贯彻落实党中央、国务院关于加快实施创新驱动发展战略有关要求，支持应用科技创新，根据《中华人民共和国政府采购法》和《中华人民共和国科学技术进步法》等有关法律，制定本办法。

第二条　合作创新采购是指采购人邀请供应商合作研发，共担研发风险，并按研发合同约定的数量或者金额购买研发成功的创新产品的采购方式。合作创新采购方式分为订购和首购两个阶段。

订购是指采购人提出研发目标，与供应商合作研发创新产品并共担研发风险的活动。

首购是指采购人对于研发成功的创新产品，按照研发合同约定采购一定数量或者一定金额相应产品的活动。

前款所称创新产品，应当具有实质性的技术创新，包含新的技术原理、技术思想或者技术方法。对现有产品的改型以及对既有技术成果的验证、测试和使用等没有实质性技术创新的，不属于本办法规定的创新产品范围。

第三条　采购项目符合国家科技和相关产业发展规划，有利于落实国家重大战略目标任务，并且具有下列情形之一的，可以采用合作创新采购方式采购：

(一)市场现有产品或者技术不能满足要求,需要进行技术突破的;

(二)以研发创新产品为基础,形成新范式或者新的解决方案,能够显著改善功能性能,明显提高绩效的;

(三)国务院财政部门规定的其他情形。

第四条 中央和省级(含计划单列市)主管预算单位对符合本办法第三条规定情形的采购项目,可以采用合作创新采购方式。中央和省级主管预算单位可以开展合作创新采购,也可以授权所属预算单位开展合作创新采购。设区的市级主管预算单位经省级主管部门批准,可以采用合作创新采购方式。实施合作创新采购的,应当在部门预算中列明研发经费。

采购人可以委托采购代理机构代理合作创新采购,采购代理机构应当在委托的范围内依法开展采购活动。

第五条 合作创新采购应当建立合理的风险分担与激励机制,鼓励有研发能力的国有企业、民营企业、外商投资企业,高等院校,科研机构等各类供应商积极参与,发挥财政资金对全社会应用技术研发的辐射效应,促进科技创新。

第六条 合作创新采购应当落实国家安全有关法律法规要求。国家有关部门依法对涉及国家安全的合作创新采购活动开展安全审查。

第二章 需求管理

第七条 采购人开展合作创新采购前,应当开展市场调研和专家论证,科学设定合作创新采购项目的最低研发目标、最高研发费用和研发期限。

最低研发目标包括创新产品的主要功能、性能,主要服务内容、服务标准及其他产出目标。

最高研发费用包括该项目用于研发成本补偿的费用和创新产品的首购费用,还可以设定一定的激励费用。

第八条 合作创新采购,除只能从有限范围或者唯一供应商处采购以外,采购人应当通过公开竞争确定研发供应商。

第九条 合作创新采购中,采购人应当按照有利于降低研发风险的要求,围绕供应商须具备的研发能力设定资格条件,可以包括合作创新采购项目所必需的已有专利、计算机软件著作权、专有技术类别,同类项目的研发业绩,供应商已具备的研究基础等。

两个以上的供应商可以组成一个联合体,参与合作创新采购。

合作创新采购的研发活动应当在中国境内进行。除涉及国家安全和国家秘密的采购项目外,采购人应当保障内外资企业平等参与合作创新采购活动。

第十条 采购人开展合作创新采购应当落实政府采购支持中小企业发展相关政策。采购人应当结合采购项目情况和中小企业承接能力设置采购包,专门面向中小企业采购;对于工作内容难以分割的综合性采购项目,采购人应当要求获得采购合同的供应商将采购项目中的一定比例分包给中小企业,推动中小企业参与创新研发活动。

第十一条 合作创新采购中产生的各类知识产权,按照《中华人民共和国民法典》《中华人民共和国科学技术进步法》以及知识产权等相关法律规定,原则上属于供应商享有,但是法律另有规定或者研发合同另有约定的除外。

知识产权涉及国家安全、国家利益或者重大社会公共利益的,应当约定由采购人享有或者约定共同享有。

第十二条 采购人开展合作创新采购前,应当制定采购方案。采购方案包括以下内容:

(一)创新产品的最低研发目标、最高研发费用、应用场景和研发期限;

(二)供应商邀请方式;

(三)谈判小组组成,评审专家选取办法,评审方法以及初步的评审标准;

(四)给予研发成本补偿的成本范围及该项目用于研发成本补偿的费用限额;

(五)是否开展研发中期谈判;

(六)关于知识产权权属、利益分配、使用方式的初步意见;

(七)创新产品的迭代升级服务要求;

(八)研发合同应当包括的主要条款;

(九)研发风险分析和风险管控措施;

(十)需要确定的其他事项。

采购人应当对采购方案的科学性、可行性、合规性等开展咨询论证,并按照《政府采购需求管理办法》有关规定履行内部审查、核准程序后实施。

第十三条 采购人应当按照政府采购有关规定,在省级以上人民政府财政部门指定的媒体上及时发布合作创新采购项目信息,包括采购意向、采购公告、研发谈判文件、成交结果、研发合同、首购协议等,但涉及国家秘密、商业秘密的信息,以及其他依照法律、行政法规和国家有关规定不得公开的信息除外。

第十四条 采购人、供应商、评审专家以及相关人员应当严格保守参与合作创新采购活动中所获悉的国家秘密、工作秘密和商业秘密。除已公开的信息外,未经当事人同意,不得将其提供的信息用于其他目的。

第三章 订购程序

第十五条 采购人应当组建谈判小组,谈判小组由采购人代表和评审专家共五人以上单数组成。采购人应当自行选定相应专业领域的评审专家。评审专家中应当包含一名法律专家和一名经济专家。谈判小组具体人员组成比例,评审专家选取办法及采购过程中的人员调整程序按照采购人内部控制管理制度确定。

谈判小组负责供应商资格审查、创新概念交流、研发竞争谈判、研发中期谈判和首购评审等工作。

第十六条 采购人应当发布合作创新采购公告邀请供应商,但受基础设施、行政许可、确需使用不可替代的知识产权或者专有技术等限制,只能从有限范围或者唯一供应商处采购的,采购人可以直接向所有符合条件的供应商发出合作创新采购邀请书。

以公告形式邀请供应商的,公告期限不得少于五个工作日。合作创新采购公告、合作创新采购邀请书应当包括采购人和采购项目名称,创新产品的最低研发目标、最高研发费用、应用场景及研发期限,对供应商的资格要求以及供应商提交参与合作创新采购申请文件的时间和地点等。同时,采购人应当在合作创新采购公告、合作创新采购邀请书中明确,最低研发目标、最高研发费用可能根据创新概念交流情况进行实质性调整。

提交参与合作创新采购申请文件的时间自采购公告、邀请书发出之日起不得少于二十个工作日。采购人应当在合作创新采购公告、合作创新采购邀请书中载明是否接受联合体参与。如未载明,不得拒绝联合体参与。

谈判小组依法对供应商的资格进行审查。提交申请文件或者通过资格审查的供应商只有两家或者一家的,可以按照本办法规定继续开展采购活动。

第十七条 谈判小组集中与所有通过资格审查的供应商共同进行创新概念交流,交流内容包括创新产品的最低研发目标、最高研发费用、应用场景及采购方案的其他相关内容。

创新概念交流中,谈判小组应当全面及时回答供应商提问。必要时,采购人或者其授权的谈判小组可以组织供应商进行集中答疑和现场考察。

采购人根据创新概念交流情况,对采购方案内容进行实质性调整的,应当按照内部控制管理制度有关规定,履行必要的内部审查、核准程序。

第十八条 采购人根据创新概念交流结果,形成研发谈判文件。研发谈判文件主要内容包括:

(一)创新产品的最低研发目标、最高研发费用、应用场景、研发期限及有关情况说明;

(二)研发供应商数量;

(三)给予单个研发供应商的研发成本补偿的成本范围和限额,另设激励费用的,明确激励费用的金额;

(四)创新产品首购数量或者金额;

(五)评审方法与评审标准,在谈判过程中不得更改的主要评审因素及其权重,以及是否采用两阶段评审;

(六)对研发进度安排及相应的研发中期谈判阶段划分的响应要求;

(七)各阶段研发成本补偿的成本范围和金额、标志性成果的响应要求;

(八)研发成本补偿费用的支付方式、时间和条件;

(九)创新产品的验收方法与验收标准;

(十)首购产品的评审标准;

(十一)关于知识产权权属、利益分配、使用方式等的响应要求;

(十二)落实支持中小企业发展等政策的要求;

(十三)创新产品的迭代升级服务要求;

(十四)研发合同的主要条款;

（十五）响应文件编制要求、提交方式、提交截止时间和地点，以及响应文件有效期；

（十六）省级以上财政部门规定的其他事项。

本办法所称评审因素，主要包括供应商研发方案，供应商提出的研发成本补偿金额和首购产品金额的报价，研发完成时间，创新产品的售后服务方案等。其中，供应商研发方案的分值占总分值的比重不得低于百分之五十。

本办法所称标志性成果，包括形成创新产品的详细设计方案、技术原理在实验室环境获得验证通过、创新产品的关键部件研制成功、生产出符合要求的模型样机以及创新产品通过采购人试用和履约验收等。

第十九条 采购人应当向所有参与创新概念交流的供应商提供研发谈判文件，邀请其参与研发竞争谈判。从研发谈判文件发出之日起至供应商提交首次响应文件截止之日止不得少于十个工作日。

采购人可以对已发出的研发谈判文件进行必要的澄清或者修改，但不得改变采购标的和资格条件。澄清或者修改的内容可能影响响应文件编制，导致供应商准备时间不足的，采购人按照研发谈判文件规定，顺延提交响应文件的时间。

第二十条 供应商应当根据研发谈判文件编制响应文件，对研发谈判文件的要求作出实质性响应。响应文件包括以下内容：

（一）供应商的研发方案。

（二）研发完成时间。

（三）响应报价，供应商应当对研发成本补偿金额和首购产品金额分别报价，且各自不得高于研发谈判文件规定的给予单个研发供应商的研发成本补偿限额和首购费用。首购产品金额除创新产品本身的购买费用以外，还包括创新产品未来一定期限内的运行维护等费用。

（四）各阶段的研发成本补偿的成本范围和金额。

（五）创新产品的验收方法与验收标准。

（六）创新产品的售后服务方案。

（七）知识产权权属、利益分配、使用方式等。

（八）创新产品的迭代升级服务方案。

（九）落实支持中小企业发展等政策要求的响应内容。

（十）其他需要响应的内容。

本办法所称供应商的研发方案，包括研发产品预计能实现的功能、性能、服务内容、服务标准及其他产出目标；研发拟采用的技术路线及其优势；可能出现的影响研发的风险及其管控措施；研发团队组成、团队成员的专业能力和经验；研发进度安排和各阶段标志性成果说明等。

第二十一条 谈判小组集中与单一供应商分别进行谈判，对相关内容进行细化调整。谈判主要内容包括：

（一）创新产品的最低研发目标、验收方法与验收标准；

（二）供应商的研发方案；

（三）研发完成时间；

（四）研发成本补偿的成本范围和金额，及首购产品金额；

（五）研发竞争谈判的评审标准；

（六）各阶段研发成本补偿的成本范围和金额；

（七）首购产品的评审标准；

（八）知识产权权属、利益分配、使用方式等；

（九）创新产品的迭代升级服务方案；

（十）研发合同履行中可能出现的风险及其管控措施。

在谈判中，谈判小组可以根据谈判情况实质性变动谈判文件有关内容，但不得降低最低研发目标、提高最高研发费用，也不得改变谈判文件中的主要评审因素及其权重。

谈判结束后，谈判小组根据谈判结果，确定最终的谈判文件，并以书面形式同时通知所有参加谈判的供应商。供应商按要求提交最终响应文件，谈判小组给予供应商的响应时间应当不少于五个工作日。提交最终响应文件的供应商只有两家或者一家的，可以按照本办法规定继续开展采购活动。

第二十二条 谈判小组对响应文件满足研发谈判文件全部实质性要求的供应商开展评审，按照评审得分从高到低排序，推荐成交候选人。

谈判小组根据谈判文件规定，可以对供应商响应文件的研发方案部分和其他部分采取两阶段评审，先评审研发方案部分，对研发方案得分达到规定名次的，再综合评审其他部分，按照总得分从高到低排序，确定成交候选人。

第二十三条 采购人根据谈判文件规定的研发供应商数量和谈判小组推荐的成交候选人顺序，确定研发供应商，也可以书面授权谈判小组直接确定研发供应商。研发供应商数量最多不得超过三家。成交候选人数量少于谈判文件规定的研发供应商数量的，采购人可以确定所有成交候选人为研发供应商，也可以重新开展政府采购活动。采购人应当依法与研发供应商签订研发合同。

只能从唯一供应商处采购的，采购人与供应商应当遵照本办法规定的原则，根据研发成本和可参照的同类项目合同价格协商确定合理价格，明确创新产品的功能、性能，研发完成时间，研发成本补偿的成本范围和金额，首购产品金额，研发进度安排及相应的研发中期谈判阶段划分等合同条件。

第二十四条 采购人根据研发合同约定，组织谈判小组与研发供应商在研发不同阶段就研发进度、标志性成果及其验收方法与标准、研发成本补偿的成本范围和金额等问题进行研发中期谈判，根据研发进展情况对相关内容细化调整，但每个研发供应商各阶段补偿成本范围不得超过研发合同约定的研发成本补偿的成本范围，且各阶段成本补偿金额之和不得超过研发合同约定的研发成本补偿金额。研发中期谈判应当在每一阶段开始前完成。

每一阶段约定期限到期后，研发供应商应当提交成果报告和成本说明，采购人根据研发合同约定和研发中期谈判结果支付研发成本补偿费用。研发供应商提供的标志性成果满足要求的,进入下一研发阶段;研发供应商未按照约定完成标志性成果的,予以淘汰并终止研发合同。

第二十五条 对于研发供应商提交的最终定型的创新产品和符合条件的样品,采购人应当按照研发合同约定的验收方法与验收标准开展验收,验收时可以邀请谈判小组成员参与。

第四章 首 购 程 序

第二十六条 采购人按照研发合同约定开展创新产品首购。

只有一家研发供应商研制的创新产品通过验收的,采购人直接确定其为首购产品。有两家以上研发供应商研制的创新产品通过验收的,采购人应当组织谈判小组评审,根据研发合同约定的评审标准确定一家研发供应商的创新产品为首购产品。

首购评审综合考虑创新产品的功能、性能、价格、售后服务方案等,按照性价比最优的原则确定首购产品。此时研发供应商对首购产品金额的报价不得高于研发谈判文件规定的首购费用。

采购人应当在确定首购产品后十个工作日内在省级以上人民政府财政部门指定的媒体上发布首购产品信息,并按照研发合同约定的创新产品首购数量或者金额,与首购产品供应商签订创新产品首购协议,明确首购产品的功能、性能,服务内容和服务标准,首购的数量、单价和总金额,首购产品交付时间,资金支付方式和条件等内容,作为研发合同的补充协议。

第二十七条 研发合同有效期内,供应商按照研发合同约定提供首购产品迭代升级服务,用升级后的创新产品替代原首购产品。

因采购人调整创新产品功能、性能目标需要调整费用的,增加的费用不得超过首购金额的百分之十。

第二十八条 其他采购人有需求的,可以直接采购指定媒体上公布的创新产品,也可以在不降低创新产品核心技术参数的前提下,委托供应商对创新产品进行定制化改造后采购。

其他采购人采购创新产品的,应当在该创新产品研发合同终止之日前,以不高于首购价格的价格与供应商平等自愿签订采购合同。

第二十九条 国务院财政部门会同国务院相关行业主管部门选择首购产品中的重点产品制定相应的采购需求标准,推荐在政府采购中使用;对涉及国家安全的创新产品,可以实行强制采购。

第五章 研发合同管理

第三十条 采购人应当根据研发谈判文件的所有实质性要求以及研发供应商的响应文件签订研发合同。研发合同应当包括以下内容:

（一）采购人以及研发供应商的名称、地址和联系方式；

（二）采购项目名称、编号；

（三）创新产品的功能、性能，服务内容、服务标准及其他产出目标；

（四）研发成本补偿的成本范围和金额，另设激励费用的，激励费用的金额；

（五）创新产品首购的数量、单价和总金额；

（六）研发进度安排及相应的研发中期谈判阶段划分；

（七）各阶段研发成本补偿的成本范围和金额、标志性成果；

（八）研发成本补偿费用的支付方式、时间和条件；

（九）创新产品验收方法与验收标准；

（十）首购产品评审标准；

（十一）创新产品的售后服务和迭代升级服务方案；

（十二）知识产权权属约定、利益分配、使用方式等；

（十三）落实支持中小企业发展等政策的要求；

（十四）研发合同期限；

（十五）合同履行中可能出现的风险及其管控措施；

（十六）技术信息和资料的保密；

（十七）合同解除情形；

（十八）违约责任；

（十九）争议解决方式；

（二十）需要约定的其他事项。

研发合同约定的各阶段补偿成本范围和金额、标志性成果，在研发中期谈判中作出细化调整的，采购人应当就变更事项与研发供应商签订补充协议。

第三十一条 研发合同期限包括创新产品研发、迭代升级以及首购交付的期限，一般不得超过两年，属于重大合作创新采购项目的，不得超过三年。

第三十二条 研发合同为成本补偿合同。成本补偿的范围包括供应商在研发过程中实际投入的设备费、业务费、劳务费以及间接费用等。

采购人应当按照研发合同约定向研发供应商支付研发成本补偿费用和激励费用。

预留份额专门面向中小企业的合作创新采购项目，联合协议或者分包意向协议应当明确按照研发合同成本补偿规定分担风险。

第三十三条 采购人应当向首购产品供应商支付预付款用于创新产品生产制造。预付款金额不得低于首购协议约定的首购总金额的百分之三十。

第三十四条 研发合同履行中，因市场已出现拟研发创新产品的同类产品等情形，采购人认为研发合同继续履行没有意义的，应当及时通知研发供应商终止研发合同，并按研发合同约定向研发供应商支付相应的研发成本补偿费用。

因出现无法克服的技术困难，致使研发失败或者部分失败的，研发供应商应当及时通知采购人终止研发合同，并采取适当补救措施减少损失，采购人按研发合同约定向研发供应商支付相应的研发成本补偿费用。因研发供应商违反合同约定致使研发工作发生重大延误、停滞或者失败的,采购人可以解除研发合同,研发供应商承担相应违约责任。

第六章 争议处理、监督检查和法律责任

第三十五条 供应商认为邀请参与合作创新采购的过程、资格审查的过程使自己的合法权益受到损害的,可以依法提起质疑、投诉。

参与研发竞争谈判、研发中期谈判、首购评审的供应商认为研发谈判文件、采购过程和成交结果使自己的合法权益受到损害的,可以依法提起质疑、投诉。

第三十六条 财政部门应当依法加强对合作创新采购活动的监督检查,检查发现采购人、采购代理机构、供应商存在违反本办法规定行为的,由财政部门责令限期改正。

第三十七条 违反本办法规定,经责令限期改正后仍然影响或者可能影响成交结果或者合同履行的,依照政府采购法律、行政法规、规章处理。

第三十八条 政府采购当事人违反本办法规定,给他人造成损失的,依法承担民事责任。

第七章 附 则

第三十九条 合作创新采购项目涉及国家秘密的,其采购代理机构委托、供应商资格条件、竞争范围、信息发布等按照涉密政府采购有关规定执行。

第四十条 各省、自治区、直辖市财政部门可以根据本办法制定具体实施办法。

第四十一条 本办法所称中国境内,是指适用《中华人民共和国海关法》的中华人民共和国行政管辖区域,不包括香港、澳门和台湾金马等单独关境地区。

第四十二条 本办法自 2024 年 6 月 1 日起施行。

参 考 文 献

[1] 李海燕.政府采购实务[M].武汉：华中科技大学出版社,2020.
[2] 朱龙杰.政府采购概论[M].南京：东南大学出版社,2018.
[3] 马海涛,姜爱华.政府采购管理[M].2版.北京：北京大学出版社,2016.
[4] 宋丽颖.政府采购[M].2版.西安：西安交通大学出版社,2018.
[5] 张璐.政府采购理论与实务[M].北京：首都经济贸易大学出版社,2011.
[6] 韩宗保.政府采购基础与实务[M].北京：中国财政经济出版社,2010.
[7] 丁志俊,胡祖奎,肖飞.专家手把手教你参加政府采购[M].重庆：西南师范大学出版社,2020.
[8] 姜晨光.政府采购项目招投标书编制方法与范例[M].2版.北京：化学工业出版社,2017.
[9] 张启浩,张鲁婧.招投标法律法规适用研究与实践：投标文件编制要点与技巧[M].北京：电子工业出版社,2018.
[10] 楼继伟.政府采购[M].北京：经济科学出版社,1998.
[11] 张志军.政府采购全流程百案精析[M].北京：中国法制出版社,2019.
[12] 厦门市公物采购招投标有限公司.如何准确理解"编制采购需求"和"开展需求调查"[EB/OL].(2023-03-16)[2024-04-03].http://gwcg.cn/a/153.
[13] 财政部国库司,财政部政府采购管理办公室,财政部条法司,等.《中华人民共和国政府采购法实施条例》释义[M].北京：中国财政经济出版社,2015.
[14] 乐佳超.对接国际高标准促进政采公平竞争：解读在自贸区和自贸港试点单一来源采购方式的新规[EB/OL].(2023-07-03)[2024-04-03].http://www.cgpnews.cn/articles/64180.
[15] 赵勇,李建维.美国政府采购发展史研究[EB/OL].(2022-01-10)[2024-04-03].http://www.cgpnews.cn/articles/58864.
[16] 德海.案例解读·案例二十八："何时"用"何法"[EB/OL].(2017-08-28)[2024-04-03].http://www.cgpnews.cn/articles/41063.
[17] 德海.案例解读·案例二十四：不能说的秘密[EB/OL].(2017-08-07)[2024-04-03].http://www.cgpnews.cn/articles/40751.
[18] 德海.案例解读·案例十九：受限制的进口产品[EB/OL].(2017-06-22)[2024-04-03].http://www.cgpnews.cn/articles/40010.
[19] 施锦明.政府采购[M].北京：经济科学出版社,2010.
[20] 德海.案例解读·案例二十三："自身分歧"的采购文件[EB/OL].(2017-07-31)[2024-04-03].http://www.cgpnews.cn/articles/40652.
[21] 刘亚利.政府采购案例精选100：之三[M].北京：经济日报出版社,2017.
[22] 郭千仪.江苏省苏州市：全程规范化管理政府采购档案[EB/OL].(2018-07-26)[2024-04-10].

http://www.cgpnews.cn/articles/45254.

[23] 津财.天津启动代理机构监督检查[EB/OL].(2023-06-12)[2024-04-10].http://www.cgpnews.cn/articles/63999.

[24] 肖忠桦,钟志君.供应商能对采购预算进行质疑和投诉吗[EB/OL].(2023-12-04)[2024-04-17].http://www.cgpnews.cn/articles/65851.

[25] 黄众雄."扒一扒"政采需求的调查要点[EB/OL].(2023-07-27)[2024-04-17].http://www.cgpnews.cn/articles/64466.

[26] 王国龙.华中农业大学发文规范采购合同管理工作[EB/OL].(2023-03-30)[2024-04-17].http://www.cgpnews.cn/articles/63206.

[27] 杨文君.投标文件封面盖电子章可以吗[EB/OL].(2023-10-26)[2024-04-17].http://www.cgpnews.cn/articles/65395.

[28] 湖南众启工程造价咨询有限公司.政府采购创新经验及实际操作案例[EB/OL].(2023-06-28)[2024-04-28].http://www.zhongqicost.com/?179.html.

[29] 杨华,刘明明.浅谈重新评审的适用情形[EB/OL].（2024-11-13)[2025-3-12].https://www.ccgp.gov.cn/llsw/202411/t20241113_23604270.htm.